浙江省哲学社会科学规划"党的十九届六中全会和省委十四届十次全会精神研究阐释"专项课题项目资助

丁庭栋　著

浙江建设共同富裕示范区
先行探索创新与实践贡献研究

ZHEJIANG JIANSHE GONGTONG FUYU SHIFANQU
XIANXING TANSUO CHUANGXIN YU SHIJIAN GONGXIAN YANJIU

中国财经出版传媒集团
经济科学出版社
Economic Science Press
·北京·

图书在版编目（CIP）数据

浙江建设共同富裕示范区先行探索创新与实践贡献研
究／丁庭栋著. -- 北京：经济科学出版社，2024.9.
ISBN 978 - 7 - 5218 - 6220 - 1

Ⅰ. F127.55

中国国家版本馆 CIP 数据核字第 2024EA5056 号

责任编辑：周胜婷
责任校对：刘　娅
责任印制：张佳裕

浙江建设共同富裕示范区先行探索创新与实践贡献研究

丁庭栋　著

经济科学出版社出版、发行　新华书店经销
社址：北京市海淀区阜成路甲 28 号　邮编：100142
总编部电话：010 - 88191217　发行部电话：010 - 88191522
网址：www. esp. com. cn
电子邮箱：esp@ esp. com. cn
天猫网店：经济科学出版社旗舰店
网址：http：//jjkxcbs. tmall. com
北京季蜂印刷有限公司印装
710 × 1000　16 开　25.75 印张　460000 字
2024 年 9 月第 1 版　2024 年 9 月第 1 次印刷
ISBN 978 - 7 - 5218 - 6220 - 1　定价：109.00 元
（图书出现印装问题，本社负责调换。电话：010 - 88191545）
（版权所有　侵权必究　打击盗版　举报热线：010 - 88191661
QQ：2242791300　营销中心电话：010 - 88191537
电子邮箱：dbts@ esp. com. cn）

P序
reface

　　共同富裕是一种美好的社会状态。实现共同富裕是中国全体人民的共同现实期盼。

　　在马克思主义共同富裕理论出现之前并没有形成任何一种具有普遍性的共同富裕理论指引着人类追求共同富裕实践活动。虽然共同富裕理论是马克思主义创立的重要理论学说之一，但马克思主义经典作家实际上并没有明确提出过"共同富裕"这一概念。

　　"共同富裕"概念是由中国共产党人提出的。1953 年 9 月 25 日《人民日报》发表庆祝国庆四周年的口号，口号的第 38 条提到"农业生产互助组男女组员们！农业生产合作社男女社员们！团结一致，发挥集体主义精神，提高生产效率，提高粮食及其他农作物的产量，增加收入，争取共同富裕的生活，根据自愿和互利的原则，进一步巩固和提高自己的互助组、合作社，主动团结并耐心教育单干农民，有步骤地发展互助合作组织！"① 这是在党的重要报刊中第一次出现"共同富裕"概念。② 同年 12 月 16 日，由毛泽东亲自主持起草的《中共中央关于发展农业生产合作社的决议》向全国公布，其中提出，"为着进一步地提高农业生产力，党在农村中工作的最根本的任务，就是

---

　　① 中国人民政治协商会议全国委员会庆祝中华人民共和国成立四周年的口号 ［N］. 人民日报，1953 – 09 – 25（01）.
　　② 曹普. 从百年党史看共同富裕 ［N］. 学习时报，2022 – 04 – 28.

要善于用明白易懂而为农民所能够接受的道理和办法去教育和促进农民群众逐步联合组织起来，逐步实行农业的社会主义改造，使农业能够由落后的小规模生产的个体经济变为先进的大规模生产的合作经济，以便逐步克服工业和农业这两个经济部门发展不相适应的矛盾，并使农民能够逐步完全摆脱贫困的状况而取得共同富裕和普遍繁荣的生活"。这是在党的重要文件中第一次使用"共同富裕"。① 之后，"共同富裕"一词在多个场合进行实际运用。1978 年党中央实施改革开放战略之后，邓小平提出，"社会主义原则，第一是发展生产，第二是共同致富。我们允许一部分人先好起来，一部分地区先好起来，目的是更快地实现共同富裕"②；江泽民提出"贫穷不是社会主义，同步富裕又是不可能的，必须允许和鼓励一部分地区一部分人先富起来，以带动越来越多的地区和人们逐步达到共同富裕"③；胡锦涛在科学发展观的视野下探索共同富裕问题，提出"走共同富裕道路，促进人的全面发展，做到发展为了人民、发展依靠人民、发展成果由人民共享"的社会发展理念④。进入新时代，习近平总书记提出"共同富裕是社会主义的本质要求，是中国式现代化的重要特征。我们说的共同富裕是全体人民共同富裕，是人民群众物质生活和精神生活都富裕，不是少数人的富裕，也不是整齐划一的平均主义"。⑤ 从"共同富裕"概念演化逻辑角度看，"共同富裕"概念的提出和被广泛使用集中体现了中国共产党人对共同富裕理论的构建逻辑和共同富裕实践"中国模式"的积极探索。

党的十九届五中全会对扎实推动共同富裕作出重大战略部署和共同富裕框架的顶层设计，提出到 2035 年"全体人民共同富裕取得更为明显的实质性进展"的宏伟目标，这是党对全体中国人民作出的新的庄严承诺，而且是我国在人类社会历史上第一次制定了实现共同富裕的时间表和路线图。党的二十大进一步强调，"坚持把实现人民对美好生活的向往作为现代化建设的出发点和落脚点，着力维护和促进社会公平正义，着力促进全体人民

---

① 曹普. 从百年党史看共同富裕 [N]. 学习时报，2022 – 04 – 28.

② 邓小平文选（第三卷）[M]. 北京：人民出版社，1993：172.

③ 江泽民在中国共产党第十四次全国代表大会上的报告 [EB/OL]. https：//www. gov. cn/test/2008 – 07/04/content_1035850. htm，2008 – 07 – 04.

④ 胡锦涛在中共第十七次全国代表大会上的报告全文 [EB/OL]. https：//www. gov. cn/ldhd/2007 – 10/24/content_785431. htm，2007 – 10 – 24.

⑤ 习近平. 扎实推动共同富裕 [J]. 求是，2021（20）：4 – 8.

共同富裕，坚决防止两极分化"。扎实推进共同富裕是新时代背景下党领导全体人民追求共同富裕从理论转变为实践的一次伟大壮举。扎实推进共同富裕作为一项主动有为的系统性工程，在党领导全国人民团结奋斗的历史征程上具有重要的里程碑意义。

鉴于浙江优先具备实现全体人民共同富裕的现实条件，2021年5月20日我国发布了《中共中央 国务院关于支持浙江高质量发展建设共同富裕示范区的意见》，赋予浙江开展高质量发展建设共同富裕示范区，要求其在全体人民共同富裕实现道路上先行探路。浙江省是目前全国唯一被党中央赋予高质量发展建设共同富裕示范区的省份，首要任务是改革探路，最鲜明的要求是先行改革示范。高质量发展建设共同富裕示范区是浙江全体人民的共同期盼、非常光荣的一项伟大事业。现阶段，浙江正脚踏实地、积极有为地在高质量发展中扎实推进共同富裕示范区建设，以鲜活生动的实践为实现全国人民共同富裕探索可行路径，走出具有鲜明浙江特点的共同富裕之路，形成一系列具有可复制、可推广的实践经验，重塑着中国全体人民共同富裕的现代性特质，足可作为考察中国扎实推进共同富裕社会建构的"关键省域案例"。浙江正以自己独特的实践为国家扎实推进共同富裕取得显著进展作出贡献。

浙江高质量发展建设共同富裕示范区是共同富裕实践"中国模式"中的一项伟大创新实践机制。该机制遵循"试验—总结—推广"的模式。本研究将目光聚焦于浙江高质量发展建设共同富裕示范区的具体实践内容上，按照"理论研究—实践研究—贡献研究"的研究范式，以一种相对比较新颖的逻辑视角，从整体宏观、理论内涵、建设主体、建设场域、制度环境、经验价值等六个方面对浙江谋深做实高质量发展建设共同富裕示范区的先行探索创新与实践贡献展开系统性研究。本书的边际贡献可能主要有三个层面：首先，本书将丰富对中国共产党共同富裕理论体系构建逻辑的认识和正确理解；其次，本书将丰富我们对共同富裕实践"中国模式"的理论创新和科学内涵的准确把握；最后，本书具有重要的实践指导价值，能够为我国其他地区顺利开展共同富裕实践提供经验借鉴。

丁庭栋

2024年8月

目 录
Contents

第1章 浙江高质量发展建设共同富裕示范区的时代背景进程

新中国成立以来，中国共产党带领全国人民团结奋斗，为实现共同富裕一直不懈努力、扎实推进。回顾历史，笔者认为，中国共产党带领全国人民历经全体人民共同富裕奠基期、改革开放后"先富带后富"时期、建设全面小康社会时期和全体人民共同富裕取得更为明显的实质性进展时期等四个关键时期（见图1-1）。在长期的实践探索中，中国共产党带领全国人民已经形成了一个具有中国特色的共同富裕实践"中国模式"。在全体人民共同富裕取得更为明显的实质性进展时期，党中央国务院赋予浙江开展高质量发展建设共同富裕示范区的重大使命。浙江高质量发展建设共同富裕示范区是在全面建成小康社会之后的一个重大战略举措。浙江高质量发展建设共同富裕示范区具有深刻的时代背景进程，本章将其嵌入共同富裕实践"中国模式"最新阶段中考察分析其实质要义。

1.1 中国对现代化的实践探索历程及中国式现代化图景擘画

现代化是人类文明发展与进步的重要性标志，是近代以来人类社会发展的大势。从历史逻辑来看，现代化起源于西方，而西方对现代化的理解又与发端于启蒙时代的现代性本质关联（沈湘平，2022）。根据沈湘平（2022）

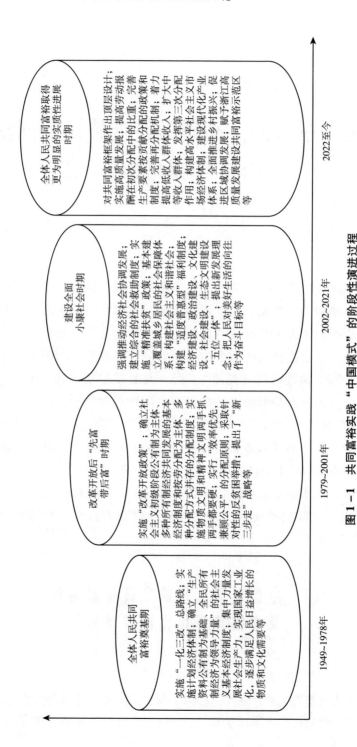

图1-1 共同富裕实践"中国模式"的阶段性演进过程

的观点，现代化在很大程度上可以理解为现代性的历史展开与不断实现，现代性则表现为现代化形成的本质特征与状态。本质上，现代化蕴生于人类现代社会之中，体现为现代社会的文明状态、发展道路。然而世界各国在实现现代化的道路选择上却因自身历史传承、文化传统、基本国情和政治结构等的不同而表现各不相同。具体到现代化实现模式上，不同国家之间具有显著的差异性。从因果逻辑来看，世界各国现代化模式的差异性实际根源于不同的历史属性所演绎的制度演化方式。

中国在追求和构建现代化过程中也不例外。冯育林和郭台辉（2022）认为，中国现代化国家构建受到主权在民的国民国家形态[1-1]和民族主权的民族国家形态[1-2]这两种历史传统的深刻影响。中国在追求现代化道路时，在相当长时间，对于"如何走"，国人内心充满着恐惧和焦虑，期间确实走了许多弯路。从历史逻辑角度看，中国追求现代化的起点可以往前追溯到晚清时期以"自强""求富"为口号的洋务运动（1861～1895年）、带有资产阶级改良运动性质的戊戌变法（1898年6月11日至1898年9月21日）、为促进清政府早日实现君主立宪的"立宪运动"（1905～1911年）等三大革新运动。而这三大革新运动最终都以失败告终，并没有使得国家富强起来，但一定程度上的确推动了国人对现代化追求的历史进程。

辛亥革命之后，民族英雄、中国民主革命的伟大先驱孙中山先生精心制定的《建国方略》[1-3]比较完整系统地勾划和呈现了中国实现现代化的伟大理想和实施方案，从思想层面到经济层面，再到政治层面，对中国如何实现现代化作了系统的、结构性的规划设计，范围涉及现代化最为核心的经济、制度、人的现代化等重要层面的内容。孙中山的现代化观念对推进中华民族伟大复兴具有非常重要的启迪作用。

新中国成立后，毛泽东等中共领导人确立了"四个现代化"的国家发展战略目标。① 1949～1978年，中国共产党人在现代化道路上进行了曲折探索，走了不少弯路。1978年12月，党的十一届三中全会召开，果断结束"以阶级斗争为纲"，实现党和国家工作中心战略转移，开启了改革开放和

---

① 四个现代化具体指实现农业、工业、国防和科学技术的现代化。1964年底到1965年初召开的三届全国人大一次会议上"四个现代化"正式确定为国家发展的总体战略目标。

社会主义现代化建设新时期。①

　　党的十一届三中全会提出"为在本世纪内把我国建设成为社会主义的现代化强国而进行新的长征"之后，全党工作转移到社会主义现代化建设，这是从"以阶级斗争为纲"的运动模式到"以现代化建设为中心"的历史性转折。从党的十二大开始到党的二十大，为实现国家的现代化，党中央先后提出"翻两番"②和"两步走"战略③、"三步走"战略④、"跨世纪发展"战略⑤、"更高水平小康"与"翻两番"战略⑥、"全面深化改革"、⑦"两个十五年"战略⑧、

──────────

　　① 迟福林.［理论新飞跃］决定当代中国前途命运的关键一招——学习领悟党的十九届六中全会精神［EB/OL］. http：//theory. people. com. cn/n1/2022/0213/c40531 - 32350996. html，2022 - 02 - 13.

　　② 党的十二大报告提出：从一九八一年到本世纪末的二十年，我国经济建设总的奋斗目标是，在不断提高经济效益的前提下，力争使全国工农业的年总产值翻两番，即由一九八〇年的七千一百亿元增加到二〇〇〇年的二万八千亿元左右。

　　③ 1984 年 10 月 6 日邓小平在会见参加中外经济合作问题讨论会全体中外代表时，提出了新的"两步走"战略：我们第一步是实现翻两番，需要二十年，还有第二步，需要三十年到五十年，恐怕是要五十年，接近发达国家的水平。具体可以参见：邓小平文选（第二卷）［M］. 北京：人民出版社，1994：159，237。

　　④ 党的十三大报告提出：第一步，实现国民生产总值比一九八〇年翻一番，解决人民的温饱问题。这个任务已经基本实现。第二步，到本世纪末，使国民生产总值再增长一倍，人民生活达到小康水平。第三步，到下个世纪中叶，人均国民生产总值达到中等发达国家水平，人民生活比较富裕，基本实现现代化。

　　⑤ 党的十五大报告提出：展望下世纪，我们的目标是，第一个十年实现国民生产总值比二〇〇〇年翻一番，使人民的小康生活更加宽裕，形成比较完善的社会主义市场经济体制；再经过十年的努力，到建党一百年时，使国民经济更加发展，各项制度更加完善；到世纪中叶建国一百年时，基本实现现代化，建成富强民主文明的社会主义国家。

　　⑥ 党的十六大报告提出：要在本世纪头二十年，集中力量，全面建设惠及十几亿人口的更高水平的小康社会，使经济更加发展、民主更加健全、科教更加进步、文化更加繁荣、社会更加和谐、人民生活更加殷实。国内生产总值到二〇二〇年力争比二〇〇〇年翻两番，综合国力和国际竞争力明显增强。到本世纪中叶基本实现现代化，把我国建成富强民主文明的社会主义国家。

　　⑦ 党的十八届三中全会通过的《中共中央关于全面深化改革若干重大问题的决定》提出：到二〇二〇年，在重要领域和关键环节改革上取得决定性成果，完成本决定提出的改革任务，形成系统完备、科学规范、运行有效的制度体系，使各方面制度更加成熟更加定型。党的二十届三中全会通过的《中共中央关于进一步全面深化改革、推进中国式现代化的决定》认为，党的十八届三中全会也是划时代的，开启了新时代全面深化改革、系统整体设计推进改革新征程，开创了我国改革开放全新局面。

　　⑧ 党的十九大报告提出：第一阶段，从二〇二〇年到二〇三五年，在全面建成小康社会的基础上，再奋斗十五年，基本实现社会主义现代化。第二个阶段，从二〇三五年到本世纪中叶，在基本实现现代化的基础上，再奋斗十五年，把我国建成富强民主文明和谐美丽的社会主义现代化强国。

"两步走"战略①。党的二十大立足中华民族伟大复兴战略全局和世界百年未有之大变局,擘画了全面建设社会主义现代化国家、全面推进中华民族伟大复兴的宏伟蓝图,指明了新时代新征程党和国家事业发展的前进方向。② 党的二十届三中全会提出"到二〇三五年,全面建成高水平社会主义市场经济体制,中国特色社会主义制度更加完善,基本实现国家治理体系和治理能力现代化,基本实现社会主义现代化,为到本世纪中叶全面建成社会主义现代化强国奠定坚实基础。"③《中共中央关于进一步全面深化改革、推进中国式现代化的决定》深入分析了推进中国式现代化面临的新情况新问题,围绕推进中国式现代化,在"构建高水平社会主义市场经济体制"等 14 个领域④作出进一步全面深化改革的总体部署,是新征程推进中国式现代化的时代新篇。

尽管现代化起源于西方国家,但西方现代化道路既不是唯一的,也不是唯一正确的现代化道路。世界现代化历史中出现过四种典型模式,分别为"市场经济 + 民主政治"的欧美模式[1-4]、"市场经济 + 权威治理"的东亚模式[1-5]、"计划经济 + 权威治理"的苏联模式、"混合经济 + 权威治理"的拉美模式[1-6]。其中,欧美模式和东亚模式实现了现代化目标,之初获得了成功,但后期出现的"财政约束、收入公平和就业增长'三难困境'"加剧了整个社会矛盾;苏联模式和拉美模式包含着不可克服的内在矛盾,没能实现现代化目标,最终没能获得成功。上述四种现代化模式的经验教训为中国现代化道路的探索提供了不少启迪价值。

---

① 党的二十大报告提出:从现在起,中国共产党的中心任务就是团结带领全国各族人民全面建成社会主义现代化强国、实现第二个百年奋斗目标,以中国式现代化全面推进中华民族伟大复兴。全面建成社会主义现代化强国,总的战略安排是分两步走:从二〇二〇年到二〇三五年基本实现社会主义现代化;从二〇三五年到本世纪中叶把我国建成富强民主文明和谐美丽的社会主义现代化强国。

② 中共中央宣传部理论局.中国式现代化面对面 [M].北京:学习出版社,人民出版社,2023:2.

③ 中国共产党第二十届中央委员会第三次全体会议公报 [EB/OL].http://www.news.cn/politics/leaders/20240718/a41ada3016874e358d5064bba05eba98/c.html,2024-07-18.

④ 这 14 个领域包括:构建高水平社会主义市场经济体制;健全推动经济高质量发展体制机制;构建支持全面创新体制机制;健全宏观经济治理体系;完善城乡融合发展体制机制;完善高水平对外开放体制机制;健全全过程人民民主制度体系;完善中国特色社会主义法治体系;深化文化体制机制改革;健全保障和改善民生制度体系;深化生态文明体制改革;推进国家安全体系和能力现代化;持续深化国防和军队改革;提高党对进一步全面深化改革、推进中国式现代化的领导水平。

新中国成立特别是改革开放以来，在长期探索和实践基础上，经过党的十八大以来的理论和实践上的创新突破，我们党成功推进和拓展了中国式现代化①，走出了一条非常崭新的现代化道路。这种现代化在人类历史上没有先例可循，是党领导人民在中国特色社会主义实践中的伟大创造。党的领导是中国式现代化的最大特色，体现了政治与经济的高度统一，克服了资本主义现代化为少数人服务的弊端。最根本的是因为党领导人民建立和完善了中国特色社会主义制度，形成和发展了党的领导和经济、政治、文化、社会、生态文明、军事、外事等各方面制度，不断加强和完善国家治理。② 党的十八大以来，中国特色社会主义进入了新时代，开启了我国发展的新历史方位。在新时代新征程上，中国共产党的使命任务是实现全方位"中国式现代化"的宏伟蓝图（见图1-2）。中国共产党带领全国人民要实现全方位"中国式现代化"是一种在复杂的世界现代化语境中创造的人类文明新形态，给世界上那些既希望加快发展又希望保持自身独立性的国家和民族提供了全新选择。

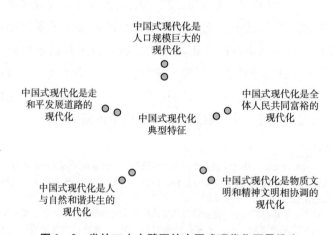

图1-2 党的二十大擘画的中国式现代化图景维度

资料来源：笔者根据党的二十大报告内容整理绘制。

---

① 习近平：高举中国特色社会主义伟大旗帜 为全面建设社会主义现代化国家而团结奋斗——在中国共产党第二十次全国代表大会上的报告［EB/OL］. https://www.gov.cn/xinwen/2022-10/25/content_5721685.htm, 2022-10-25.

② 习近平谈治国理政（第三卷）［M］. 北京：外文出版社，2020：119.

　　中国式现代化，是中国共产党领导的社会主义现代化，既有各国现代化的共同特征，更有基于自己国情的中国特色。① 中国式现代化承载着实现全体人民共同富裕的光荣使命，是中国共产党、中国人民、中华民族独创的，以自身的社会实践打破了对西方式现代化的迷信和崇拜，超越了线性发展的逻辑，超越了资本主义主导的逻辑，超越了"国强必霸"的思维逻辑，是一条真正的人间正道。②

1.2　实现全体人民共同富裕目标的总体思路

　　现代化是人类文明发展进步的显著性重要标志，是世界上每个国家和民族实现发展的必经阶段。一个国家的现代化具体表征就是由农业社会向现代工业化社会的动态转变过程。新中国成立以来，中国共产党人带领全国各族人民谋求中国式现代化道路时，始终将共同富裕作为追求目标。改革开放后，中国共产党深刻总结正反两方面历史经验，认识到贫穷不是社会主义，打破传统体制束缚，允许一部分人、一部分地区先富起来，推动解放和发展社会生产力。③ 习近平总书记明确指出，共同富裕是中国特色社会主义的本质要求④，是中国式现代化的重要特征。截至 2023 年末，全国常住人口城镇化率为 66.16%，比 2022 年末提高 0.94 个百分点。⑤ 全国城乡融合和区域协调发展步伐稳健，中国式现代化进程进一步向前推进。图 1–3 显示了近年来全国常住人口城镇化率发展情况。

　　共同富裕是人类文明发展中的世界性难题，迄今为止，还没有哪个国家完美地解决了这个问题。一些西方国家在社会财富不断增长的同时，长期存在贫富悬殊、两极分化。有的国家人均收入不算高，但分配差距很大。

---

　　① 习近平：高举中国特色社会主义伟大旗帜　为全面建设社会主义现代化国家而团结奋斗——在中国共产党第二十次全国代表大会上的报告［EB/OL］. https://www.gov.cn/xinwen/2022–10/25/content_5721685.htm，2022–10–25.

　　② 本书编写组. 党的二十大报告学习辅导百问［M］. 北京：党建读物出版社，学习出版社，2022：37.

　　③ 习近平. 扎实推动共同富裕［J］. 求是，2021（20）：4–8.

　　④ 习近平著作选读（第一卷）［M］. 北京：人民出版社，2023：19.

　　⑤ 资料来自《中华人民共和国 2023 年国民经济和社会发展统计公报》。

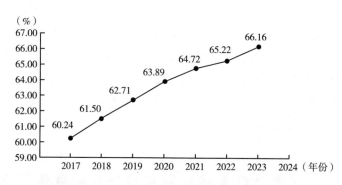

图 1 - 3　2017 年以来全国常住人口城镇化率趋势

资料来源：《中华人民共和国 2021 年国民经济和社会发展统计公报》《中华人民共和国 2021 年国民经济和社会发展统计公报》《中华人民共和国 2023 年国民经济和社会发展统计公报》。

我们所说的共同富裕是全体人民共同富裕，是人民群众物质生活和精神生活都富裕，不是少数人的富裕，也不是整齐划一的平均主义，更不是搞"福利主义"那一套。全体人民共同富裕是一个总体概念，是对全社会而言的，不宜分城市一块、农村一块，或者东部、中部、西部地区各一块，各提各的指标，它需要从全局上来把握。[①]

全体人民共同富裕是中国式现代化区别于其他国家现代化的显著标志，是中国式现代化道路的本质规定。中国式现代化超越了西方现代化道路中极少部分人占有社会绝大部分财富、两极分化等矛盾，而是要实现"自觉主动解决地区差距、城乡差距、收入分配差距，促进社会公平正义，逐步实现全体人民共同富裕，坚决防止两极分化"[②] 的现代化。中国式现代化要求以人民为中心，实现人民生活水平的普遍提高和生活幸福安康，防止两极分化，这是共同富裕所追求的必然之义。促进共同富裕已经贯穿于社会主义现代化进程之中，是中国特色社会主义道路的应有之义，是推进中国式现代化发展的关键核心要义。

《中共中央 国务院关于支持浙江高质量发展建设共同富裕示范区的意见》指出，"实现共同富裕不仅是经济问题，而且是关系党的执政基础的重

---

① 本书编写组. 党的二十大报告学习辅导百问［M］. 北京：党建读物出版社，学习出版社，2022：36.

② 习近平谈治国理政（第四卷）［M］. 北京：外文出版社，2020：123.

大政治问题。共同富裕具有鲜明的时代特征和中国特色，是全体人民通过辛勤劳动和相互帮助，普遍达到生活富裕富足、精神自信自强、环境宜居宜业、社会和谐和睦、公共服务普及普惠，实现人的全面发展和社会全面进步，共享改革发展成果和幸福美好生活"。该意见为高质量发展建设共同富裕示范区标注了"新方位"，锚定了"坐标点"，把准了"方向盘"，勾画了"路线图"，明确了"时空域"。

　　针对如何扎实推动实现全体人民共同富裕目标，习近平总书记明确提出了推动共同富裕的总体建设思路：坚持以人民为中心的发展思想，在高质量发展中促进共同富裕，正确处理效率和公平的关系，构建初次分配、再分配、三次分配协调配套的基础性制度安排，加大税收、社保、转移支付等调节力度并提高精准性，扩大中等收入群体比重，增加低收入群体收入，合理调节高收入，取缔非法收入，形成中间大、两头小的橄榄型分配结构，促进社会公平正义，促进人的全面发展，使全体人民朝着共同富裕目标扎实迈进。习近平总书记还给出了扎实推动共同富裕的"4 个原则"和"6 个具体方向思路"。①

1.3　党中央对全体人民共同富裕的战略部署

　　根据 2016 ~ 2023 年国家统计局公布的国民经济和社会发展统计公报数据，按全国居民五等份收入分组，中间收入组与高收入组人均可支配收入差距从 38335 元，扩大到了 62860 元（见表 1 - 1）。造成上述收入差距扩大的主要因素有不完善的生产要素市场、急剧扩大的财产差距、作用不足的再分配政策等。从人均可支配收入来看，低收入组的人均可支配收入增长率（见表 1 - 2）并没有显著高于高收入组的人均可支配收入增长率，中间偏上、高收入组的人均可支配收入增长率并没有出现逐步下降的趋势，不

---

　　① 本段资料来源：习近平. 扎实推动共同富裕［J］. 求是，2021（20）：4 - 8。"4 个原则"指促进共同富裕，要把握好的四个原则，即鼓励勤劳创新致富、坚持基本经济制度、尽力而为量力而行、坚持循序渐进。"6 个具体方向思路"指促进共同富裕，要把握好的六个思路：一是提高发展的平衡性、协调性、包容性；二是着力扩大中等收入群体规模；三是促进基本公共服务均等化；四是加强对高收入的规范和调节；五是促进人民精神生活共同富裕；六是促进农民农村共同富裕。

同组的人均可支配收入增长率维持一定程度的波动态势。

表1-1　全国居民五等份收入分组人均可支配收入、增长率及差距情况　单位：元

年度	低收入组人均可支配收入	中间偏下收入组人均可支配收入	中间收入组人均可支配收入	中间偏上收入组人均可支配收入	高收入组人均可支配收入	中间收入组与高收入组人均可支配收入差距
2016	5529	12899	20924	31990	59259	38335
2017	5958	13843	22495	34547	64934	42439
2018	6440	14361	23189	36471	70640	47451
2019	7380	15777	25035	39230	76401	51366
2020	7869	16443	26249	41172	80294	54045
2021	8333	18445	29053	44949	85836	56783
2022	8601	19303	30598	47397	90116	59518
2023	9215	20442	32195	50220	95055	62860

资料来源：笔者根据我国2016~2023年的国民经济和社会发展统计公报整理。

表1-2　全国居民五等份收入分组人均可支配收入增长率情况　单位：%

年度	低收入组人均可支配收入增长率	中间偏下收入组人均可支配收入增长率	中间收入组人均可支配收入增长率	中间偏上收入组人均可支配收入增长率	高收入组人均可支配收入增长率
2016	—				
2017	7.76	7.32	7.51	7.99	9.58
2018	8.09	3.74	3.09	5.57	8.79
2019	14.60	9.86	7.96	7.56	8.16
2020	6.63	4.22	4.85	4.95	5.10
2021	5.90	12.18	10.68	9.17	6.90
2022	3.22	4.65	5.32	5.45	4.99
2023	7.14	5.90	5.22	5.96	5.48

注：以2016年为计算基期，环比计算。

自2000年以来，中国的中等收入群体人数快速增长。2019年国家统计局在世界银行标准的基础上测算出我国中等收入群体的人口占比超过26%，

实际约有 3.64 亿人。2020 年 11 月 4 日，习近平总书记在第三届中国国际进口博览会开幕式上的主旨演讲中指出，中国中等收入群体超过 4 亿人。① 当前中国中等收入群体规模逐步扩大但还不足够大，难以支撑形成稳定的橄榄型收入分配结构，整体居民收入分配结构呈现"葫芦型"。对于中等收入阶层来说，相比于收入降低产生的"收入效应"，"房奴效应"对家庭流动性的挤出作用更加显著，增大了中等收入家庭面临更高的陷入流动性约束的概率。②

近些年来，中国的收入分配格局发生了重要变化，中国社会的收入不平等整体上从相对平等转变成比较不平等。从全国居民收入基尼系数[1-7]数据（见图 1-4）来看，2009 年全国居民收入基尼系数上升到 0.49，接近 0.5 的水平，随后到 2021 年全国居民收入基尼系数有所下降，但是仍旧接近 0.5 的水平，这说明全国居民收入处于一个比较严重的收入不平等状态。另外，根据中国人民银行调查统计司城镇居民家庭资产负债调查课题组于 2019 年 10 月中下旬在我国 30 个省（自治区、直辖市）对 3 万余户城镇居民家庭开展资产负债情况调查所形成的《2019 年中国城镇居民家庭资产负债情况调查》报告，城镇居民家庭户均总资产 317.9 万元，资产分布分化明显；家庭资产以实物资产为主，住房占比近七成，住房拥有率达到

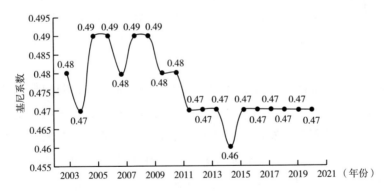

图 1-4　2003 年以来全国居民收入基尼系数趋势

资料来源：中经数据库。

---

① 习近平在第三届中国国际进口博览会开幕式上的主旨演讲（全文）[EB/OL]. http://www.gov.cn/xinwen/2020-11/04/content_5557392.htm, 2020-11-04.

② 宁磊，王敬博. 收入效应还是房奴效应？基于中国家庭流动性约束现状分析 [J]. 系统工程理论与实践，2022，42（6）：1544-1559.

96.0%；收入最高的 10%家庭户均总资产 1204.8 万元，是收入最低的 20%家庭户均总资产的 13.7 倍。居民家庭资产的集中度较高，财富更多地集中在少数家庭：最低 20%家庭所拥有的资产仅占全部样本家庭资产的 2.6%，而总资产最高 20%家庭的总资产占比为 63.0%，其中最高 10%家庭的总资产占比为 47.5%。这也从另一角度反映了我国收入不平等状态确实较为严重。从居民收入集中程度来看，我国前 1%的经济富裕群体占据了居民收入总额的比例仍旧接近 15%（林淑君等，2022）。

不难推测，在未来相当长时间内，全国居民不同收入组的收入不平等水平差距仍可能处于高位波动，难以出现收入差距缩小的趋势，全国居民人均可支配收入呈现分化趋势。另外，全国中等收入阶层家庭面临的流动性状况，在一定程度上不利于形成稳定的橄榄型社会结构[1-8]，存在向 M 型社会结构[1-9]变动的风险，这足够说明现阶段我国居民的收入分配格局距离中等收入群体占据较大比例的"橄榄型"分配格局还有很大距离。

进入新时代以来，我国稳定解决了十几亿人的温饱问题，打赢脱贫攻坚战，总体上已经实现小康，我国社会主要矛盾已经转化为人民日益增长的美好生活需要和不平衡不充分的发展之间的矛盾。习近平总书记明确指出，共同富裕是中国特色社会主义的本质要求，也是一个长期的历史过程。我们坚持把实现人民对美好生活的向往作为现代化建设的出发点和落脚点，着力维护和促进社会公平正义，着力促进全体人民共同富裕，坚决防止两极分化。①

2020 年 10 月 26 ~ 29 日召开的党的十九届五中全会，明确提出到二○三五年基本实现九个方面的社会主义现代化远景目标，其中两条是：人均国内生产总值达到中等发达国家水平，中等收入群体显著扩大，基本公共服务实现均等化，城乡区域发展差距和居民生活水平差距显著缩小；人民生活更加美好，人的全面发展、全体人民共同富裕取得更为明显的实质性进展。

党的十八大以来，党中央把握发展阶段新变化，把逐步实现全体人民

---

① 习近平：高举中国特色社会主义伟大旗帜　为全面建设社会主义现代化国家而团结奋斗——在中国共产党第二十次全国代表大会上的报告［EB/OL］. https：//www.gov.cn/xinwen/2022 - 10/25/content_5721685. htm，2022 - 10 - 25.

共同富裕摆在更加重要的位置上，推动区域协调发展，采取有力措施保障和改善民生，打赢脱贫攻坚战，全面建成小康社会，为促进共同富裕创造了良好条件。现在，已经到了扎实推动共同富裕的历史阶段。① 从实践角度来看，扎实推动实现全体人民共同富裕是中国共产党人运用马克思主义的经济理论尝试解决经济发展中不平等问题的创新性解决方案。显而易见，中国共产党实施扎实推动全体人民共同富裕是人类历史上最伟大社会实践，拓新了人类文明社会形态，在人类的文明历史长河中增添了非常浓重的一笔。

1.4　浙江被赋予全国扎实推动共同富裕示范区

2021 年 3 月 12 日，我国发布了《中华人民共和国国民经济和社会发展第十四个五年规划和 2035 年远景目标纲要》。该纲要明确指出，支持浙江高质量发展建设共同富裕示范区。随后 2021 年 5 月 20 日，《中共中央 国务院关于支持浙江高质量发展建设共同富裕示范区的意见》正式出台公布。该意见明确指出："当前我国发展不平衡不充分问题仍然突出，城乡区域发展和收入分配差距较大，各地区推动共同富裕的基础和条件不尽相同。促进全体人民共同富裕是一项长期艰巨的任务，需要选取部分地区先行先试、作出示范。浙江省在探索解决发展不平衡不充分问题方面取得了明显成效，具备开展共同富裕示范区建设的基础和优势，也存在一些短板弱项，具有广阔的优化空间和发展潜力。支持浙江高质量发展建设共同富裕示范区，有利于通过实践进一步丰富共同富裕的思想内涵，有利于探索破解新时代社会主要矛盾的有效途径，有利于为全国推动共同富裕提供省域范例，有利于打造新时代全面展示中国特色社会主义制度优越性的重要窗口。"该意见还明确提出，"到 2025 年，浙江省推动高质量发展建设共同富裕示范区取得明显实质性进展"，"到 2035 年，浙江省高质量发展取得更大成就，基本实现共同富裕"。

浙江在高质量发展建设共同富裕示范区上具有先发优势。（1）浙江经济发展较快，人均收入排在全国前列。2023 年浙江人均 GDP 为 125043 元，

---

① 习近平. 扎实推动共同富裕 [J]. 求是，2021（20）：4 - 8.

城镇和农村居民收入水平分别连续第 23 年和第 39 年荣膺全国各省（自治区）第一。① （2）浙江城乡发展比较均衡，全省收入分配格局不断优化。全国很多地方城、乡居民收入比大概 2.5 : 1，即城镇居民可支配收入是农村居民的 2.5 倍。2023 年浙江城乡居民收入比为 1.86，比上年缩小 0.04，已连续 11 年呈缩小态势。②浙江省在探索解决发展不平衡不充分问题方面取得了明显成效，属于钟型发展曲线[1-10]右侧的高水平均衡状态（见图 1-5），共同富裕指数为 0.976③，排名全国第一（见图 1-6）。（3）浙江是我国率先实行市场化取向改革的重要发源地，市场化程度较高，营商环境好。30 多年前，浙江率先启动市场化改革，诞生了中国第一家私营企业、第一个专业市场、第一个股份合作社。这些年来，浙江一直在推行共享经济，其数字经济发展也比较快，2021 年数字经济增加值占 GDP 比重达到 48.6%，居全国各省（自治区）第一，数据要素市场化指数居全国第二。④再加上浙江民营企业比较发达，发展动力足。民营企业可以带来更多就业，市民收入稳定，政府可以有更多资源、更多财政来保障民生，投入公共服务中。根据中国分省营商环境指数 2023 年报告，浙江营商环境排名全

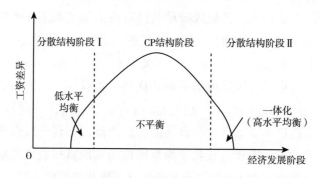

图 1-5 钟型发展曲线

资料来源：李爱民．新时期扶贫开发总体思路研究 [C] //第十一届全国区域经济学学科建设年会暨生态文明与区域经济发展学术研讨会论文集．2012：1-11.

① ② 2023 年浙江居民收入增速回升 城乡收入比继续缩小 [EB/OL]. http://zjzd. stats. gov. cn/fxyj/202401/t20240124_110617. html, 2024 - 01 - 24.

③ 席恒，王睿，祝毅，等．共同富裕指数：中国现状与推进路径 [J]．海南大学学报（人文社会科学版），2022，40（5）：45 - 57.

④ 资料来自《浙江省数字经济发展白皮书（2022 年）》。

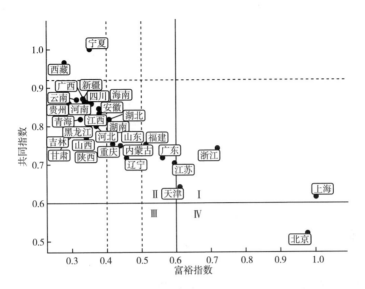

图 1 - 6　2019 年我国 31 个省份共同富裕指数分布情况

注：图中纵轴反映各地区收入分配的平等状况，即各地区的（1 - 基尼系数）数值，图中横轴反映各地区相对的居民人均可支配收入程度，即各地区居民人均可支配收入与同类样本中收入最高地区的人均可支配收入的比值。各地区共同富裕指数 = 1 - │各地区富裕指数 - 各地区共同指数│。

资料来源：席恒，王睿，祝毅，等 . 共同富裕指数：中国现状与推进路径［J］. 海南大学学报（人文社会科学版），2022，40（5）：45 - 57.

国第一。① （4）浙江的改革创新意识较强，以"干在实处、走在前列、勇立潮头"的精神，率先在经济、政治、文化、社会和生态等领域，全面深化改革开放，解决发展中的瓶颈问题，走出高质量发展浙江独特路径。例如，萌生于浙江省绍兴市诸暨枫溪江畔的"枫桥经验"享誉全国并迅速向全国推广，"最多跑一次"改革走向全国。以上这些原因为浙江省承担建设共同富裕示范区奠定了坚实基础。所以说，中央对浙江的选择是经过充分的论证，也是令人信服的。

使命就是责任，就是重托。为贯彻落实《中共中央 国务院关于支持浙江高质量发展建设共同富裕示范区的意见》，2021 年 7 月 19 日，《浙江高质量发展建设共同富裕示范区实施方案（2021—2025 年）》正式对外发布。

---

① 王小鲁，樊纲，李爱莉 . 中国分省营商环境指数 2023 年报告［M］. 北京：社会科学文献出版社，2024：4.

该实施方案给出了具体的全面细化落实发展目标：坚持以满足人民日益增长的美好生活需要为根本目的，以改革创新为根本动力，以解决地区差距、城乡差距、收入差距问题为主攻方向，更加注重向农村、基层、相对欠发达地区倾斜，向困难群众倾斜，在高质量发展中扎实推动共同富裕，加快突破发展不平衡不充分问题，率先在推动共同富裕方面实现理论创新、实践创新、制度创新、文化创新，到 2025 年推动高质量发展建设共同富裕示范区取得明显实质性进展，形成阶段性标志性成果；率先基本建立推动共同富裕的体制机制和政策框架，努力成为共同富裕改革探索的省域范例；率先基本形成更富活力创新力竞争力的高质量发展模式，努力成为经济高质量发展的省域范例；率先基本形成以中等收入群体为主体的橄榄型社会结构，努力成为地区、城乡和收入差距持续缩小的省域范例；率先基本实现人的全生命周期公共服务优质共享，努力成为共建共享品质生活的省域范例；人文之美更加彰显，努力成为精神普遍富足的省域范例；生态之美更加彰显，努力成为全域美丽大花园建设的省域范例；和谐之美更加彰显，努力成为社会和睦团结向上的省域范例。该实施方案具体部署推进七个领域先行示范：经济高质量发展、收入分配制度改革、公共服务优质共享、城乡区域协调发展、社会主义先进文化发展、生态文明建设和社会治理。

《中华人民共和国国民经济和社会发展第十四个五年规划和 2035 年远景目标纲要》《中共中央 国务院关于支持浙江高质量发展建设共同富裕示范区的意见》两个文件对党中央的共同富裕方略的顶层设计作了全面系统的阐述。从标志性事件来看，《中共中央 国务院关于支持浙江高质量发展建设共同富裕示范区的意见》的出台标志着浙江必须担纲起共同富裕的路径探索、经验积累、示范提供的全新使命。浙江共同富裕先行示范区是前所未有的一种尝试，是一种全新的试验机制。其中一个重要作用就是要为我们国家民族共同富裕提供先行先试的一种范本，当然更重要的也是要彰显社会主义制度的优越性，要为全人类目前所面临的收入分配两极化提供中国方案、中国思想（刘元春，2021）。

第2章 浙江高效扎实地推动共同富裕示范区高质量建设

　　试验区机制是我国社会主义建设中的典型特色做法。通常情况下，如果没有经验可借鉴，国家在关键社会建设领域中一般都会选择该机制。这种机制遵循"试验—总结—推广"的模式，通过选择某一地区作为试验对象进行某项社会建设的典型建设试验，然后在建设过程中总结基本经验和建设教训。这种模式的主要优势就是能够对国家政策的有效性进行实践测试，通过信息反馈机制将发现的实践问题反馈给政策制定者，以便于对政策的实施程序、实施方法、实施步骤、预防措施等环节内容进行优化改进，为国家政策的全面实施提供非常有益的经验。高质量发展建设共同富裕示范区就是一种典型的以区位性为导向的国家政策试验区机制，它由中央政府主导，地方政府积极实施，以浙江区域地理空间为建设载体，结合浙江经济发展状况、资源禀赋、产业特色等现实情况，通过相应的共同富裕政策工具支持实现既定的社会建设目标。在习近平新时代中国特色社会主义思想的科学指引下，浙江创造性贯彻"八八战略"，统筹整体战略布局、强化共同富裕制度顶层设计，以积极有为、高效务实的姿态扎实推动共同富裕范区高质量建设。

2.1　浙江科学谋划共同富裕示范区建设的总体布局

　　《中共中央 国务院关于支持浙江高质量发展建设共同富裕示范区的意见》确立了高水平建设共同富裕示范区的总体战略。高质量发展建设共同富裕示范区，是习近平总书记亲自谋划、亲自定题、亲自部署、亲自推动的重大战略决策。① 为全面落实《中共中央 国务院关于支持浙江高质量发展建设共同富裕示范区的意见》，2021 年 7 月 19 日，《浙江高质量发展建设共同富裕示范区实施方案（2021—2025 年)》正式对外发布，作为浙江省推进高质量发展建设共同富裕示范区的"总纲领"和"作战图"，该方案立足省情，科学谋划了高质量发展建设共同富裕示范区的总体布局，着力绘就具有鲜明浙江特点的共同富裕图景。

《浙江高质量发展建设共同富裕示范区实施方案（2021—2025 年)》中明确提出，"到 2025 年推动高质量发展建设共同富裕示范区取得明显实质性进展，形成阶段性标志性成果"，实现"四率先三之美的省域范例"，围绕"七个先行示范"积极开展共同富裕示范区建设，给出了高质量发展建设共同富裕示范区的具体保障措施和推进机制。浙江建设共同富裕示范区的总体方略和行动逻辑（见图 2 -1），内容丰富、思路清晰、体系完备，科学

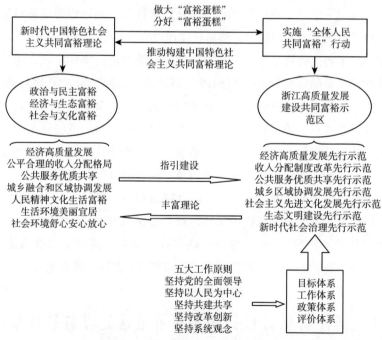

图 2 -1　浙江科学谋划共同富裕示范区建设的总体方略和行动逻辑

资料来源：笔者根据《浙江高质量发展建设共同富裕示范区实施方案（2021—2025 年)》归纳整理而得。

---

① 袁家军. 勇当高质量发展推动共同富裕的先行探路者［J］. 今日浙江，2022 (11)：4 - 7.

回答了共同富裕示范区如何建设好的问题。

自《浙江高质量发展建设共同富裕示范区实施方案（2021—2025 年）》公布以来，浙江积极先行探索，进行整体科学谋划，省政府机构职能部门相继发布高质量发展建设共同富裕示范区实施方案（见表 2－1），实施高质量发展建设共同富裕示范区试点工程，已构建起共同富裕示范区建设的"四梁八柱"。同时，浙江省级相关部门聚焦重点领域已出台了 64 个专项政策意见，形成了"共性＋个性"的政策工具箱，初步构建了共同富裕示范区建设的目标体系、工作体系、政策体系和评价体系。现阶段，高质量发展建设共同富裕示范区总体布局正有序、高效地推进实施，昭示高水平建设共同富裕示范区正在逐步努力实现。

表 2－1　浙江发布的关于高质量发展建设共同富裕示范区实施方案示例

发文部门	发布时间	文件名称	战略布局
浙江省人民政府办公厅	2020 年 12 月 24 日	浙江省科技企业"双倍增"行动计划（2021—2025 年）	明确六大重点任务
浙江省人民政府	2021 年 3 月 3 日	浙江省深入实施促进经济高质量发展"凤凰行动"计划（2021—2025 年）	实施四大主要措施
浙江省全面深化改革委员会	2021 年 7 月 1 日	浙江省数字化改革标准化体系建设方案（2021—2025 年）	明确八大重点任务[2-4]
浙江省人民政府办公厅	2021 年 7 月 2 日	浙江省农村生活污水治理"强基增效双提标"行动方案（2021—2025 年）	明确八大主要任务
浙江省人力资源和社会保障厅	2021 年 7 月 16 日	浙江省人社领域推进高质量发展建设共同富裕示范区实施方案（2021—2025 年）	明确七大主要政策举措
浙江省委、省政府	2021 年 7 月 19 日	浙江高质量发展建设共同富裕示范区实施方案（2021—2025 年）	明确"四率先三之美的省域范例"目标、"七个先行示范"重点任务
浙江省人民政府	2021 年 8 月	浙江省山区 26 县跨越式高质量发展实施方案（2021—2025 年）	布局山区 26 县跨越式高质量发展模式
浙江统战	2021 年 8 月 9 日	浙江省统一战线助力高质量发展建设共同富裕示范区实施方案（2021—2025 年）	明确实施六大行动

续表

发文部门	发布时间	文件名称	战略布局
浙江省经济和信息化厅	2021年9月2日	浙江省经济和信息化领域推动高质量发展建设共同富裕示范区实施方案（2021—2025年）	实施六大主要任务，明确经济和信息化领域推动高质量发展建设共同富裕示范区指标体系[2-2]
浙江省住房和城乡建设厅	2021年9月7日	关于打造住房城乡建设高质量发展省域样板推进共同富裕示范区建设行动方案（2021—2025年）	明确五大重点任务
浙江省民政厅	2021年9月15日	推进民政事业高质量发展建设共同富裕示范区行动方案（2021—2025年）	明确六大标杆区建设
文化和旅游部、浙江省人民政府	2021年11月3日	关于高质量打造新时代文化高地推进共同富裕示范区建设行动方案（2021—2025年）	明确九大重点任务
浙江省人民政府	2021年11月6日	浙江省全民健身实施计划（2021—2025年）	明确八大任务
浙江省人民政府办公厅	2021年12月8日	浙江省全民科学素质行动规划纲要实施方案（2021—2025年）	实施五大行动和五大工程
省发展改革委、省经信厅、省市场监管局、省大数据局、省能源局、省通信管理局	2021年12月16日	浙江省推动数据中心能效提升行动方案（2021—2025年）	明确七大重点任务，构建数据中心能效提升行动方案推动高质量发展建设共同富裕示范区指标体系[2-3]
浙江省交通运输厅 浙江省发展和改革委员会	2021年12月31日	浙江交通服务高质量发展建设共同富裕示范区专项行动方案（2021—2025年）	实施十二大专项行动，明确交通服务高质量发展建设共同富裕示范区指标体系[2-1]
浙江省人民政府办公厅	2022年5月6日	浙江省贯彻《国家残疾预防行动计划（2021—2025年）》实施方案	实施五大重点举措
浙江省人民政府	2022年7月30日	关于深化数字政府建设的实施意见	明确五大重点工作
浙江省人民政府办公厅	2022年9月2日	浙江省促进残疾人就业行动方案（2022—2025年）	实施十大重要措施

资料来源：笔者根据公开信息整理。

2.2　浙江 11 市因地制宜参与共同富裕示范区建设

在党中央国务院和省级层面的纲领性文件指引下，浙江 11 市于 2021 年 7～9 月先后发布地方市级层面因地制宜的共同富裕示范区建设实施方案（见表 2-2），分别设定了适宜自身具体情况的建设定位和建设目标。

表 2-2　　浙江 11 市公布的共同富裕示范区建设实施方案具体情况

地区	发布时间	方案名称	建设定位
杭州	2021 年 7 月 10 日	杭州争当浙江高质量发展建设共同富裕示范区城市范例的行动计划（2021—2025 年）	城市范例
宁波	2021 年 8 月 18 日	宁波高质量发展建设共同富裕先行市行动计划（2021—2025 年）	先行市
嘉兴	2021 年 9 月 9 日	嘉兴深化城乡统筹推动高质量发展建设共同富裕示范区的典范城市行动方案（2021—2025 年）	典范城市
温州	2021 年 7 月 23 日	温州打造高质量发展建设共同富裕示范区市域样板行动方案（2021—2025 年）	市域样板
绍兴	2021 年 7 月 7 日	绍兴奋力打造浙江高质量发展建设共同富裕示范区市域范例行动方案（2021—2025 年）	市域范例
湖州	2021 年 7 月 29 日	湖州争创高质量发展建设共同富裕示范区的先行市实施方案（2021—2025 年）	先行市
台州	2021 年 7 月 15 日	台州高质量发展建设共同富裕先行市行动方案（2021—2025 年）	先行市
金华	2021 年 7 月 22 日	金华高质量发展推进共同富裕先行示范实施方案（2021—2025 年）	先行示范
舟山	2021 年 7 月 24 日	舟山高质量发展建设共同富裕示范区先行市实施方案（2021—2025 年）	先行市
衢州	2021 年 8 月 22 日	衢州高质量发展建设四省边际共同富裕示范区行动计划（2021—2025 年）	四省边界共同富裕示范区
丽水	2021 年 8 月 23 日	丽水加快跨越式高质量发展建设共同富裕示范区行动方案（2021—2025 年）	跨越式

资料来源：笔者根据浙江 11 市公布的共同富裕示范区建设实施方案整理。

根据《浙江高质量发展建设共同富裕示范区实施方案（2021—2025年)》明确的共同富裕56个指标，郁建兴等（2022）对浙江11市的建设实施方案运用文本分析法，通过K值聚类分析发现浙江11市共同富裕示范区建设的目标定位存在明显差异（见图2-2），呈现出"省级示范下的市际差异"特征。其中，杭州、宁波属于先富引领型城市，温州、嘉兴、湖州、绍兴、金华、舟山与台州属于特色示范型，衢州和丽水属于后发跨越型。本书研究与他们的研究结论比较一致。整体来看，浙江11市因地制宜设定自身建设目标，能够达到充分发挥自身优势的目的，并且积极参与共同富裕示范区高质量建设。对标省级和市级关于高质量发展建设共同富裕示范区实施方案（2021—2025年）中的工作任务要求，浙江11市下辖区县各地也先后出台了基于自身优势与短板的实施方案（见表2-3）。很明显，浙江11市下辖区县各地共同富裕示范区建设呈现"市域示范下的县域差异"的显著特征。这种模式非常有利于各地区充分利用自身资源禀赋、产业发展情况，推动市域共同富裕示范区建设按期完成建设任务。

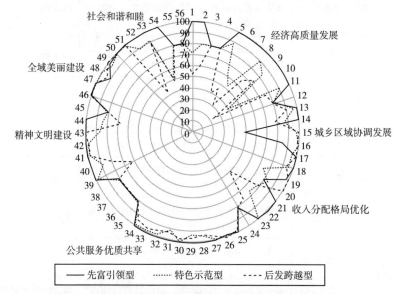

图2-2 浙江11市共同富裕示范区建设的目标定位差异明显

注：K值聚类统计分析结果呈现的是不同类型各目标指标百分制的数据（每一个指标中取值最高的数值设为100）。

资料来源：郁建兴，黄飚，江亚洲. 共同富裕示范区建设的目标定位与路径选择——基于浙江省11市《实施方案》的文本研究［J］. 治理研究，2022，38（4）：4-17.

表 2-3　浙江 11 市下辖区、县共同富裕示范区建设实施方案具体情况

城市	市域建设定位	下辖区、县	建设定位
杭州	城市范例	富阳区	星城范例
		上城区	排头兵
		临安区	排头兵
		余杭区	先行区
		西湖区	首善之区
		萧山区	新标杆
		临平区	县域样板
		钱塘区	时代样板
		桐庐县	县域样板
		建德市	县域样板
		拱墅	城市范例
		滨江	实践样板
		淳安	领头雁
宁波	先行市	海曙区	样板区
		江北区	先行标兵
		镇海区	先行区
		北仑区	先行区
		鄞州区	标杆区
		奉化区	特色区
		象山县	样板县
		宁海县	标杆县
		慈溪市	先锋市
		余姚市	先行地
温州	市域样板	鹿城区	先行样板
		龙湾区	龙湾样板
		瓯海区	先行标杆
		洞头区	海岛样板
		瑞安市	先行标兵
		乐清市	县域标杆
		龙港市	县域样板
		永嘉县	县域样板

续表

城市	市域建设定位	下辖区、县	建设定位
温州	市域样板	平阳县	县域典范
		苍南县	县域样板
		文成县	山区样板
		泰顺县	26 县样板
嘉兴	典范城市	南湖区	领跑示范
		秀洲区	均衡富庶发展、共同富裕典范
		嘉善县	先行典范
		平湖市	新崛起典范
		桐乡市	典范城市排头兵
		海宁市	示范表率
		海盐县	示范样板
绍兴	市域范例	越城区	排头兵
		柯桥区	先行地
		上虞区	争当排头兵争做优等生
		诸暨市	诸暨范例
		嵊州市	县域样板
		新昌县	县域标杆
湖州	先行市	吴兴区	模范生
		南浔区	示范样本
		德清县	先行样板
		长兴县	县域典范
		安吉县	安吉样本
金华	先行示范	婺城区	浙中板块
		金东区	县域样本
		武义县	排头兵
		浦江县	先行示范浙中板块
		磐安县	山区样板县
		兰溪市	县域样板
		义乌市	义乌示范
		东阳市	先行市
		永康市	先行示范

续表

城市	市域建设定位	下辖区、县	建设定位
台州	先行市	椒江区	先行示范区
		黄岩区	先行区
		路桥区	县域样板
		临海市	示范样板
		温岭市	先行市
		玉环市	先行示范市
		天台县	标杆县
		仙居县	山区样板
		三门县	先行县
衢州	四省边界共同富裕示范区	柯城区	先行示范区
		衢江区	先行示范区
		江山市	先行示范
		龙游县	浙西明珠
		常山县	县域典范
		开化县	先行地
舟山	先行市	定海区	港城标杆
		普陀区	先行典范
		岱山县	海岛样板
		嵊泗县	海岛样板县
丽水	跨越式	莲都区	成为共同富裕丽水领头雁和山区县排头兵
		青田	县域样板
		缙云	山区 26 县示范先行
		遂昌	先行样板
		松阳	美好社会模范生
		云和	样板县
		庆元	山区范例
		景宁	先行示范区
		龙泉	县域样板

资料来源：笔者根据 11 市下辖区县发布的共同富裕示范区建设实施方案整理。

2.3 浙江建设共同富裕示范区的共富型政策体系日臻完善

理论上,社会政策旨在通过国家制度以集体方式来干预个人问题。社会政策与国民福祉直接相关,是推动共同富裕的主要政策手段。在纲领性文件《中共中央 国务院关于支持浙江高质量发展建设共同富裕示范区的意见》指导下,浙江根据自身的地方性知识、特殊性和地区性利益运用自由量裁权对中央纲领性政策采取具体化处理,通过非常重视兜底性、基础性和普惠性民生建设,积极构建有助于推动共同富裕示范区高质量建设的社会政策体系框架(见图2-3)。

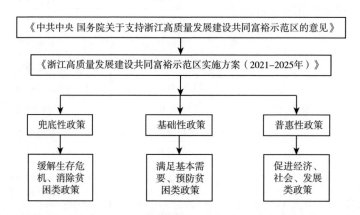

图2-3 浙江高质量发展建设共同富裕示范区共富型政策体系图谱解构

为了方便分析,根据吉尔伯特和特雷尔(2013)的社会福利政策分析框架,笔者将浙江社会政策体系划分为三层结构,即兜底性、基础性和普惠性。表2-4给出了2019~2023年浙江出台的重要社会政策(部分)情况。非常明显,这些社会政策具有很强的可操作性、可持续性和宽领域性特征。

表 2 - 4　　　　　　　2019～2023 年浙江出台的重要社会政策示例

发布时间	政策文件及政策体系	政策层级	主要内容	政策目标
2019 年 12 月	浙江省委办公厅、浙江省政府办公厅印发《关于加快推进新时代社会救助体系建设的实施意见》	兜底性（社会救助）	推进"1+8+X"大救助体系建设，进一步编密织牢民生保障兜底网。"1"即浙江省大救助信息系统"浙里救"，"8"即低保、特困、救灾、医疗、教育、住房、就业、临时救助，"X"即多元社会力量参与	更好地满足困难群众多层次、多样化的救助需求，不断增强困难群众的获得感幸福感安全感
2020 年 9 月	浙江省人民代表大会常务委员会发布的《关于修改〈浙江省社会救助条例〉等六件地方性法规的决定》	兜底性（社会救助）	修正后的《浙江省社会救助条例》分总则、最低生活保障、特困人员供养、自然灾害救助、医疗救助、教育救助、住房救助、就业救助、临时救助、社会力量参与、监督管理、法律责任、附则 13 章 63 条	缓解生存危机、消除贫困
2021 年 4 月	浙江省民政厅发布《浙江省民政事业发展"十四五"规划》	兜底性（社会救助）	着眼于社会救助方式"四个转变"，即从收入型单维度救助向综合型多维度救助转变，从按户籍人口救助向按常住人口救助转变，从物质类救助向"物质＋服务"类救助转变，从分散型救助向联合型救助转变，深化"1+8+X"新时代社会救助体系建设，推进助力共同富裕"七大行动"，建立解决相对贫困"五大机制"，加快实施"积极主动、精准高效"的智慧救助先行计划，高水平打造精准保障标杆区	构建"基本生活满足、公共服务优享、急难愁盼有助、社会融入友好"的可感知图景
2021 年 9 月	浙江省民政厅发布《推进民政事业高质量发展建设共同富裕示范区行动方案（2021—2025 年)》	兜底性（社会救助、基本养老等）	到 2025 年，高水平建成精准保障、幸福颐养、人人慈善、和谐自治、暖心服务"五个标杆区"，新时代社会救助体系成熟定型，幸福养老服务体系基本建成，"善行浙江"全面打造，城乡社区治理体系和治理能力显著提升，基本社会服务体系优质高效，"浙里长寿""浙有众扶"金名片持续擦亮，民政事业发展整体水平持续走在全国前列，建立成熟、可推广的体制机制和政策框架	为共同富裕社会体系下的民政事业高质量发展提供省域范例

续表

发布时间	政策文件及政策体系	政策层级	主要内容	政策目标
2021年9月	"1+2+N"的政策体系	普惠性（山区26县居民企业）	争取到2025年，26县人均GDP超过浙江全省平均的70%，达到全国平均水平。制定了进一步加强山海协作、结对帮扶的指导意见，推动构建组团式、宽领域、全覆盖的结对帮扶体系；为26县量身定制发展方案和支持举措	努力把推进26县跨越式高质量发展打造成为建设共同富裕示范区的标志性工程
2021年10月	《浙江省人民政府办公厅关于健全完善特困人员救助供养制度的意见》	兜底性（社会救助）	该意见对规范特困人员救助供养认定、明确规范特困人员救助供养内容和标准、规范和完善规范特困人员救助供养形式、加强和改进规范特困人员供养服务机构管理、保障措施等方面做了明确规定	强化特困人员基本生活保障，提高特困人员照料服务水平，助力共同富裕示范区建设
2021年10月	浙江省人力资源和社会保障厅、浙江省发展和改革委员会、浙江省交通运输厅、浙江省应急管理厅、浙江省市场监督管理局、浙江省医疗保障局、浙江省高级人民法院、浙江省总工会印发《浙江省维护新就业形态劳动者劳动保障权益实施办法》	基础性（劳动就业）	该办法对新就业形态劳动者范围、劳动用工、劳动报酬、工时和劳动定额、劳动保护、社会保险、公共服务、权益维护等方面做了详细规定	满足基本需要、预防贫困，促进高质量发展建设共同富裕示范区
2022年1月	浙江省人民政府出台"5+4"稳进提质政策体系	普惠性（全省居民企业）	"5+4"稳进提质政策体系，即扩大有效投资、减负强企、科技创新、"两稳一促"（稳外贸稳外资促消费）、民生保障"五大政策包"，和财政、自然资源、金融、能源"四张要素清单"，涵盖了经济发展、民生保障各个领域，浙江将通过25个政策文件贯彻落实该体系，其中既有向国家争取或承接国家政策的措施，也有延续、调整和集成浙江省现有政策的措施，更有一批浙江省新出台的政策措施	促进经济社会高质量发展，扎实推动共同富裕示范区建设

续表

发布 时间	政策文件及 政策体系	政策层级	主要内容	政策目标
2022 年 5 月	浙江省人力资源和社会保障厅办公室印发《2022 年社会保险助企纾困政策操作细则》	基础性 （社会保险）	依法参加失业保险并足额缴纳失业保险费 12 个月以上，2021 年度未裁员或裁员率不高于 2021 年度全国城镇调查失业率控制目标（5.5%），2021 年末参保 30 人（含）以下的企业裁员率不高于 20% 的企业。其中，劳务派遣企业须承诺已与用工单位就返还资金分配达成协议	满足基本需要、预防贫困，促进高质量发展建设共同富裕示范区
2023 年 1 月	《浙江省人民政府办公厅关于加快建设基本养老服务体系的实施意见》	兜底性 （基本养老）	建立基本养老服务制度体系；优化养老服务设施布局；保障基本养老服务设施高效运行；推进基本养老服务聚焦重点群体；提升养老服务队伍能力；构建智慧养老服务应用场景。到 2025 年，"居家＋社区机构＋智慧养老"家门口养老模式基本形成	保证养老服务的有效供给实现老年人群共同富裕
2023 年 1 月	浙江省人民政府"8＋4"政策体系	普惠性 （全省居民企业）	"8＋4"政策体系即，扩大有效投资、科技创新、"415X"先进制造业集群培育、现代服务业高质量发展、世界一流强港和交通强省建设、扩大内需和对外开放、乡村振兴和城乡一体化发展、保障和改善民生 8 个重点领域政策包，财政金融、自然资源、能源、人才等 4 张要素保障清单。具体工作中主要通过"1＋N"个政策文件来落实，"1"为实施《关于进一步提振市场信心　推动经济运行整体好转的若干政策》，"N"为由各部门细化制定一批配套政策措施	促进经济社会高质量发展，扎实推动共同富裕示范区建设

资料来源：笔者根据公开信息汇编整理。

整体来看，浙江建设共同富裕示范区的社会政策体系日臻完善，逐步形成了长期可持续运行的兜底性、基础性和普惠性等三大类的社会政策体系。这些社会政策体系相互补充、相互促进，明显更加注重公平正义、更加注重协调均衡、更加注重共同参与和发展成果共享，有效积极回应了共同富裕示范区建设的具体要求，避免形成类似"双钻石型"的社会阶层结构[2-5]（见图 2-4），非常有利于形成"橄榄型"社会阶层结构。

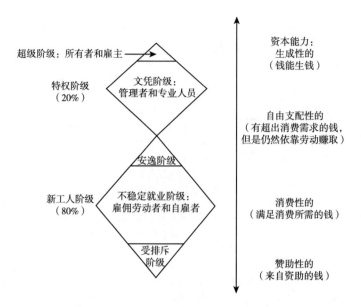

图 2-4　美国的"双钻石型"社会阶级结构

资料来源：怀松，佩卢奇，赖特. 新阶级社会：美国梦的终结？[M]. 张海东，等译. 北京：社会科学文献出版社，2019。

2.4　浙江高质量发展建设共同富裕示范区扎实开局

浙江高质量发展建设共同富裕示范区扎实开局，一批基层实践探索初显成效。截至 2023 年底，取得斐然成绩。具体来说有四个方面：

一是加快形成三批可复制、可推广的标志性成果。这些标志性成果涉及 10 个具体领域，共有 93 个典型案例（见表 2-5～表 2-7）。

表 2-5　　　　浙江高质量发展建设共同富裕示范区首批试点名单

(2021 年 7 月公布)

建设领域	试点地区
缩小地区差距领域	丽水市、温州泰顺县、嘉兴平湖市、衢州龙游县
缩小城乡差距领域	湖州市、杭州淳安县、宁波慈溪市、金华义乌市、台州路桥区、台州仙居县、丽水松阳县

续表

建设领域	试点地区
缩小收入差距领域	温州鹿城区、绍兴新昌县、金华磐安县、舟山嵊泗县
公共服务优质共享领域	宁波市、杭州富阳区、温州瓯海区、台州三门县
打造精神文明高地领域	衢州市、嘉兴南湖区、绍兴诸暨市、金华东阳市
建设共同富裕现代化基本单元领域	绍兴市、杭州萧山区、宁波北仑区、湖州安吉县、衢州衢江区

资料来源：高质量发展建设共同富裕示范区，浙江确定首批六大领域、28 个试点 [EB/OL].
https：//www.ndrc.gov.cn/fzggw/jgsj/jys/sjdt/202107/t20210729_1292073.html，2021 − 07 − 29。

表 2 − 6　　　浙江高质量发展建设共同富裕示范区第二批试点名单
（2022 年 6 月公布）

建设领域	试点地区
县域综合类试点	舟山嵊泗县、丽水景宁县
成果展示类试点	宁波市、嘉兴市、温州瑞安市、金华义乌市、台州玉环市
机制创新类试点	杭州市、衢州市、杭州钱塘区、杭州桐庐县、温州乐清市、湖州吴兴区、湖州南浔区、嘉兴桐乡市、金华永康市、衢州常山县、台州温岭市、丽水遂昌县
改革探索类试点	杭州余杭区、杭州临安区、宁波海曙区、温州龙湾区、湖州德清县、嘉兴秀洲区、嘉兴嘉善县、绍兴柯桥区、金华兰溪市、衢州龙游县

资料来源：浙江省高质量发展建设共同富裕示范区第二批试点名单公布 [EB/OL]. http：//
www.qxzh.zj.cn/art/2022/6/21/art_1228998548_58914299.html，2022 − 06 − 21。

表 2 − 7　　　浙江高质量发展建设共同富裕示范区第三批试点名单
（2023 年 5 月公布）

建设领域	试点地区
经济高质量发展领域	温州市、温州市鹿城区、安吉县、嘉兴市秀洲区、海盐县、绍兴市上虞区、永康市
收入分配制度改革领域	金华市、建德市、长兴县、嵊州市、金华市婺城区、嵊泗县、台州市黄岩区、玉环市
公共服务优质共享领域	台州市、杭州市西湖区、绍兴市柯桥区、诸暨市、义乌市
城乡区域协调发展领域	衢州市、绍兴市越城区、金华市金东区—磐安县、临海市、缙云县

建设领域	试点地区
社会主义先进文化发展领域	嘉兴市、湖州市吴兴区、武义县
生态文明建设领域	舟山市、浦江县
社会治理领域	湖州市、丽水市、淳安县、宁海县、诸暨市、台州市路桥区

资料来源：36 个！浙江省高质量发展建设共同富裕示范区第三批试点名单公布 ［EB/OL］. https：//m. thepaper. cn/baijiahao_22982175，2023 - 05 - 06。

二是加快形成三批可复制、可推广的共同富裕最佳实践案例 182 个（见表 2 - 8 ~ 表 2 - 10）。浙江高质量发展建设共同富裕示范区领导小组办公室相继开展了三次共同富裕最佳实践评选工作。这些共同富裕最佳实践案例，为其他地区开拓创新、争先创优，扎实推动共同富裕示范区建设提供了很好的学习借鉴。

表 2 - 8　　浙江高质量发展建设共同富裕示范区最佳实践（第一批）

实践领域	部门、地区	具体做法
经济高质量发展先行示范	浙江省经信厅	培育"专精特新"企业，壮大浙江共同富裕根基
	浙江省市场监管局	探索实施专利免费开放许可制度，促进中小微企业创新发展
	杭州临平区	搭建"时尚 E 家"平台；助力服装中小企业蝶变
	宁波市	强化"五链"协同，促进大中小企业融合发展
	台州市	打造金融助富联盟，探索小微金融助力共同富裕新路径
收入分配制度改革先行示范	浙江省人力社保厅	聚焦"扩中"提低"，全力打造"浙派工匠"名片
	浙江省医保局	推进惠民型商业补充医疗保险，着力织密多层次医疗保障网
	浙江省总工会	深化能级工资集体协商，推动技术工人"以技提薪"
	杭州钱塘区	构建"三大体系"，推动高校毕业生创业就业
	温州泰顺县	创新"企农融合"模式，打造新富民产业
	湖州长兴县	"百社联千户"助农增收，破解"提低"难题
	嘉兴桐乡市	深化"乌镇模式"，全域旅游带动富民就业增收
	绍兴新昌县	打造科技人员创富新样板，探索共富"扩中"新路径
	金华兰溪市	百县千碗兰溪样板，推动美食产业富民增收

续表

实践领域	部门、地区	具体做法
收入分配 制度改革 先行示范	台州市	推动"双增双收"，让技术工人成为"扩中"主力军
	台州三门县	深化"三改"涛头模式，促海岛畲乡共富
	丽水庆元县	培育壮大甜橘柚产业，探索山区农民增收致富新路子
城乡区域 协调发展 先行示范	浙江省委组织部	推行全域党建联盟助力共同富裕
	浙江省委统战部	"我的村庄我的梦"新乡贤带富工程
	浙江省建设厅	高质量推进未来社区建设，打造共同富裕现代化基本单元
	浙江省农业农村厅	实施强村富民乡村集成改革，加快促进农民农村共同富裕
	浙江省国资委、 杭钢集团	"双碳"引领国企与山区共建生态，产品价值实现共富快车道
	宁波慈溪市	党建引领乡村片区组团共富发展
	宁波宁海县	打造"集士驿站"服务品牌，推动农村物流集成改革
	嘉兴平湖市	打造山海协作高质量发展升级版
	绍兴市	全域推进宅基地制度改革，激发强村富民新活力
	金华磐安县	飞地经济打造共建共富样板
	衢州市	统筹推进连片发展，建设共富未来乡村
	舟山市	探索就业"订单"培训机制，推动"山海共富"
	丽水市	推进"大搬快聚"，实现富民安居
	丽水缙云县	发展"五彩农业"，探索地理标志富农新路径
公共服务 优质共享 先行示范	浙江省教育厅	全省域推动城乡教共体建设，促进义务教育优质均衡发展
	浙江省民政厅	"浙有众扶"集成改革，构建全生命周期智慧大救助体系
	浙江省卫生健康委	聚焦共同富裕，紧扣发展主题，全力打造高水平县级强院
	杭州市	打造"家院互融、原居安养"养老服务模式
	杭州富阳区	商业预付卡全周期治理，助力居民安心消费
	湖州市	率先推进全市域"三医联动""六医统筹"集成改革
	湖州安吉县	深化"安吉游戏"学前教育模式，擦亮"浙有善育"金名片
	嘉兴嘉善县	实施"五统联动"公办养老机构改革，打造养老服务共富样板
	金华义乌市	长期护理保险筑牢失能群体兜底保障

续表

实践领域	部门、地区	具体做法
社会主义先进文化发展先行示范	浙江省委宣传部	构建共同富裕民情研析机制
	浙江省文化和旅游厅	"耕山播海"带动全民艺术普及
	杭州拱墅区	"拱墅优礼"全域文明新实践
	温州市	深化城市书房建设，打造城乡一体化文化惠民共富
	金华东阳市	打造横店国际影视文化创新中心，推动文化体制改革创新
生态文明建设先行示范	浙江省生态环境厅	打造海洋塑料污染治理"蓝色循环"新模式
	温州洞头区	修复蓝色海湾，打造生态共富海岛样板
	嘉兴南湖区	农村生活垃圾分类数字化标准化建设
	衢州市	碳账户金融助推共富发展
	衢州常山县	深化"两山银行"改革，助力富民增收
社会治理先行示范	浙江省纪委、浙江省监委	聚焦共富急难愁盼，开展漠视侵害群众利益问题专项治理
	浙江省人大常委会办公厅	完善法规制度体系，为共同富裕示范区建设提供法治保障
	浙江省政协办公厅	打造"民生议事堂"协商新平台助力共同富裕示范区建设
	浙江省委政法委	探索"除险保安"晾晒机制，推进风险"全链条"闭环管理
	杭州余杭区	打造"三三三"共富治理体系，"众人的事情由众人商量"
	绍兴柯桥区	传承发扬驻村指导员制度，打造推进共富"硬核队伍"
	金华永康市	打造"龙山经验"升级版，构建共同富裕社会治理新路径
	衢州衢江区	整体智治推进基层治理高效协同
	丽水市	开展司法公正感受度提升工程，让人民群众对公平正义更有感
	丽水莲都区	创新"村级事务阳光票决制"，探索山区基层治理新路径

资料来源：关于浙江省高质量发展建设共同富裕示范区最佳实践（第一批）名单的公示［EB/OL］. https：//fzggw. zj. gov. cn/art/2022/5/19/art_1229629046_4926279. html，2022 – 05 – 19。

表 2 – 9　浙江高质量发展建设共同富裕示范区最佳实践（第二批）

实践领域	部门、地区	具体做法
经济高质量发展先行示范	人行杭州中心支行、浙江省市场监管局	创新"贷款码"融资模式，提升小微金融服务质效
	杭州萧山区、滨江区	深化"萧滨一体化"模式，打造区域协作共富升级版
	绍兴上虞区	建设"产业大脑＋未来工厂"，推动电机产业高质量发展

实践领域	部门、地区	具体做法
经济高质量发展先行示范	金华东阳市	打造浙江省建筑业高质量发展综合实验区，推动民营建筑企业高质量发展
	台州椒江区	构建小微"智富"新生态，策动经济发展内生力
收入分配制度改革先行示范	浙江省委组织部	党建引领"共富工坊"建设
	浙江省委统战部、浙江省侨联	探索"侨助工坊"新模式，打造"侨助共富"金名片
	浙江省统计局	"全面覆盖+精准画像"共同富裕基础数据库建设
	宁波市	构建"三抓三强"体系，推动科研人员"名利双收"
	衢州市	大培训一体化带动"三新"人群就业奔富
	温州龙港市	试点农民住房公积金制度，探索基层共富新路径
	湖州吴兴区	三维发力助力产业工人蓝领增色
	舟山嵊泗县	"海中黑宝石"的致富经——"蓝海牧岛"共富工坊
	台州黄岩区	推进"瓜果飘香，富甲多方"助力瓜果产业升级
	台州临海市	助力残疾人"三零"创业，打造困难群体"提低"新模式
城乡区域协调发展先行示范	浙江省科技厅	深化科技特派员制度改革，加快推动科技惠农富民
	浙江省交通运输厅	推进农村客货邮融合发展，打通农村物流末端节点
	浙江省农业农村厅	深化千万工程，建设未来乡村
	浙江省文化和旅游厅	乡村文旅运营：精绣诗画浙江"共富山居图"
	绍兴市	"产业飞地"助山区奔富
	金华市	党建统领"百镇共建"助推山区共同富裕
	丽水市	党建统领"丽水山递"打通城乡共富路
	杭州建德市	"三式"引育农创客，打造"两个先行"乡村示范
	温州泰顺县	迭代推进"共富大搬迁"，做实"富得起"后半篇文章
	绍兴柯桥区	以"共富星村"省级试点，助推强村富民乡村集成改革
	金华义乌市	农业标准地改革推动农业增效农民增收
	衢州开化县	聚力打造"人人有事做 家家有收入"山区共同富裕重要论述先行实践地
	台州温岭市	以"全域整"加速驱动"全域富"，打造城乡协调发展示范样板
	台州玉环市	打造农民持股共富模式，探索富民强村新路径

实践领域	部门、地区	具体做法
公共服务优质共享先行示范	浙江省政府办公厅	开发建设"身边民生实事"数字应用,迭代完善为民办实事长效机制
	浙江省公安厅	全省域实施"电子居住证＋互认互通"应用,打造共享发展共同富裕"绿卡"
	浙江省民政厅	"海岛支老、一起安好"行动
	浙江省国资委、物产中大集团	打造"伞状"医康养联合体,探索国企养老服务新模式
	浙江省总工会	推进新就业形态劳动者服务保障体系建设,有力维护新就业群体发展权益
	浙江省残联	多跨协同创新构建全生命周期残疾预防工作体系
	杭州市	创新推动嵌入式体育场地设施建设
	宁波市	创新"优享医护"模式,打通居家优质医疗护理"最后一公里"
	温州市	创新实施"明眸"工程,让百万孩子拥有光明未来
	杭州上城区	"幸福邻里坊"打造社区共富综合体
	宁波镇海区	创新众筹互助养老模式,构建居家养老生态圈
	湖州南浔区	率先探索公办幼儿园"托幼一体化",构建普惠优质托幼服务体系
	嘉兴海盐县	以"数智国医"为抓手,打造百姓家门口的中医药服务圈
	绍兴诸暨市	创新爱心食堂长效体系,探索文明共富新路径
	舟山普陀区	打造"健康方舟",打通海岛健康服务"最后一海里"
	台州天台县	打造"乡村名校",走实教育共富新路径
	台州三门县	全域建设虚拟养老院,打造"浙里康养"山区县实践样板
	丽水缙云县	打造"缙情帮"医保防贫,构建多层次医疗保障体系
社会主义先进文化发展先行示范	浙江省纪委、浙江省监委	让清风正气充盈共富之路——加强群众性廉洁文化建设,促进精神富有
	浙江省委宣传部	打造农村文化礼堂2.0版
	舟山市	海上新时代文明实践号
	杭州桐庐县	高质量建设乡村"复兴少年宫",打造青少年"精神共富"新阵地

续表

实践领域	部门、地区	具体做法
社会主义先进文化发展先行示范	湖州德清县	形塑"德文化"推动全民精神富有
	衢州常山县	擦亮"早上好"兴村品牌，打造山区共富样板
	丽水松阳县	创新"拯救老屋"行动，打造多彩共富精神家园
生态文明建设先行示范	浙江省发展改革委	两山合作社助力生态惠民富民
	浙江省财政厅	迭代绿色财政奖补，助推"绿""富"共进双赢
	宁波海曙区	践行"两山"理念，探索山区生态共富新路径
	湖州安吉县	竹林碳汇改革推动低碳共富
	衢州柯城区	开启零废生活，解锁共富密码
社会治理先行示范	浙江省人大常委会办公厅	打造全过程人民民主基层单元，助推共同富裕示范区建设
	浙江省政协办公厅	推动委员更好联系服务群众、助力共同富裕
	浙江省委政法委	重大决策社会风险评估
	浙江省法院	全面加强"共享法庭"建设，健全"四治融合"城乡基层治理体系
	浙江省检察院	企业家法治会客厅
	湖州市	全国首创标准化矛盾纠纷调处化解综合体
	嘉兴市	打造"嘉兴众治"平台，健全共建共治共享社会治理格局
	宁波余姚市	实施乡村检察官制度，推动检力下沉一线促善治
	温州苍南县	培育发展民间救援力量，共筑全民防灾减灾体系
	嘉兴桐乡市	打造"四治融合"城乡社区现代治理新样板
	金华浦江县	应用"好家风指数"拓宽基层治理新路径
	金华武义县	深化新时代"后陈经验"，激发共同富裕社会治理新动能

资料来源：关于浙江省高质量发展建设共同富裕示范区最佳实践（第二批）名单的公示［EB/OL］. https：//fzggw.zj.gov.cn/art/2022/12/12/art_1229629046_5037355.html，2022 – 12 – 12。

表 2 – 10　浙江省高质量发展建设共同富裕示范区最佳实践（第三批）

实践领域	部门、地区	具体做法
经济高质量发展先行示范	浙江省海港集团	构建"海铁联运"物流通道，探索"陆海联动　东西互济"共富新路径
	嘉兴市海盐县	以"三全服务"破解三难，持续激发高质量外资集聚效应
	温州市平阳县	创新构建"1534"体系，谱写食品小作坊高质量发展新篇章

续表

实践领域	部门、地区	具体做法
经济高质量 发展先行示范	温州市鹿城区	聚力预防性重点产业合规改革，助企提振共富信心
	湖州市吴兴区	打造知识产权一站式公共服务平台，激发共同富裕内生动力
	宁波市北仑区	创新工业集聚区"社区化"服务，探索企业和职工双向奔富新实践
收入分配制度 改革先行示范	杭州市富阳区	创新"富裕阳光 暖心无忧"，医保防贫共富改革路径
	金华市婺城区	创新构建"零工市场＋"服务体系，织密零工群体劳有所得保障网
	金华市浦江县	创新"三分六统"机制，探索农民增收新路径
	金华市永康市	创新东西部协作技能人才培养机制，打造"东迁西归"增技增收路径
	舟山市嵊泗县	明晰扩中提低新路径，打造家庭共富监测新体系
	嘉兴市	构建长期护理保险体系，有效破解失能人员护理难题
	湖州市安吉县	"余村全球合伙人"计划，有效破解乡村人才集聚难题
	台州市	集成新就业形态劳动者保障体系，走深"扩中"改革新路径
城乡区域协调 发展先行示范	杭州市钱塘区	打造"钱塘巢·共富农房租"助力职住平衡
	杭州市临安区	"村庄经营"探索未来乡村运营机制
	金华市磐安县	打造农村物流"直通车"，推动乡村振兴农民增收致富
	台州市仙居县	打造县域公用品牌，推动乡村产业增效农民增收
	嘉兴市秀洲区	建设城乡融合现代社区，打造高质量转移农民市民化载体平台
	温州市乐清市	创新"村企共建"机制，制度化打造共建共赢实践范式
	衢州市龙游县	打好"优安置、暖政策、数字化"组合拳，推动农业转移人口市民化
	杭州市淳安县	以大下姜联合体推进先富帮后富区域共同富
	湖州市	打造"露营＋"管理服务一件事，护航乡村旅游新业态健康发展
	台州市	创新财金协同支农助力乡村"增收创富"
	宁波市鄞州区	协同联动"三大飞地"，迈出山海共富新步伐

续表

实践领域	部门、地区	具体做法
公共服务优质共享先行示范	丽水市龙泉市	打造"浙丽乡村好医"服务场景，筑牢偏远山区乡村群众健康防线
	杭州市西湖区	打造"幸福荟"民生综合体，让优质公共服务"触手可及"
	温州市瓯海区	创新"三个一体推进"路径，统筹解决"一老一小"难题
	杭州市	创新"一老一小"服务场景，探索"双龄共养"老幼共融新样板
	绍兴市新昌县	构建全域化多层次养老体系，全力打造"十分钟"养老服务圈
	宁波市镇海区	创新"名校+"机制，推动优质教育资源均衡普惠共享
	台州市玉环市	勇担共富使命　凝聚数改力量，以"健康地图"实现全域全民全程享健康
	台州市三门县	全面深化"助共体"改革，高水平打造"浙有众扶"县域实践
	杭州市	创新低收入人口动态监测帮扶机制，精准"提低"促"共富"
社会主义先进文化发展先行示范	浙江省文投集团	推进"老屋复兴"提质扩面，打造文化赋能乡村振兴样板
	舟山市	探索"礼堂伙伴"共建共享机制，打造海岛农村精神共富新地标
	湖州市德清县	实施"活乐兴旺"系列工程集成打造乡村精神富有新样板
	嘉兴市南湖区	青少年红色基因传承——"红船精神进校园"育人实践
	金华市武义县	打造"共富百花会 2.0"探索山区县公共文化服务，"精准速达"新路径
生态文明建设先行示范	湖州市安吉县	创新探索生态产品价值实现机制，全力拓宽绿色共富路径
	丽水市云和县	实施梯田生态修复助推"两山"转化，打造山区共富实践
	金华市	构建危险废物基层智管体系，擦亮高质量发展绿色基底
	舟山市	先行探索净零碳乡村路径，打造海岛乡村振兴实践样本
社会治理先行示范	嘉兴市海宁市	探索社会组织协同治理新路径，绘就社区善治新图景
	温州市永嘉县	打造检察听证全流程工作体系，构建共建共治共享治理新格局

续表

实践领域	部门、地区	具体做法
社会治理 先行示范	绍兴市嵊州市	传承发展新时代"民情日记",打造协同治理新样板
	衢州市常山县	村社平安指数评价体系
	舟山市岱山县	创新发展新时代"海上枫桥经验",打造护航国家千亿级产业园的鱼山样板
	湖州市	实施"1+300"数字群防,构筑"无诈单元"安全网
	金华市义乌市	深化协同智治,构建商贸纠纷诉源治理新格局
	温州市洞头区	创新海区治理路径,筑牢海岛共富根基

资料来源:关于浙江省高质量发展建设共同富裕示范区最佳实践(第三批)名单的公示［EB/OL］. https://fzggw.zj.gov.cn/art/2023/10/25/art_1229629046_5193793.html,2023-10-25。

三是加快形成新型浙江标准体系,"标准化+"融入经济社会发展各个领域,正凝聚起助力"两个先行"的重要力量。2022 年浙江制定发布 23 项共同富裕领域地方标准,累计发布数字化改革地方标准 13 项,制定发布双碳相关标准 6 项,发布"浙江制造"标准 183 项,发布《省际毗邻公交运营服务规范》《智慧药房评价体系》等多项区域统一地方标准。截至 2022 年 10 月前,浙江累计主导制定国际标准 50 项、国家标准近 2300 余项,现行有效地方标准 1093 项,发布团体标准 4963 项,数量位居全国第一,企业标准公开数量达到 270658 项,位列全国第二。[①]

四是加快打造形成数字化改革 149 项重大标志性成果,主动引领全球数字变革。面对时代发展新需求、新痛点,面对实现省域治理体系和治理能力现代化的要求,浙江借数字之力重塑治理思维,2022 年形成"最佳应用"104 项、"最强大脑"15 项、"最优规则"15 项、"最响话语"15 项等四个领域的标志性成果[②],从整体上推动了省域经济社会发展和治理能力的质量变革、效率变革、动力变革,构建数字文明的路径正在浙江走出。

---

① 夏燕,陈双斌.2022 世界标准日:奋进"两个先行",浙里探"标准"路径［N］. 市场导报,2022-10-14.

② 浙江公布 2022 年数字化改革"最系列"成果 评选出最佳应用 104 项［EB/OL］. 浙江新闻客户端,2022-10-30.

2.5　浙江加快构建和形成全域创新支撑共同富裕的机制体系

　　浙江正加速向高水平创新型省份建设迈进。自 2018 年以来，浙江大力实施科技创新和人才强省首位战略，浙江加快建设"互联网＋"、生命健康、新材料三大科创高地，不断强化浙江大学原有学科优势，做强之江实验室、西湖大学等高能级平台，全力打造以城西科创大走廊为主平台的创新策源地。之江实验室成功纳入国家实验室体系，十家省实验室在浙江省各地落子布局，浙江省全省上下大力实施"尖峰""尖兵""领雁""领航"四大计划，推动创新链产业链高效协同、融合发展。① 根据中国科技发展战略研究小组和中国科学院大学中国创新创业管理中心共同发布的《中国区域创新能力评价报告 2021 年》，2021 年浙江创新能力排名全国第 5 位[2-6]，连续 14 年保持不变。总体上看，虽然排名没有变化，但过去 20 年来浙江省创新能力逐年稳步提升，科技对经济社会发展的支撑作用日渐凸显，科技综合实力稳居全国第一方阵。从指标层次看，实力综合指标排名第 4 位；效率综合指标排名第 5 位，较 2020 年上升 1 位；潜力综合指标排名第 3 位，较上年上升 15 位。分领域（指标维度）看，知识创造、知识获取、企业创新、创新环境和创新绩效排名分别是第 5 位、第 9 位、第 3 位、第 4 位和第 4 位，其中知识获取排名下降 2 位，创新绩效排名提升 1 位。浙江省科技创新成效连续 4 年（2019～2022 年）获国务院督查激励，11 个设区市连续 2 年（2021～2022 年）全部实现人才净流入。② 2023 年浙江全社会研发投入强度达 3.15%。③

---

　　① 浙江新闻联播．浙江提升创新策源能力　以科技创新厚植动能制胜未来［EB/OL］. https：//mp．weixin．qq．com/s？__biz = MjM5MTE3NDE4NQ = = &mid = 2651673506&idx = 1&sn = 87dc22e6a48b3cb1089edde6c83cc9d6&chksm = bd4068e48a37e1f2e403cadcb619cd7c0afbbec4e3b11ed022beefd07bb91f98c420b84fe729&scene = 27，2022 - 06 - 16.

　　② 马跃明，邵玩玩．迈向高水平科技强省——浙江以科技创新塑造制胜优势综述［EB/OL］. https：//www．jrzj．cn/art/2022/7/31/art_706_20676．html，2022 - 07 - 31.

　　③ 曹雅丽．"八八战略"引领精彩蝶变 浙江对标新质生产力打造高能级开放强省［EB/OL］. https：//www．cinn．cn/p/289900．html.

创新是引领发展的第一动力，是建设现代化经济体系的战略支撑。① 浙江围绕创新驱动主基调，强化顶层设计构建，坚定不移实施人才强省、创新强省首位战略，紧紧抓住科技创新这个"牛鼻子"，以高水平科技创新引领高质量发展，全面推进创新引领经济变革，经济高质量发展实现重大跃升；浙江省统计局公布的数据显示，2023 年浙江省 GDP 突破 82553 亿元，比上年增长 6%，稳居全国第四。扎实推进建设共同富裕示范区，高质量发展是基础。高质量发展依赖于高质量创新，只有高质量创新才能夯实共同富裕的物质基础。现阶段，浙江正把科技自立自强作为战略支撑，加快探索社会主义市场经济条件下新型举国体制开展科技创新的浙江路径，形成创新型省份、创新型城市、创新型县（市）和科技园区为重要引擎的全域创新体系。浙江正积极探索形成和健全全域创新支撑共同富裕的关键机制体系（见图 2 − 5）。

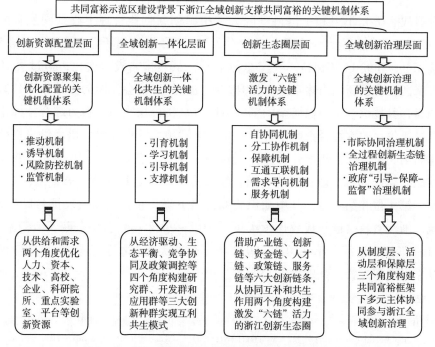

图 2 − 5　浙江全域创新支撑共同富裕的关键机制体系

---

① 习近平：决胜全面建成小康社会　夺取新时代中国特色社会主义伟大胜利——在中国共产党第十九次全国代表大会上的报告［EB/OL］. https：//www. gov. cn/zhuanti/2017 − 10/27/content_5234876. htm，2017 − 10 − 27.

2.5.1 积极探索构建浙江创新资源聚集优化配置的关键机制体系

创新资源是科技成果转化和重大关键技术突破过程中涉及的人力、资本、技术、高校、企业、科研院所、重点实验室、平台等资源的总称，是最能体现地区综合竞争力的战略资源。区域创新资源错配影响着地区经济发展质量与效率。浙江从供给和需求两个角度不断优化上述创新资源，探索构建共同富裕框架下创新资源聚集优化配置的四维关键机制体系。（1）构建创新资源聚集均衡化的推动机制。整合现有"中央—省—市—县"四级层面的创新政策体系，分类提升各层级创新政策的行政导向性，增强各级政府对创新资源的调动能力。（2）构建创新资源聚集均衡化的诱导机制。整合各种诱导性的创新政策具体措施工具，统筹协调各级政府职能部门的工作机制，增强各级政府对创新资源的引导能力。（3）构建创新资源聚集均衡化的风险防范机制。打破不同区域之间的壁垒，降低区域创新资源缺口风险和区域创新资源供给过剩风险，增强各级政府推进创新资源的区域间的整合能力。（4）构建创新资源聚集均衡化的监管机制。整合现有各种信息技术手段，实时动态监测各个区域创新资源的供求状态，增强各级政府对创新资源流动的稽核能力。

2.5.2 积极探索构建全域创新一体化共生的关键机制体系

在区域创新生态系统中，每个创新种群都扮演着重要角色：研究群是创新奠基石，主要工作是探求新知；开发群是产品研发枢纽，主要工作是开发创新性产品；应用群是创新最前线，主要工作是反馈关键信息。三种创新种群是具有复杂相关关系的生态有机种群，对聚集区域创新能量，提升区域创新竞争能力有着重要影响。浙江从经济驱动、生态平衡、竞争协同及政策调控等四个角度探索构建共同富裕框架下三大创新种群实现互利共生模式的四维关键机制体系。（1）实施创新主体领军计划。通过发挥大企业、科研院所和高等院校的引育领军作用，催生整个省域更多新生力量，实现共生创新能力的快速提升。（2）实施创新共生网络建设。通过打造一系列一流现代创新社区样板[2-7]，形成多点突破的良好格局，撬动省域创新共生网络的构建与优化。（3）实施创新资源引导政策。立足不同地区产业优势，通过实施专项行动计划，引导人才、知识、技术、资金等创新资源跨区域合理流动和聚集，实现全域创新效能的大幅提升。（4）完善全域创新生态圈建设。采取多维度精准发力，使用超常规政策举措，强化各种创新平台等载体的支撑作用，加快建设形成市场引领、多方联动的一流开放型创新生态圈。

2.5.3 积极探索构建激发"六链"活力的关键机制体系

创新生态圈通常以机构和平台为载体，通过整合多种创新资源，形成基于若干不同层次不同类型的载体，并借助产业链、创新链、资金链、人才链、政策链、服务链等六大链条构成协同互补和共生作用的体系。这六大链条的协同运作是浙江创新生态圈得以高效发展的关键。（1）构建创新链不同环节有机衔接的实现机制。一体推进上游、中游、下游等环节建设和协同集成，注重创新链三大环节内关键活动的密切衔接和融合，消除不同环节上的"孤岛现象"，筑牢全生命周期模式的创新链条。（2）建设省域大数据产业集成平台。依托现代大数据技术，因地制宜整合浙江省现有11城市产业优势，通过实施区域分工协作机制，加速实现省域产业协同发展的动能转换。（3）构建科技金融支持"六链"深度融合的保障机制。探索开发新型科技金融工具，完善各种科技创新投融资平台的功能和运行机制，优化风险补偿机制，切实扭转融资约束和资金错配等突出问题，充分发挥科技金融维持"六链"顺畅运行的保障功能。（4）组建浙江省科技创新信息联盟。建成由浙江省科技厅和工信厅牵头，其他相关政府部门协同参与，联合省内高校科研院所和其他各种创新高地等共同参与的浙江省科技创新信息联盟，筹建浙江省统一的科技创新信息数据库，系统重塑省域创新信息链，聚力推动浙江11市创新信息的互联互通。（5）实施共建技术转移的人才队伍工程。依托现有浙江省人才集聚优势，联合浙江11市的高校、科研院所和高科技企业共建培育多层次、多门类技术转移人才队伍，坚持需求导向，因地制宜地推动技术人才跨市"为我所用"的格局。（6）构建浙江省创新生态链政策服务平台。积极推进政府政策落实落地，强化科技服务供给，构建以政府为引导、创新主体高度参与的开放型浙江省创新生态链服务平台，实现创新生态链六大链条无缝衔接。

2.5.4　积极探索构建全域创新治理的关键机制体系

区域创新治理是一个非常复杂的动态发展系统。创新治理能力的表征在创新政策、制度、法律等内容的制定和执行，形成一定的创新治理机制，促进多元创新主体进行创新投入和创新成果的扩散，激发创新主体之间发生协同作用，在外部环境的支撑下实现创新体系的有效治理。浙江从制度层、活动层和保障层三个角度探索构建出创新赋能共同富裕实现的浙江全域创新治理的三维关键机制体系。（1）构建市际协同治理的对话机制。杭州处于浙江省域创新生态中心位置，是省域创新治理关键城市主体。建议以杭州为中心搭建市际协同治理直接对话机制，最大限度发挥杭州辐射引领作用，推动其他城市共享参与的协同治理格局，切实有效提升省域创新能力韧性。（2）构建省域创新生态链的治理机制。统筹考虑浙江省域创新生态系统完整性，围绕创新链紧密布局产业链、资金链、信息链、政策链、人才链等链条，建设全过程创新生态链，加快形成创新生态链中各参与主体相互耦合、相互支撑、共同推进的治理格局。（3）构建政府"引导—保障—监督"的治理机制。充分发挥政府"有形之手"作用，为处于创新生态位中心城市杭州和其他城市积极参与省域创新生态链的建设和完善"牵线搭桥"，为加快省域创新生态链的形成与发展扫清障碍和提供制度保障，为省域创新生态链各环节的风险防控强化和健全监督体系。

第3章 浙江建设共同富裕示范区的探索与创新：整体宏观视角

高质量发展建设共同富裕示范区属于一项系统性、复杂性工程，任务非常艰巨，具有明确的时间要求和实现目标要求，但又不能急于求成，必须脚踏实地、久久为功才能在全国扎实推动共同富裕道路上扮演好"领头雁"角色。浙江在共同富裕示范区建设中取得的成效将会影响到全国扎实推动共同富裕取得明显进展的建设进程。这就要求浙江省必须从整体宏观角度统筹做好共同富裕示范区框架规划设计与实施。从整体宏观视角来看，高质量发展建设共同富裕示范区的建设效果关键取决于建设机制、建设理念、建设体系和建设思路的整体架构设计与实施。其中，建设机制系统地回答了什么才是根本性的、规律性的、长期性的共同富裕示范区建设思路和模式。建设理念系统地回答了什么才是共同富裕示范区建设的指挥棒。建设体系系统地回答了什么才是共同富裕示范区建设的具体内容。建设思路系统地回答了共同富裕示范区如何建设才能体现出浙江特色、具有浙江标识、助推共同富裕实践"中国模式"的理论创新。

3.1 浙江建设共同富裕示范区机制上的探索与创新

李实和朱梦冰（2022）认为，实现共同富裕需要从长计议，不可急于求成，需要科学而又周密地设计发展路径，需要采取切实可行的政策措施，更需要全社会齐心合力的推进。① 因此，从共同富裕实现的具体模式角度来看，党中央赋予浙江先行先试高质量建设共同富裕示范区就具有非常重要的特殊使命。如何建设一个让全国人民满意的共同富裕示范区，没有现成的经验模式可以照搬，共同富裕示范区建设只能由浙江人民自己通过实践来探索。浙江为完成这一特殊使命，需要寻找和确立相应的理论建构和实践模式。

　　高质量发展建设共同富裕示范区是浙江全省人民的共同事业。共同富裕是人民的根本利益。站在浙江省 11 市具体实际情况来看，不同地区之间差异较大。为此，依据"承载各方利益，平衡多方诉求，坚持人民性是社会主义共同富裕的底层逻辑"②，浙江寻找到了并能够切实推行根本性的、规律性的、长期性的共同富裕示范区建设思路和模式（见图 3－1），并以此

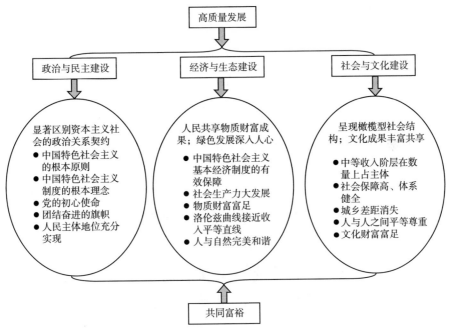

图3－1　浙江高质量发展赋能共同富裕示范区建设的理论支撑关系

---

　　① 李实，朱梦冰. 推进收入分配制度改革促进共同富裕实现［J］. 管理世界，2022，38（1）：52－61，76.

　　② 胡承槐. 从人类社会历史发展规律看共同富裕的底层逻辑——兼论人民性建设的基础性地位和作用［J］. 治理研究，2022，38（1）：16－25.

建构模式可行的共同富裕示范区建设的目标体系、工作体系、政策体系、评价体系，形成目标机制、工作机制、支撑机制、评价机制四大建设机制体系（见图3-2），筑牢全省人民"共同富裕共同体"，不断创新全体人民共同富裕的具体样态。其中，目标体系体现了共同富裕人民性的价值预设，工作体系蕴含了共同富裕人民性的实践逻辑，政策体系反映了共同富裕人民性的体制支撑，评价体系彰显了共同富裕人民性的结果评价。

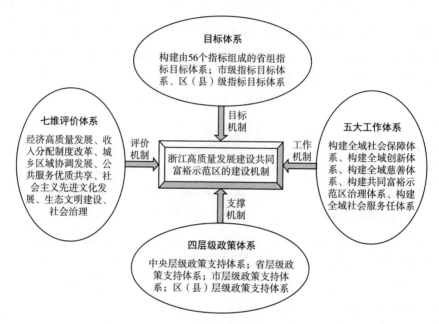

图3-2　浙江高质量发展建设共同富裕示范区的四大建设机制体系

3.2　浙江建设共同富裕示范区理念上的探索与创新

理念是行动的先导，一定的发展实践都是由一定的发展理念来引领的。发展理念是否正确，从根本上决定着发展成效乃至成败。[①] 浙江高质量发展

---

① 习近平. 把握新发展阶段，贯彻新发展理念，构建新发展格局 [J]. 求是，2021（9）：4-18.

建设共同富裕示范区是一项长期性、系统性的社会工程，不可能一蹴而就。在共同富裕示范区建设过程中，浙江确立新发展理念、共生理念、共治理念、新的共同富裕理念作为实际工作的指挥棒。

一是新发展理念。党的十八届五中全会创造性提出了创新、协调、绿色、开放、共享的新发展理念。共同富裕与新发展理念具有强烈的内在关联性和互动耦合性。其中，"创新"是创造财富的动力源泉，促进财富"蛋糕"量的增长与质的提升，有利于夯实共同富裕的物质基础；"协调"是防止发展分化与失衡的重要杠杆，保障经济社会健康发展，有利于筑牢共同富裕的根基；"绿色"是永续发展的必要条件，满足人们日益增长的生态需求并保障发展的可持续性，有利于促进生态共同富裕；"开放"是统筹利用国内国际两个市场两种资源的关键举措，助推经济高质量发展，有利于拓宽共同富裕的实现路径；"共享"是先富带后富政策的具体落实，促进社会公平正义，有利于推动共同富裕稳步前进。

围绕共同富裕示范区建设，浙江牢固树立与贯彻落实新发展理念，构建与新发展理念相适应的体制机制及其配套政策措施，在高质量发展中扎实促进共同富裕。浙江牢固树立与贯彻落实新发展理念的具体体现有：（1）以创新引领高质量发展，在财富不断增长中促进共同富裕。（2）以协调引领高质量发展，在均衡发展中促进共同富裕。（3）以绿色引领高质量发展，在生态富民中促进共同富裕。（4）以开放引领高质量发展，在内外联动中促进共同富裕。（5）以共享引领高质量发展，在普惠发展中促进共同富裕。

二是共生理念。共生原本是生物学的一个概念，共生是两个或多个生物，在生理上相互依存达到平衡的状态，而不是一方依赖于另一方的关系（Scott，1969）。在《辞海》中，"共生"被称为"互利共生"，泛指两个或两个以上有机体生活在一起的相互关系，一般指一种生物生活与另一种生物的体内或体外互相有利的关系。共生理论的核心要义是不同物种或要素间共存、合作、互利、互补、和谐、共进的基本关系。在社会科学领域中，共生概念逐步得到研究运用和拓展。这一概念完全适合运用到共同富裕示范区中浙江 11 市之间的生存和发展关系。随着共同富裕示范区建设的扎实推进，浙江省人民的利益共同性、相互依存性、整体相关性日益增强，浙江省人民的共生关系既是不可避免的发展趋势，又是不可替代的生存根基。这就需要处理好人与自然共生关系、城乡共生关系、区域间共生关系、社会各阶层之间共生关系以及经济与文化的共生关系。每一种共生关系的总趋势和总方向都是共同演化。

图 3-3 给出了共生理念促进共同富裕的理论关系支撑（以不同区域间共生为例）。根据共生理论的四个本质内涵之间的紧密关系，区域 1 和区域 2 两个共生单元依据生产成本、交易成本、收益以及市场结构，借助政府的体制机制及配套措施，选择是否进行共生发展。在共生发展中，双方依据合理分工以及合作竞争的原则开展活动，合理分工是双方共生发展的原则，合作竞争是双方共生发展的动力。在这两者的相互作用下，双方组成的共生系统达到一种新的组织系统并最终实现共同进化，而系统的协同演化又会进一步促进区域 1 和区域 2 两个共生单元之间的共生发展，最终区域 1 和区域 2 形成钟型发展曲线表明的一体化高水平均衡，区域 1 和区域 2 的差距缩小。

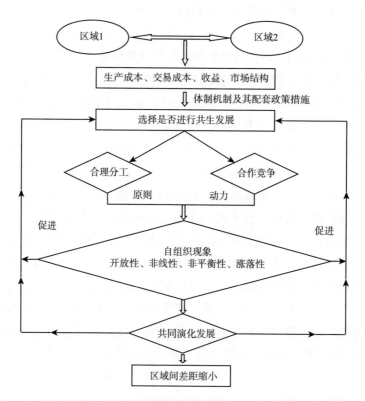

图 3-3 共生理念促进共同富裕的理论关系支撑（以区域间共生关系为例）

　　围绕共同富裕示范区建设，浙江牢固树立与贯彻落实共生理念，构建与共生理念相适应的体制机制及其配套政策措施，在高质量发展中扎实促进共同富裕。浙江牢固树立与贯彻落实共生理念的具体体现有：（1）在高质量发展、竞争力提升、现代化先行的跑道上推动效率与公平实现新的平衡。（2）通过大力推进科技创新、数字化与绿色低碳的融合聚变，创造前所未有的新机遇和核心驱动力，推动生产力和生产关系、经济基础和上层建筑的深刻变革。（3）统筹物质文明、政治文明、精神文明、社会文明和生态文明建设，以文化创新推动思想进步、文明提升推动社会进步，充分彰显人文之美、生态之美、和谐之美。（4）瞄准人民群众所忧所急所盼，率先高水平实现人的全生命周期公共服务优质共享。

　　三是多元共治理念。"治理"一词原意为控制、引导和操纵，主要用于国家管理的政治学领域。治理作为人类所特有的有意识、有目的的能动性活动，本质上是政治组织、经济组织、社会组织和居民群众等多元主体在既定范围内运用公共权威管理社会公共事务、维护社会公共秩序、增进社会公共利益的活动。格里·斯托克（2019）指出治理包括五个方面内容。（1）治理指出自政府，但又不限于政府的一套社会公共机构和行为者；（2）治理明确指出在为社会和经济问题寻求解答的过程中存在的界线和责任方面的模糊之点；（3）治理明确肯定涉及集体行为的各个社会公共机构之间存在的权力依赖；（4）治理指行为者网络的自主自治；（5）治理明确权限，办好事情的能力并不在于政府的权力，不在于政府下命令或运用其权威，政府可以动用新的工具和技术来控制和指引。治理理论主张治理主体的多元化、权责边界的模糊化、主体间的相互依赖，以及建立一个完整的治理网络。但治理的有效性寓于政治制度与公共生活协调互动的过程中。治理的目的是在各种不同的制度关系中运用权力去引导、控制和规范公民的各种活动，以最大限度地增进公共利益。习近平总书记强调，"要完善共建共治共享的社会治理制度，实现政府治理同社会调节、居民自治良性互动，建设人人有责、人人尽责、人人享有的社会治理共同体"。① 多元共治强调"多个主体共同参与治理"，其落脚点在于"治理"。

　　在共同富裕示范区治理场域中，浙江围绕"高质量发展建设共同富裕

---

① 习近平谈治国理政（第四卷）［M］. 北京：外文出版社，2022：338.

示范区"，形成系统性的多元共治治理体系（见图3-4）。这种多元共治治理体系包括正式治理体系和非正式治理体系。正式治理体系是基于正式规则的治理体系，这包括中央、省、市、县（区）四级政府出台的各种关于共同富裕示范区建设发布的政策文件等。非正式治理体系是基于权力日常互动过程中，行动者的参与、议程的制定决策和执行都不是由预先设定的规则或正式制度构成的，它是与政府主导下的正式规则不完全一致的社会治理体系。在浙江构建的共同富裕社会多元共治理念体系中，不同层级政府、社会组织和社会公众都是共同富裕社会治理者，任何两方组合都对第三方的治理权产生治理约束。该种治理体系强调政府、社会组织和社会公民之间的相互制衡，又能促使社会良性向前发展。明显地，这种多元共治治理体系是驱动共同富裕示范区治理运转发展的创新动力形态和有效动力范式。浙江构建共同富裕社会治理多元共治治理体系，能够很好地积极引导社会公众树立多元治理思维，加强法治化、制度机制建设，培育社会组织等社会力量，以形成合力推进共同富裕社会的实现。

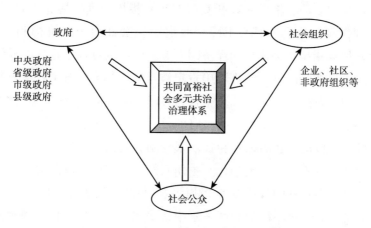

图3-4　共同富裕社会多元共治治理体系

四是新的共同富裕理念。浙江省委十四届九次全体（扩大）会议明确提出新的共同富裕理念。[①] 浙江上下不断解放思想、创新思维，以新的共同富裕理念推动示范区建设。一要树立"创新致富、勤劳致富、先富帮后富"

---

① 浙江省委十四届九次全会召开　系统研究部署高质量发展建设共同富裕示范区［EB/OL］. https：//m. thepaper. cn/baijiahao_13121034，2021 – 06 – 12.

的理念，弘扬创新创业、艰苦奋斗精神，鼓励劳动者诚实劳动、辛勤劳动、创造性劳动实现增收致富，鼓励后发地区深挖潜力、增强动力、释放创新活力实现跨越发展，通过自身努力和相互帮助走上共同富裕之路。二要树立"政府、社会、企业、个人共创共建"的理念，各方携手、共同奋斗，各尽所能、各尽其责，开辟新路径、拓展新空间，共创幸福生活，共建美好家园。三要树立"循序渐进、由低到高、由局部到整体"的理念，按照经济社会发展规律，脚踏实地、久久为功，不"吊高胃口"、不搞"过头事"，尽力而为、量力而行，一步一个脚印从低层次共同富裕迈向高层次共同富裕，推动实现物质文明、政治文明、精神文明、社会文明和生态文明"五位一体"的全面共同富裕，以省域先行示范为全国探路，促进全体人民共同富裕。

新发展理念揭示浙江如何通过高质量发展建设共同富裕示范区。共生理念揭示浙江高质量发展建设共同富裕示范区不同利益者之间的共同利益[3-1]为相互关联纽带，彼此离不开对方。多元共治理念揭示浙江高质量发展建设共同富裕示范区不同利益者之间的共同利益需要全社会人员共同治理才能得以实现。新的共同富裕理念揭示浙江全省人民如何解放思想、如何创新思维推动共同富裕示范区的建设。新发展理念、共生理念、多元共治理念、新的共同富裕理念这四种理念共同构成浙江高质量发展建设共同富裕示范区的根本理念。

3.3　浙江建设共同富裕示范区体系上的探索与创新

根据前述浙江高质量发展建设共同富裕示范区的建设机制和根本理念，笔者简单勾勒出了浙江高质量发展建设共同富裕示范区的"一体三翼"建设机制体系框架。

"一体"具体指共同富裕示范区建设这一本体。"三翼"具体指共同富裕示范区建设的四大实践机制、共同富裕示范区建设的四大建设理念和高质量发展赋能共同富裕示范区建设。其中，四大实践机制向内融合，面向具体的目标体系、工作体系、政策体系、评价体系，注重共同富裕示范区建设的具体操作实践，是共同富裕示范区建设的关键实践支持，内容上具体包括省市（县）目标体系、五大工作体系、四层级政策体系和七维评价体系。四大建设理念是向外融合，面向共同富裕示范区建设的理念依据，注重共同富裕示范区建设的思想指引，是牵引共同富裕示范区建设的内部驱动力。高质量发展是共同富裕示范区建设的必然路径和选择，注重强调浙江如何基于自身现实基础和发展条件完成共同富裕示范区建设任务，通过优化生产要素结构重塑经济社会的生产模式、商业模式和产业形态，有效提升资源配置效率，以创新促进经济结构的优化升级，为建设共同富裕示范区提供不竭驱动动力。

"一体三翼"建设体系是浙江高质量发展建设共同富裕示范区的实践探索创新范式，是新时代扎实推动共同富裕浙江经验的生动实践，夯实了共同富裕社会的实现基础。

3.4　浙江建设共同富裕示范区思路上的探索与创新

围绕党中央国务院关于共同富裕示范区建设的重大战略部署，浙江十分注重顶层设计，以系统思维在建设思路上探索创新出独具特色的浙江模式。图 3-5 给出了浙江高质量发展建设共同富裕示范区思路上的探索与创新（花瓶模型）的整体框架。

一是构建包容性耦合框架下的整体性建设体系。根据包容性理论，包容性要求社会中分散化的政府机关、市场机构、基层社区、社会组织、群众个体等社会参与主体必须整合到一起行动。共同富裕社会就是一个包容性社会。共同富裕示范区建设实际上就是协调政府机关、市场机构、基层社区、社会组织、群众个体等社会参与主体之间的利益关系，以"共同富裕"为价值目标的"利益共享"的社会建设活动。其突出特点是求同存异，化解社会矛盾，强化社会参与主体的共同体意识。在高质量发展建设共同富裕示范区背景下，以深化数字化政府建设为契机，浙江构建了包容性耦合框架下的整体性建设体系，如图 3-5 中最底层部分所示。包容性耦合框架下的整体性建设体系包括内部耦合建设体系和外部耦合建设体系两

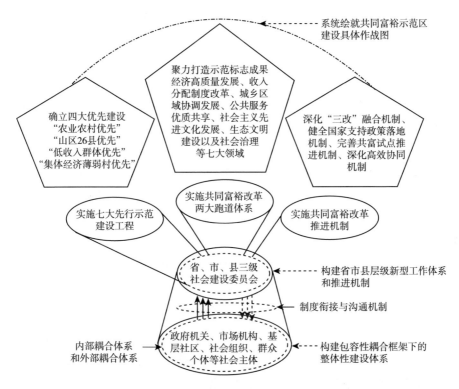

图3-5 浙江高质量发展建设共同富裕示范区
思路上的探索与创新（花瓶模型）

个部分。其中，内部耦合建设体系是中国共产党和中央、省、市、县四级
政府之间在共同富裕示范区建设上的纵向层次、横向维度、业务角度上的
包容性耦合建设关系。这种包容性内部耦合建设关系超越了传统"领导－
服从"的党政关系，重塑了党政之间的运行机制，非常有利于共同富裕示
范区建设任务的完成和目标实现。外部耦合建设体系是在党统领共同富裕
示范区建设全局下政府机关、市场机构、基层社区、社会组织、群众个体
等社会参与主体之间包容性耦合建设关系，具体体现为党统领共同富裕示
范区建设全局的全社会领域变革，重塑上述各类社会参与主体的沟通机制，
有力促进上述各类社会参与主体高效协同。

二是构建"省—市—县"层级新型工作体系和推进机制。社会建设，
关乎民生，关乎长治久安。高质量发展建设共同富裕示范区，推进社会建
设，牵涉到医疗、教育、人社、环保等多个部门和省、市、县、乡、村等

不同层级，无一不需以系统的观念加强多跨协同，在不同部门、不同层级的通力合作中来实现。浙江省注重顶层设计，迭代完善体系架构，在全国率先组建省、市、县三级社会建设委员会。① 其中，省委社会建设委员会负责全省社会建设工作的统筹协调、督促指导、整体推进，负责对各市、县（市、区）社会建设工作进行指导和督促检查。同时，研究全省社会建设领域重大规划、重大政策、重大改革，协调全省涉及社会建设的重大事项。浙江省委社会建设委员会是在浙江省委领导下，指导与统筹全省社会建设的省委派出机构，与省发改委合署办公，切实履行好省委赋予的职责。浙江率先组建的省、市、县三级社会建设委员会具有党政合署、整体智治、精简易行、上下沟通方便的特征和优势，是浙江建设变革性组织的一次重要尝试创新。在这种新型工作体制下，目标牵引、话语资源、组织资源的具体运用使中国共产党的共同富裕示范区建设战略意图不仅在党内逐级传递，也在政府体制中获得有效传递，确保了共同富裕示范区建设战略始终在中国共产党的领导下有序向前推进。在这种省市县层级新型工作体系的主导下，共同富裕示范区建设中各领域改革和重点任务能够确保得到有序部署和一体推进，具体工作得到有效落实与完成。可以说，共同富裕示范区建设依托于中国共产党的组织结构与等级体系，突出了党委的决策性质及对政府机关的领导权，并通过政府政策具体实施得到有效保证。

三是系统绘就共同富裕示范区建设具体作战图。新时代是中国全体人民逐步实现共同富裕的崭新时代。共同富裕示范区建设是新时代党和国家重大的社会建设战略举措。自党中央赋予浙江高质量发展建设共同富裕示范区重大使命以来，浙江全省上下凝聚共识，找准推动共同富裕示范区建设的重点、难点和关键点，科学谋划共同富裕示范区建设举措，系统绘就共同富裕示范区建设具体作战图。一张"共同富裕"的全景图跃然眼前。在具体操作上：

首先，实施"打好服务构建新发展格局组合拳，推进经济高质量发展先行示范""实施居民收入和中等收入群体双倍增计划，推进收入分配制度改革先行示范""健全为民办实事长效机制，推进公共服务优质共享先行示

---

① 孟刚：聚焦改革突破，推进系统重塑，全力打造共同富裕示范区标志性成果［EB/OL］. https：//fzggw. zj. gov. cn/col/col1599545/index. html？ uid = 4892867&pageNum = 7，2022 – 05 – 18.

范""拓宽先富带后富先富帮后富有效路径，推进城乡区域协调发展先行示范""打造新时代文化高地，推进社会主义先进文化发展先行示范""建设国家生态文明试验区，推进生态文明建设先行示范""坚持和发展新时代'枫桥经验'，推进社会治理先行示范"等七大先行示范建设工程。

其次，实施聚焦重点工作"1+7+N"和重大改革"1+5+n"两大跑道体系，紧盯目标任务，细化工作举措，把握推进节奏，找准突破性抓手，真抓实干、稳步推进，全力推动34项重大改革落地见效。

再其次，实施共同富裕改革推进机制。深化"三改"融合机制、健全国家支持政策落地机制、完善共富试点推进机制、深化高效协同机制，推动政企学社各方力量广泛参与共富改革实践，进一步形成全域联动、全员参与、全民有感的良好氛围。

最后，确立"农业农村优先""山区26县优先""低收入群体优先""集体经济薄弱村优"四大优先社会建设领域，加大政策支持力度，彻底攻破共同富裕示范区建设的最艰巨、最繁重地方。

第4章 浙江建设共同富裕示范区在 "推进什么" 上的理论创新： 理论内涵视角

高质量发展建设共同富裕示范区的历史使命是要为全国扎实推进实现共同富裕提供浙江示范。其中，最突出的新问题就是 "什么是共同富裕"，这个问题如果在理论逻辑上没有彻底弄清楚，就会导致共同富裕建设实践偏离方向，适得其反。"问渠那得清如许？" 唯有理论必须要清晰。"共同富裕" 一词有专门的特殊含义，需要嵌入特定时代背景去理解，才能准确把握其科学内涵。从国内学者关于共同富裕研究的兴起过程考察来看，共同富裕研究大致历经 1975～1983 年（共同富裕研究的兴起阶段）、1984～1991 年（共同富裕研究的第一次热潮）、1992～2020 年（共同富裕研究的第二次热潮）、2021 年至今（共同富裕研究的第三次热潮）四个阶段。国内理论界掀起第三次研究共同富裕的热潮的显著标志是党的十九届五中全会召开。学者们依据自己背景知识从不同角度对共同富裕的相关学理问题进行了相对比较全面、深入的研究，取得了一系列颇有见地的研究成果。主要的核心研究内容包括 "共同富裕的发展逻辑研究""共同富裕的伦理意蕴研究""共同富裕的科学内涵研究""共同富裕的实现机制研究""共同富裕的评判标准研究""共同富裕的相关经验研究" 等六个方面（见图 4-1）。整体来看，目前学术界关于共同富裕理论体系的构建还不是很成熟或成体系，没有结合共同富裕示范区建设实践从 "政治与民主""经济与生态""社会与文化" 三个层次、围绕 "经济高质量发展""收入分配制度改革""公共服务优质共享""城乡区域协调发展""社会主义先进文化发展""生态文明建设""新时代社会治理"等七个先行示范建设，全方位地展开理论分析及系统性研究，这是造成共同富裕科学内涵存在显著差异和争论的最根本原因。本章从高质量发展建设共同富裕示范区的具体内容实践角度，较为系统地梳理出共同富裕理论的科学内容体系，同时对其作出一定的理论阐释。

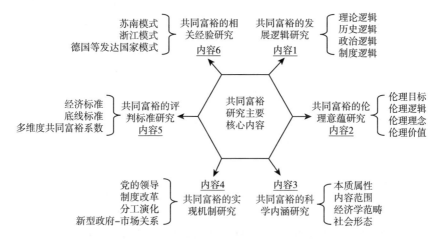

图4-1　现阶段国内学者们对共同富裕理论研究的主要核心内容概览

4.1　浙江建设共同富裕示范区在"推进什么"上的理论渊源及含义

4.1.1　中华优秀传统文化中的共同富裕思想是理论渊源之一

2021年2月25日，习近平在全国脱贫攻坚总结表彰大会上的讲话中指出，"一部中国史，就是一部中华民族同贫困作斗争的历史。"① 通观上下五千年，中华民族一直在为消除贫困、过上富足美好生活而不懈奋斗，实现共同富裕寄托着中国人民对幸福生活的憧憬期盼和永恒追求，厚重历史因之而沉积、古老文明因之而延续、民族精神因之而升华，中华民族千百

① 习近平著作选读（第二卷）［M］. 北京：人民出版社，2023：430.

年不懈奋斗的全部真谛也蕴含其中。实现共同富裕一直是中华民族的美好追求和宏伟愿景。从历史逻辑来看，数千年来积淀形成的中华优秀传统文化中有着浓厚的共同富裕思想。这些共同富裕思想早已成为中华民族的价值追求，深深内化于国民的血脉之中。

中华民族共同富裕理想有着深厚的历史渊源，可以追溯到上古文明时期。西周时期的著名政治家、思想家、文学家、军事家周公旦所著《周礼》中提到"以富邦国，以任百官，以生万民"。《易经》中乾卦卦辞为元、亨、利、贞四个字。《子夏易传》对这四个字的解释为："元，始也。亨，通也。利，和也。贞，正也。"乾卦这四种德性蕴含天道普利苍生、不遗万类、均平如一的共富思想。《易经》中神农教民"日中为市，致天下之民，聚天下之货，交易而退，各得其所"，故有《淮南子》的"衣食饶溢，奸邪不生，安乐无事，而天下均平"。

中华民族共同富裕思想的发展始于春秋时期。当时诸子百家都分别提出了不同的主张。《论语》提出"闻有国有家者，不患寡而患不均，不患贫而患不安。盖均无贫，和无寡，安无倾"的税收思想。《管子》注意到贫富差距过大对国家的危害，即"贫富无度则失"，倡导"养长老，慈幼孤，恤鳏寡，问疾病，吊祸丧，此谓匡其急。衣冻寒，食饥渴，匡贫窭，振罢露，资乏绝，此谓振其穷"，主张"贫富有度"和"以天下之财，利天下之人"。《管子》又提出国家自强求富的指导思想"仓廪实，则知礼节；衣食足，则知荣辱"。《老子》提出"有余者损之，不足者补之"的哲学思想。《孟子》提出"仁政""民本""王道"的政德思想。《荀子》对如何富国富民，提出"节其流，开其源"和"节用裕民，而善臧其余。节用以礼，裕民以政"。《商君书》主张国家应通过政策法令去平衡财富的占有，认为"治国之举，贵令贫者富，富者贫"。中华民族共同富裕思想随时代变迁而归一，不少典籍中就有对"小康""大同"等理想社会的记载描述。西周名臣召穆公劝周厉王"小省赋役而安息之"[①]。《墨子》提出"天下兼相爱则治，交相恶则乱"和"有力者疾以助人，有财者勉以分人，有道者劝以教人。若此，则饥者得食，寒者得衣，乱者得治"的和谐社会思想。《礼运·大同》中"大同"思想，为人们描

---

① 阮元.十三经注疏·清嘉庆刊本（第1册）[M].北京：中华书局，2009：1180-1181.

绘了一个理想的和谐社会："大道之行也，天下为公，选贤与能，讲信修睦。故人不独亲其亲，不独子其子，使老有所终，壮有所用，幼有所长，矜寡孤独废疾者皆有所养，男有分，女有归。货恶其弃于地也，不必藏于己；力恶其不出于身也，不必为己。是故谋闭而不兴，盗窃乱贼而不作，故外户而不闭。是谓大同。"东汉何休撰写《春秋公羊传解诂》，提出"衰乱世""升平世""太平世"的人类社会历史进化思想。唐代房玄龄主编的《孙绰传》中有"山陵既固，中夏小康"。唐代李豫创作的《大历八年夏至大赦文》中有"关辅之内、农祥荐臻，嘉谷丰衍，宿麦滋殖。闾阎之间，仓廪皆实，百价低贱，实曰小康。"民族英雄、中国民主革命的伟大先驱孙中山在《上李鸿章书》中提到"人能尽其才，地能尽其利，物能尽其用，货能畅其流——此四事者，富强之大经，治国之大本也"。孙中山本人更是宣誓要以"博爱""天下为公""世界大同"为己任，实现中国和世界文明共享，共同进步，建立一个天下为公的大同世界，造就和谐安康幸福的人类社会。

中华民族对"小康""大同"不断解释、建构与再造，使其包含了"安民""保民""利民""富民"等重视民生的民本思想，并被赋予了丰富多元的政治、经济、社会、自然生态乃至文化内涵，体现了中华民族对共同富裕社会的不懈追求。这为新时代中国坚持以人民为中心，紧紧依靠全国人民建设全体人民共同富裕社会，提供了宝贵的精神财富。

4.1.2 党的十八大以前中国共产党人提出的共同富裕理论思想是理论渊源之二

共同富裕是中国人民积极寻求并努力实现的一种全面、公正、共享的富裕社会状态，这与西方学者约翰·肯尼思·加尔布雷思（John Kenneth Galbraith）提出的"富裕社会"（affluent society）[①]有着本质的区别。

早期中国共产党人在对社会主义宣传时有过关于全体人民共同富裕的萌芽表述。陈独秀在《法兰西人与近世文明》文中指出，"财产私有制虽

---

① 约翰·肯尼思·加尔布雷思. 富裕社会 [M]. 赵勇，译. 南京：江苏人民出版社，2009.

不克因之遽废，然各国之执政及富豪，恍然于贫富之度过差，决非社会之福"。① 李大钊在《社会主义与社会运动》一文中指出，"社会主义不是使人尽富或皆贫，是使生产、消费、分配适合的发展，人人均能享受平均的供给，得最大的幸福"②。

新中国成立以来，中国共产党人对共同富裕理论的探索一直没有停歇。中国共产党人依据马克思主义理论，结合社会主义建设实践中的各类挑战、矛盾和风险，提出了非常切合时代背景的共同富裕理论。

新中国成立之后，毛泽东在我们党内提出实现共同富裕的观点，他指出，"现在我们实行这么一种制度，这么一种计划，是可以一年一年走向更富更强的，一年一年可以看到更富更强些。而这个富，是共同的富，这个强，是共同的强，大家都有份"③。毛泽东确立的社会主义基本制度为实现共同富裕奠定了根本的前提，至今使我们受益。④

以党的十一届三中全会的召开为标志，平均主义开始在中国大地全面退潮⑤，党的工作重心转移到社会经济建设，以期寻求国家经济社会的重新崛起。⑥《人民日报》从 1980 年 1 月 1 日开始，把"农民怎样尽快富起来"作为当年讨论农业问题的第一个题目在全国范围内组织讨论。一些省的报纸也组织了这个专题的讨论。

1984 年 6 月 30 日，邓小平提出了"贫穷不是社会主义，更不是共产主义"⑦ 的科学论断，肯定了社会主义和富裕的关系。1984 年《中共中央关于经济体制改革的决定》，首次把鼓励一部分人、一部分地区先富起来的政策写进党的文件。1984 年 11 月 9 日邓小平会见意大利共产党领导机构成员时，明确指出"在社会主义制度下，可以让一部分地区先富裕起来，然后

① 陈独秀文集（第一卷）［M］．北京：人民出版社，2013：99．

② 中国共产党重要文献汇编（第三卷）（一九二三年）［M］．北京：人民出版社，2022：459．

③《党的二十大报告学习辅导百问》编写组编著．党的二十大报告学习辅导百问［M］．北京：党建读物出版社，学习出版社，2022：142．

④ 孙业礼．共同富裕：六十年来几代领导人的探索和追寻［J］．党的文献，2010（1）：80－87．

⑤ 龚立新．从"均中求富"到"双论"思想：毛泽东、邓小平收入分配思想的演进与比较［J］．江西社会科学，2002（5）：83－85．

⑥ 郭军．"先富共富论"与非均衡发展的理论和实践［J］．毛泽东邓小平理论研究，2011（4）：16－21．

⑦ 邓小平文选（第三卷）［M］．北京：人民出版社，1993：64．

带动其他地区共同富裕"。① 这是邓小平首次公开场合使用共同富裕概念。这一时期，党中央的"让一部分人先富起来"的国家政策，引起了学术界高度关注。其中，著名学者厉以宁1991年发表《论共同富裕的经济发展道路》文章专门讨论了共同富裕实现问题。他认为，共同富裕只能逐步实现，需要通过税收调节收入、扶植低收入群体、兼顾与协调"公平"与"效率"、市场政府道德三种力量、先富帮后富等途径。②

1992年邓小平南方谈话后，中国共产党人对共同富裕有了更深刻认识。邓小平强调，走社会主义道路，就是要逐步实现共同富裕。③ 江泽民继承了邓小平"发展才是硬道理"的思想，坚持在发展生产力基础上走共同富裕道路，他指出，"必须实行以按劳分配为主体，其他分配形式为补充的分配制度，既要克服平均主义，又要防止两极分化，逐步实现全体人民的共同富裕"。④ 胡锦涛在科学发展观的视野下积极探索共同富裕问题，其社会公平与和谐社会的观点，是共产党人对共同富裕实践过程的理论提炼，是对共同富裕思想的创新性延展与拓展。⑤

4.1.3 党的十八大以来中国共产党人对共同富裕理论的理论创新及理论贡献是理论渊源之三

党的十八大以前，共同富裕基本上被视为我国社会主义事业发展的宏观性目标。党的十八大以来，以习近平同志为核心的党中央提出扎实推动共同富裕的一系列新理念、新思想、新战略，系统回答了"什么是全体人民共同富裕""为什么要实现全体人民共同富裕""怎样实现全体人民共同富裕"等最根本的问题，是中国共产党人对共同富裕理论的认识再升华，具有重大的理论创新和理论贡献。具体体现在以下三方面。

---

① 邓小平年谱（1975－1997）（下）［M］．北京：中央文献出版社，2004：1014.
② 厉以宁．论共同富裕的经济发展道路［J］．北京大学学报（哲学社会科学版），1991（5）：1－11.
③ 邓小平文选（第三卷）［M］．北京：人民出版社，1993：373.
④ 十三大以来重要文献选编（下）［M］．北京：人民出版社，1993：1638.
⑤ 徐紫嫣，夏杰长．共同富裕思想的演进脉络和实践指引［J］．学习与探索，2022（3）：133－140.

1. 对"什么是全体人民共同富裕"给出科学解释

一是为新征程上扎实推动共同富裕提供基本遵循。习近平总书记在中央财经委员会第十次会议上明确指出,"我们说的共同富裕是全体人民共同富裕,是人民群众物质生活和精神生活都富裕,不是少数人的富裕,也不是整齐划一的平均主义"。① 习近平提出的共同富裕思想具有明显的四层含义:共同富裕覆盖的人员范围是全体人民,不是少数人的富裕;实现的共同富裕是全方位的富裕,是政治与民主、经济与生态、社会与文化上的都富裕;实现的共同富裕是分阶段的富裕,不是同步富裕,体现共同富裕实现的过程性;最终实现的共同富裕不是平均富裕,而是每位社会成员都富裕。习近平明确指出,"要深入研究不同阶段的目标,分阶段促进共同富裕:到'十四五'末,全体人民共同富裕迈出坚实步伐,居民收入和实际消费水平差距逐步缩小。到二〇三五年,全体人民共同富裕取得更为明显的实质性进展,基本公共服务实现均等化。到本世纪中叶,全体人民共同富裕基本实现,居民收入和实际消费水平差距缩小到合理区间。要抓紧制定促进共同富裕行动纲要,提出科学可行、符合国情的指标体系和考核评估办法"。②

二是明确揭示促进共同富裕与促进人的全面发展是高度统一的。③ 2017年10月18日,党的十九大报告中强调,中国特色社会主义进入新时代,我国社会主要矛盾已经转化为人民日益增长的美好生活需要和不平衡不充分的发展之间的矛盾。在这样的时代背景下,习近平总书记明确指出,"促进共同富裕与促进人的全面发展是高度统一的"。④ 习近平总书记将全体人民共同富裕嵌入"五位一体"社会建设总体布局中,明确指出"让人民共享经济、政治、文化、社会、生态等各方面发展成果……不断促进人的全面发展、全体人民共同富裕"。⑤ 习近平总书记强调,"要强化社会主义核心价值观引领,加强爱国主义、集体主义、社会主义教育,发展公共文化

---

① 习近平谈治国理政(第四卷)[M]. 北京:外文出版社,2022:142.

② 习近平. 扎实推动共同富裕 [J]. 求是,2021(20):4-8.

③ 赵亚楠,安俭. 推动"全体人民共同富裕取得更为明显的实质性进展"——学习习近平关于促进共同富裕的重要论述 [J]. 党的文献,2021(5):36-43.

④ 习近平谈治国理政(第四卷)[M]. 北京:外文出版社,2022:146.

⑤ 习近平谈治国理政(第三卷)[M]. 北京:外文出版社,2020:183.

事业，完善公共文化服务体系，不断满足人民群众多样化、多层次、多方面的精神文化需求"。① 同时，习近平总书记还指出，"幸福生活都是奋斗出来的，共同富裕要靠勤劳智慧来创造。要坚持在发展中保障和改善民生，把推动高质量发展放在首位，为人民提高受教育程度、增强发展能力创造更加普惠公平的条件，提升全社会人力资本和专业技能，提高就业创业能力，增强致富本领。要防止社会阶层固化，畅通向上流动通道，给更多人创造致富机会，形成人人参与的发展环境，避免'内卷''躺平'"。②

三是纠正推动共同富裕过程中存在的误区与偏差。③ 在对全体人民共同富裕认识上，社会上出现了"共同富裕就是平均主义""共同富裕就是福利主义""共同富裕就是同步富裕、同时富裕"等错误认识。针对这些错误认识，习近平总书记强调，"即使将来发展水平更高、财力更雄厚了，也不能提过高的目标，搞过头的保障，坚决防止落入'福利主义'养懒汉的陷阱"。④ 同时，习近平总书记还特别指出，"像全面建成小康社会一样，全体人民共同富裕是一个总体概念，是对全社会而言的，不要分成城市一块、农村一块，或者东部、中部、西部地区各一块，各提各的指标，要从全局上来看。我们要实现十四亿人共同富裕，必须脚踏实地、久久为功，不是所有人都同时富裕，也不是所有地区同时达到一个富裕水准，不同人群不仅实现富裕的程度有高有低，时间上也会有先有后，不同地区富裕程度还会存在一定差异，不可能齐头并进。这是一个在动态中向前发展的过程，要持续推动，不断取得成效"。⑤

2. 对"为什么要实现全体人民共同富裕"给出科学解释

围绕"为什么要实现全体人民共同富裕"这一问题，党的十八大之前中国共产党人已经形成了不少科学认识。邓小平指出，共同富裕是社会主义的"根本原则"⑥ 和"最大的优越性"⑦。江泽民指出，共同富裕是鸦片战争以来中华民族面对的"两大历史任务"之一⑧、共同富裕有助于巩固

① 习近平谈治国理政（第四卷）[M]. 北京：外文出版社，2022：146.
② 习近平著作选读（第二卷）[M]. 北京：人民出版社，2023：501 - 502.
③ 徐晓明. 纠正推动共同富裕过程中存在的误区与偏差 [J]. 理论动态，2021（26）：13 - 19.
④ 习近平著作选读（第二卷）[M]. 北京：人民出版社，2023：502.
⑤ 习近平著作选读（第二卷）[M]. 北京：人民出版社，2023：506.
⑥ 邓小平文选（第三卷）[M]. 北京：人民出版社，1993：111.
⑦ 邓小平文选（第三卷）[M]. 北京：人民出版社，1993：364.
⑧ 江泽民文选（第二卷）[M]. 北京：人民出版社，2006：2.

"社会主义民族关系"。① 胡锦涛指出，共同富裕和"为人民服务在根本上是一致的"。② 党的十八大以后，结合新的时代背景，我党关于"为什么要实现全体人民共同富裕"有了更进一步的认识。

首先，从全体人民共同富裕与中国式现代化的关系看，共同富裕是中国式现代化中的重要内容和特征。习近平总书记指出，"共同富裕是社会主义的本质要求，是中国式现代化的重要特征"③、"共同富裕是社会主义现代化的一个重要目标"④、"中国式现代化是全体人民共同富裕的现代化"⑤。

其次，从全体人民共同富裕与中国特色社会主义的关系看，全体人民共同富裕体现了社会主义本质要求，是中国特色社会主义发展方向。习近平总书记指出，"中国特色社会主义就是要建设社会主义市场经济、民主政治、先进文化、和谐社会、生态文明，促进人的全面发展，促进社会公平正义，逐步实现全体人民共同富裕"⑥，"共同富裕是社会主义的本质要求"⑦。

再其次，全体人民共同富裕是经济高质量发展的出发点和落脚点，深刻揭示了全体人民共同富裕在新时代经济发展中的重要作用。全体人民共同富裕与经济发展有着非常密切的联系。当前，我国经济发展转向高质量发展，这必然使得全体人民共同富裕问题更加突出。习近平总书记指出，"发展才是社会主义，发展必须致力于共同富裕"⑧，要把"朝着共同富裕方向稳步前进作为经济发展的出发点和落脚点"⑨。在新时代背景下，全体

---

① 江泽民文选（第二卷）[M]. 北京：人民出版社，2006：344.

② 胡锦涛文选（第一卷）[M]. 北京：人民出版社，2016：57.

③⑦ 习近平谈治国理政（第四卷）[M]. 北京：外文出版社，2022：142.

④ 习近平. 论把握新发展阶段、贯彻新发展理念、构建新发展格局 [M]. 北京：中央文献出版社，2021：503.

⑤ 习近平. 高举中国特色社会主义伟大旗帜　为全面建设社会主义现代化国家而团结奋斗——在中国共产党第二十次全国代表大会上的报告 [EB/OL]. https：//www. gov. cn/xinwen/2022－10/25/content_5721685. htm，2022－10－16.

⑥ 习近平. 共倡开放包容　共促和平发展：在伦敦金融城市长晚宴上的演讲 [EB/OL]. http：//news. cntv. cn/2015/10/22/ARTI1445493176042410. shtml，2015－10－21.

⑧ 习近平在重庆考察并主持召开解决"两不愁三保障"突出问题座谈会时强调　统一思想一鼓作气顽强作战越战越勇　着力解决"两不愁三保障"突出问题 [EB/OL]. http：//www. gov. cn/xinwen/2019－04/17/content_5383915. htm，2019－04－17.

⑨ 习近平. 论把握新发展阶段、贯彻新发展理念、构建新发展格局 [M]. 北京：中央文献出版社，2021：62.

人民共同富裕引领经济变革方向，"高质量发展需要高素质劳动者，只有促进共同富裕，提高城乡居民收入，提升人力资本，才能提高全要素生产率，夯实高质量发展的动力基础"①。

最后，全体人民共同富裕夯实党的执政根基。全体人民共同富裕关乎着社会整体稳定。毛泽东指出，"中国社会是一个两头小中间大的社会，无产阶级和地主大资产阶级都只占少数，最广大的人民是农民、城市小资产阶级以及其他的中间阶级。任何政党的政策如果不顾到这些阶级的利益，如果这些阶级的人们不得其所，如果这些阶级的人们没有说话的权利，要想把国事弄好是不可能的"。② 江泽民指出，"国家富强了，全体人民共同富裕了，任何国外敌对势力也颠覆不了我们，任何国内破坏势力也动摇不了我们，党和国家就会稳如泰山、长治久安"。③ 习近平总书记深刻指出，"实现共同富裕不仅是经济问题，而且是关系党的执政基础的重大政治问题"。④

3. 对"怎样实现全体人民共同富裕"的实践问题给出科学解释

全体人民共同富裕是个理论问题，更是个实践问题。党的十八大以来，党中央把握发展阶段新变化，把逐步实现全体人民共同富裕摆在更加重要的位置上，推动区域协调发展，采取有力措施保障和改善民生，打赢脱贫攻坚战，全面建成小康社会，为促进共同富裕创造了良好条件。现在，已经到了扎实推动共同富裕的历史阶段。

习近平总书记指出：在我国社会主义制度下，既要不断解放和发展社会生产力，不断创造和积累社会财富，又要防止两极分化，切实推动人的全面发展、全体人民共同富裕取得更为明显的实质性进展。首先要通过全国人民共同奋斗把"蛋糕"做大做好，然后通过合理的制度安排正确处理增长和分配关系，把"蛋糕"切好分好。这是一个长期的历史过程，我们要创造条件、完善制度，稳步朝着这个目标迈进。要在推动高质量发展中强化就业优先导向。就业是民生之本。要发挥分配的功能和作用。要处理

---

① 习近平谈治国理政（第四卷）［M］. 北京：外文出版社，2022：141.
② 毛泽东选集（第三卷）［M］. 北京：人民出版社，1991：808.
③ 江泽民文选（第二卷）［M］. 北京：人民出版社，2006：184.
④ 习近平在省部级主要领导干部学习贯彻党的十九届五中全会精神专题研讨班开班式上发表重要讲话［EB/OL］. http://www.xinhuanet.com/politics/leaders/2021 - 01/11/c_1126970918.htm，2021 - 01 - 11.

好效率和公平关系，构建初次分配、再分配、三次分配协调配套的基础性制度安排。要完善公共服务政策制度体系。促进共同富裕，不能搞"福利主义"那一套。①

针对如何具体地扎实推动实现全体人民共同富裕，习近平总书记给出了"鼓励勤劳创新致富""坚持基本经济制度""尽力而为量力而行""坚持循序渐进"的总体原则②，"坚持以人民为中心的发展思想，在高质量发展中促进共同富裕，正确处理效率和公平的关系，构建初次分配、再分配、三次分配协调配套的基础性制度安排，加大税收、社保、转移支付等调节力度并提高精准性，扩大中等收入群体比重，增加低收入群体收入，合理调节高收入，取缔非法收入，形成中间大、两头小的橄榄型分配结构，促进社会公平正义，促进人的全面发展，使全体人民朝着共同富裕目标扎实迈进"的总体思路③，"提高发展的平衡性、协调性、包容性""着力扩大中等收入群体规模""促进基本公共服务均等化""加强对高收入的规范和调节""促进人民精神生活共同富裕""促进农民农村共同富裕"的具体做法④。

4.2 推动构建新时代中国特色社会主义共同富裕理论的科学内涵体系

理论，是人们在感性认识的基础上，经过归纳、抽象、演绎、推理、论证等逻辑方法加工而形成的概念化、命题化、系统化的理性判断和论述。马克思说，"一切划时代的体系的真正的内容是由于产生这些体系的那个时期的需要而形成起来的。所有这些体系都是以本国过去的整个发展为基础的"。⑤ 实践是理论形成的基础和源泉，理论的形成与发展来源于对过去实践经验的总结，新的实践探索促使新理论的产生。理论在一个国家实现的

---

① 习近平谈治国理政（第四卷）[M]. 北京：外文出版社，2022：209－210.
② 习近平著作选读（第二卷）[M]. 北京：人民出版社，2023：501－502.
③ 习近平著作选读（第二卷）[M]. 北京：人民出版社，2023：503.
④ 习近平著作选读（第二卷）[M]. 北京：人民出版社，2023：503－505.
⑤ 马克思恩格斯全集（第三卷）[M]. 北京：人民出版社，1960：544.

程度，总是取决于理论满足这个国家的需要的程度。[①] 在国家提出浙江高质量发展建设共同富裕示范区的背景下，在习近平新时代中国特色社会主义思想政治引领下，浙江坚定运用"八八战略"蕴含的立场、观点、方法来解决共同富裕示范区建设中的实际问题。浙江高质量发展建设共同富裕示范区这一重大创新实践生动体现了中国共产党对中国特色社会主义建设实践规律认识的更进一步深化，强有力地推动了构建新时代中国特色社会主义共同富裕理论的科学内涵体系。图4-2给出了新时代中国特色社会主义共同富裕理论的科学内涵体系框架。框架中的六大内容体系是构成新时代中国特色社会主义共同富裕理论完整的、结合紧密的科学逻辑体系。

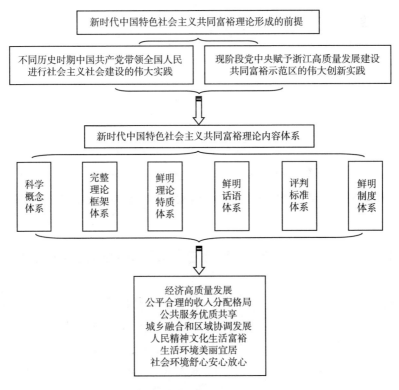

图4-2 新时代中国特色社会主义共同富裕理论形成逻辑及其六大内容体系

---

① 马克思恩格斯文集（第一卷）[M]. 北京：人民出版社，2009：12.

4.3 推动厘清新时代中国特色社会主义共同富裕理论的科学概念体系

概念是构成一个理论体系的基本核心要素。新时代中国特色社会主义共同富裕理论是由核心概念、重要概念、派生概念等标识性概念构成的科学理论体系。这一理论概念体系是图 4-3 所示的三层阶结构概念体系网。

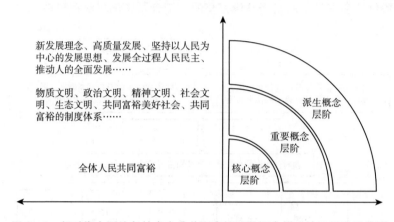

新发展理念、高质量发展、坚持以人民为中心的发展思想、发展全过程人民民主、推动人的全面发展……

物质文明、政治文明、精神文明、社会文明、生态文明、共同富裕美好社会、共同富裕的制度体系……

全体人民共同富裕

派生概念层阶

重要概念层阶

核心概念层阶

图 4-3　新时代中国特色社会主义共同富裕理论概念体系的三层阶结构网

4.3.1 新时代中国特色社会主义共同富裕理论的核心概念

新时代中国特色社会主义共同富裕理论的核心概念是全体人民共同富裕，它体现的是中国特色社会主义共同富裕社会建设的本质属性、价值取向和人民性，居于中国特色社会主义共同富裕理论的核心位置。中国特色社会主义进入新时代后，以习近平同志为核心的党中央逐步把实现全体人民共同富裕摆在更加重要的实践位置，对共同富裕道路的理性认识也上升至一个新高度。共同富裕是社会主义的本质要求，是人民群众的共同期盼。在中国特色社会主义国家体制下，全体人民共同富裕就是全国各族人民平等地团结在一起，根本利益相一致，各方为着社会整体的共同利益而共同奋斗、相向而行的存在的实践活动结果。《中共中央　国务院关于支持浙江高质量发展建设共同富裕示范区的意见》明确提出，共同富裕具有鲜明的时代特征和中国特色，是全体人民通过辛勤劳动和相互帮助，普遍达到生活富裕富足、精神自信自强、环境宜居宜业、社会和谐和睦、公共服务普及普惠，实现人的全面发展和社会全面进步，共享改革发展成果和幸福美好生活。

4.3.2　新时代中国特色社会主义共同富裕理论的重要概念

新时代中国特色社会主义共同富裕理论的重要概念是指那些反映新时代中国特色社会主义共同富裕理论特质、标注这一理论基本形态、规范共同富裕社会形态及其内部关系的次等位阶概念。这些重要概念包括物质文明、政治文明、精神文明、社会文明、生态文明、共同富裕美好社会、共同富裕的制度体系、共同富裕示范区、共同富裕现代化基本单元（未来社区）、共同富裕实现度、美好生活、新时代社会救助体系、乡村共富、城乡区域一体化、人的全面发展、中国梦、始终坚持人民至上、民心是最大的政治、全过程人民民主、中华民族共同体等内容。这些重要概念内容较多，限于篇幅，这里不再一一列举，不再进行重要概念内容的具体阐释。

4.3.3　新时代中国特色社会主义共同富裕理论的派生概念

新时代中国特色社会主义共同富裕理论的派生概念是新时代中国特色社会主义共同富裕理论在各领域、各方面产生较大影响的概念。它们是由核心概念和重要概念派生出来的，是实现新时代中国特色社会主义共同富裕理论所阐明目标的路径性概念。这些派生概念包括新发展理念、新发展格局、高质量发展、坚持以人民为中心的发展思想、发展全过程人民民主、推动人的全面发展、完善收入分配制度、统筹城乡区域发展、发展社会主义先进文化、促进人与自然和谐共生、创新社会治理、构建推动共同富裕的体制机制和政策框架、共建共治共享、创新型省份建设、织密扎牢社会保障网、完善先富带后富的帮扶机制、践行绿水青山就是金山银山理念、打造美丽宜居的生活环境、打造新时代文化高地、丰富人民精神文化生活、坚持和发展新时代"枫桥经验"、构建舒心安心放心的社会环境、扩大中等收入群体、完善再分配制度、建立健全回报社会的激励机制、实现基本公共服务均等化、实现城乡一体化发展、人文之美、生态之美、和谐之美等内容。这些派生概念内容非常多，这里也不再一一列举，也不再进行这些概念内容的具体阐释。

4.4 推动构建新时代中国特色社会主义共同富裕理论的完整理论框架体系

新时代中国特色社会主义共同富裕理论是一套逻辑紧密、内容完整的科学理论体系，其价值旨归就是在社会建设实践活动中为扎实推动共同富裕各项具体工作提供科学指导，最终实现全体人民共同富裕。

4.4.1 坚持全体人民共同富裕为奋斗目标

中国共产党的根基在人民、血脉在人民。[1]《中国共产党章程》明确规定，我们党没有自己特殊的利益，党在任何时候都把群众利益放在第一位，坚持全心全意为人民服务。中国共产党带领全国各族人民建立社会主义制度国家以来，就把实现人的全面发展和实现共同富裕确立为我们党的奋斗目标和初心使命，开启了建设共同富裕国家的历史进程。

社会主义社会作为人类社会一种崭新的社会形态，人民当家作主，成为国家的主人，人民不仅是生产力的主体，而且是生产关系和上层建筑的主体。在社会主义社会，社会主要矛盾不再表现为具有对抗性的阶级矛盾。进入新时代，我国社会的主要矛盾已经转化为人民日益增长的美好生活需要和不平衡不充分的发展之间的矛盾。

党中央对我国社会主要矛盾的准确把握，本质上就是把人民作为社会主要矛盾的主体，把人民的需要状况与人民需要的满足状况作为社会主要矛盾的两个方面。为能够有效解决当前社会的主要矛盾，党的十九大报告中明确提出"不断促进人的全面发展、全体人民共同富裕"这一重大命题。

---

① 习近平谈治国理政（第四卷）［M］．北京：外文出版社，2022：53．

这是党中央从顶层设计的高度来思考现阶段我国社会建设的目标方向，进而为全体人民创造美好社会。人的全面发展是马克思主义的一个重要原则，是一个总体性价值范畴，即"人的发展价值在价值取向上具有最大的包容性和统摄性，蕴含着消灭私有制、消灭剥削、实现共同富裕、使人民生活得幸福美好等马克思主义的主要价值诉求"。① 全体人民共同富裕就是人的全面发展的一个主要价值诉求。全体人民共同富裕集中体现了全体中国人民对美好生活的追求与向往。习近平总书记指出，"共同富裕本身就是社会主义现代化的一个重要目标。我们不能等实现了现代化再来解决共同富裕问题，而是要始终把满足人民对美好生活的新期待作为发展的出发点和落脚点，在实现现代化过程中不断地、逐步地解决好这个问题"。②

针对现阶段如何解决全体人民共同富裕这个现实问题，习近平总书记在关于《中共中央关于制定国民经济和社会发展第十四个五年规划和二〇三五年远景目标的建议》的说明中明确指出，"共同富裕是社会主义的本质要求，是人民群众的共同期盼。我们推动经济社会发展，归根结底是要实现全体人民共同富裕"，"当前，我国发展不平衡不充分问题仍然突出，城乡区域发展和收入分配差距较大，促进全体人民共同富裕是一项长期任务，但随着我国全面建成小康社会、开启全面建设社会主义现代化国家新征程，我们必须把促进全体人民共同富裕摆在更加重要的位置，脚踏实地，久久为功，向着这个目标更加积极有为地进行努力"，"为此，建议稿在到2035年基本实现社会主义现代化远景目标中提出'全体人民共同富裕取得更为明显的实质性进展'，在改善人民生活品质部分突出强调了'扎实推动共同富裕'，提出了一些重要要求和重大举措。这样表述，在党的全会文件中还是第一次，既指明了前进方向和奋斗目标，也是实事求是、符合发展规律的，兼顾了需要和可能，有利于在工作中积极稳妥把握，在促进全体人民共同富裕的道路上不断向前迈进"。③

从我们党的百年奋斗历史实践来看，党始终带领全国人民共同奋斗，努力追求美好生活。习近平总书记在党史学习教育动员大会上明确指出，

① 陈新夏. 人的发展研究的前提性问题［N］. 光明日报，2017－09－18（15）.

② 习近平著作选读（第二卷）［M］. 北京：人民出版社，2023：140.

③ 习近平. 关于《中共中央关于制定国民经济和社会发展　第十四个五年规划和二〇三五年远景目标的建议》的说明［N］. 人民日报，2020－11－04（2）.

"我们党的百年历史，就是一部践行党的初心使命的历史，就是一部党与人民心连心、同呼吸、共命运的历史"，"历史充分证明，江山就是人民，人民就是江山，人心向背关系党的生死存亡。赢得人民信任，得到人民支持，党就能够克服任何困难，就能够无往而不胜"，"要教育引导全党深刻认识党的性质宗旨，坚持一切为了人民、一切依靠人民，始终把人民放在心中最高位置、把人民对美好生活的向往作为奋斗目标，推动改革发展成果更多更公平惠及全体人民，推动共同富裕取得更为明显的实质性进展，把14亿中国人民凝聚成推动中华民族伟大复兴的磅礴力量"。①

改革开放以来特别是党的十八大以来，以习近平同志为核心的党中央不忘初心、牢记使命，团结带领全党全国各族人民，始终朝着实现共同富裕的目标不懈努力，全面建成小康社会取得伟大历史性成就，为新发展阶段推动共同富裕奠定了坚实基础。习近平总书记指出，"新征程上，我们要始终坚持一切为了人民、一切依靠人民。一路走来，我们紧紧依靠人民交出了一份又一份载入史册的答卷。面向未来，我们仍然要依靠人民创造新的历史伟业。道阻且长，行则将至。前进道路上，无论是风高浪急还是惊涛骇浪，人民永远是我们最坚实的依托、最强大的底气。我们要始终与人民风雨同舟、与人民心心相印，想人民之所想，行人民之所嘱，不断把人民对美好生活的向往变为现实"。②

上述诸多内容，都是中国共产党坚持全体人民共同富裕奋斗目标的具体行动体现。

4.4.2 明确实现全体人民共同富裕的重大理论和实践问题

进入新时代，党中央科学分析了中国特色社会主义建设中面临的主要社会矛盾，并作出了高质量发展建设共同富裕示范区等一系列重大决策和工作部署，将共同富裕作为国家发展的基本方向与制定大政方针的基本原则，深刻回答了为什么要实现全体人民共同富裕的重大理论和实践问题。

① 习近平. 在党史学习教育动员大会上的讲话 [J]. 求是，2021 (7)：4-17.

② 习近平在二十届中共中央政治局常委同中外记者见面时强调 始终坚持一切为了人民一切依靠人民 以中国式现代化全面推进中华民族伟大复兴 [EB/OL]. https：//politics. gmw. cn/2022-10/23/content_36107328. htm，2022-10-23.

对上述问题的科学回答，为扎实推动全体人民共同富裕建设提供了正确方向和科学指引。

首先，为什么要实现全体人民共同富裕？根据《中华人民共和国2023年国民经济和社会发展统计公报》，截至2023年末，我国GDP规模总量为1260582亿元，稳居世界第二大经济体，人均GDP突破89358元，按统计公报公布时汇率折算为美元，人均GDP已经超过1.2万美元，实现从低收入国家到中等偏上收入国家的历史性跨越。全面建成小康社会，为促进全体人民共同富裕创造了非常好的有利物质条件，但要清醒认识到，现阶段我国发展不平衡不充分问题仍然突出，城乡区域发展和收入分配差距较大①，收入差距也逐步拉大，一些财富不当聚集给经济社会健康运行带来了风险挑战②，人民的生活品质还需进一步改善，与建成富强民主文明和谐美丽的社会主义现代化强国这一目标还有一定距离。不平等[4-1]扩大和两极分化[4-2]会加剧对社会稳定的影响，不利于社会和谐。实事求是是我们党长期坚持的思想路线。唯有实事求是，我们党才能从实际出发研究问题和解决问题。如果不解决上述问题，将严重影响到社会和谐安定。针对上述问题，习近平总书记给出明确的工作部署：进入新阶段，在我国社会主义制度下，既要不断解放和发展社会生产力，不断创造和积累社会财富，又要防止两极分化，切实推动人的全面发展、全体人民共同富裕取得更为明显的实质性进展。③

其次，要实现什么样的全体人民共同富裕。习近平总书记指出，"我国长期所处的短缺经济和供给不足的状况已经发生根本性改变，人民对美好生活的向往总体上已经从'有没有'转向'好不好'，呈现多样化、多层次、多方面的特点，其中有很多需求过去并不是紧迫的问题，现在人民群众要求高了，我们对这些问题的认识和工作水平也要相应提高。我们要坚持在发展中保障和改善民生，解决好人民最关心最直接最现实的利益问题，更好满足人民对美好生活的向往，推动人的全面发展、社会全面进步，努力促进全体人民共同富裕取得更为明显的实质性进展"。④ 全体人民共同富

---

① 习近平谈治国理政（第四卷）［M］. 北京：外文出版社，2022：142.
②③ 习近平. 正确认识和把握我国发展重大理论和实践问题［J］. 求是，2022（10）：4-9.
④ 习近平. 新发展阶段贯彻新发展理念必然要求构建新发展格局［J］. 求是，2022（17）：4-17.

裕是一种更高级、更美好的社会形态，是全面小康社会的提档升级，强调全体人民物质生活和精神生活都富裕，不是少数人的富裕，也不是整齐划一的平均主义，显著不同于西方国家的带有政治功利色彩的富裕社会模式[4-3]。与西方国家不同，我们要建设的全体人民共同富裕是让全体人民充分享受到中国特色的社会主义经济建设、政治建设、文化建设、社会建设、生态文明建设中的人权。从这个角度讲，我国要实现的全体人民共同富裕模式超越了西方国家的富裕社会模式，极大彰显了中国特色社会主义制度的优越性。

最后，怎样实现全体人民共同富裕。习近平总书记在中央财经委员会第十次会议讲话中明确指出："像全面建成小康社会一样，全体人民共同富裕是一个总体概念，是对全社会而言的，不要分成城市一块、农村一块，或者东部、中部、西部地区各一块，各提各的指标，要从全局上来看。我们要实现 14 亿人共同富裕，必须脚踏实地、久久为功，不是所有人都同时富裕，也不是所有地区同时达到一个富裕水准，不同人群不仅实现富裕的程度有高有低，时间上也会有先有后，不同地区富裕程度还会存在一定差异，不可能齐头并进。这是一个在动态中向前发展的过程，要持续推动，不断取得成效。"① 这实际给出了要坚持问题导向的建设原则，要注重科学方法进行实践探索，不可以急功近利。

4.4.3 明确实现共同富裕社会的根本指导理念框架

中国共产党坚持把新发展理念、共生理念、多元共治理念、共同富裕新理念等先进理念作为扎实推动全体人民共同富裕的行动指导。这"四个理念"，是我们党在新阶段实现全体人民共同富裕的重要理念遵循。

一是坚持新发展理念。根据对我国现阶段发展实际情况的科学分析和综合研判，习近平总书记提出了新发展理念。新发展理念具体包括创新、协调、绿色、开放和共享五个方面，它们之间是不可分割、相互联系、相互作用的有机体系。新发展理念非常符合当前我国国情和实际发展需要，作为在发展实践中协调矛盾、化解难题、激发动力的行动指南，它是新时

---

① 习近平谈治国理政（第四卷）[M]. 北京：外文出版社，2022：146–147.

代新征程中我们必须坚持并贯彻的发展思想。《中华人民共和国国民经济和社会发展第十四个五年规划和 2035 年远景目标纲要》明确将新发展理念作为指导思想和必须遵循的原则，具体指出，把新发展理念完整、准确、全面贯穿发展全过程和各领域，构建新发展格局，切实转变发展方式，推动质量变革、效率变革、动力变革，实现更高质量、更有效率、更加公平、更可持续、更为安全的发展。新发展理念是一个系统的理论体系，回答了关于发展的目的、动力、方式、路径等一系列理论和实践问题，阐明了我们党关于发展的政治立场、价值导向、发展模式、发展道路等重大政治问题[1]，是指导新时代中国发展进步的重要思想，指明了实现更高质量发展的必由之路。坚持新发展理念是关系我国发展全局的一场深刻变革。[2] 新发展理念的根和魂就是为全体人民谋幸福、为中华民族谋复兴。

二是坚持共生理念。进入新时代以来，全国各族人民之间的利益共同性、相互依赖性、互惠共存性、全面和谐性日益增强，全国各族人民的共生关系既是不可避免的发展趋势，又是不可替代的生存根基。共生理念阐明了如何处理好人与自然共生关系、城乡共生关系、区域间共生关系、社会各阶层之间共生关系以及经济与文化的共生关系。如果不处理好上述五大共生关系，全体人民共同富裕社会就难以成功实现。坚持共生理念，能够确保人与自然、城乡之间、区域之间、社会各阶层之间、经济与文化之间的相互协调及它们和谐共生的张力，确保全体人民共同富裕社会目标如期实现。

三是坚持多元共治理念。多元共治本质上是社会参与多元主体依据一定的正式制度和非正式制度，共同参与社会治理。推进全体人民共同富裕涉及不同层级政府（具体包括中央、省、市、县四个层级）、社会组织（企业、社区、非营利组织等）和社会公众等的积极参与。由于推进全体人民共同富裕是一项复杂的、过程性的系统性工程，涉及多元治理主体，因此需要协调治理好不同参与主体的相关利益诉求，并激发他们的参与积极性，最大限度地发挥"1＋1＞2"的叠加效应，才能有效将扎实推动共同富裕工作更向前一步。在全体人民共同富裕社会建设过程中，坚持多元共治

---

① 习近平谈治国理政（第四卷）［M］．北京：外文出版社，2022：170－171．
② 习近平谈治国理政（第四卷）［M］．北京：外文出版社，2022：169．

理念能够激发不同参与主体在全体人民共同富裕社会建设中的认同感、责任感、使命感和归属感。

四是树立共同富裕新理念。推动全体人民共同富裕是一项长期性任务，急不得，慢不得，更是等不得。这就需要根据实际情况，脚踏实地、尊重实践、从实践中摸经验摸规律①，既要防止"眉毛胡子一把抓"的做法，也要防止一蹴而就的运动式、突击式的举措，要注重政治与民主、经济与生态、社会与文化等之间的协调发展，脚踏实地，久久为功，分阶段有步骤地实现全体人民共同富裕。浙江以共同富裕新理念，实事求是、解放思想、创新思维有序地扎实推动共同富裕示范区高质量建设。

4.4.4 明确实现全体人民共同富裕的政治资源

全体人民共同富裕是一个长远目标，需要一个长期过程，不可能短时间内实现。因此，仅仅凭借理念的先进性，还不足够承担长期性、艰巨性、复杂性、动态性的实现全体人民共同富裕的工作。理念上的先进性要成为现实，就必须依靠中国共产党带领全国各族人民建设社会主义国家过程中所积累的宝贵政治资源。这些政治资源主要有以下五个方面。

一是严密的党的领导组织体系。中国共产党领导是中国特色社会主义最本质的特征，是中国特色社会主义制度的最大优势，党是最高政治领导力量。② 显著不同于西方资本主义国家政党制度，中国全体人民的共同富裕是通过一个只有人民的普遍利益，没有自身特殊利益的中国共产党的全面领导来推动和实现的。中国共产党坚持人民至上，在任何时候都把群众利益放在第一位，这是我们党作为马克思主义政党区别于其他政党的显著标志。③ 中国共产党是为人民奋斗的政党，始终把人民放在第一位，坚持尊重社会发展规律和尊重人民历史主体地位的一致性，坚持为崇高理想奋斗和为最广大人民谋利益的一致性，坚持完成党的各项工作和实现人民利益的一致性，不断把为人民造福事业推向前进。2018 年 7 月 3 日，习近平总书

---

① 栗战书. 遵循"四个坚持"的改革经验［N］. 人民日报，2013 – 11 – 26（06）.

② 中共中央关于坚持和完善中国特色社会主义制度　推进国家治理体系和治理能力现代化若干重大问题的决定［N］. 人民日报，2019 – 11 – 06（01）.

③ 习近平谈治国理政（第四卷）［M］. 北京：外文出版社，2022：53.

记在全国组织工作会议上发表重要讲话指出，我们党是按照马克思主义建党原则建立起来的，形成了包括党的中央组织、地方组织、基层组织在内的严密组织体系。这是世界上任何其他政党都不具有的强大优势。党中央是大脑和中枢，党中央必须有定于一尊、一锤定音的权威，这样才能"如身使臂，如臂使指，叱咤变化，无有留难，则天下之势一矣"。① 由此可见，这种广泛又坚强的、严密的政党组织体系，让实现全体人民共同富裕"如身使臂，如臂使指"，强有力地增强了推动全体人民共同富裕的政治动能。

二是党中央权威和集中统一领导制度。维护党中央权威和集中统一领导是马克思主义政党的重要政治原则，事关党和国家根本利益。党中央权威和集中统一领导有党中央对全国的领导、中央对地方的领导、中央对社会的领导等三个部分。党中央权威和集中统一领导制度形成了党的中央组织、地方组织、基层组织上下贯通、执行有力的严密体系，实现党的组织和党的工作全覆盖。② 维护党中央权威和集中统一领导是我国革命、建设、改革以来独特的、强大的政治优势。这种政治优势在于，能够从战略全局高度制定适合我国国情的一系列公共政策，能够集中统一调动全国资源推动政策的高效执行，能够有效整合全社会不同力量参与到国家事务治理过程中。习近平总书记指出："坚持党的领导，首先是坚持党中央权威和集中统一领导，这是党的领导的最高原则，任何时候任何情况下都不能含糊、不能动摇。"③ 党中央的权威和集中统一领导，保证了革命、建设、改革顺利推进，保证了党的执政地位巩固和国家长治久安。如果没有党中央在全国范围内的坚强领导和组织实施，推动全体人民共同富裕社会建设是难以取得成功的。从这个角度上来讲，党中央权威和集中统一领导是我国实现全体人民共同富裕的重要法宝。

三是全过程人民民主理念。共同富裕是民主制度实践的结果，民主制度是共同富裕的前提与保障。民主是全人类的共同价值，是中国共产党和中国人民始终不渝坚持的重要理念。④ 中国共产党坚持以人民为中心的发展

---

① 龚云."两个维护"是政治建设的首要任务［N］. 中国纪检监察报，2021 – 08 – 12（5）.

② 中共中央关于坚持和完善中国特色社会主义制度　推进国家治理体系和治理能力现代化若干重大问题的决定［N］. 人民日报，2019 – 11 – 06（01）.

③ 《求是》编辑部. 党和国家事业不断发展的"定海神针"［J］. 求是，2021（18）：16 – 23.

④ 习近平谈治国理政（第四卷）［M］. 北京：外文出版社，2022：258.

思想，不断保障和改善民生、增进人民福祉，走共同富裕道路。我国现行宪法明确规定，我国是工人阶级领导的、以工农联盟为基础的人民民主专政的社会主义国家，国家的一切权力属于人民。我国的民主是人民民主，人民当家作主是我国民主的本质和核心。党的十八大以来，中国共产党不断深化对中国民主政治发展规律的认识，提出了全过程人民民主重大理念并大力推进，民主价值和理念进一步转化为科学有效的制度安排和具体现实的民主实践。为实现好人民当家作主的政治原则，国家各项制度都是围绕人民当家作主构建的，国家治理体系都是围绕实现人民当家作主运转的，全过程人民民主具有完整的制度程序。这些科学有效的制度安排具体包括实行人民民主专政的国体、实行人民代表大会制度的政体、坚持和完善中国共产党领导的多党合作和政治协商制度、巩固和发展最广泛的爱国统一战线、坚持和完善民族区域自治制度、坚持和完善基层群众自治制度。这些制度程序形成了全面、广泛、有机衔接的人民当家作主制度体系，构建了多样、畅通、有序的民主渠道，有效保证了党的主张、国家意志、人民意愿相统一，有效保证了人民当家作主，确保了人民依照法律规定，通过各种途径和形式，管理国家事务，管理经济和文化事业，管理社会事务。具体现实的民主实践包括民主选举、民主协商、民主决策、民主管理、民主监督等。全过程人民民主，实现了过程民主和成果民主、程序民主和实质民主、直接民主和间接民主、人民民主和国家意志相统一，是全链条、全方位、全覆盖的民主，是最广泛、最真实、最管用的社会主义民主。

四是"立党为公，执政为民"的执政理念。中国共产党的根基在人民、血脉在人民。① 民心是最大的政治。习近平总书记指出："我们党要做到长期执政，就必须永远保持同人民群众的血肉联系，始终同人民群众想在一起、干在一起、风雨同舟、同甘共苦。"② "立党为公，执政为民"是中国共产党的执政理念。这种执政理念已经转化为治国理政的各项政治、经济、行政与社会制度，是国家治理现代化的重要推动力和政治保障。中国共产党长期以来，坚持立党为公、执政为民，保持同人民群众的血肉联系，把尊重民意、汇集民智、凝聚民力、改善民生贯穿治国理政全部工作之中，

---

① 习近平谈治国理政（第四卷）[M]. 北京：外文出版社，2022：53.
② 习近平谈治国理政（第四卷）[M]. 北京：外文出版社，2022：56.

巩固执政的阶级基础，厚植执政的群众基础，通过完善制度保证人民在国家治理中的主体地位，着力防范脱离群众的危险。中国共产党贯彻党的群众路线，完善党员、干部联系群众制度，创新互联网时代群众工作机制，始终做到为了群众、相信群众、依靠群众、引领群众，深入群众、深入基层。中国共产党始终牢记初心使命，忠实践行全心全意为人民服务的根本宗旨，树立了一心一意为人民谋幸福的良好形象。习近平总书记指出："治国有常，利民为本。为民造福是立党为公、执政为民的本质要求。必须坚持在发展中保障和改善民生，鼓励共同奋斗创造美好生活，不断实现人民对美好生活的向往。"①

五是中国特色社会主义行政体制。2019年10月31日中国共产党第十九届中央委员会第四次全体会议通过的《中共中央关于坚持和完善中国特色社会主义制度推进国家治理体系和治理能力现代化若干重大问题的决定》明确指出，"国家行政管理承担着按照党和国家决策部署推动经济社会发展、管理社会事务、服务人民群众的重大职责。必须坚持一切行政机关为人民服务、对人民负责、受人民监督，创新行政方式，提高行政效能，建设人民满意的服务型政府"。中央政策需要高效的行政机构去执行，行政执行则需要上级政府与下级政府、同级政府之间、政府内部部门之间持续稳定的协作。从外部视角的"政府—市场—社会"关系和内部视角的政府职责体系出发，为建设全体人民满意的服务型政府，经过多次改革，国家现已经形成完善的国家行政体制体系、政府职责体系、政府组织结构体系、中央和地方两个积极性体制机制，已经构建了完善的职责明确、依法行政的政府治理体系。在改革后的行政管理体制下，纵向政府之间、横向政府之间、政府内部职能部门之间形成了三个高效协同效应场域（见图4-4），非常有利于中央政策的顺利落实。

4.4.5 明确实现全体人民共同富裕的关键机制

党的十九届五中全会对扎实推动共同富裕作出重大战略部署。实现全

---

① 习近平在中国共产党第二十次全国代表大会上的报告《高举中国特色社会主义伟大旗帜 为全面建设社会主义现代化国家而团结奋斗》［EB/OL］. https://www.gov.cn/xinwen/2022-10/25/content_5721685.htm，2022-10-16.

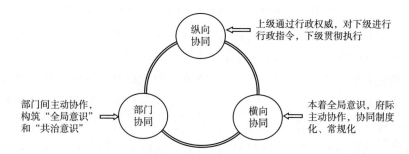

图 4 - 4 改革后的中国特色社会主义行政体制下政府行政高效协同三维场域

体人民共同富裕需要精准科学施策。党中央分别从宏观、中观、微观等三个层次构建了具有非常强可操作性的关键机制。在扎实推动全体人民共同富裕过程中，这些关键机制与前述的根本理念和政治资源有机地结合了起来。

一是宏观层面上，党中央科学理性打造统一的要素和资源市场体制机制。党的十九大报告明确指出，发展不平衡不充分已经成为满足人民日益增长的美好生活需要的主要制约因素。同时也指出，我国经济已由高速增长阶段转向高质量发展阶段，正处在转变发展方式、优化经济结构、转换增长动力的攻关期。为实现这一转变，有效促进要素自主有序流动，提高要素配置效率，更进一步激发全社会创造力和市场活力，推动经济发展质量变革、效率变革、动力变革，党中央国务院于 2020 年和 2022 年先后出台了《关于构建更加完善的要素市场化配置体制机制的意见》和《关于加快建设全国统一大市场的意见》。其中，《关于加快建设全国统一大市场的意见》中明确土地、劳动力、资本、技术、数据、能源、生态环境是七大资源要素。国务院办公厅 2022 年 1 月 6 日发布的《要素市场化配置综合改革试点总体方案》明确提出"顶层设计、基层探索；系统集成、协同高效；问题导向、因地制宜；稳中求进、守住底线"四项建设原则，确保科学构建完善的全国要素市场制度。党中央科学理性打造统一的要素和资源市场体制机制，生动彰显了"集中力量办大事"的中国特色社会主义举国体制优势，集中体现了中国共产党给全国各族人民办事的执政决心。

二是中观层面上，党中央实施选取部分地区先行先试、作出示范的责任机制。2012 年 11 月 15 日，在十八届中共中央政治局常委同中外记者见面时，习近平总书记明确宣示，"我们的责任，就是要团结带领全党全国各族人民，继续解放思想，坚持改革开放，不断解放和发展社会生产力，努力解决群众的生产生活困难，坚定不移走共同富裕的道路"。① 当前，我国发展不平衡不充分问题仍然突出，城乡区域发展和收入分配差距较大，各地区推动共同富裕的基础和条件不尽相同。促进全体人民共同富裕是一项长期艰巨的任务，需要选取部分地区先行先试、作出示范。实现全体人民共同富裕没有现成的经验模式可循，需要我们中国人自己去探路。2021年3月十三届全国人大四次会议表决通过的《中华人民共和国国民经济和社会发展第十四个五年规划和2035年远景目标纲要》明确提出了支持浙江高质量发展建设共同富裕示范区这一重大政治任务。随后，2021年5月发布《中共中央　国务院关于支持浙江高质量发展建设共同富裕示范区的意见》，对浙江如何高质量发展建设共同富裕示范区明确给出了指导思想、工作原则、战略定位和发展目标等四项总体要求，形成了中央统筹、省负总责、市县抓落实的实施机制。

三是微观层面上，拓展形成多元共治与实现全体人民共同富裕之间耦合性关系机制。推动全体人民共同富裕是一项系统性社会建设工程，其实现需要全社会合力。在这项伟大事业建设过程中，牵涉的社会主体有中央政府、各级地方政府、社会公众和社会组织等四大类主体。其中，社会公众具体包括从事各行各业工作的劳动大众，社会组织具体包括营利性组织和非营利性组织。从行为学角度看，中央政府、各级地方政府、社会公众和社会组织等主体的任何行为表现都不同程度、不同性质地影响到推动全体人民共同富裕的进程。中央政府、各级地方政府、社会公众和社会组织等主体的积极行动表现会推动全体人民共同富裕目标的实现，相反地，它们的消极行动表现会成为全体人民共同富裕目标实现的阻力。实际上，实现全体人民共同富裕是参与主体的共同社会责任目标。因此，从时间维度和空间维度来看，实现全体人民共同富裕社会建设与上述参与主体密切相关。在多元共治理念指导下，参与主体形成了以全体人民共同富裕为大家共同社会责任目标约束的多元治理网络。这种多元治理网络就是多元共治和实现全体人民共同富裕之间的耦合关系机制（见图4-5）。这种耦合关系机制彻底消除了参

---

① 中共中央党史和文献研究院．习近平扶贫论述摘编［M］．北京：中央文献出版社，2018：3．

与主体的消极行动表现对实现全体人民共同富裕目标的影响。

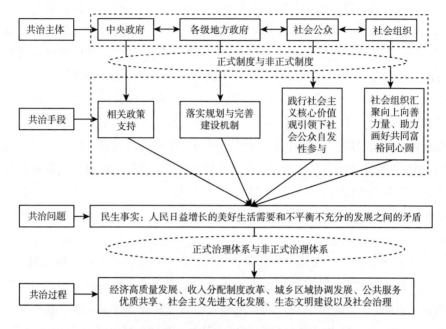

图4-5 多元共治与实现全体人民共同富裕之间的耦合性关系机制

4.4.6 明确实现全体人民共同富裕的基本原则

原则是指经过长期经验总结所得出的合理化的现象。中国共产党自成立以来都在为中国人民谋幸福,在长期探索实践过程中积累了非常宝贵的经验。2021年8月17日习近平总书记在中央财经委员会第十次会议上明确指出,如何促进全体人民共同富裕,必须把握好以下四个基本原则。

一是鼓励勤劳创新致富。该基本原则包含两个方面。一方面是强调勤劳致富。民生在勤,勤则不匮。勤劳致富是中华民族的传统美德和精神品格。习近平总书记指出,"幸福生活都是奋斗出来的,共同富裕要靠勤劳智慧来创造"。[①] 新中国成立后,正是依靠全国各族人民长达70多年的辛勤劳

---

① 习近平谈治国理政(第四卷)[M].北京:外文出版社,2022:142.

动和艰苦奋斗，中国共产党才带领全国各族人民如期打赢脱贫攻坚战，历史性地解决绝对贫困，全面建成小康社会。在扎实推动共同富裕的过程中，我们仍然需要鼓励勤劳致富、团结奋斗去实现全体人民共同富裕的宏伟目标。另一方面是强调创新为共同富裕提供强劲内生动力。中国共产党非常重视科学技术对经济发展的作用。1988年9月5日，邓小平在会见捷克斯洛伐克总统胡萨克时，提出"科学技术是第一生产力"的重要论断。① 党的十八大以来，以习近平同志为核心的党中央把科技创新摆在国家发展全局的核心位置，坚定不移走中国特色自主创新道路，我国科技事业发生了历史性、整体性、格局性重大变化，进入创新型国家行列。世界知识产权组织发布的《2022年全球创新指数报告》显示，中国位列第11位，较上年再上升1位，连续10年稳步提升。2012~2022年，我国科技投入力度空前，全社会研发投入从2012年的1.03万亿元增长到2021年的2.79万亿元，基础研究经费这10年间增长2.4倍；创新主体不断壮大，研发人员总量连续多年稳居世界首位，高新技术企业数量超过33万家；"嫦娥"奔月、"祝融"探火、"羲和"逐日、"蛟龙"深潜，大兴机场"凤凰展翅"、港珠澳大桥飞架三地、复兴号高铁纵横驰骋、特高压输电工程跨越千山万水等自主创新成果不断涌现。② 自主创新对实体经济提供了强有力的支撑。党的十九大报告明确指出，我国经济已由高速增长阶段转向高质量发展阶段。现阶段，唯有通过创新才能实现高质量经济发展，创造更多的物质财富。高质量发展显著区别于传统经济发展方式。高质量发展是新时代中国经济发展的主要模式。党的二十大报告明确指出，高质量发展是全面建设社会主义现代化国家的首要任务，坚持创新在我国现代化建设全局中的核心地位，坚持科技是第一生产力、人才是第一资源、创新是第一动力，深入实施科教兴国战略、人才强国战略、创新驱动发展战略，开辟发展新领域新赛道，不断塑造发展新动能新优势。"创新"一词在党的二十大报告中出现55次，充分说明了中国共产党对创新的高度重视。

二是坚持中国特色社会主义基本经济制度。基本经济制度是经济制度

---

① 改革开放进程回顾 [EB/OL]. http：//www.93.gov.cn/review/jnggkfsszn/jchg/202585794921616644.shtml，2008-08-29.

② 人民时评. 让创新的动能更澎湃 [N]. 人民日报，2022-11-18（07）.

体系中具有长期性和稳定性的部分，处于基础性、决定性地位。根据《中共中央关于坚持和完善中国特色社会主义制度推进国家治理体系和治理能力现代化若干重大问题的决定》，中国特色社会主义基本经济制度包括：公有制为主体、多种所有制经济共同发展；按劳分配为主体、多种分配方式并存；社会主义市场经济体制等。中国特色社会主义基本经济制度是中国共产党领导全国人民的伟大创造，是在长期实践探索中逐渐形成的，充分体现了中国共产党将马克思主义基本原理同中国具体发展实际相结合的鲜明特点。2021 年 8 月 17 日习近平总书记在中央财经委员会第十次会议上讲话指出："要立足社会主义初级阶段，坚持'两个毫不动摇'。要坚持公有制为主体、多种所有制经济共同发展，大力发挥公有制经济在促进共同富裕中的重要作用，同时要促进非公有制经济健康发展、非公有制经济人士健康成长。要允许一部分人先富起来，同时要强调先富带后富、帮后富，重点鼓励辛勤劳动、合法经营、敢于创业的致富带头人。靠偏门致富不能提倡，违法违规的要依法处理。"① 中国特色社会主义基本经济制度是实现共同富裕的独特制度优势，具有主导作用。坚持中国特色社会主义基本经济制度就是坚持公有制为主体、多种所有制经济共同发展的所有制基础为实现共同富裕奠定制度基础，坚持按劳分配为主体、多种分配方式并存的收入分配制度为实现共同富裕提供制度保障，坚持社会主义市场经济体制为实现共同富裕提供制度活力。

三是尽力而为量力而行。这就要求我们在推动共同富裕过程中必须具备充分考虑发展实际的科学精神。"尽力而为"就是要求我们在尊重客观规律的基础上，充分发挥人的主观能动性；"量力而行"就是要求我们想办法、做事情要尊重客观规律。"尽力而为量力而行"要求我们要一切从实际出发，实事求是。在中国共产党带领全国各族人民建设共同富裕社会过程中，"尽力而为"是因为我们要坚定不移地实现我们的目标，而"量力而行"，则要求秉持问题导向、理性态度，根据我们的实力和现实条件，稳扎稳打、逐步地、可持续地推进。习近平总书记指出："要建立科学的公共政策体系，把蛋糕分好，形成人人享有的合理分配格局。要以更大的力度、更实的举措让人民群众有更多获得感。同时，也要看到，我国发展水平离

---

① 习近平谈治国理政（第四卷）［M］. 北京：外文出版社，2022：143.

发达国家还有很大差距。要统筹需要和可能，把保障和改善民生建立在经济发展和财力可持续的基础之上，不要好高骛远，吊高胃口，作兑现不了的承诺。政府不能什么都包，重点是加强基础性、普惠性、兜底性民生保障建设。即使将来发展水平更高、财力更雄厚了，也不能提过高的目标，搞过头的保障，坚决防止落入'福利主义'养懒汉的陷阱。"[①] 在扎实推进全体人民共同富裕社会建设的过程中，坚持"尽力而为量力而行"的原则，实际上既体现了我们主观能动建设能力的"尽力而为"，又体现了不同地区因发展的不平衡性要因地制宜"量力而行"。

四是坚持循序渐进。"循序渐进"的原则说明，要做好事情就必须打好牢固的基础，遵循先后次序。这就要求我们在推动共同富裕过程中必须要遵循事物的客观规律，按照一定的步骤，逐渐深入或提高。我们要充分认识到推动全体人民共同富裕是一项整体性工程，其具有长期性、艰巨性和复杂性的特点，更要厘清因"发展不平衡、发展不充分"带来的"与发达国家相比居民收入差距较大""全国居民收入差距居高不下""急剧扩大的财产分配差距""不均等的公共服务"等众多非常现实的问题和挑战。基于此，实现共同富裕需要科学而又周密地设计发展路径，需要采取切实可行的政策措施，更需要全社会齐心合力地推进。习近平总书记指出："共同富裕是一个长远目标，需要一个过程，不可能一蹴而就，对其长期性、艰巨性、复杂性要有充分估计，办好这件事，等不得，也急不得。一些发达国家工业化搞了几百年，但由于社会制度原因，到现在共同富裕问题仍未解决，贫富悬殊问题反而越来越严重。我们要有耐心，实打实地一件事一件事办好，提高实效。要抓好浙江共同富裕示范区建设，鼓励各地因地制宜探索有效路径，总结经验，逐步推开。"[②] 在扎实推进全体人民共同富裕社会建设的过程中，坚持循序渐进，就是坚持实事求是的思想路线，就是要求我们弘扬实事求是的精神作风，朝着实现我们党确立的第二个百年奋斗目标进军，奋力推进新时代中国特色社会主义事业。

4.4.7　系统界定实现全体人民共同富裕的体系框架

为让全国人民群众真真切切感受到共同富裕看得见、摸得着、真实可

---

①② 习近平谈治国理政（第四卷）［M］. 北京：外文出版社，2022：143.

感，根据党中央关于扎实推动共同富裕战略部署安排和 2021 年 5 月党中央国务院出台的《关于支持浙江高质量发展建设共同富裕示范区的意见》中的工作要求，《浙江高质量发展建设共同富裕示范区实施方案（2021—2025年)》谋篇布局，对实现全体人民共同富裕的体系框架作了系统界定，具体包括七个方面的显性内容。这七个方面生动绘就了全体人民共同富裕社会的美丽图景。

1. 经济高质量发展

1978 ~ 2018 年，中国经济以年均 9.5% 的速度增长①，从一个低收入国家快速跨越至上中等收入国家，创造了"中国经济增长奇迹"[4-4]，但中国经济增长形成了对粗放型发展模式的路径依赖，经济发展质量并不高。已有研究表明，近些年中国经济发展实际存在从经济高速增长且发展质量较低的区域Ⅰ落入经济低速增长且发展质量不高的区域Ⅱ的迹象（见图 4 - 6）。如果经济发展沿着低速增长和低质量组合发展下去（图中点虚线部分所示），中国经济整体有陷入"中等收入陷阱"[4-5]的潜在风险。党的十九大报告明确指出："中国特色社会主义进入新时代，我国社会主要矛盾已经转化为人民日益增长的美好生活需要和不平衡不充分的发展之间的矛盾。""不平衡不充分的发展" 是当前严重制约扎实推动共同富裕进程的重要障碍因素。

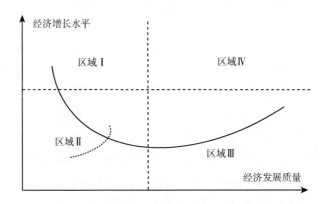

图 4 - 6　中国经济增长与发展质量演变的可能趋势

资料来源：刘志彪，凌永辉. 结构转换、全要素生产率与高质量发展 [J]. 管理世界，2020，36（7）：15 - 28.

---

① 刘伟，范欣. 中国发展仍处于重要战略机遇期——中国潜在经济增长率与增长跨越 [J]. 管理世界，2019，35（1）：13 - 23.

经济高质量发展是解决新时代我国社会主要矛盾的现实需要，也是非常关键的战略路径选择。经济高质量发展的核心任务是充分解放和发展生产力，为扎实推动共同富裕提供更加殷实的物质基础。从党中央关于扎实推动全体人民共同富裕战略部署和浙江高质量发展建设共同富裕示范区的工作安排来看，我们要从以下三个维度去深刻把握经济高质量发展的深刻内涵。

第一，经济高质量发展是中国跨越马克思"卡夫丁峡谷"设想[4-6]、扎实推进实现全体人民共同富裕的重大战略选择。《中国共产党章程》中明确指出，我国正处于并将长期处于社会主义初级阶段。这是在原本经济文化落后的中国建设社会主义现代化不可逾越的历史阶段，需要上百年的时间。党的十九大报告关于我国社会主要矛盾的科学表述，非常符合当前我国实际情况。改革开放以来，我国社会生产力水平已经从落后的社会生产转变到不平衡不充分的发展。现阶段，发展不平衡不充分问题仍然突出。发展不平衡集中体现在经济领域，推进高质量发展还有许多卡点瓶颈，科技创新能力还不强；发展的不充分集中体现在民主、法治、公平、正义、安全、环境等诸多领域。这些发展不平衡不充分问题，显然已经成为满足新时代人民日益增长的美好生活需要的关键制约因素。从经济学理论角度看，质量是指产品能够满足实际需要的使用价值特性，经济高质量发展就是能够更好满足人民不断增长的真实需要的经济发展方式、结构和动力状态。从实践角度来看，在经济高质量发展中扎实推进全体人民共同富裕，就是中国跨越马克思"卡夫丁峡谷"设想的重大实践战略选择。

第二，经济高质量发展必须坚持新发展理念。2015年10月习近平总书记在党的十八届五中全会上提出创新、协调、绿色、开放、共享的新发展理念。2017年10月18日，习近平总书记强调，要贯彻新发展理念，建设现代化经济体系。根据2017年12月21日人民日报发表的社论《牢牢把握高质量发展这个根本要求》中的具体提法，"高质量发展，就是能够很好满足人民日益增长的美好生活需要的发展，是体现新发展理念的发展，是创新成为第一动力、协调成为内生特点、绿色成为普遍形态、开放成为必由之路、共享成为根本目的的发展"。党的二十大报告明确指出，"高质量发展是全面建设社会主义现代化国家的首要任务。必须完整、准确、全面贯彻新发展理念，坚持社会主义市场经济改革方向，坚持高水平对外开放，加快构建以国内大循环为主体、国内国际双循环相互促进的新发展格局"。

在新发展理念的指导下，我们要变革经济发展的推动力，提升经济发展的效率，改善经济发展的质量，使发展成果惠及全体人民的公平、高效、可持续的发展。在扎实推进全体人民共同富裕进程背景下，经济高质量发展就是贯彻新发展理念的发展，也是经济建设、政治建设、文化建设、社会建设、生态文明建设"五位一体"的协调发展。

第三，经济高质量发展必须具有完善的现代化经济体系。经济高质量发展是以满足人民日益增长的美好生活需要为目标的高效率、公平和绿色可持续的发展，这就需要建立完善的现代化经济体系。党的十九大报告明确指出，"建设现代化经济体系是跨越关口的迫切要求和我国发展的战略目标。必须坚持质量第一、效益优先，以供给侧结构性改革为主线，推动经济发展质量变革、效率变革、动力变革，提高全要素生产率[4-7]，着力加快建设实体经济、科技创新、现代金融、人力资源协同发展的产业体系，着力构建市场机制有效、微观主体有活力、宏观调控有度的经济体制，不断增强我国经济创新力和竞争力"。党的二十大报告指出，"我们要坚持以推动高质量发展为主题，把实施扩大内需战略同深化供给侧结构性改革有机结合起来，增强国内大循环内生动力和可靠性，提升国际循环质量和水平，加快建设现代化经济体系，着力提高全要素生产率，着力提升产业链供应链韧性和安全水平，着力推进城乡融合和区域协调发展，推动经济实现质的有效提升和量的合理增长"。从 2022 年全国各省份全要素生产率来看，不同地区全要素生产率有显著空间差异（见图 4-7）。这说明提升经

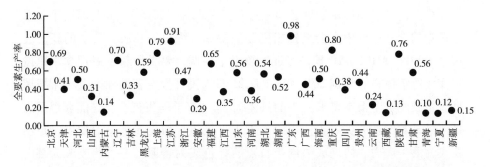

图 4-7　DEA - Malmquist 指数法下测算的 2022 年我国 31 个省份全要素生产率

资料来源：基于历年《中国统计年鉴》以及各省份的统计年鉴，根据田友春、卢盛荣、靳来群（2017）基于产出的 DEA - Malmquist 指数方法计算。在计算过程中，产出指标为实际 GDP；投入指标为资本存量（用永续盘存法核算）、全社会从业人员。

济高质量发展的空间巨大。现代化经济体系是将社会经济活动中一切要素的相互关系和内在联系有机结合的整体。在经济高质量发展情境下，完善的现代化经济体系核心内容具体包括"一个理念""两个坚持""一条主线""一个新发展格局""一个产业体系""一套市场经济体制""一个创新体系"等七个方面（见图4-8）。

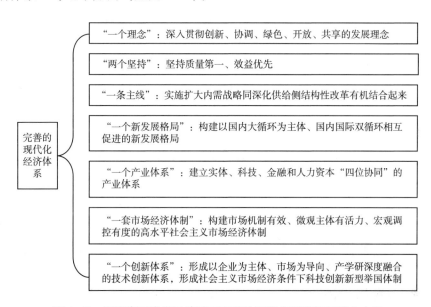

完善的现代化经济体系
- "一个理念"：深入贯彻创新、协调、绿色、开放、共享的发展理念
- "两个坚持"：坚持质量第一、效益优先
- "一条主线"：实施扩大内需战略同深化供给侧结构性改革有机结合起来
- "一个新发展格局"：构建以国内大循环为主体、国内国际双循环相互促进的新发展格局
- "一个产业体系"：建立实体、科技、金融和人力资本"四位协同"的产业体系
- "一套市场经济体制"：构建市场机制有效、微观主体有活力、宏观调控有度的高水平社会主义市场经济体制
- "一个创新体系"：形成以企业为主体、市场为导向、产学研深度融合的技术创新体系，形成社会主义市场经济条件下科技创新新型举国体制

图4-8　经济高质量发展情景下完善的现代化经济体系核心内容

资料来源：党的十九大报告、党的二十大报告、《中共中央　国务院关于支持浙江高质量发展建设共同富裕示范区的意见》、《浙江高质量发展建设共同富裕示范区实施方案（2021—2025年)》。

2. 建立公平合理的收入分配制度

要实现全体人民共同富裕社会，就要追求物质财富的创造和不断增加，做大"收入蛋糕"，分好"收入蛋糕"，让物质富裕惠及全体人民。做大"收入蛋糕"与分好"收入蛋糕"是全体人民共同富裕的一体两面，这就需要建立与之相适应的公平合理的收入分配制度。收入分配制度是经济社会发展中一项带有根本性、基础性的制度安排，是收入分配以及调节收入分配的参照标准，是实现有效激励和合理分配的关键制度安排。收入分配制度在促进全体人民共同富裕中发挥着至关重要的作用。现阶段，优化分配制度安排是实现全体人民共同富裕的关键性和基础性措施。党的二十大报告明确指出，"分配制度是促进共同富裕的基础性制度。坚持按劳分配为主体、多种分配方式并存，构建初次分配、再分配、第三次分配协调配套的制度体系。努力提高居民收入在国民收入分配中的比重，提高劳动报酬在初次分配中的比重。坚持多劳多得，鼓励勤劳致富，促进机会公平，增加低收入者收入，扩大中等收入群体。完善按要素分配政策制度，探索多种渠道增加中低收入群众要素收入，多渠道增加城乡居民财产性收入。加大税收、社会保障、转移支付等的调节力度。完善个人所得税制度，规范收入分配秩序，规范财富积累机制，保护合法收入，调节过高收入，取缔非法收入。引导、支持有意愿有能力的企业、社会组织和个人积极参与公益慈善事业"。初次分配、再分配和第三次分配制度的不断完善，是中国经济发展不可忽视的制度保障。从党中央关于扎实推进全体人民共同富裕战略部署和浙江高质量发展建设共同富裕示范区的工作安排来看，我们要从以下三个方面深刻把握新时代背景下建立起公平合理的收入分配制度的深刻内涵。

第一，新时代公平合理的收入分配制度始终坚持以人民为中心的分配观，构建初次分配、再分配和第三次分配相互协调配套的基础性制度，以解决收入分配中的实际问题。全心全意为人民服务是我们党的根本宗旨。为了能够让全国各族人民过上幸福美好的生活，新中国成立以来我们党带领全国各族人民大致共实施了五次收入分配制度改革（见图4-9）。国家的每一次收入分配制度改革，都是始终坚持以人民为中心的收入分配观，

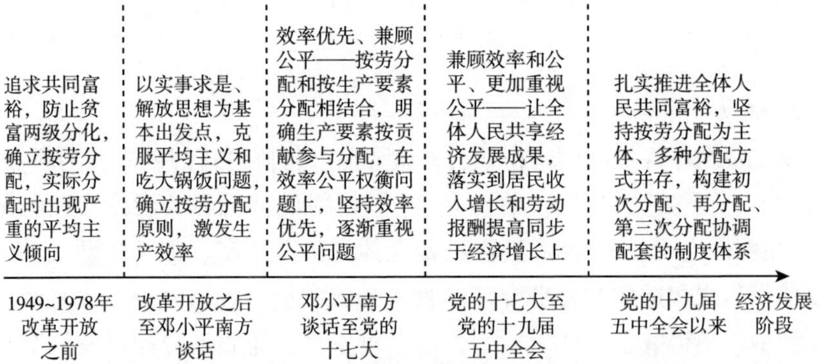

图4-9 1949年以来我国收入分配制度演进阶段及收入分配制度改革规律

资料来源：谢地，武晓岚. 以实现共同富裕为目标探索合理的收入分配制度——建党百年收入分配理论演进与实践轨迹［J］. 学习与探索，2021（10）：88-96；孙豪，曹肖烨. 收入分配制度协调与促进共同富裕路径［J］. 数量经济技术经济研究，2022，39（4）：3-24。

以改革为了人民、改革依靠人民、改革造福人民为根本出发点，以实事求是的精神状态去解决社会现实矛盾，充分维护了最广大人民群众的根本利益，彰显了中国特色社会主义社会的制度优越性。构建初次分配、再分配和第三次分配相互协调配套的基础性制度安排要求我们在新时代中国特色社会主义基本经济制度框架下，协调处理好分配制度同所有制、资源配置方式之间的相互关系，确保初次分配的市场机制、再分配的政府调节机制和第三次分配的社会"自调节"机制三者之间优势互补和协调发力。

第二，新时代公平合理的收入分配制度能够充分发挥市场、政府、社会比较优势，建立起收入分配制度的"市场－政府－社会"有机统一的协调治理机制体系（见图4－10），非常有利于扎实推进全体人民共同富裕的实现。首先，尊重各种生产要素的收入贡献，有效发挥初次分配中的市场机制的效率作用。马克思指出，参与生产的一定方式决定分配的特殊形式，决定参与分配的形式。① 在新时代中国特色社会主义市场经济条件下，要调动各个经济主体参与社会生产的积极性和创造性，就要根据劳动、资本、土地、知识、技术、管理、数据等生产要素[4-8]对国民收入的贡献度大小进行合理收入分配，注重市场机制的效率促进作用，最大限度地激发各种生产要素在整个社会物质财富创造中的活力。初次分配主要发生在生产领域，强调在生产领域注重生产效率，依靠市场这只"看不见的手"来完成，这对于"做大蛋糕"很关键。其次，再分配是在初次分配基础上，对部分国民收入进行的重新分配，主要由政府调节机制起作用。实现全体人民共同富裕要防止两极分化。消除两极分化是扎实推进全体人民共同富裕的应有之义。在做好生产阶段由市场机制形成的初次分配的基础上，需要政府通过税收调节、社会保障和转移支付等公共服务手段综合施策，对国民收入在不同收入主体（如不同阶层、不同群体）之间进行收入的再分配，合理调节城乡、区域、不同群体间分配关系，最终消除两极分化。在收入再分配中，政府这只"看得见的手"起着很关键的作用。最后，我国是社会主义国家，全体人民共同富裕是全体人民的共同责任，需要重视社会层面机制在收入分配中的作用。党的十九届四中全会通过的《中共中央关于坚

---

① 马克思恩格斯全集（第三十卷）[M]. 北京：人民出版社，1995：36.

持和完善中国特色社会主义制度　推进国家治理体系和治理能力现代化若干重大问题的决定》明确指出，"重视发挥第三次分配作用，发展慈善等社会公益事业。鼓励勤劳致富，保护合法收入，增加低收入者收入，扩大中等收入群体，调节过高收入，清理规范隐性收入，取缔非法收入"。2019年11月22日，时任国务院副总理刘鹤在人民日报撰文指出，"第三次分配是在道德、文化、习惯等影响下，社会力量[4-9]自愿通过民间捐赠、慈善事业、志愿行动等方式济困扶弱的行为，是对再分配的有益补充"。① 这对第三次分配的推动力量、推动主体、实现路径和重要作用等方面给出内涵

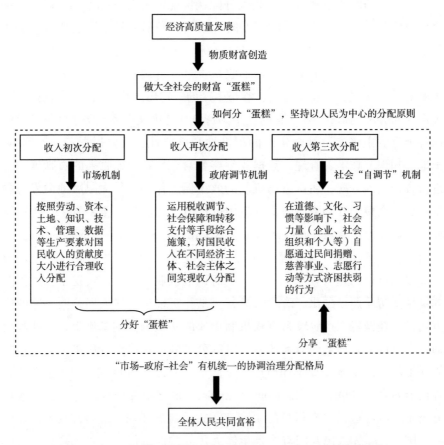

图4-10　"市场-政府-社会"有机统一的协调治理分配格局

① 刘鹤在《人民日报》发表署名文章：坚持和完善社会主义基本经济制度 [EB/OL]. https：//www. gov. cn/guowuyuan/2019 - 11/22/content_5454387. htm, 2019 - 11 - 22.

阐释。这是在中国特色社会主义进入新时代、我国社会文明程度不断提高和全社会公益慈善意识日渐增强的情况下，对第三次分配所进行的全新概括。

第三，新时代公平合理的收入分配制度有利于凝聚新时代全社会的精神风貌，有利于激发出扎实推进全体人民共同富裕的内生动力，促进全社会精神文明良性发展。为了扎实推进全体人民共同富裕，党的二十大报告对新时代如何优化初次分配、再分配、第三次分配协调配套的基础性分配制度安排和有效治理指明了具体方向，形成了"市场－政府－社会"有机统一的协调治理机制体系，内容全面，惠及全体人民。这种"市场－政府－社会"有机统一的协调治理机制体系既有利于鼓励先进，促进效率与公平，最大限度激发活力，又有利于防止收入两极分化，逐步实现共同富裕，使人民群众共享改革发展成果。新时代公平合理的收入分配制度体系采取了更多惠民生、暖民心举措，致力解决好人民群众急难愁盼问题，是实实在在地给了全体人民一颗定心丸。显然，这种收入分配制度既发挥基础性制度定盘心作用，又保障机会公平，也关注结果导向，非常有利于呼唤全体人民撸起袖子加油干的精神风貌，有利于激发出全体人民努力实现共同富裕的内生动力，最终促进全社会精神文明的良性发展。

3. 建立优质共享的公共服务制度体系

公共服务关乎民生，连接民心。从服务供给的权责分类来看，公共服务包括基本公共服务、普惠性非基本公共服务两大类。基本公共服务是指在一定的经济社会条件下，由政府主导提供、市场主体和公益性社会机构补充供给，旨在保障全体公民生存和发展基本需求的公共服务。非基本公共服务是为满足公民更高层次需求、保障社会整体福利水平所必需的，但市场自发供给不足的公共服务，政府通过支持公益性社会机构或市场主体，增加服务供给、提升服务质量，推动重点领域非基本公共服务普惠化发展，实现大多数公民以可承受价格付费享有。公共服务制度体系不仅是政府保障公民基本权利的制度安排，同时也是当代文明社会全面协调可持续发展的基础。针对新时代我国社会主要矛盾实际，建立普惠的高品质公共服务共享机制是实现全体人民对美好生活向往的重要途径。公共服务优质共享是全体人民共同富裕社会建设的重要建设单元，是由社会主要矛盾、党的宗旨与执政理念以及新发展理念和"五位一体"总体布局所决定的。《中

共中央 国务院关于支持浙江高质量发展建设共同富裕示范区的意见》明确
要求浙江到 2025 年率先实现基本公共服务均等化。《浙江高质量发展建设
共同富裕示范区实施方案（2021—2025 年）》对基本公共服务均等化的实
现目标作出了具体工作部署，要在公共服务优质共享领域先行示范。党的
二十大报告明确指出，到 2035 年全国基本公共服务实现均等化。公共服务
均等化具体指全体公民都能公平可及地获得大致均等（含优质共享）的公
共服务，特别是从城乡维度来看，这种大致均等的公共服务（包括公共服务
质量）对人形成的吸引力、满意度、安全感、幸福感、体验感、品质感等趋
向于无差异，或者差异不大，或者可接受的差异不会给人带来明显的、不可
（难以）接受的不平等感和不公正感。从党中央关于扎实推进全体人民共同
富裕战略部署、浙江高质量发展建设共同富裕示范区的工作安排和我国的
《"十四五"公共服务规划》具体内容来看，我们要从以下三个方面去深刻把
握建立优质共享的公共服务制度体系（见图 4 – 11）的深刻内涵。

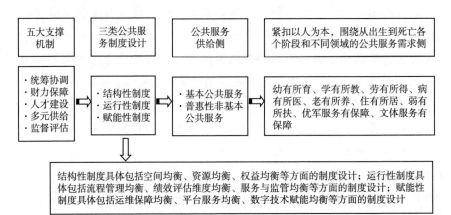

图 4 – 11　新时代优质共享的公共服务制度体系框架

第一，优质共享的公共服务制度体系是我们党自觉践行以人民为中心
的发展思想、改善人民生活品质的重大举措，是促进社会公平正义、扎实
推动共同富裕的应有之义。新时代以来，我国社会主要矛盾发生了深刻转
变，人民需求从基本的物质保障升级为对美好生活需要的追求。2012 年 11
月 15 日，刚刚当选中共中央总书记的习近平与中外记者见面时指出，"我
们的人民热爱生活，期盼有更好的教育、更稳定的工作、更满意的收入、
更可靠的社会保障、更高水平的医疗卫生服务、更舒适的居住条件、更优

美的环境，期盼孩子们能成长得更好、工作得更好、生活得更好"。① 2015
年 8 月 21 日，习近平总书记同党外人士座谈会上强调，"广大人民群众共
享改革发展成果，是社会主义的本质要求，是我们党坚持全心全意为人民
服务根本宗旨的重要体现。我们追求的发展是造福人民的发展，我们追求
的富裕是全体人民共同富裕"。② 公共服务优质共享是实现共同富裕的逻辑
前提、坚实基础、关键环节。中国共产党本着落实以人民为中心的发展思
想、改善人民生活品质的基本原则，以"民之所忧我必念之，民之所盼我
必行之"③ 的姿态积极回应人民需求，非常有针对性地成功地建立了世界
规模最大、覆盖人口最多的新时代优质共享的公共服务制度体系，形成了
政府、社会、个人协同发力、共建共享的公共服务发展格局，实现了公共
服务保障水平与经济社会发展水平同频共振。

第二，优质共享的公共服务制度体系凸显了我们党将新时代中国特色
社会主义的制度优势转换为民生改善的治理效能的宝贵经验，确保全体人
民共同富裕在不同目标阶段的均衡可持续。公共服务均等化是衡量全体人
民共同富裕的重要方面。2005 年 10 月 11 日，中共十六届五中全会在通过
的《中共中央关于制定国民经济和社会发展第十一个五年规划的建议》中，
首次提出"按照公共服务均等化原则，加大国家对欠发达地区的支持力度，
加快革命老区、民族地区、边疆地区和贫困地区经济社会发展"，首次明确
了"公共服务均等化"的具体目标任务。党的二十大报告明确指出，"我
们要实现好、维护好、发展好最广大人民根本利益，紧紧抓住人民最关心
最直接最现实的利益问题，坚持尽力而为、量力而行，深入群众、深入基
层，采取更多惠民生、暖民心举措，着力解决好人民群众急难愁盼问题，
健全基本公共服务体系，提高公共服务水平，增强均衡性和可及性，扎实
推进共同富裕"。为民造福是立党为公、执政为民的本质要求。中国共产党
的组织领导是建立优质共享的公共服务制度体系的巨大政治优势。自"公
共服务均等化"目标任务提出以来，我们党坚持"界定科学、权责清晰"

---

① 习近平等十八届中共中央政治局常委同中外记者见面 [EB/OL]. http：//www. xinhuanet.
com/politics/2012 – 11/15/c_113697411. htm, 2012 – 11 – 15.

② 习近平总书记谈共同富裕 [EB/OL]. http：//www. qstheory. cn/zhuanqu/2021 – 02/02/c_
1127055668. htm, 2021 – 02 – 02.

③ 习近平谈治国理政（第四卷）[M]. 北京：外文出版社，2022：65.

"尽力而为、量力而行""政府主导、分类施策""多元参与、共建共享"的基本原则，通过建立均衡公共服务内容体系、聚"政府和社会、个人"多方资源、推进基本公共服务标准体系建设[4-10]、着力扩大普惠性非基本公共服务供给等手段加快着公共服务均等化步伐，形成了一套以可持续性为鲜明特征的优质共享的公共服务制度体系，全社会公共服务供给水平全面提升，多层次多样化需求得到更好满足，人民群众获得感、幸福感、安全感显著增强。

第三，优质共享的公共服务制度体系在制度设计上聚焦"惠民生保基本""促均等缩差距""强弱项提质量"等重点环节，形成九大领域的公共服务内容体系，使全体人民享受到全生命周期、全民生要素的公共服务，全面走向共同富裕。中国共产党高度重视民生领域的改革。党的十七大报告首次指出"基本公共服务均等化"概念；"十二五"规划纲要（2011—2015 年）提出非基本公共服务改革方向；党的十八大重申"基本公共服务均等化"，提出"基本公共服务均等化总体实现"目标；十八届三中全会作出"紧紧围绕更好保障和改善民生、促进社会公平正义深化社会体制改革，改革收入分配制度，促进共同富裕，推进社会领域制度创新，推进基本公共服务均等化，加快形成科学有效的社会治理体制，确保社会既充满活力又和谐有序"的工作部署；十八届五中全会提出"坚持共享发展，必须坚持发展为了人民、发展依靠人民、发展成果由人民共享，作出更有效的制度安排，使全体人民在共建共享发展中有更多获得感，增强发展动力，增进人民团结，朝着共同富裕方向稳步前进"的公共服务发展方向；党的十九大提出"到 2035 年基本公共服务均等化基本实现"的奋斗目标；十九届三中全会提出"健全公共服务体系，推进基本公共服务均等化、普惠化、便捷化，推进城乡区域基本公共服务制度统一"和"推进非基本公共服务市场化改革，引入竞争机制，扩大购买服务"。《"十四五"公共服务规划》在"加快提升基本公共服务均等化水平""扩大普惠性非基本公共服务供给""推动生活服务为公共服务提档升级拓展空间""系统提升公共服务效能""加强规划实施保障"等方面作出了具体安排。自党的十七大以来，中国共产党以高超的政治智慧构设出了一套"紧扣以人为本，围绕从出生到死亡各个阶段和不同领域"的能够彰显"人民性"的公共服务制度体系，具体涵盖幼有所育、学有所教、劳有所得、病有所医、老有所养、住有所居、弱有所扶、优军服务有保障、文体服务有保障等九大领域公共服务清单，以促进城乡、区域、人群基本公共服务均等化为主线，聚焦于惠民生保基本、促均等缩差距、强弱项提质量等重点环节，以统筹协调、财力保障、人才建设、多元供给、监督评估等五大实施机制为支撑，不断增加公共服务供给，努力解决公共服务发展不平衡不充分的问题，使得全体人民享受到全生命周期、全民生要素的公共服务，努力实现公共服务的优质共享。

4. 城乡融合和区域协调发展

城乡融合和区域协调发展是在一定的时空尺度和条件下，城乡区域人口、资源、环境与经济、社会、制度等各个子系统内部及其系统之间的共生发展过程与相互作用关系，是城乡在社会分工、要素/能量流动、经济发展、文化互动等基础上的紧密结合，要求人们必须将城乡区域作为一个整体统筹考虑，使城市和农村发挥各自优势，逐步缩小以至消灭工农差别、城乡差别，促进工农结合、城乡良性互动，最终实现城乡共同富裕和人的全面自由发展。城乡融合和区域协调发展是扎实推进全体人民共同富裕的重要内容之一。新中国成立以来，中国共产党带领全国各族人民在建设社会主义现代化国家进程中摒弃西方国家的工业化、城镇化、农业现代化、信息化阶梯式发展模式，走出了一条工业化、城镇化、农业现代化、信息化"并联式"同步发展模式，我国城乡区域发展总体上经历了由城乡二元结构到城乡区域统筹，到城乡发展一体化，最终到城乡融合和区域协调发展的转变过程。根据《中华人民共和国2022年国民经济和社会发展统计公报》，2022年末，全国常住人口城镇化率为65.22%，比上年末提高0.50个百分点。分区域看[4-11]，全年东部地区生产总值622018亿元，比上年增长2.5%；中部地区生产总值266513亿元，增长4.0%；西部地区生产总值256985亿元，增长3.2%；东北地区生产总值57946亿元，增长1.3%。2022年京津冀地区生产总值100293亿元，比上年增长2.0%；长江经济带地区生产总值559766亿元，增长3.0%；长江三角洲地区生产总值290289亿元，增长2.5%。粤港澳大湾区建设、黄河流域生态保护和高质量发展等区域重大战略扎实推进。整体上，全国城乡区域协调发展稳步推进，但仍要清楚认识到当前因工业化、城镇化、农业现代化、信息化"并联式"同步发展模式所带来的城乡二元结构和循环累积因果效应下城乡区域发展不平衡不充分的区域发展分化现象。要有效解决区域发展分化现象，就要依靠区域协调发展。习近平指出，"协调发展注重的是解决发展不平衡问题"。① 从党中央关于扎实推进全体人民共同富裕战略部署、浙江高质量发展建设共同富裕示范区的工作安排内容来看，我们要从以下三个方面去深刻把握城乡融合和区域协调发展的深刻内涵。

第一，城乡融合和区域协调发展是着力破解扎实推进全体人民共同富裕进程中遇到的"城乡区域发展分化"难题的实践路径。实现城乡融合和区域协调发展是实现全体人民共同富裕的应有之义。我国最大的发展不平衡是城乡发展不平衡，最大的发展不充分是农村发展不充分。② 党的二十大报告明确指出，"全面建设社会主义现代化国家，最艰巨最繁重的任务仍然在农村"，"城乡区域发展和收入分配差距仍然较大"。从地区生产总值角度看，东部、中部、西部地区差异比较大。根据《中华人民共和国2022年国民经济和社会发展统计公报》，东部地区生产总值要比中部、西部地区生产总值分别高了355505亿元、365033亿元，中部地区生产总值比西部地区生产总值高了9528亿元。东部地区发展水平显著高于中部、西部地区，城乡区域发展不均衡现象非常明显。从资源要素的市场化流动水平来看，要素自由流动和平等交换体制机制壁垒的存在致使土地、劳动力、资本、技术、数据、能源、生态环境等资源要素没有形成高水平的市场化流动配置状态，资源错配引发了区域经济增长放缓和区域经济增长分化。由于城市的收益率远远大于乡村，因而各种资源、要素都是从乡村到城镇的单向净流动，并没有形成反向流动现象。例如，大规模劳动力从欠发达地区向发达地区流动的"候鸟式"反复流动现象没有根除，还没有完全享受到城市发展带来的各种福利。又如欠发达地区对资本、技术、数据等资源要素的吸引力明显不够强。从城乡融合的支持性制度角度看，劳动就业制度、土地制度、财政金融、公共服务等制度性阻隔还长期存在，具有共有性、地域性、封闭性、模糊性、非流动性、非平等性等特点的农村集体产权制度造成农村集体经济长期低效，难以做大做强。从城乡融合发展水平角度看，

---

① 中共中央宣传部. 习近平新时代中国特色社会主义思想学习问答 [M]. 北京：学习出版社，人民出版社，2021：230.

② 黄泰岩. 把坚持高质量发展作为新时代的硬道理 [N]. 学习时报，2024-04-01 (A1).

东部地区的城乡经济融合水平是最高的，中部次之，西部最低，并且东部、中部各省份经济融合的内部差异较小。为有效解决城乡发展不平衡不充分带来的"城乡区域发展分化"问题，党中央作出了城乡融合和区域协调发展的重大战略部署，建立了比较完善的城乡融合和区域协调发展的制度体系框架，旨在实现城市与乡村两者之间经济、政治、文化、生态以及社会生活等多个层面的深度交融和有机结合协同，城乡差距控制在合理、适度的范围内，达到优势互补、共同发展和共同繁荣，促进城乡共同富裕融合。

　　第二，城乡融合和区域协调发展生动体现了中国共产党人运用辩证法的思维去认识和把握新时代城乡关系的失衡性，是实现城乡共同富裕的治本之举。城乡发展失衡是实现共同富裕过程中必须解决的关键问题。现阶段，我国城乡发展失衡一方面体现在乡村发展先后呈现出人口流失、城乡公共资源不均和乡村生态环境退化等问题，另一方面因我国长期实行城市优先的发展策略和快速的工业化与城镇化进程，呈现出经济、社会和环境等多重问题交织的特殊格局。如果不消除城乡发展失衡性，城乡很容易走向不协调，更严重的话将影响到全社会和谐与稳定。中国共产党人一直非常关注并致力于解决城乡不协调问题，紧紧抓住影响城乡区域经济社会发展的核心因素，积极探索具体解决路径。针对人民日益增长的美好生活需要和不平衡不充分的发展之间的矛盾，为更有效解决城乡失衡问题，党的十九大报告提出，实施乡村振兴战略，建立健全城乡融合发展体制机制和政策体系，实施区域协调发展战略，建立更加有效的区域协调发展新机制。2020年8月20日习近平总书记在主持召开扎实推进长三角一体化发展座谈会上指出，"不同地区的经济条件、自然条件不均衡是客观存在的，如城市和乡村、平原和山区、产业发展区和生态保护区之间的差异，不能简单、机械地理解均衡性。解决发展不平衡问题，要符合经济规律、自然规律，因地制宜、分类指导，承认客观差异，不能搞一刀切"。[①] 党的二十大报告提出，全面推进乡村振兴，坚持城乡融合发展，促进区域协调发展，健全区域协调发展模式与机制。从历史逻辑上看，中国共产党人对城乡关系的认识随着实践发展经历了从统筹城乡发展到城乡发展一体化再到城乡融合发展的演进，这样的过程既反映了中央政策的一脉相承，又充分体现了中

---

① 习近平谈治国理政（第四卷）[M]. 北京：外文出版社，2022：189.

央对城乡关系认识的不断深化，以及中国共产党人运用辩证法的思维去认识和把握城乡关系的重要性。

第三，城乡融合和区域协调发展本质是在新发展理念、共生理念、多元共治理念、新的共同富裕理念的价值理念引领下，实现城乡共同富裕和城乡全体人民的全面发展，是中国共产党人对马克思恩格斯"城乡融合"思想[4-12]的创新发展。城乡融合和区域协调发展是解决新时代我国社会主要矛盾的必然要求，是扎实推进全体人民共同富裕的关键一招。城市与乡村相对独立，又相互关联，在城市与乡村的要素配置与资源交换过程中，城市先天具有的优势吸引着各种资源逐渐向城市聚集，城市与乡村之间的"对立"关系逐渐形成。城乡社会的不协调是城乡对立的直接原因，只有通过生产力的发展才会达到一种新境界，即"城乡之间由分离对立走向融合协调的持续发展过程"。① 如何缩小城乡之间的生产力差异，关键取决于高质量发展。高质量发展就要坚持新发展理念。党的二十大报告明确指出，高质量发展是全面建设社会主义现代化国家的首要任务，必须完整、准确、全面贯彻新发展理念。城乡融合和区域协调发展是一个复杂性、多元性、系统性、全局性的整体概念，该概念强调城乡之间具有平等关系与要素的自由流动，在物质、权利、发展机会、精神和生态环境等维度上与全体人民共同富裕的本质内涵紧密联系。从内涵逻辑角度看，这个概念体现了：通过补偿和矫正制度性因素导致的不平等，让全体人民有机会、有能力均等地参与高质量经济社会发展，并共享经济社会发展的成果。实际就是在新发展理念、共生理念、多元共治理念、共同富裕新理念的价值理念引导下，实现城乡共同富裕和城乡全体人的全面发展。城乡融合和区域协调发展吸收了马克思恩格斯"城乡融合"思想，是中国共产党正确把握城乡关系客观实际的中国化最新成果，是对马克思恩格斯"城乡融合"思想的理论深化和创新发展。

5. 人民精神文化生活富裕

人的需要是人的生命维系与生存延续的本质内容，构成了人的存在与发展的价值基础。精神文化生活需要属于超越人的最基本的生存需要，即提高生活质量的享受需要和实现人综合价值的发展需要。所谓精神文化生

---

① 徐竹青. 城乡一体化从区域治理到国家战略 [J]. 浙江社会科学, 2016 (1)：13-15.

活，即人们为了生存和发展而进行的精神文化生产、精神文化交往、精神文化创造及精神文化享受等全部实践活动和过程的总和。富裕的精神文化生活内蕴着人们求真尽美、止于至善的生活目标，适应时代、服务人民的生活内容，健康向上、互助友爱的生活方式以及奋发作为、追求美好的生活图景。2021年8月17日习近平总书记在中央财经委员会第十次会议上明确指出，我们说的共同富裕是全体人民共同富裕，是人民群众物质生活和精神生活都富裕。这里的"精神生活"富裕就是指人民精神文化生活富裕，它是全体人民共同富裕的重要维度。人无精神则不立，国无精神则不强。促进共同富裕与促进人的全面发展是高度统一的，既要做好物质积累，也要实现精神丰实；既要让人民仓廪实、衣食足，也要让人民知礼节、明荣辱。党的二十大报告明确指出，"丰富人民精神世界，实现全体人民共同富裕"，"物质富足、精神富有是社会主义现代化的根本要求。物质贫困不是社会主义，精神贫乏也不是社会主义。我们不断厚植现代化的物质基础，不断夯实人民幸福生活的物质条件，同时大力发展社会主义先进文化，加强理想信念教育，传承中华文明，促进物的全面丰富和人的全面发展"。根据人类社会发展规律，"人们首先必须吃、喝、住、穿，然后才能从事政治、科学、艺术、宗教等等"①，一定时期内社会生活重心的发展变化，总是遵循由物质生活逐渐朝向精神生活转向的规律。经过长期努力，中国特色社会主义进入了新时代，这是我国发展新的历史方位。进入新时代以来，社会主要矛盾从"人民日益增长的物质文化需要同落后的社会生产之间的矛盾"到"人民日益增长的美好生活需要和不平衡不充分的发展之间的矛盾"的历史性转变，内蕴着从关注人的物质文化生活到关照人的自由全面发展的价值转向。在扎实推动全体人民共同富裕新征程新阶段，人民精神文化生活富裕地位愈加明显，必然成为人与社会发展进步的现实命题和价值取向，极大超越了人的自然生存需要层面。从党中央关于扎实推进全体人民共同富裕战略部署、浙江高质量发展建设共同富裕示范区的工作安排内容来看，我们要从以下三个方面去深刻把握人民精神文化生活富裕的深刻内涵。

　　第一，人民精神文化生活富裕是以社会主义核心价值观为引领，通过

---

① 马克思恩格斯选集（第三卷）［M］．北京：人民出版社，2012：1002．

"国家－社会－个人"三位一体来塑造人们纯洁向上的精神世界。核心价值观是一个国家、一个民族赖以存在和发展的精神纽带，它是凝聚国家力量、汇聚民族情怀的强大精神支柱，展示了一个国家和民族的软实力。党的十八大报告明确提出，"倡导富强、民主、文明、和谐，倡导自由、平等、公正、法治，倡导爱国、敬业、诚信、友善，积极培育和践行社会主义核心价值观"。① 其中，富强、民主、文明、和谐是国家层面的价值目标，自由、平等、公正、法治是社会层面的价值取向，爱国、敬业、诚信、友善是公民个人层面的价值准则，这 24 个字是社会主义核心价值观的基本内容。社会主义核心价值观作为社会主义意识形态的高度凝练，在社会政治生活各个领域得到贯彻和落实，有利于整合和凝聚全社会的基本共识，强化人民对中国特色社会主义理念的价值认同，维护社会主义意识形态的主导地位，防止政治秩序的失范，避免出现颠覆性错误。社会主义核心价值观是全党全国各族人民价值观的最大公约数，体现了国家、社会、公民三位一体的价值要求。2021 年 5 月 20 日中共中央、国务院发布的《关于支持浙江高质量发展建设共同富裕示范区的意见》指出，"坚持以社会主义核心价值观为引领，加强爱国主义、集体主义、社会主义教育，厚植勤劳致富、共同富裕的文化氛围"。习近平总书记在中央财经委员会第十次会议上明确指出："促进共同富裕与促进人的全面发展是高度统一的。要强化社会主义核心价值观引领，加强爱国主义、集体主义、社会主义教育，发展公共文化事业，完善公共文化服务体系，不断满足人民群众多样化、多层次、多方面的精神文化需求。要加强促进共同富裕舆论引导，澄清各种模糊认识，防止急于求成和畏难情绪，为促进共同富裕提供良好舆论环境。"② 社会主义核心价值观引领人民精神生活共同富裕蕴含着必然性、指向性与渐进性的生成逻辑，以高度的价值自觉与实践自觉，遵循本质必然规律，顺应价值愿景感召，秉持时代战略要义。

第二，人民精神文化生活富裕是以中国特色社会主义文化为核心载体，构筑新时代中华民族共有精神家园。文化是文明跃迁的先导因素。文化潜

① 胡锦涛. 坚定不移沿着中国特色社会主义道路前进，为全面建成小康社会而奋斗［M］. 北京：人民出版社，2012：31.
② 习近平谈治国理政（第四卷）［M］. 北京：外文出版社，2022：146.

移默化地影响着人的思维方式、认识活动与实践活动，在不知不觉间影响着社会生活的每个角落。文化是民族的血脉，是人民的精神家园。文化是一个国家、一个民族的灵魂。文化如水，看似温柔，实则坚强，承载的是推动国家进步的厚望。文化兴国运兴，文化强民族强。中国特色社会主义文化，源自中华民族五千多年文明历史所孕育的中华优秀传统文化，熔铸于党领导人民在革命、建设、改革中创造的革命文化和社会主义先进文化，植根于中国特色社会主义伟大实践。① 中国特色社会主义文化以自身强大的道义力量与感染力，为人类文明新形态提供了扎实的文化基础，展现出东方现代化文明的独特魅力。满足人民日益增长的美好生活需要，文化是重要因素。② 人民精神文化生活富裕的实现离不开相应的中国特色社会主义文化这个关键载体的价值引领。其重要的原因在于：中国特色社会主义文化在价值取向上，始终以人民为中心，尊重和保障人民的主体地位，将人民的选择、人民的利益、人民的追求置于首要位置，能够充分调动人民群众参与致富实践的积极性，让人民在参与中创造，在创造中获得。中国特色社会主义实践历史性展开的全过程，从道路开拓到理论创新，再到制度演进，每一项重大探索和创新都深深植根于中国特色社会主义文化的沃土之中。可以说，中国特色社会主义每前进一步，都离不开中国特色社会主义文化的滋养。同样，中国特色社会主义文化的繁荣发展，也极大地促进了中国特色社会主义事业的顺利前进。党的二十大报告指出："我们要坚持马克思主义在意识形态领域指导地位的根本制度，坚持为人民服务、为社会主义服务，坚持百花齐放、百家争鸣，坚持创造性转化、创新性发展，以社会主义核心价值观为引领，发展社会主义先进文化，弘扬革命文化，传承中华优秀传统文化，满足人民日益增长的精神文化需求，巩固全党全国各族人民团结奋斗的共同思想基础，不断提升国家文化软实力和中华文化影响力。"新时代以来，在中国特色社会主义文化的丰厚滋养下，全体人民精神面貌发生由内而外的深刻变化，全社会充满了向美向上向善的正能量，全体人民精神文化生活更加丰富、更加活跃。

---

① 习近平. 决胜全面建成小康社会夺取新时代中国特色社会主义伟大胜利——在中国共产党第十九次全国代表大会上的报告［EB/OL］. https：//www.gov.cn/zhuanti/2017 - 10/27/content_5234876.htm，2017 - 10 - 18.

② 习近平谈治国理政（第四卷）［M］. 北京：外文出版社，2022：310.

第三，人民精神文化生活富裕是以中国特色社会主义民主政治制度为前提，确保满足人民群众实现人民当家作主的精神文化生活需求。民主一词的本义是多数人的统治，民主的核心理念就是"人民主权"。民主是人类社会历经千百年探索形成的政治形态，在人类发展进程中发挥了重要作用。民主是全人类的共同价值，是中国共产党和中国人民始终不渝坚持的重要理念。① 在中国情境下，人民广泛的政治参与是中国特色社会主义民主政治巨大优越性的体现，也是中国特色社会主义政治文明不断发展的内在要求。如何把民主价值和理念转化为科学有效的制度安排、转化为具体现实的民主实践，需要注重历史和现实、理论和实践、形式和内容的有机统一，找到正确的体制机制和方式方法。② 人民性是中国民主的鲜明底色与根本依归。中国特色社会主义民主政治制度是中国共产党长期探索社会主义民主政治建设的创造性成就，丰富了人类民主政治制度形态。站在人类社会发展历史的高度，中国特色社会主义民主政治制度是人类社会政治文明制度的典范。与西方的民主政治制度显著不同，中国特色社会主义民主政治制度最大特点是中国共产党领导下的人民当家作主和人民广泛的政治参与性。人民当家作主是社会主义民主政治的本质和核心，发展社会主义民主政治就是要体现人民意志、保障人民权益、激发人民创造力，用制度体系保证人民当家作主。③ 党的十八大以来，人民民主政治制度化、规范化、程序化得到全面推进，中国特色社会主义政治制度体系日益完善，标志着中国特色社会主义政治发展道路的逐步成熟、更加定型，为保障人民当家作主、实现中华民族伟大复兴提供了强大政治保障。人类在追求合目的性、合主体性的理性过程中发展出了以真、善、美为内核的价值理性。从人文理性[4-13]角度看，中国特色社会主义民主政治制度具有三个重要基本价值，即"对人的生存权的不懈关注""人的发展权的恒久关怀""人的自由而全面发展的真切眷注"。④ 党的十八大以来，中国共产党深化对中国民主政治发展规律的认识，提出全过程人民民主重大理念并大力推进，民主价值和理念进一步转化为科学有效的制度安排和具体

---

①② 习近平谈治国理政（第四卷）［M］.北京：外文出版社，2022：258.

③ 习近平谈治国理政（第四卷）［M］.北京：外文出版社，2022：259.

④ 江国华.中国特色社会主义政治发展道路的法哲学阐释［J］.武汉大学学报（哲学社会科学版），2023，76（2）：5-19.

现实的民主实践。① 全过程人民民主，实现了过程民主和成果民主、程序民主和实质民主、直接民主和间接民主、人民民主和国家意志的统一，是全链条、全方位、全覆盖的民主，是最广泛、最真实、最管用的社会主义民主。全过程人民民主实现了党性与人民性、民主形式与民主实质、民主与集中、民主制度优势与治理效能的有机统一，是最广泛、最真实、最有效的社会主义民主，凸显了中国特色社会主义民主政治制度的优越性。全过程人民民主并非"空中楼阁"，它由人民当家作主制度体系[4-14]和各种互动反馈机制体系[4-15]构成，强调人民具有广泛的政治参与性。它的主要目标是通过"理念－制度－机制"框架（见图4-12）致力于确保全中国人民实现精神文化生活富裕。

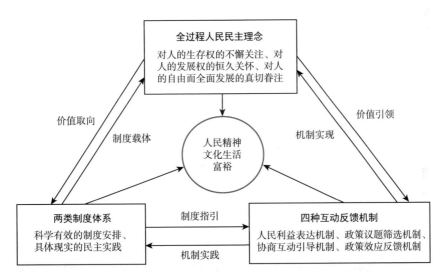

图4-12 "理念－制度－机制"框架下人民精神文化生活富裕实现的三重逻辑

6. 生活环境美丽宜居

生活环境美丽宜居属于生态福利，是全体人民共同富裕的重要内容之一。良好生态环境是最公平的公共产品，是最普惠的民生福祉。大自然是人类赖以生存发展的基本条件。党的十九大报告明确指出："人与自然是生命共同体，人类必须尊重自然、顺应自然、保护自然。人类只有遵循自然

---

① 中华人民共和国国务院新闻办公室. 中国的民主［EB/OL］. https：//www.gov.cn/zhengce/2021-12/04/content_5655823.htm，2021-12-04.

规律才能有效防止在开发利用自然上走弯路，人类对大自然的伤害最终会伤及人类自身，这是无法抗拒的规律。"越来越多的人类活动不断触及自然生态的边界和底线。① 在关于人类发展和自然的关系上，恩格斯深刻地指出："我们不要过分陶醉于我们人类对自然界的胜利。对于每一次这样的胜利，自然界都对我们进行报复。每一次胜利，起初确实取得了我们预期的结果，但是往后和再往后却发生完全不同的、出乎预料的影响，常常把最初的结果又消除了"。② 习近平总书记在中央财经委员会第七次会议上明确指出："这次疫情防控使我们更加深切地认识到，生态文明建设是关系中华民族永续发展的千年大计，必须站在人与自然和谐共生的高度来谋划经济社会发展。"③ 春秋时期的著名政治家管仲在论述富国之事时说："山泽救于火，草木植成，国之富也。"④ 习近平总书记在主持中共十九届中央政治局第二十九次集体学习上明确指出："实践表明，生态环境保护和经济发展是辩证统一、相辅相成的，建设生态文明、推动绿色低碳循环发展，不仅可以满足人民日益增长的优美生态环境需要，而且可以推动实现更高质量、更有效率、更加公平、更可持续、更为安全的发展，走出一条生产发展、生活富裕、生态良好的文明发展道路。"⑤ 中国共产党带领全国人民建设美丽宜居家园，强调了人与自然的共生关系，强调了社会化生产的最终目的就是满足人民对美好生活的需要，最终实现人的全面发展。生活环境美丽宜居是最普惠的民生福祉。《中共中央 国务院关于支持浙江高质量发展建设共同富裕示范区的意见》赋予浙江践行绿水青山就是金山银山理念，努力打造"美丽宜居的生活环境"样板省域。从党中央关于扎实推进全体人民共同富裕战略部署、浙江高质量发展建设共同富裕示范区的工作安排内容来看，我们要从以下三个方面去深刻把握生活环境美丽宜居的深刻内涵。

第一，生活环境美丽宜居是牢固树立和践行绿水青山就是金山银山的理念，站在人与自然和谐共生的高度谋划发展，彰显了中国共产党坚持"人与自然是生命共同体"的伦理考量。人直接地是自然的存在物。自然界

① 习近平谈治国理政（第四卷）［M］. 北京：外文出版社，2022：356.
② 马克思恩格斯全集（第二十六卷）［M］. 北京：人民出版社，2014：769.
③ 习近平谈治国理政（第四卷）［M］. 北京：外文出版社，2022：355.
④ 参见《管子·立政》篇.
⑤ 习近平谈治国理政（第四卷）［M］. 北京：外文出版社，2022：361.

作为客观存在和不断变化的物质世界，是一个互相联系、互相作用的统一的整体，人是自然界的一部分，是自然界发展到一定阶段的产物，并靠自然界生活。人是兼具自然属性与社会属性于一身的存在。人与自然的关系是人类社会最基本的关系。工业文明像施魔法似的加快了技术创新，极大、极快地提高了物质生产力，它也在短短的300多年内，把人为与自然之间的张力推至接近极限。当人类合理利用、友好保护自然时，自然的回报常常是慷慨的；当人类无序开发、粗暴掠夺自然时，自然的惩罚必然是无情的。人类对大自然的伤害最终会伤及人类自身，这是无法抗拒的规律。① 伴随工业文明而来的环境污染、生态破坏、气候异常等生态环境问题，严重威胁到了人类未来的生存与发展。工业文明导致了严重生态危机的理论反思，引导着人们走向对作为文明之理论根基的"自然观"的重建。2018年5月18日，习近平总书记在全国生态环境保护大会上明确指出："人与自然是生命共同体。生态环境没有替代品，用之不觉，失之难存"。② "绿水青山就是金山银山"是重要的发展理念，也是推进现代化建设的重大原则。③ "绿水青山就是金山银山"理念，阐述了经济发展和生态环境保护的关系，揭示了保护生态环境就是保护生产力、改善生态环境就是发展生产力的道理，指明了实现发展和保护协同共生的新路径。绿水青山既是自然财富、生态财富，又是社会财富、经济财富。保护生态环境就是保护自然价值和增值自然资本，就是保护经济社会发展潜力和后劲，使绿水青山持续发挥生态效益和经济社会效益。习近平总书记明确指出："生态兴则文明兴，生态衰则文明衰。生态环境是人类生存和发展的根基，生态环境变化直接影响文明兴衰演替。"④党的十八大以来，中国共产党加强对生态文明建设的全面领导，把生态文明建设摆在全局工作的突出位置，作出一系列重大战略部署。在"五位一体"总体布局中，生态文明建设是其中一位；到21世纪中叶建成社会主义现代化强国的目标中，美丽中国是其中一个；这充分体现了我们对生态文明建设重要性的认识，明确了生态文明建设在党和国家事业发展全局中的重要地位。⑤ 显然，"生活环境美丽宜居"是中国共产党对马克思恩格斯关于人与自然和解关系的创造性运用和发展，是

---

①②③④ 习近平. 推动我国生态文明建设迈上新台阶［J］. 求是，2019（3）：4–19.
⑤ 习近平谈治国理政（第四卷）［M］. 北京：外文出版社，2022：361.

中国共产党寻求人与自然、人与自身、人与社会的和解之路的必然结果，是中国共产党站在人与自然和谐共生的高度谋划发展上创造的人类文明形态。

第二，生活环境美丽宜居蕴含着人们特有的求真、趋善、审美的基本追求，积极引导人们运用"美学智慧"构建和谐的"人与自然是生命共同体"。马克思和恩格斯明确指出，"自然－人－社会"是一个动态有机体。① 马克思的生态哲学思想明确指出的"人是自然界的一部分"，自然界"是人的无机的身体"的论断，揭示了人与自然之间具有的"统一性"或"一体性"。构建生活环境美丽宜居的生存境界，是人与自然之间相互作用的双向过程。这种相互作用双向过程包括两个方面。一方面是人的自然化过程，另一方面是自然的人为化过程。前者指人在掌握自然知识、遵循自然规律、培养或增强环保意识的前提下，通过对自己坚持的生产方式、生活方式和思维方式进行生态化的改造，改善与大自然的关系，从而有利于环境保护的一切实践活动。后者指自然在人的实践作用下发生的人所希望或要求的变化，是大自然以原材料、能源、环境或条件等的因素或方式而向人的"社会域"包括"生活域"的一种渗透和转化。在生活环境美丽宜居建设实践中，人们特有的求真、趋善、审美的基本追求得到极大实现。其中，求真反映了人们对生活环境美丽宜居的本质与规律、系统与要素、结构与功能、属性与条件的科学认识、准确把握和自觉遵循；趋善反映了人们对美丽宜居生存境界的可持续性的强烈追求，体现了人的利益和自然利益的协调统一；审美反映了人们在生活环境美丽宜居建设实践中用"美的智慧"去实现求真和趋善的和谐统一，体现了人们社会实践活动的正确方向。

第三，生活环境美丽宜居以人民的共同利益为价值取向，顺应了全体人民的呼声，充分展现了新时代中国特色社会主义生态文明的道路自信。构建生活环境美丽宜居的生存境界既要以现实的人民群众及其利益为出发点，满足和实现当代人的价值，又要从代际关系的高度同时关照子孙后代人的价值的实现。党的十八大报告指出，"必须树立尊重自然、顺应自然、保护自然的生态文明理念，把生态文明建设放在突出地位，融入经济建设、政治建设、文化建设、社会建设各方面和全过程，努力建设美丽中国，实

---

① 马克思恩格斯文集（第一卷）［M］. 北京：人民出版社，2009：209.

现中华民族永续发展"。习近平总书记在主持中国共产党十九届中央政治局第二十九次集体学习时明确指出："生态环境修复和改善，是一个需要付出长期艰苦努力的过程，不可能一蹴而就，必须坚持不懈、奋发有为。当前，我国生态文明建设仍然面临诸多矛盾和挑战，生态环境稳中向好的基础还不稳固，从量变到质变的拐点还没有到来，生态环境质量同人民群众对美好生活的期盼相比，同建设美丽中国的目标相比，同构建新发展格局、推动高质量发展、全面建设社会主义现代化国家的要求相比，都还有较大差距。"① 我们党是全心全意为人民服务的政党，坚持立党为公、执政为民，把人民对美好生活的向往作为始终不渝的奋斗目标。党的二十大报告第十部分的主题是"推动绿色发展，促进人与自然和谐共生"，报告还指出，"必须牢固树立和践行绿水青山就是金山银山的理念，站在人与自然和谐共生的高度谋划发展"。

生活环境美丽宜居是全体人民的共同利益。人民的共同利益就是实现可持续发展。要实现人民共同利益的可持续发展，必须既考虑眼前利益，又考虑长远利益，在经济发展过程中不断改善人民群众的生活水平，让人民群众的利益实实在在、长长久久。中国共产党坚持贯彻以人民为中心的发展思想。生活环境美丽宜居是在中国式共同富裕语境和进程中基于人民共同利益价值取向的一个重要考量变量，反映了中国共产党贯彻坚持以人民为中心和始终为人民谋利益的本质要求，顺应了人民的呼声期盼。有机马克思主义[4-16]学者菲利普·克莱顿和贾斯廷·海因泽克认为，在世界所有的国家当中，中国最有可能引领其他国家走向可持续发展的生态文明（Clayton & Heinzekehr，2014）。世界著名后现代思想家、生态经济学家、过程哲学家、建设性后现代主义和有机马克思主义的理论代表者小约翰·柯布（John Cobb，Jr）认为，生态文明的希望在中国（柯布，2018）、后现代的希望在中国（何慧丽、柯布，2014）。相比于世界其他国家，中国在生活环境美丽宜居建设实践中成功构建了空间、政治、治理、战略、理论、文化、后发和力量等"八位一体"优势体系（见图4-13），厚植新时代中国特色社会主义生态文明道路自信。

---

① 习近平. 努力建设人与自然和谐共生的现代化［J］. 求是，2022（11）：4-9.

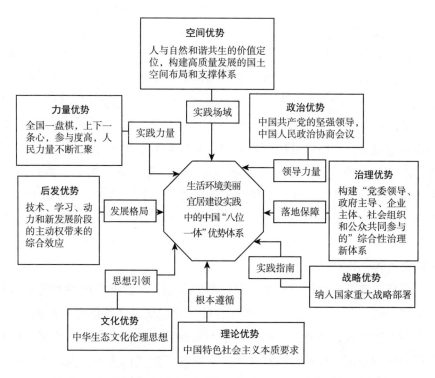

图4-13 生活环境美丽宜居建设实践中的"八位一体"优势体系

7. 社会环境舒心安心放心

社会环境舒心安心放心是全体人民共同富裕的重要内容之一。国家安全工作是党治国理政十分重要的工作，也是保障国泰民安十分重要的工作。《中共中央关于制定国民经济和社会发展第十四个五年规划和二〇三五年远景目标的建议》首次把统筹发展和安全纳入"十四五"时期我国经济社会发展的指导思想，并列专章作出战略部署，突出了国家安全在党和国家工作大局中的重要地位。这是由我国发展所处的历史方位、国家安全所面临的形势任务决定的。① 《中共中央关于制定国民经济和社会发展第十四个五年规划和二〇三五年远景目标的建议》第十三部分"统筹发展和安全，建设更高水平的平安中国"，从加强国家安全体系和能力建设、确保国家经济安全、保障人民生命安全、维护社会稳定和安全等四个方面进行了战略部

---

① 习近平谈治国理政（第四卷）［M］．北京：外文出版社，2022：389.

署，办好发展和安全两件大事。《中共中央 国务院关于支持浙江高质量发展建设共同富裕示范区的意见》明确提出，坚持和发展新时代"枫桥经验"，构建舒心安心放心的社会环境。党的二十大报告明确指出："国家安全是民族复兴的根基，社会稳定是国家强盛的前提。必须坚定不移贯彻总体国家安全观，把维护国家安全贯穿党和国家工作各方面全过程，确保国家安全和社会稳定。我们要坚持以人民安全为宗旨、以政治安全为根本、以经济安全为基础、以军事科技文化社会安全为保障、以促进国际安全为依托，统筹外部安全和内部安全、国土安全和国民安全、传统安全和非传统安全、自身安全和共同安全，统筹维护和塑造国家安全，夯实国家安全和社会稳定基层基础，完善参与全球安全治理机制，建设更高水平的平安中国，以新安全格局保障新发展格局。"从党中央关于扎实推进全体人民共同富裕战略部署、浙江高质量发展建设共同富裕示范区的工作安排内容来看，我们要从以下三个方面去深刻把握社会环境舒心安心放心的深刻内涵。

第一，社会环境舒心安心放心的核心特征和本质属性是坚持中国共产党的领导，其内在逻辑机理是对"以人民为中心"的中国特色社会主义国家治理现代化价值导向的根本遵循。马克思认为，人民即劳动阶级。① 马克思在塑造"人民"概念的过程中，对"人"的本质予以理论剖析，并在此基础上对"人的形象"进行了部分吸收与主动转化，在奠定"人民"主体性的同时，赋予"人民"以身份属性与集体属性，最终形成了马克思主义之"人民"概念。根据马克思主义唯物史观观点，人民是推动历史发展的主体，是进行社会实践的主体，也是实现社会价值的主体，人民群众中蕴藏着无穷的智慧和力量。人民是社会变革的决定力量。国家治理的主体是"人民"，治理的核心和优先价值以及国家治理制度的主要内容应充分考虑"人民之所需"，要"想群众之所想，急群众之所急，解群众之所难"。中国共产党领导是中国特色社会主义最本质的特征，是中国特色社会主义制度的最大优势，党是最高政治领导力量。必须坚持党政军民学、东西南北中，党领导一切，坚决维护党中央权威，健全总揽全局、协调各方的党的领导制度体系，把党的领导落实到国家治理各领域各方面各

---

① 马克思.1848年至1850年的法兰西阶级斗争［M］.北京：人民出版社，2018：13.

环节。① 2013 年 11 月 12 日中国共产党第十八届中央委员会第三次全体会议通过的《中共中央关于全面深化改革若干重大问题的决定》明确将"完善和发展中国特色社会主义制度，推进国家治理体系和治理能力现代化"设定为全面深化改革的总目标。中国特色社会主义国家治理现代化坚持以人民为中心的人民主体性原则。以人民为中心是中国共产党治国理政的一贯价值追求，也是我国国家治理现代化的价值引领和根本政治立场。人民是历史的创造者，是决定党和国家前途命运的根本力量。离开以人民为中心，我国国家治理现代化就成了无源之水、无本之木。以人民为中心的国家治理体现在治理主体、治理过程、治理目的上都始终坚持人民性的特质，深刻回答了国家治理"源于谁、为了谁、依靠谁"的问题，体现了党治国的根本立场。中国特色社会主义进入新时代以来，全体人民的需求已经不单单是物质方面，而是需要得到更高层次的获得感、安全感、幸福感，这也是现代民生的内涵。中国共产党积极回应全体人民普遍关心的社会问题，在社会建设上，人民生活全方位改善，社会治理社会化、法治化、智能化、专业化水平大幅度提升，发展了人民安居乐业、社会安定有序的良好局面，续写了社会长期稳定奇迹，生动体现了中国共产党领导的国家治理现代化旨在问需于民、问计于民、问效于民。中国特色社会主义国家治理现代化包含"四大精神支柱"，即善治、共治、自治和法治。其中，"善治"是根本，"共治"是方式，"自治"是基础，"法治"是核心（李龙，2017）。建设"社会环境舒心安心放心"的社会形态的根本立场就是在中国特色社会主义国家治理现代化的善治、共治、自治和法治等四维角度都集中体现对"以人民为中心"的治理理念的价值遵循，并以人民利益最终实现为评价标准。

第二，社会环境舒心安心放心是对人民广泛参与的"社会治理共同体"的事实性描绘，是党、政府、社会、公众等四方整体良性互动的必然结果。在如何进行社会建设上，党的十八届三中全会通过的《中共中央关于全面深化改革若干重大问题的决定》明确提出"创新社会治理体制"，要求创新社会治理，必须着眼于维护最广大人民根本利益，最大限度增加和谐因

① 中共中央关于坚持和完善中国特色社会主义制度 推进国家治理体系和治理能力现代化若干重大问题的决定 [N]. 人民日报，2019 – 11 – 06（001）.

素，增强社会发展活力，提高社会治理水平，全面推进平安中国建设，维护国家安全，确保人民安居乐业、社会安定有序。党的十九届四中全会明确提出："坚持和完善共建共治共享的社会治理制度，保持社会稳定、维护国家安全。社会治理是国家治理的重要方面。必须加强和创新社会治理，完善党委领导、政府负责、民主协商、社会协同、公众参与、法治保障、科技支撑的社会治理体系，建设人人有责、人人尽责、人人享有的社会治理共同体，确保人民安居乐业、社会安定有序，建设更高水平的平安中国。"2021 年 11 月，党的纲领性文件《中共中央关于党的百年奋斗重大成就和历史经验的决议》进一步指出："党着眼于国家长治久安、人民安居乐业，建设更高水平的平安中国，完善社会治理体系，健全党组织领导的自治、法治、德治相结合的城乡基层治理体系，推动社会治理重心向基层下移，建设共建共治共享的社会治理制度，建设人人有责、人人尽责、人人享有的社会治理共同体。"社会治理共同体指社会治理多元主体在既有组织网络的基础上，为实现社会治理而形成的一种再组织化网络结构。就党提出的社会治理共同体来说，本质上就是在党的领导下各种参与主体互动合作的社会治理形态。四类社会治理参与主体具有明确的角色定位。其中，中国共产党是社会建设的领导者，是以中国特色社会主义核心价值观的制定者和倡导者角色参与到社会治理过程中；政府是以实现为人民服务的根本宗旨的管理者身份参与到社会治理过程中，具体贯彻执行党的路线和方针政策；社会是一个非常复杂的整体，其包括各种各样的社会群体或组织，社会协同就是强调各种各样的社会群体或组织要与党和政府一起，通过对社会议题以及各方面价值观的引导或协调，保证主流道德观在社会场域中的传播，从而构建具有多样性的和谐社会环境；公众则是以主体自觉的个人身份角色彻底地参与到社会治理过程中，强调公众的责任担当。在整个社会治理过程中，上述四类社会治理主体各司其职，共同行动，通过各自的组织网络形成治理合力，致使社会治理的整体效能得到有效提升。党提出的社会治理共同体重要使命是构建共建、共治、共享的利益共同体和责任共同体，在政社互动、合作治理与制度共享中持续发展，保持社会秩序与活力的动态平衡，推进全体人民的共同富裕，实现人的共生共在。社会环境舒心安心放心就是对人民广泛参与的"社会治理共同体"的事实性描绘，就是党、政府、社会和公众等治理主体的良性有序互动的必然结果。

第三，社会环境舒心安心放心彰显着人民在社会治理实践中的主体地位、政府治理的思维转变以及社会治理方式的实践创新。人是社会的人，社会离开了人就没有了一切。马克思、恩格斯从价值判断和历史过程的多重视角深入考察人类社会历史，提出了人民群众是历史创造者的唯物史观基本观点。唯物史观从社会历史发展主体论出发，肯定人民群众创造历史的决定作用，第一次真正科学地、彻底地、全面地解决了谁是历史创造者的问题。唯物史观认为人民群众是所有实践活动价值创造的主体。"人民群众是我们的力量源泉"。①坚持人民主体地位，是党鲜明的实践品格和价值情怀。坚持以人民为中心蕴含着党把握历史主动的科学世界观，是新时代党的全部工作的出发点和落脚点。社会环境舒心安心放心是人民群众的美好社会期待，必须紧紧依靠人民群众的社会实践这一根本途径。党的二十大报告明确指出："坚持以人民为中心的发展思想。维护人民根本利益，增进民生福祉，不断实现发展为了人民、发展依靠人民、发展成果由人民共享，让现代化建设成果更多更公平惠及全体人民。"党在社会治理过程中，始终坚持人民至上，切实把握人民意愿、尊重人民创造、集中人民智慧。中国社会治理的鲜明特征是中国共产党的领导，这也是中国社会治理的最根本优势。中国共产党自成立以来，高度重视社会治理问题，建设和治理一个更加美好的社会是党的理想目标和现实追求。中国共产党推进社会治理经历了党建国家、党改造整合社会、党领导社会管理、党领导社会治理四个阶段。在中国的政治体制之中，政治领导层的注意力表达将直接影响着政策过程，"领导重视"成为中国社会治理创新与政策议程推动的核心动力之一。从注意力理论角度来看，党的社会治理经历了早期的党政同构的组织化社会治理阶段（1921～1978年）、党社合作的参与型社会治理阶段（1978～2012年）、党领共治的共享型社会治理阶段（2012年至今）。社会环境舒心安心放心是新时代党领导下的社会治理实践取得成效的最生动刻画，彰显着政府治理的思维转变以及社会治理方式的实践创新。

4.4.8 阐明实现共同富裕的阶段性战略目标与实践路径

全体人民共同富裕作为社会主义的本质和独特命题，外化为中国式现

---

① 习近平谈治国理政（第一卷）[M]. 北京：外文出版社，2018：5.

代化进程中的标志性概念，代表着中华民族伟大复兴的战略指向。党的十八大以来，中国特色社会主义进入新时代。这个新时代是全国各族人民团结奋斗、不断创造美好生活、逐步实现全体人民共同富裕的时代。党的十九大提出了到2035年"人民生活更为宽裕，中等收入群体比例明显提高，城乡区域发展差距和居民生活水平差距显著缩小，基本公共服务均等化基本实现，全体人民共同富裕迈出坚实步伐"的整体奋斗目标，党的十九届五中全会对扎实推动全体人民共同富裕作出重大战略部署。党的十九届六中全会通过的《中共中央关于党的百年奋斗重大成就和历史经验的决议》明确指出，"新时代我国社会主要矛盾是人民日益增长的美好生活需要和不平衡不充分的发展之间的矛盾，必须坚持以人民为中心的发展思想，发展全过程人民民主，推动人的全面发展、全体人民共同富裕取得更为明显的实质性进展"。

全体人民共同富裕具有全体性、全面性、全域性、差异性、共建共享性和渐进长期性特征[4-17]。全体人民共同富裕是一个长期性的历史过程，需要有步骤，稳步推进才能最终实现，不可以一蹴而就。为有序推进全体人民共同富裕取得更为明显的实质性进展，党中央作出了高质量建设共同富裕示范区的重大实践创新。2021年5月出台的《中共中央 国务院关于支持浙江高质量发展建设共同富裕示范区的意见》明确了共同富裕示范区建设实现共同富裕的阶段性目标。从上述纲领性文件来看，实现全体人民共同富裕目标具体包括近期建设目标和中长期建设目标。这两类目标属于宏观层面的目标，并没有给出非常具体的细化目标，但非常具有建设方向性。党的二十大报告明确了到21世纪中叶全体人民共同富裕社会建设的奋斗目标。图4-14给出了全体人民共同富裕建设的阶段性战略目标体系框架。

1. 2025年之前需要完成的建设目标：形成全体人民共同富裕建设的浙江方案

《中共中央 国务院关于支持浙江高质量发展建设共同富裕示范区的意见》明确指出，到2025年，浙江省推动高质量发展建设共同富裕示范区取得明显实质性进展。经济发展质量效益明显提高，人均地区生产总值达到中等发达经济体水平，基本公共服务实现均等化；城乡区域发展差距、城乡居民收入和生活水平差距持续缩小，低收入群体增收能力和社会福利水平明显提升，以中等收入群体为主体的橄榄型社会结构基本形成，浙江省

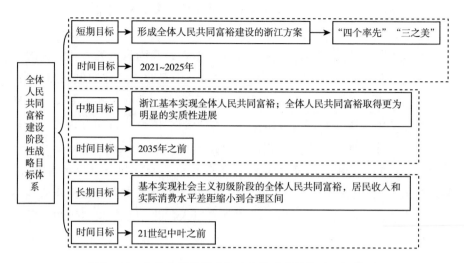

图 4-14　全体人民共同富裕建设的阶段性战略目标体系

居民生活品质迈上新台阶；国民素质和社会文明程度达到新高度，美丽浙江建设取得新成效，治理能力明显提升，人民生活更加美好；推动共同富裕的体制机制和政策框架基本建立，形成一批可复制可推广的成功经验。形成全体人民共同富裕建设的浙江方案，是全体人民共同富裕建设的短期目标。

　　针对《中共中央 国务院关于支持浙江高质量发展建设共同富裕示范区的意见》明确实现共同富裕的阶段性宏观目标，浙江省于 2021 年 7 月正式发布了《浙江高质量发展建设共同富裕示范区实施方案（2021—2025年）》。该实施方案按照到 2025 年、2035 年"两阶段发展目标"，全面细化落实发展目标。该实施方案明确提出，"坚持以满足人民日益增长的美好生活需要为根本目的，以改革创新为根本动力，以解决地区差距、城乡差距、收入差距问题为主攻方向，更加注重向农村、基层、相对欠发达地区倾斜，向困难群众倾斜，在高质量发展中扎实推动共同富裕，加快突破发展不平衡不充分问题，率先在推动共同富裕方面实现理论创新、实践创新、制度创新、文化创新，到 2025 年推动高质量发展建设共同富裕示范区取得明显实质性进展，形成阶段性标志性成果"，具体细化的示范区建设目标包括以下七个方面。

　　一是率先基本建立推动共同富裕的体制机制和政策框架，努力成为共同富裕改革探索的省域范例。以数字化改革撬动共同富裕体制机制创新取得重大突破性成果，有效市场和有为政府更好结合，社会领域改革全面深化，制约高质量发展高品质生活的体制机制障碍有效破除，体现社会公平的收入和财富分配机制、公共服务优质共享机制、省域一体化发展机制基本建立，促进共同富裕的财税、社保、转移支付、金融、土地等政策制度基本建立，形成先富带后富、推动共同富裕的目标体系、工作体系、政策体系、评价体系，形成一批可复制可推广的普遍性经验。

二是率先基本形成更富活力、创新力、竞争力的高质量发展模式，努力成为经济高质量发展的省域范例。经济发展质量效益明显提高，人均生产总值达到中等发达经济体水平。创业创新创造动能充分释放，市场主体总量达到1100万户，人人享有尽展其才、梦想成真的发展机会，新时代活力浙江基本建成。高水平创新型省份和三大科创高地建设取得重大进展，产业竞争优势明显提升，高水平交通强省基本建成，乡村振兴示范省高质量建成。产业升级和消费升级协调共进、经济结构和社会结构优化互促的良性循环加快构建，国内大循环的战略支点、国内国际双循环的战略枢纽基本建成，在率先实现共同富裕进程中畅通经济良性循环，打造强劲活跃增长极。

三是率先基本形成以中等收入群体为主体的橄榄型社会结构，努力成为地区、城乡和收入差距持续缩小的省域范例。居民人均可支配收入达到7.5万元，劳动报酬占GDP比重超过50%，居民人均可支配收入与人均生产总值之比持续提高。中等收入群体规模不断扩大、结构持续优化、生活品质不断提升，家庭年可支配收入10万~50万元的群体比例达到80%、20万~60万元的群体比例力争达到45%。城乡区域发展差距、城乡居民收入和生活水平差距显著缩小，常住人口城镇化率达到75%，城乡居民收入倍差缩小到1.9以内，设区市人均可支配收入最高最低倍差缩小到1.55以内，城镇居民、农村居民内部高低收入人群收入差距持续缩小，低收入群体增收能力、生活品质和社会福利水平明显提升。

四是率先基本实现人的全生命周期公共服务优质共享，努力成为共建共享品质生活的省域范例。基本公共服务实现均等化，更高水平推进幼有所育、学有所教、劳有所得、病有所医、老有所养、住有所居、弱有所扶。基本建成学前教育、公共卫生、养老照料、体育健身等"15分钟公共服务圈",实现城乡区域公共服务更加普惠均等可及。婴幼儿照护服务体系更加完善,每千人口拥有婴幼儿照护设施托位达到4.5个,二级以上幼儿园、普惠性幼儿园在园幼儿占比分别达到75%、90%以上;高质量教育体系基本建成,教育主要发展指标达到国内国际先进水平,县域义务教育校际差异系数持续缩小,高等教育毛入学率达到70%以上,儿童平均预期受教育年限达到15.5年,劳动年龄人口平均受教育年限超过全国平均水平;劳动报酬与劳动生产率提高基本同步,技能人才占从业人员比例大幅提高到35%;健康浙江基本建成,人群主要健康指标全面达到高收入国家水平,人均预期寿命超过80岁,个人卫生支出占卫生总费用比例控制在26%以下,优质医疗资源供给更加充分、布局更加均衡,县域就诊率90%以上;社会保障和养老服务体系更加完善,实现法定人员社保全覆盖,基本养老触手可及,优质养老全面推进,老有所乐老有所为;共同富裕现代化基本单元建设加快推进,租住困难有效解决,老旧小区需改尽改,未来社区、乡村新社区全域推进,城镇住房保障受益覆盖率达到23%;分层分类、城乡统筹的新时代社会救助体系全面建立,低保标准增幅不低于人均可支配收入增幅,人人共享的数字社会加快形成。

五是人文之美更加彰显,努力成为精神普遍富足的省域范例。新时代文化浙江工程深入实施,文化自信不断增强,文化软实力全面提升,社会新风尚更加鲜明,基本建成以社会主义核心价值观为引领、传承中华优秀文化、体现时代精神、具有江南特色的文化强省。社会主义核心价值观广为践行,人文精神凝聚力显著增强,人文关怀体现到城乡每个角落。全域高品质现代文化供给更加丰富,城乡一体的现代文化服务体系全面覆盖,"15分钟品质文化生活圈""15分钟文明实践服务圈"覆盖率100%,市、县、乡三级文化设施覆盖达标率100%。全域文明创建覆盖率达到100%,11个设区市全国文明城市建设水平持续提升,50%以上县(市)创成全国文明城市。"最美浙江人"金名片更加闪亮,文明好习惯养成实现率达到90%以上,国民素质和社会文明程度达到新高度,成为与社会主义现代化先行省相适应的新时代文化高地。

六是生态之美更加彰显,努力成为全域美丽大花园建设的省域范例。美丽浙江建设取得新成效,基本建成美丽中国先行示范区。生态环境状况综合指数稳居全国前列,设区城市PM2.5平均浓度持续下降,地表水达到或优于Ⅲ类水质比例提高到95%以上，城市步行10分钟可达公园绿地，公众生态环境获得感显著增强。实施碳排放达峰行动推动全面绿色转型取得明显成效，绿色产业发展、资源能源利用效率、清洁能源发展位居全国前列。绿水青山就是金山银山转化通道进一步拓展，生态产品价值实现机制全面推行，生态文明制度体系率先形成。

七是和谐之美更加彰显，努力成为社会和睦团结向上的省域范例。党建统领的整体智治体系基本建成，法治中国、平安中国示范区建设一体推进，清廉浙江建设纵深推进，政治生态显著优化，全面从严治党成效进一步彰显，基本形成活力和秩序有机统一的现代化社会。社会主义民主法治更加健全，社会公平正义充分彰显，公民法治素养大幅提升。新时代"枫桥经验"持续深化，市域社会治理现代化全国试点全覆盖、高水平完成，生产安全事故死亡率、万人犯罪率、万人成讼率逐年下降，网络空间更加清朗，基本形成共建共治共享的社会治理格局。风险闭环管控大平安机制更加完善，实现富民与安民有机统一，群众获得感幸福感安全感满意度全国领先。

2. 2035年之前需要完成的建设目标：全体人民共同富裕取得更为明显的实质性进展

《中共中央 国务院关于支持浙江高质量发展建设共同富裕示范区的意见》明确指出，到2035年，浙江省高质量发展取得更大成就，基本实现共同富裕。人均地区生产总值和城乡居民收入争取达到发达经济体水平，城乡区域协调发展程度更高，收入和财富分配格局更加优化，法治浙江、平安浙江建设达到更高水平，治理体系和治理能力现代化水平明显提高，物质文明、政治文明、精神文明、社会文明、生态文明全面提升，共同富裕的制度体系更加完善。《中华人民共和国国民经济和社会发展第十四个五年规划和2035年远景目标纲要》明确指出："展望2035年，我国将基本实现社会主义现代化。经济实力、科技实力、综合国力将大幅跃升，经济总量和城乡居民人均收入将再迈上新的大台阶，关键核心技术实现重大突破，进入创新型国家前列。基本实现新型工业化、信息化、城镇化、农业现代化，建成现代化经济体系。基本实现国家治理体系和治理能力现代化，人民平等参与、平等发展权利得到充分保障，基本建成法治国家、法治政府、法治社会。建成文化强国、教育强国、人才强国、体育强国、健康中国，国民素质和社会文明程度达到新高度，国家文化软实力显著增强。广泛形成绿色生产生活方式，碳排放达峰后稳中有降，生态环境根本好转，美丽中国建设目标基本实现。形成对外开放新格局，参与国际经济合作和竞争新优势明显增强。人均国内生产总值达到中等发达国家水平，中等收入群体显著扩大，基本公共服务实现均等化，城乡区域发展差距和居民生活水平差距显著缩小。平安中国建设达到更高水平，基本实现国防和军队现代化。人民生活更加美好，人的全面发展、全体人民共同富裕取得更为明显的实质性进展。"全体人民共同富裕取得更为明显的实质性进展，是全体人民共同富裕建设的中期目标。

3. 21 世纪中叶之前需要完成的建设目标：基本实现社会主义初级阶段的全体人民共同富裕

党的二十大报告明确指出："全面建成社会主义现代化强国，总的战略安排是分两步走：从二〇二〇年到二〇三五年基本实现社会主义现代化；从二〇三五年到本世纪中叶把我国建成富强民主文明和谐美丽的社会主义现代化强国。"从党的二十大报告关于全面建成社会主义现代化强国的战略部署来看，21 世纪中叶要基本实现全体人民共同富裕，但是这个全体人民共同富裕还只是社会主义初级阶段的共同富裕。基本实现社会主义初级阶段的全体人民共同富裕，是全体人民共同富裕建设的长期目标。

全体人民共同富裕是中国式现代化的重要特征，是观察当今现代中国的重要价值与事实。实现全体人民共同富裕战略目标是嵌在中国式现代化目标中的，需要我们在推进中国式现代化的全局和整体进程中深刻把握和理解实现全体人民共同富裕的战略目标。

要实现全体人民共同富裕目标归根结底需要依靠高质量发展。高质量发展就是一种可持续性发展[4-18]，破解了人类经济增长悖论[4-19]问题。高质量发展是扎实推动全体人民共同富裕的关键一招。如何在高质量发展中推动共同富裕，是中国特色社会主义走入新时代迈向新征程背景下提出的重大命题。新时代我国社会主要矛盾发生转化，要求我们必须坚持走高质量发展道路，提高发展的平衡性、协调性、包容性，重点增强区域发展的平衡性、强化行业发展的协调性、提升社会发展的包容性。高质量发展是顺应经济发展新形势的迫切要求，是新阶段助力中国经济突破现阶段发展困境、支撑国家现代化建设的重大战略。如何正确理解高质量发展？习近平总书记给出了一系列的重要论述。习近平总书记关于高质量发展的科学论述为扎实推动全体人民共同富裕提供了科学指引。

习近平总书记明确指出："高质量发展，就是能够很好满足人民日益增长的美好生活需要的发展，是体现新发展理念的发展，是创新成为第一动力、协调成为内生特点、绿色成为普遍形态、开放成为必由之路、共享成为根本目的的发展。"① 由此可见，创新、协调、绿色、开放、共享是高质量发展的显著特征和重要外在表现。习近平总书记从供给、需求、投入产出、分配和宏观经济循环五个方面给出了具体认识：从供给看，高质量发展应该实现产业体系比较完整，生产组织方式网络化智能化，创新力、需求捕捉力、品牌影响力、核心竞争力强，产品和服务质量高。从需求看，高质量发展应该不断满足人民群众个性化、多样化、不断升级的需求，这种需求又引领供给体系和结构的变化，供给变革又不断催生新的需求。从投入产出看，高质量发展应该不断提高劳动效率、资本效率、土地效率、资源效率、环境效率。不断提升科技进步贡献率，不断提高全要素生产率。从分配看，高质量发展应该实现投资回报、企业有利润、员工有收入、政府有税收，并且充分反映各自按市场评价的贡献。从宏观经济循环看，高质量发展应该实现生产、流通、分配、消费循环通畅，国民经济重大比例关系和空间布局比较合理，经济发展比较平稳，不出现大的起落。更明确地说，高质量发展，就是从"有没有"转向"好不好"。②

"高质量发展是全面建设社会主义现代化国家的首要任务，必须以满足人民日益增长的美好生活需要为出发点和落脚点，把发展成果不断转化为生活品质，不断增强人民群众的获得感、幸福感、安全感。"③ 人民生活更加美好、人的全面发展、全体人民共同富裕取得更为明显的实质性进展，是国家"十四五"重要目标之一。"高质量发展是"十四五"乃至更长时期我国经济社会发展的主题，关系我国社会主义现代化建设全局。高质量

---

① 习近平. 论把握新发展阶段、贯彻新发展理念、构建新发展格局［M］. 北京：中央文献出版社，2021：215 – 216.

② 中共中央党史和文献研究院，中央学习贯彻习近平新时代中国特色社会主义思想主题教育领导小组办公室. 习近平新时代中国特色社会主义思想专题摘编［M］. 北京：中央文献出版社，党建读物出版社，2023：138 – 139.

③ 中共中央党史和文献研究院，中央学习贯彻习近平新时代中国特色社会主义思想主题教育领导小组办公室. 习近平新时代中国特色社会主义思想专题摘编［M］. 北京：中央文献出版社，党建读物出版社，2023：141.

发展不只是一个经济要求,而是对经济社会发展方方面面的总要求;不是只对经济发达地区的要求,而是所有地区发展都必须贯彻的要求;不是一时一事的要求,而是必须长期坚持的要求。各地区要结合实际情况,因地制宜、扬长避短,走出适合本地区实际的高质量发展之路。"①

南宋陈亮所著的《酌古论·光武》中写道,"有一定之略,然后有一定之功。略者不可以仓卒制,而功者不可以侥幸成也。略以仓卒制,其略不可久;功以侥幸成,其功不可继"。有了正确的具体战略,就需要正确的具体策略来去落实。高质量发展是一项具体的科学实践策略。坚持把高质量发展作为系统统筹扎实推动全体人民共同富裕的关键实践路径,充分体现了党中央对解决经济社会发展驱动问题的准确把握和坚定意志。高质量发展是在我国发展阶段和发展环境发生变化的条件下,党中央基于对实现"什么样的发展、怎样实现发展"的基本问题深刻思考的基础上,作出的一项科学战略决策。高质量发展为扎实推动全体人民共同富裕提供了强大动力。

4.5 推动构建新时代中国特色社会主义共同富裕理论的鲜明理论特质体系

新时代中国特色社会主义共同富裕理论是习近平新时代中国特色社会主义思想中的重要内容之一。党的十八大以来,习近平总书记对全体人民共同富裕作出了非常清晰的概念概括和系统的理论阐释。从新时代中国特色社会主义共同富裕理论的话语表达和内容体系构建上看,其具有鲜明的理论特质。全面理解这些特质,有助于正确理解和深刻把握新时代中国特色社会主义共同富裕理论的本质内涵。

4.5.1 坚持以问题为导向的共同富裕建设实践

在批判资本主义社会制度弊端基础上,马克思提出和建构了科学社会

---

① 中共中央党史和文献研究院,中央学习贯彻习近平新时代中国特色社会主义思想主题教育领导小组办公室. 习近平新时代中国特色社会主义思想专题摘编 [M]. 北京:中央文献出版社,党建读物出版社,2023:140.

主义下的共同富裕理论，但并没有得到具体实践的验证。中国共产党在汲取马克思主义共同富裕理论的基础上，立足我国社会实际情况，开展全体人民共同富裕的实践探索。在不同历史时期，中国共产党都是一以贯之地坚持以问题为导向的共同富裕建设实践，具有非常强烈的本土问题意识。

在新民主主义革命时期，党的中心工作是救国。在这一时期毛泽东提出了新民主主义革命的总路线和总政策，即"无产阶级领导的，人民大众的，反对帝国主义、封建主义和官僚资本主义的革命"。[①] 针对当时中国社会的主要矛盾、中国半殖民地半封建社会的性质和主要特点，毛泽东坚持把马克思主义基本原理同中国具体实际相结合，提出了新民主主义革命时期的基本纲领：政治上，要建立无产阶级领导下的一切反帝反封建的人民联合专政的民主共和国；经济上，没收操纵国计民生的大银行、大工业、大商业，建立国营经济；没收地主土地归农民所有，并引导农民发展合作经济；允许民族资本主义经济的发展和富农经济的存在。文化上，废除封建买办文化，发展民族的科学的大众的文化。[②] 党领导的新民主主义革命根本目标是解放和发展生产力，革命的最终目的是建立社会主义社会。

在社会主义革命和建设时期，党的中心工作是兴国。新中国成立以后，以毛泽东为代表的中国共产党人对中国人民如何实现共同富裕进行了实践探索。如何建设全体人民共同富裕社会没有现成经验可以借鉴，只能通过具体实践来回答。新中国成立不久，党中央实施了"没收官僚资本、稳定物价和统一全国财经"的经济政策、"废除封建土地制度的改革"、社会各方面的民主改革及"三反、五反运动"等具体措施。这为国民经济和社会发展奠定了关键基础。党按照"公私兼顾、劳资两利、城乡互助、内外交流"的基本方略全力恢复国民经济。[③] 随后，以毛泽东为代表的中国共产党人对共同富裕实现的制度、条件和路径进行了非常具有创造性的实践探索，如按劳分配制度、社会主义建设总路线、"一化三改"道路等。

在改革开放和社会主义现代化建设新时期，党的中心工作是富国。党的十一届三中全会之后，在系统总结我国社会主义建设过程中的正反两方

---

① 建国以来重要文献选编（第二十册）［M］．北京：是央文献出版社，1998：480．
② 中国共产党简史［M］．北京：人民出版社，中共党史出版社，2021：99．
③ 中国共产党简史［M］．北京：人民出版社，中共党史出版社，2021：162．

面的经验教训之后，邓小平指出，贫穷不是社会主义，我们要建设的社会主义的本质是"解放生产力，发展生产力，消灭剥削，消除两极分化，最终达到共同富裕"。① 1987 年《中国共产党第十三次全国代表大会关于十二届中央委员会报告的决议》提出党的"一个中心、两个基本点"的基本路线，从根本上纠正了以阶级斗争为纲的错误，以实现发展社会生产力这一根本任务，以及不断提高人民物质文化生活水平的目的。为打破平均主义的弊端，邓小平提出了符合当时经济社会发展规律的先富带后富的有序共富之路，农村实施了"家庭联产承包责任制"，城市实施厂长负责制、承包制为主要形式的管理体制、经营体制改革。为有效解放和发展社会生产力，邓小平一贯重视科学技术在社会和经济发展中的作用，并创造性地提出"科学技术是第一生产力"的科学论断。在收入分配方面，从党的十四大到和十五大，党在鼓励先富、促进效率的同时，逐渐重视收入分配公平问题，逐步明确和具体化收入分配制度安排。针对社会财富分配失序带来的收入差距扩大问题，党的十六大报告提出"以共同富裕为目标，扩大中等收入者比重，提高低收入者收入水平"和"制定和贯彻党的方针政策，基本着眼点是要代表最广大人民的根本利益，正确反映和兼顾不同方面群众的利益，使全体人民朝着共同富裕的方向稳步前进"。进一步地，党的十六届三中全会通过的《中共中央关于完善社会主义市场经济体制若干问题的决定》明确指出："完善按劳分配为主体、多种分配方式并存的分配制度，坚持效率优先、兼顾公平，各种生产要素按贡献参与分配。"胡锦涛强调："在促进发展的同时，要把维护社会公平放到更加突出的位置，综合运用多种手段，依法逐步建立以权利公平、机会公平、规则公平、分配公平为主要内容的社会公平保障体系，使全体人民朝着共同富裕的方向稳步前进。"② 依据科学发展观，胡锦涛根据国内外形势的变化，全面分析我国发展面临的机遇和挑战，系统阐述了涵盖七大方面内容的构建社会主义和谐社会的宏伟蓝图。

进入中国特色社会主义新时代以来，党的中心工作是强国。党的十八大提出全面建成小康社会的奋斗目标。2012 年 11 月 15 日，习近平总书记

---

① 邓小平文选（第三卷）[M]. 北京：人民出版社，1993：373.
② 十六大以来重要文献选编（中）[M]. 北京：中央文献出版社，2006：172.

在中外记者见面会上指出："人民对美好生活的向往，就是我们的奋斗目标。"党的十八大以来，中国政府把贫困人口全部脱贫作为全面建成小康社会的底线任务和标志性指标，组织实施了人类历史上规模空前、力度最大、惠及人口最多的脱贫攻坚战，完成了消除绝对贫困的艰巨任务。① 2020年底，我国脱贫攻坚战取得全面胜利，历史性地解决了绝对贫困问题，全面建成小康社会，为实现全体人民共同富裕创造了坚实条件。党的十八大以来，人民日益增长的美好生活需要和不平衡不充分的发展之间的矛盾成为我国社会的主要矛盾。针对这个现实矛盾，以习近平同志为核心的党中央提出了能够解决主要矛盾的战略安排，其内容涉及经济、政治、文化、社会、生态文明等方面的体制改革，并将这些改革有机协调结合起来。在经济领域，坚持问题导向，实施"处理好政府与市场的关系""农村三权分置改革""供给侧结构性改革""'一带一路'建设""京津冀协同发展战略""'互联网+'行动计划""新型城镇化战略""长江经济带建设""创新驱动发展战略""粤港澳大湾区建设""国家粮食安全战略""能源安全战略"等重大战略。在民主政治建设领域，坚持发展社会主义政治文明，人民代表大会制度不断完善，社会主义协商民主广泛多层次制度化发展，中国共产党领导的多党合作和政治协商制度实现新发展，民族区域自治制度得到切实贯彻落实，基层群众自治制度充满活力，爱国统一战线不断巩固发展。在社会主义文化领域，明确把文化自信纳入"四个自信"之中，坚持中国特色社会主义文化发展道路，激发全民族文化创新能力。在社会民生领域，着眼发展补齐民生短板，在幼有所育、学有所教、劳有所得、病有所医、老有所养、住有所居、弱有所扶等方面增进人民福祉，让改革发展成果更多更公平惠及全体人民；同时，实施"就业优先战略和更加积极的就业政策"，改革完善收入分配制度，构建德智体美劳全面培养的教育体系，建成世界上规模最大的社会保障体系，深入实施"健康中国战略"，初步形成共建共治共享的社会治理格局。在生态文明建设领域，不断强化顶层设计，将"生态文明体制改革"纳入全面深化改革的目标体系，构建起产权清晰、多元参与、激励约束并重、系统完整的生态文明制度体系，

---

① 全面建成小康社会：中国人权事业发展的光辉篇章［EB/OL］. https：//www.gov.cn/xin-wen/2021－08/12/content_5630894. htm，2021－08－12.

推动形成人与自然和谐发展现代化建设新格局。

4.5.2 共同富裕坚持价值取向的人民性

根据马克思主义唯物史观理论观点，人不是"抽象的个人"，而是在交往实践基础上不断社会化的"现实的个人"。从人之存在历史维度看，人民是"现实的个人"推进历史发展、社会进步的力量集合体。在我国，人民则是能够推动社会进步的群体，具体包括全体社会主义劳动者、社会主义事业的建设者、拥护社会主义的爱国者、拥护祖国统一和致力于中华民族伟大复兴的爱国者在内的群体。人民性不是人的自然天性，它是人类社会实践的产物，是在社会实践中自觉构建起来的。人民性是马克思主义的本质属性①，也是无产阶级政党最本质的特征，蕴含着人民所具有的阶级性、先进性、实践性与历史性等本质特性。人民性既是国家制度和政策的公共性得以发展的生长点，也是评价"公共性"是否真实的标准。人民性是整体性的政治概念，是从全体人民而言的。② 对如何准确理解什么是人民性，习近平总书记明确强调，"坚持人民性，就是要把实现好、维护好、发展好最广大人民根本利益作为出发点和落脚点，坚持以民为本、以人为本"。③

人民性的内核是要实现好、维护好、发展好全体人民的根本利益。这就要求树立一切为了人民的工作导向。全心全意为人民服务是党的根本宗旨。中国共产党始终代表最广大人民的根本利益。进入新时代以来，中国共产党构建的全体人民共同富裕框架已经确立。这种全体人民共同富裕框架平等地对待国家每一位公民，维护他们的普遍利益。坚持价值取向的人民性始终贯穿于中国共产党探索全体人民共同富裕实践全过程中。全体人民共同富裕是中国共产党坚持人民性在新时代的重要表达形式。全体人民共同富裕就是中国共产党的人民性理念在"经济建设、政治建设、文化建

① 王虎学. 坚持以人民为中心的理论意涵与实践要求 ［N］. 人民政协报，2024 – 02 – 26 （03）.

② 中共中央党史和文献研究院，中央学习贯彻习近平新时代中国特色社会主义思想主题教育领导小组办公室. 习近平新时代中国特色社会主义思想专题摘编 ［M］. 北京：中央文献出版社，党建读物出版社，2023：309.

③ 习近平著作选读（第一卷）［M］. 北京：人民出版社，2023：148.

设、社会建设、生态文明建设"等各个方面的标识性表述。

在经济发展领域，中国共产党根据经济发展阶段、环境、条件等的变化，经济发展新常态下速度变化、结构优化、动力转换三大特点①，提出了要经济高质量发展的重大科学判断，强调了全社会财富创造的重要性。如果不推动经济高质量发展，构建现代化的市场经济体系，将会出现"无发展式增长"或者陷入"拉美式陷阱"。"人民性"是马克思主义政党的价值主轴，是社会主义的本质。中国共产党是马克思主义执政党。经济高质量发展是中国共产党回答"为谁发展"的这个事关社会性质的标尺问题。经济高质量发展是当前我国经济发展的时代主旋律，人民对发展的要求不仅是"量"的丰富，更是"质"的提升。习近平总书记指出，高质量发展是保持经济持续健康发展的必然要求，是适应我国社会主要矛盾变化和全面建成小康社会、全面建成社会主义现代化强国的必然要求，是遵循经济规律发展的必然要求。② 经济高质量发展无论从经济增长速度、经济增长方式、经济增长动力来看，都与以往的"高速增长阶段"有着明显的不同，体现了经济发展质量和效率的变革，补齐了"落后的社会生产"这个重大短板。全体人民共同富裕是经济高质量发展的最终目的，经济高质量发展是实现全体人民共同富裕的非常重要的实践途径。从具体政策部署来看，党的十九届六中全会通过的《中共中央关于党的百年奋斗重大成就和历史经验的决议》对经济高质量发展给予了明确工作要求，明确指出要坚持增进人民福祉、向全体人民共同富裕目标迈进。中国共产党实施的经济高质量发展战略目的就是让全社会形成优质高效的、多样化的产品或服务供给体系，能够向全体人民提供人民需要的优质产品和服务，满足全体人民日益增长的美好生活需要。经济高质量发展将人民至上始终贯穿于全过程中，重点突出全体人民在发展中的主体作用，以人民利益诉求得到充分实现为衡量标准，坚持了马克思主义经济发展视域中蕴含的人民性理念。中国共产党通过经济高质量发展战略逐渐扭转了过去较长时间形成的规模速度型粗放增长③，转向经济发展质量效率型集约增长，壮大促进全体人民共同富

---

① 习近平著作选读（第一卷）[M]．北京：人民出版社，2023：324．
② 习近平著作选读（第二卷）[M]．北京：人民出版社，2023：66 – 67．
③ 习近平著作选读（第一卷）[M]．北京：人民出版社，2023：328．

裕的物质保障根基，实现做大和做好全社会的财富"蛋糕"，不断缩小不同阶层之间的收入差距，不断消除两极分化，集中体现了经济高质量发展的人民性的价值旨归，实现了经济高质量发展与全体人民共同富裕的同频共振。

在收入分配领域，中国共产党立足新发展阶段建立有序分配、公平合理、注重系统性的收入分配制度体系。理论上，收入分配是社会在一定时期内新创造出来的价值（即国民收入）或体现这部分价值的产品在不同阶级、社会集团或社会成员之间的分配。它是社会再生产过程中连接生产和消费的一个环节。收入分配制度则是确定全社会物质财富收入在不同阶级、社会集团或社会成员之间的分配规则或制度性安排，是对全社会不同阶层群体的利益调整所形成的基本制度。进入新时代以来，中国共产党在收入分配制度方面进行了致力于构建实现全体人民共同富裕为目标的收入分配制度改革实践。《中共中央关于坚持和完善中国特色社会主义制度、推进国家治理体系和治理能力现代化若干重大问题的决定》提出了收入分配制度改革的总体要求是坚持公有制为主体、多种所有制经济共同发展和按劳分配为主体、多种分配方式并存，把社会主义制度和市场经济有机结合起来，不断解放和发展社会生产力的显著优势。该决定将"公有制为主体、多种所有制经济共同发展，按劳分配为主体、多种分配方式并存"确定为国家的社会主义基本经济制度的重要内容，并明确强调"坚持多劳多得，着重保护劳动所得，增加劳动者特别是一线劳动者劳动报酬，提高劳动报酬在初次分配中的比重。健全劳动、资本、土地、知识、技术、管理、数据等生产要素由市场评价贡献、按贡献决定报酬的机制。健全以税收、社会保障、转移支付等为主要手段的再分配调节机制，强化税收调节，完善直接税制度并逐步提高其比重。完善相关制度和政策，合理调节城乡、区域、不同群体间分配关系。重视发挥第三次分配作用，发展慈善等社会公益事业。鼓励勤劳致富，保护合法收入，增加低收入者收入，扩大中等收入群体，调节过高收入，清理规范隐性收入，取缔非法收入"。习近平总书记指出："分配制度是促进共同富裕的基础性制度。坚持按劳分配为主体、多种分配方式并存，构建初次分配、再分配、第三次分配协调配套的制度体系。"① 这表明，中国共产党正以积极姿态建立起"收入初次分配、再次分

---

① 习近平著作选读（第一卷）［M］. 北京：人民出版社，2023：38.

配、第三次分配"的有序分配、公平合理、注重系统性的收入分配制度体系，正确处理了经济增长和收入分配关系，切实将经济高质量发展创造起来的物质财富转化为全体人民的实实在在的社会福利。

在公共服务领域，中国共产党致力于建立优质共享的公共服务制度体系。让人民过上美好幸福生活是"国之大者"。公共服务实现优质共享是实现全体人民共同富裕的内在要求、重要保障和关键环节。中国共产党第十九届中央委员会第六次全体会议通过的《中共中央关于党的百年奋斗重大成就和历史经验的决议》明确强调，"人民对美好生活的向往就是我们的奋斗目标，增进民生福祉是我们坚持立党为公、执政为民的本质要求，让老百姓过上好日子是我们一切工作的出发点和落脚点，补齐民生保障短板、解决好人民群众急难愁盼问题是社会建设的紧迫任务。必须以保障和改善民生为重点加强社会建设，尽力而为、量力而行，一件事情接着一件事情办，一年接着一年干，在幼有所育、学有所教、劳有所得、病有所医、老有所养、住有所居、弱有所扶上持续用力，加强和创新社会治理，使人民获得感、幸福感、安全感更加充实、更有保障、更可持续"，"为了保障和改善民生，党按照坚守底线、突出重点、完善制度、引导预期的思路，在收入分配、就业、教育、社会保障、医疗卫生、住房保障等方面推出一系列重大举措，注重加强普惠性、基础性、兜底性民生建设，推进基本公共服务均等化"。该决议彰显了中国共产党坚定的人民至上，全心全意为人民服务的人民情怀。党的十八大以来，中国共产党在公共服务领域致力于把提高发展平衡性放在重要位置，不断推动公共资源向基层延伸，构建优质均衡的公共服务体系，建成全覆盖可持续的社会保障体系。[①] 中国共产党在公共服务领域，通过健全完善基本公共服务标准体系、"政府－社会"模式的公共服务供给制度体系、公共服务统筹协调体系、公共服务均等化全周期动态监测评估体系[4-20]和公共服务政策制度体系，探索出了非常具有新时代特征的公共服务优质共享的管理模式，以增强公共服务的均衡性和可及性，不断扎实推动全体人民共同富裕。

在城乡融合和区域协调发展领域，中国共产党着力全面推进乡村振兴

---

① 习近平. 在深圳经济特区建立40周年庆祝大会上的讲话［EB/OL］. https：//www.gov. cn/xinwen/2020－10/14/content_5551299. htm，2020－10－14.

和实施区域协调发展战略，为高质量发展注入新动能，有效解决我国区域发展不平衡不充分问题。缩小城乡差距和解决城乡发展差异性是实现共同富裕的重要目标之一。由于我国城乡发展具有典型的二元性，所以城乡差距一直以来都没有得到有效解决。进入新时代以来，为消除城乡差距和区域差距，破除城乡二元经济结构带来的负面作用，中国共产党坚持立足国情实际走城乡区域发展之路，实施城乡融合和区域协调发展战略。实施城乡融合和区域协调发展是我国区域发展政策的历史延续和实践发展。2014年，习近平总书记在河南兰考县考察时提出"三起来"[4-21]的县域治理理念，强调了城乡融合发展的重要性。为有效解决农业农村农民问题和城乡融合问题，有针对性地实施乡村振兴战略、"工业反哺农业、城市支持农村"战略，坚持和深化"农村土地所有权、保障承包权、用活经营权"①等一系列农村改革，全面推进"产业、人才、文化、生态、组织"五个振兴。为解决区域协调发展，党中央提出如下总体思路：要按照客观经济规律调整完善区域政策体系，发挥各地区比较优势，促进各类要素合理流动和高效聚集，增强创新发展动力，加快构建高质量发展的动力系统，增强中心城市和城市群等经济发展优势区域的经济和人口承载能力，增强其他地区在保障粮食安全、生态安全、边疆安全等方面的功能，形成优势互补、高质量发展的区域经济布局。②针对农村发展问题，习近平总书记明确指出："全面建设社会主义现代化国家，最艰巨最繁重的任务仍然在农村。坚持农业农村优先发展，坚持城乡融合发展，畅通城乡要素流动。加快建设农业强国，扎实推动乡村产业、人才、文化、生态、组织振兴。全方位夯实粮食安全根基，全面落实粮食安全党政同责，牢牢守住十八亿亩耕地红线，逐步把永久基本农田全部建成高标准农田，深入实施种业振兴行动，强化农业科技和装备支撑，健全种粮农民收益保障机制和主产区利益补偿机制，确保中国人的饭碗牢牢端在自己手中。树立大食物观，发展设施农业，构建多元化食物供给体系。发展乡村特色产业，拓宽农民增收致富渠道。巩固拓展脱贫攻坚成果，增强脱贫地区和脱贫群众内生发展动力。统

---

① 习近平著作选读（第一卷）[M]. 北京：人民出版社，2023：474-477.

② 中共中央党史和文献研究院，中央学习贯彻习近平新时代中国特色社会主义思想主题教育领导小组办公室. 习近平新时代中国特色社会主义思想专题摘编 [M]. 北京：中央文献出版社，党建读物出版社，2023：170.

筹乡村基础设施和公共服务布局，建设宜居宜业和美乡村。巩固和完善农村基本经营制度，发展新型农村集体经济，发展新型农业经营主体和社会化服务，发展农业适度规模经营。深化农村土地制度改革，赋予农民更加充分的财产权益。保障进城落户农民合法土地权益，鼓励依法自愿有偿转让。完善农业支持保护制度，健全农村金融服务体系。"① 在整体区域协调发展方面，习近平总书记明确指出："深入实施区域协调发展战略、区域重大战略、主体功能区战略、新型城镇化战略，优化重大生产力布局，构建优势互补、高质量发展的区域经济布局和国土空间体系。推动西部大开发形成新格局，推动东北全面振兴取得新突破，促进中部地区加快崛起，鼓励东部地区加快推进现代化。支持革命老区、民族地区加快发展，加强边疆地区建设，推进兴边富民、稳边固边。推进京津冀协同发展、长江经济带发展、长三角一体化发展，推动黄河流域生态保护和高质量发展。高标准、高质量建设雄安新区，推动成渝地区双城经济圈建设。健全主体功能区制度，优化国土空间发展格局。推进以人为核心的新型城镇化，加快农业转移人口市民化。以城市群、都市圈为依托构建大中小城市协调发展格局，推进以县城为重要载体的城镇化建设。坚持人民城市人民建、人民城市为人民，提高城市规划、建设、治理水平，加快转变超大特大城市发展方式，实施城市更新行动，加强城市基础设施建设，打造宜居、韧性、智慧城市。发展海洋经济，保护海洋生态环境，加快建设海洋强国。"② 由此可见，中国共产党实施城乡融合和区域协调发展战略，顺应全体人民期盼，坚持了把强区域与富民结合起来，坚持了把改革和发展结合起来，坚持了将城镇和乡村贯通起来，坚持了建设全国统一大市场，坚持了"中心城市－都市圈－城市群"空间布局和一体化发展，坚持了区域重大战略与区域协调发展战略的联动引领，构建起了畅通的国内经济大循环，彻底破除了体制障碍带来的城乡发展二元性，实现了将经济发展成果更多更公平地惠及全体人民，扎实推动全体人民共同富裕。

在人民精神文化生活领域，中国共产党坚持中国特色社会主义民主政治制度，着力以社会主义核心价值观为引领，以人民为中心建设社会主义

① 习近平著作选读（第一卷）[M]. 北京：人民出版社，2023：25-26.
② 习近平著作选读（第一卷）[M]. 北京：人民出版社，2023：26-27.

先进文化，丰富全体人民的精神世界。我国不断发展完善的社会主义民主政治坚持人民主体地位，全过程、全方面保障人民当家作主，特别是人民代表大会制度从根本上保障了人民能够参与到国家制度的制定之中，从源头上确保了国家制度和国家治理能更好地体现人民意志、保障人民权益、激发人民创造。中国共产党坚持发展全过程人民民主，并在该制度保障下，实现全体人民当家作主，使得全体人民具有广泛的政治参与性，确保了丰富全体人民精神文化生活所必须具有的政治前提。这是因为全过程人民民主保障了全体人民实现精神文化生活富裕的政治条件。我国是社会主义国家，中国共产党的领导是人民当家作主的根本政治保障，能够让全体人民获得充分的民主。在人民当家作主的全过程人民民主政治前提下，中国共产党着力以社会主义核心价值观为引领，建设以人民为中心的社会主义先进文化，能够让全体人民精神世界富裕。人无精神则不立，国无精神则不强。"文化是民族的血脉，是人民的精神家园。只有把人民放在心中最高位置，永远同人民在一起，坚持以人民为中心的创作导向，艺术之树才能常青。"[1] 习近平总书记指出，"人民是文艺创作的源头活水，一旦离开人民，文艺就会变成无根的浮萍、无病的呻吟、无魂的躯壳"，"文艺只有植根现实生活、紧跟时代潮流，才能发展繁荣；只有顺应人民意愿、反映人民关切，才能充满活力"。[2] 在中国共产党的坚定领导下，中国特色社会主义文化坚持为人民服务、为社会主义服务这个根本方向。新时代以来，中国共产党把中国特色社会主义文化建设摆在更加突出的位置。习近平总书记明确指出："统筹推进'五位一体'总体布局、协调推进'四个全面'战略布局，文化是重要内容；推动高质量发展，文化是重要支点；满足人民日益增长的美好生活需要，文化是重要因素；战胜前进道路上各种风险挑战，文化是重要力量源泉。'十四五'时期，我们要把文化建设放在全局工作的突出位置，切实抓紧抓好。"[3] 中国共产党始终牢固树立马克思主义文艺观，坚持以人民为中心，不断把满足人民日益增长的精神文化需求作为文艺和文艺工作的出发点和落脚点，切实把人民作为文艺表现的主体，坚持

---

① 胡锦涛. 在中国文联第九次全国代表大会中国作协第八次全国代表大会上的讲话 [EB/OL]. https://www.gov.cn/ldhd/2011-11/22/content_2000509.htm, 2011-11-22.

② 习近平著作选读（第一卷）[M]. 北京：人民出版社，2023：290-291.

③ 习近平谈治国理政（第四卷）[M]. 北京：外文出版社，2022：309-310.

把人民作为文艺审美的鉴赏家和评判者①，不断创造出全体人民能够乐意接受的、非常喜爱的文艺作品，扎实推动全体人民精神世界富裕。

在生活环境美丽宜居领域，中国共产党坚持让全体人民拥有可持续性的人居环境，充分尊重居民的生活环境需求和愿望，强调人们的生活质量好、品质高和生态环境发展韧性强，着力满足全体人民对"安全、健康、舒适和便利"生活需求，扎实推动全体人民的生态文明富裕。生活环境美丽宜居是中国式现代化道路上城乡融合发展的新形态。生活环境美丽宜居是全体人民对美好生活的重要期盼和美丽图景。生活环境美丽宜居注重人们的生态环境发展韧性好，人们的人居环境不会发生断裂，不会对其中的人产生生活压制。从生活环境美丽宜居建设的理论逻辑角度看，它超越了对人居空间的传统认识，注重人文关怀，强调人与自然的和谐共处，实现可持续性发展。党的十八大以来，党中央多次开展生态文明建设方面的学习，提出不断满足人民日益增长的优美生态环境需要，把生态文明建设摆在全局工作的突出位置，并作出一系列重大战略部署，目的是针对当前阶段生态文明建设的新任务新要求努力推动建设人与自然和谐共生的现代化，着力规划城市和乡村的宜居性水平建设，努力打造可持续发展的人居环境。党的十九大报告提出"实施乡村振兴战略"和"实施区域协调发展战略"；党的二十大报告提出，实施"全面推进乡村振兴"和"促进区域协调发展"两大战略，强调要建设宜居宜业和美乡村，打造宜居、韧性、智慧城市。习近平总书记强调，我们要建设的现代化"既要创造更多物质财富和精神财富以满足人民日益增长的美好生活需要，也要提供更多优质生态产品以满足人民日益增长的优美生态环境需要。必须坚持节约优先、保护优先、自然恢复为主的方针，形成节约资源和保护环境的空间格局、产业结构、生产方式、生活方式，还自然以宁静、和谐、美丽"。② 中国共产党站在人与自然和谐共生的高度来谋划经济社会发展，不断践行绿水青山就是金山银山的理念，明确提出以下五个方面的工作要求：（1）坚持不懈推动绿色低碳发展；（2）深入打好污染防治攻坚战；（3）提升生态系统质量和稳定性；（4）秉持人类命运共同体理念积极推动全球可持续发展；（5）不

---

① 习近平著作选读（第一卷）[M]．北京：人民出版社，2023：288 - 289.
② 习近平著作选读（第二卷）[M]．北京：人民出版社，2023：41 - 42.

断提高生态环境领域国家治理体系和治理能力现代化水平。^① 从党中央的顶层设计和决策战略部署来看，中国共产党关于生活美丽宜居的建设规划和总体思路，心怀"国之大者"，勇担生态文明建设的政治责任，正回归以人民为中心的发展主线，建立充满健康、活力、开放和包容的人民居住环境，目的就是让全体人民生活得安全、健康、舒适和便利，彰显了人民性的价值旨归（见图4－15）。

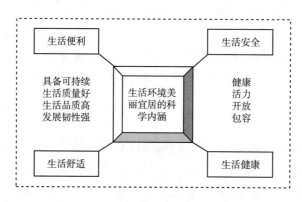

图4－15　生活环境美丽宜居的科学内涵

在社会环境治理领域，中国共产党大力推进国家安全体系和能力现代化，坚决维护国家安全和社会稳定，努力建成"人人有责、人人尽责、人人享有"的舒心安心放心社会环境。国家安全是中华民族复兴的根基，整个社会稳定是国家强盛的根本前提。社会环境治理是实现全体人民共同富裕的重要战略举措，也是全体人民共同富裕的应有之义。中国共产党第十六届四中全会提出了"社会管理"概念；中国共产党第十六届六中全会提出了"社会建设"概念；中国共产党第十八届三中全会提出了"社会治理"概念，作出"完善和发展中国特色社会主义制度，推进国家治理体系和治理能力现代化"总体社会治理战略目标部署；中国共产党第十九届五中全会明确"基本实现国家治理体系和治理能力现代化，人民平等参与、平等发展权利得到充分保障，基本建成法治国家、法治政府、法治社会"社会治理目标；中国共产党第二十次代表大会提出了"社会治理共同体"概念，进一步作出"推进国家安全体系和能力现代化，坚决维护国家安全

---

① 习近平著作选读（第二卷）［M］．北京：人民出版社，2023：460－467.

和社会稳定"的具体战略部署。由此可见，中国共产党对社会环境治理高度重视。习近平总书记明确指出，"要坚持以人民安全为宗旨、以政治安全为根本、以经济安全为基础、以军事科技文化社会安全为保障、以促进国际安全为依托，统筹外部安全和内部安全、国土安全和国民安全、传统安全和非传统安全、自身安全和共同安全，统筹维护和塑造国家安全，夯实国家安全和社会稳定基层基础，完善参与全球安全治理机制，建设更高水平的平安中国"。[①] 习近平总书记关于社会环境治理的重要论述，深刻回答了为谁治理、如何治理、治理成效等中国社会治理中的最根本问题。社会环境治理可以理解为中国共产党为了维护和达成社会秩序，对公民社会领域的社会组织、社会事务和社会活动进行规范和协调等的管理过程。在社会环境管理过程中，发展和发动社会力量是必不可少的。中国共产党建设以人民为中心的舒心安心放心社会环境注重强调"政府与社会的关系由'政府本位'向'社会本位'转变，自治与服务的有机统一，平等与合作的有效参与，参与和协商的有目标达成"，核心要义是要求包容性社会多方治理主体的共建、共治、共享、互动，以及多种治理机制互补、嵌合、协同（见图4－16）；治理方向是注重社会善治，破除社会梗阻；治理效能是建立和完善正确处理新时代下人民内部矛盾的机制；最终目的是通过建立运作有效的社会环境治理体系实现整体社会环境的舒心安心放心局面。

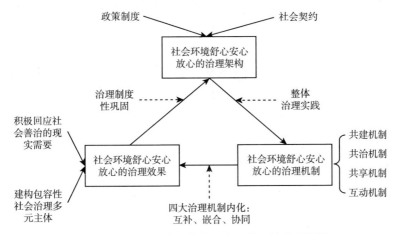

图4－16 实现社会环境舒心安心放心的治理逻辑

---

① 习近平著作选读（第一卷）［M］. 北京：人民出版社，2023：43.

4.5.3　坚持整体性、系统性和全局性考量

一种理论走向成熟的标志是其思想内涵完整地构成一个具有严密逻辑体系的有机整体。新时代中国特色社会主义共同富裕理论之所以是理论，是因为它从实践中来，坚持实践问题意识和实践问题解决导向，并经过实践检验不断发展成熟，逐步建构和形成了内容体系完整的科学理论，并为中国共产党的全体人民共同富裕伟大事业提供科学指引。进入新时代以来，根据我国经济社会新的实践和新的发展实际，党中央高瞻远瞩地作出了扎实推动全体人民共同富裕的战略安排。党中央的战略安排立足国情实际，不好高骛远，实事求是，有步骤有计划地推动全体人民共同富裕实现。全体人民共同富裕社会建设实践是一项具有复杂性、系统性、过程性的社会事务性工作，这决定了需要整体性和系统性的逻辑思维去准确把握和理解新时代中国特色社会主义共同富裕理论内涵的整体性、系统性和全局性。

马克思的社会有机体理论认为，人类社会是人们交互作用的产物，是由其内部多种要素相互作用、彼此联系而共同构成的活的机体（孙德海，2014）。马克思的社会有机体理论强调了人类社会发展的整体性、系统性。新时代中国特色社会主义共同富裕理论就是从马克思的社会有机体论[4-22]角度出发，深刻揭示了社会生产、社会分配和社会调节等不同构成要素之间的相互作用构成系统性的有机体，全面阐释了全体人民共同富裕的整体性本质。新时代中国特色社会主义共同富裕理论体现了对新时代我国社会主要矛盾和社会问题的本质分析。新时代中国特色社会主义共同富裕理论内涵的整体性、系统性和全局性主要体现在以下四个方面。

一是注重从治国理政全局谋划经济发展与社会建设，悉心勾画新时代中国特色社会主义美好社会图景。新时代是逐步实现全体人民共同富裕的时代。全体人民共同富裕是以高质量发展为基础、全体人民共建共享、适度差距的物质生活和精神生活的全面富裕，具有鲜明的全局性特征。习近平总书记在中央财经委员会第十次会议上就如何扎实推动全体人民共同富裕进行了前瞻性的思考和全局性的战略部署，明确了扎实促进全体人民共同富裕的"鼓励勤劳创新致富、坚持基本经济制度、尽力而为量力而行、

坚持循序渐进"四项重要原则、总体推动方向思路和六大方面的具体工作部署[4-23]。习近平总书记强调，"像全面建成小康社会一样，全体人民共同富裕是一个总体概念，是对全社会而言的，不要分成城市一块、农村一块、或者东部、中部、西部地区各一块，各提各的指标，要从全局上来看"。① 从全体人民共同富裕的科学内涵角度来看，这个共同富裕是全体人民的整体性富裕，强调不是少数人的富裕也不是平均富裕，内容上涵盖物质生活富裕和精神生活富裕两个大方面。这两个大方面的富裕具体表现为前文所述的七大方面，即经济高质量发展、公平合理的收入分配格局、公共服务优质共享、城乡融合和区域协调发展、人民精神文化生活富裕、生活环境美丽宜居、社会环境舒心安心放心。从全体人民共同富裕的实现路径角度来看，这个共同富裕需要依靠全体人民共同奋斗努力建设和一以贯之坚持遵循社会发展规律稳步推进。从建设和实现中国特色社会主义现代化强国宏伟目标来看，为适应新时代我国社会的主要矛盾，全体人民共同富裕被置于非常重要的战略地位考量，即"到2035年取得更为明显的实质性进展"。由于两者之间在时空上具有高度耦合性，所以强调从国家现代化建设战略全局，宏观准确把握全体人民共同富裕是中国式现代化的重要特征和重要目标内容。

　　二是深刻揭示全体人民共同富裕社会建设的客观规律，坚持牢固树立高质量发展的科学理念。现阶段，我国在全面建成小康社会的基础上，开启了扎实推动全体人民共同富裕的新征程。新时代我国社会主要矛盾成为实现全体人民共同富裕最大障碍。理论上，实现全体人民共同富裕必须建立在相适应的社会生产力发展水平基础之上，与社会生产力的发展和社会生产关系是否相适应息息相关。实现全体人民共同富裕首要的问题是生产力问题，即如何实现高度发展的社会生产力。只有解决社会生产力的问题，才能谈如何创造更多满足全体人民的物质财富和精神财富，实现全体人民共同富裕。虽然当前我国社会已经进入中国特色社会主义新时代，但是我国长期处于社会主义初级阶段的最根本的现状没有改变，社会生产力整体上还是比较落后，某些方面还很薄弱，发展不够充分，还有众多因素制约把"蛋糕"做大，还不足够支撑实现物质和精神两个层面的全体人民共同

---

① 习近平著作选读（第二卷）［M］. 北京：人民出版社，2023：506.

富裕，需要我们继续发展和提高社会生产力，切实形成社会生产力促进共同富裕的机制和共同富裕反促进社会生产力发展的机制，让社会生产力和社会生产关系达到相互适应的平衡状态。党的十八大以来，针对我国经济发展的增速换挡、结构优化、动力转换三大特点以及社会主要矛盾的发生转化，党中央将逐步实现全体人民共同富裕摆在更加重要的位置上，瞄准新阶段下的发展困境和仍旧需要解放和发展社会生产力的最大实际，以系统性思维作出了高质量发展促进全体人民共同富裕的战略安排。高质量发展体现了将解放社会生产力、发展社会生产力作为根本任务，注重提升经济社会发展的整体平衡性、协调性、包容性，经济社会发展实现从"数量追赶"转向"质量追赶"、从"规模扩张"转向"结构升级"、从"要素驱动"转向"创新驱动"、从"分配失衡"转向"共同富裕"、从"高碳增长"转向"绿色发展"的发展格局。

三是科学辩证地认识中国特色社会主义现阶段的社会结构，明确共同富裕社会的整体平衡、整体协调和整体包容的层次结构特质。就概念本身来讲，社会结构指一个社会的各个组成部分之间有机形成的一种互动关系或者运行模式。现阶段，我国社会的主要矛盾是全体人民日益增长的美好生活需要和不平衡不充分的发展之间的矛盾。这里的"不平衡"，我们可以理解为"现阶段的经济与社会、政治、文化、生态文明之间的发展不平衡或者说发展失调"；这里的"不充分"，我们可以理解为"现阶段的发展程度不够好，强调需要继续深入发展，务必要注重充分地发现、开拓和利用各种发展的机会、潜力和可能，最终实现社会物质和精神两方面财富的极大丰富，满足全体人民日益增长的美好生活需要"。党的十九大报告明确指出，全体人民日益增长的美好生活需要包括物质、文化、民主、法治、公平、正义、安全、环境等方方面面诸多内容。但就现阶段实际情况来看，改革开放之后我国逐渐形成"经济主导的'碎片化'利益群体"社会，具体表现为新阶层不断涌现、贫富差距扩大、社会结构日益分化的纵向社会结构。从平衡不同群体利益角度看，为有效解决上述突出问题，党中央提出了构建初次分配、再次分配和第三次分配相互协调配套的新型基础性制度安排，不断扩大中等收入阶层群体的比例，重塑社会阶层结构，形成中间大、两头小的橄榄型分配结构，避免整体社会结构步入畸形。新型基础性制度安排和社会阶层结构的重塑平衡了不同群体的利益，实现了对纵向社会结构的利益调整。城乡不协调是社会生产力发展不够充足的重要表现。从城乡协调发展角度看，为解决区域发展不协调的问题，加快缩小城乡发展差距，党中央提出了"坚持城乡融合发展，畅通城乡要素流动"的全面推进城乡战略和深入实施区域协调发展战略、区域重大战略、主体功能区战略、新型城镇化战略，构建城乡优势互补、高质量发展的区域经济布局和国土空间体系，从横向社会结构进行了优化调整。另外，共同富裕实现需要全体社会不同阶层成员共同参与和共同奋斗，需要积极包容的社会心态。习近平总书记明确指出，幸福生活都是奋斗出来的，共同富裕要靠勤劳智慧来创造，要防止社会阶层固化，畅通向上流动通道，给更多人创造致富的机会，形成人人参与的发展环境，避免"内卷""躺平"。① 从社会人的主观能动性角度看，全体人民共同富裕要以中国特色社会主义核心价值观为关键引领，积极培育和激发全体人民的参与热情，大力弘扬整体包容、相互促进的社会氛围。

四是全体人民共同富裕是社会治理效能的整体体现，践行全体社会成员共同努力的实践逻辑，坚持包容和开放的社会治理态度，强调要科学系统统筹社会治理。从理论逻辑角度看，社会治理本质上就是动员全社会力量、整合全社会资源、协调全社会关系、规范全社会成员行为的实践与建设过程，强调自身是一个系统工程，具有典型的系统性特征，注重系统治理、依法治理、源头治理、综合施策。建设全体人民共同富裕社会不是一个人的事情，而是全体中国人民共同的责任。习近平总书记明确指出，要完善共建共治共享的社会治理体系，实现政府治理同社会调节、居民自治良性互动，建设人人有责、人人尽责、人人享有的社会治理共同体。② 这为科学系统统筹社会治理，增强建成全体人民共同富裕社会提供了方向性科学指引。社会治理共同体我们可以理解为"人们在社会治理实践中，基于一定的利益和需求，在特定的社会区域内，以规范和情感为依据依托，通过协商和合作方式组成的联合体"。社会治理共同体是全体人民共同富裕社会的应有之义，是实现全体人民共同富裕的必然要求。前文指出全体人民共同富裕涵盖七个领域，而全体人民共同富裕社会治理的底层逻辑就是跨

---

① 习近平著作选读（第二卷）［M］. 北京：人民出版社，2023：501－502.
② 习近平谈治国理政（第四卷）［M］. 北京：外文出版社，2022：338.

领域治理。任何一个领域中对"共同富裕"的追求都离不开良好的治理。全体人民共同富裕是我们的美好期盼，强调我们每一个人都要参与进来，要秉持开放、包容的社会心态，勇担责任。包容性是建成社会治理共同体的内在要求。包容性治理理论指出：对于社会治理涉及的参与主体，都要尽可能地去接收和吸纳进来；对于社会治理涉及的治理内容，都不要人为地去设定限制，而是要纳入治理框架中；对于社会治理涉及的手段或方式，不要局限于某一种或某一类，有利于社会治理目标实现的任何方法或手段都可以采纳使用。

全体人民共同富裕维护社会全体成员的相互依赖关系的社会公平。从社会治理效能角度看，全体人民共同富裕的最终实现依赖于"不断增强人人的履责意识、激活人人的尽责动力、提高人人的履责能力"的社会氛围塑造和全体参与主体的治理合力的充分发挥，需要秉持社会治理的包容性和开放性态度，坚持以完善社会治理体系建设和健全共建共治共享的社会治理制度为关键支撑，形成"政府、市场、社群、个人"的多元参与主体协作互动、"政府干预机制、市场机制、社群机制和个人参与机制"的多元机制互补嵌合的社会治理格局体系（见图4－17），这种模式重塑了整个社会个体与社会治理共同体的共生关系，有效提升了全体人民共同富裕社会的整体治理效果。

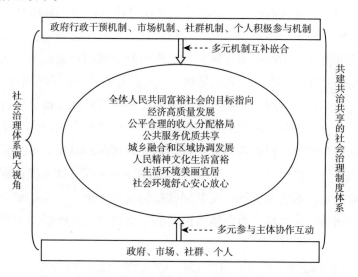

图4－17 全体人民共同富裕社会的整体治理框架体系

4.5.4　实现对福利主义模式的极大超越

第一次世界大战爆发和俄国十月革命的伟大胜利使得资本主义社会陷入危机，为有效应对社会主义国家的巨大挑战，西方发达资本主义国家开始实施国家福利政策，以缓和社会阶级矛盾，稳定社会秩序，促使福利主义的正式产生。福利主义模式成熟标志事件则是第二次世界大战后英国建成世界上第一个福利国家制度。随后加拿大、日本、澳大利亚等众多国家纷纷效仿英国福利制度范式，宣布建成本国版本的福利制度。其中，北欧国家是世界公认的收入差距最小、福利水平最高、富裕程度名列全球前列的国家。福利主义模式重视经济发展能否满足人们对幸福生活的追求，但特别强调运用凯恩斯主义"福利供给创造有效需求"理论和资本主义管制思想来建构福利制度，目的是调和缓解资本主义社会中的社会阶级矛盾，建成"兼顾效率公平的社会进步秩序"。从资本主义社会发展逻辑来看，福利主义模式的哲学基础是功利主义，其形成是一个历史性现象，它孕育了相应的国家治理模式和社会形态。福利主义国家治理模式主要表现为以英国和美国为代表的市场取向模式、以德国为代表的社团主义模式、以法国和意大利为代表的国家主义模式、以瑞典为代表的社会民主模式。上述四种福利主义国家治理模式在特定历史时期都取得了成功，非常值得借鉴。

毋庸置疑，福利主义通过主体的国家制度和辅助性的制度体系，在特定的社会历史条件下，确实能够有利于国家的社会发展。这个积极性的一面值得肯定，但是我们要看到福利主义带来的危害性。第二次世界大战之后，人类和平发展给资本主义社会带来了20年的经济高速增长的黄金时期，福利主义成为资本主义国家值得吹捧的发展成就，然而20世纪70年代以来爆发的石油危机、金融危机、欧洲债务危机、加速的人口老龄化趋势、知识经济的崛起和经济服务化主导高端城市化使得福利主义国家陷入内生性增长悖论，即经济增长引致国家福利支出需求增加，从而提高生产经营成本、抑制效率提升，最终削弱经济增长和国家福利支出水平。这种内生性增长悖论取决于福利国家采取的国家福利模式。针对福利主义带来的经济增长困境，许多福利主义国家纷纷在财政收支均衡、居民收入公平、居民就业增加等众多领域进行权衡改革，推出一系列的福利政策克服垄断竞争阶段资本主义所固有的基本矛盾，试图寻找出一个能够破解"三难困境"[4-24]的完美方法，实现福利国家的效率/福利再平衡，但事与愿违。例如，从居民收入公平角度来看，经合组合（Organization for Economic Co-operation and Development，OECD）主要成员的福利主义国家的居民收入差距近年来并没有明显改善（见表4-1）。又如，从居民就业和服务业就业来看，美国、英国、法国、德国、瑞典等发达国家65岁以上老年人就业占比仍旧不断上升，第三产业服务业就业占比趋势居高不下（见图4-18），社会就业结构矛盾仍旧突出。

表4-1　20世纪70年代末至2020年部分福利主义国家的居民收入差距　　单位：%

国家	D1/D5										
	1979～1982年	1983～1986年	1987～1990年	1991～1994年	1995～1998年	1999～2002年	2003～2006年	2007～2010年	2011～2014年	2015～2018年	2019～2020年
瑞典	76	76	75	79	80	78	78	77	76	75	74
丹麦	71	71	72	—	—	71	71	70	69	68	68
挪威	71	73	69	76	78	77	75	73	72	70	70
德国	61	62	65	59	60	58	55	54	54	55	56
荷兰	—	65	64	64	—	63	62	62	61	62	—
法国	60	62	61	61	—	68	69	69	68	67	—
意大利	55	59	66	60		71	67	67	70	71	
英国	56	56	54	54	54	55	55	55	56	57	59
澳大利亚	60	59	59	61	62	60	60	59	59	60	58
美国	51	50	49	48	48	49	48	48	47	48	50
加拿大	45	41	42	44	50	50	50	51	52	53	56
国家	D5/D9										
	1979～1982年	1983～1986年	1987～1990年	1991～1994年	1995～1998年	1999～2002年	2003～2006年	2007～2010年	2011～2014年	2015～2018年	2019～2020年
瑞典	65	65	64	65	67	64	64	63	63	63	63
丹麦	65	64	64	—	—	60	59	59	57	57	57
挪威	68	67	67	67	65	64	63	62	61	61	61

续表

国家	D5/D9										
	1979 ~ 1982 年	1983 ~ 1986 年	1987 ~ 1990 年	1991 ~ 1994 年	1995 ~ 1998 年	1999 ~ 2002 年	2003 ~ 2006 年	2007 ~ 2010 年	2011 ~ 2014 年	2015 ~ 2018 年	2019 ~ 2020 年
德国	—	61	61	59	57	57	58	56	54	54	54
荷兰	—	65	64	64	—	58	57	57	55	55	—
法国	52	51	51	50	—	51	52	52	53	52	—
意大利	68	68	66	64	—	57	56	57	55	55	
英国	58	56	55	54	53	52	51	50	50	51	50
澳大利亚	41	49	59	58	56	54	53	51	50	53	51
美国	51	49	47	47	46	45	44	43	41	42	41
加拿大	56	55	54	54	56	55	54	53	52	53	54

注：D1、D5、D9 分别表示为居民收入 1 ~ 10 分位中的最低、中间和最高。

资料来源：袁富华，吴湛. 福利国家模式、增长悖论与再平衡：对中国现代化及共同富裕的启示 [J]. 学术研究，2022（6）：85 - 95，177 - 178.

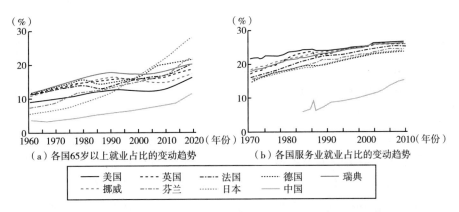

（a）各国65岁以上就业占比的变动趋势　　（b）各国服务业就业占比的变动趋势

—— 美国	- - - 英国	-·- 法国	······ 德国	—— 瑞典
- - 挪威	-- 芬兰	···· 日本	—— 中国	

图 4 - 18 中国与主要发达福利主义国家的人口老龄化、服务化趋势情况比较

资料来源：袁富华，李兆辰. 嵌入、调节与治理：历史时间与现代化路径 [J]. 经济与管理评论，2021，37（2）：72 - 84.

　　福利主义国家本质上注重强调资本积累和服务于垄断资本再生产，采取的福利政策化解资本主义社会矛盾的道路会越走越窄。福利主义国家的实践证明，福利主义不具有可持续性。究其原因，是福利主义背后的资本主义社会私有制占主导地位和功利主义的盛行。

福利主义模式本身是以资本主义社会的私有制经济为关键核心，维护的是剥削阶级资本家的利益，整个社会的财富创造和分配机制围绕资本为中心，确保资本主义体系的不断运转，倡导的还是功利主义，实施的福利制度无法将经济问题置于马克思关于人类生命尊严和人的全面而自由发展高度上去解决社会矛盾，而是服从于资本统治的需求，缺乏以社会性公共财富为保障的共同富裕的制度基础。从这个角度来看，福利主义模式不可能实现真正意义上的全体人民共同富裕。

福利主义陷阱的典型特征就是"社会整体福利过度，过度福利致使政府财政严重入不敷出，最终经济陷入长时间低迷"。针对福利主义带来的危害性，习近平总书记明确指出，要尽力而为量力而行，不作兑现不了的承诺，要坚决防止落入"福利主义"养懒汉的陷阱。① 我国是社会主义国家，有着实现全体人民共同富裕的根本制度保障。中国共产党带领全体人民要实现的共同富裕是全体人民共同富裕，是一种为全体人民谋幸福的社会状态。这种社会状态显著区别于福利主义国家构建的福利社会样态。中国共产党带领全体人民要实现的共同富裕是以中国特色社会主义基本经济制度为关键核心的，是以人民为中心的，维护的是全体人民的根本利益，考虑的是如何实现人的全面而自由的发展。这显著不同于福利主义模式的本质，即以资本为中心。

2019年10月31日中国共产党第十九届中央委员会第四次全体会议通过《中共中央关于坚持和完善中国特色社会主义制度推进国家治理体系和治理能力现代化若干重大问题的决定》将"公有制为主体、多种所有制经济共同发展，按劳分配为主体、多种分配方式并存，社会主义市场经济体制"等明确为社会主义基本经济制度。显著区别于福利主义模式下的社会财富的创造和财富分配方式的片面福利制度，中国共产党从社会主义基本经济制度基础、收入分配制度及基础性制度安排、制度活力、新发展理念等方面不断坚持和完善制度设计，夯实实现全体人民共同富裕的生产力基础和制度基石，增强高质量发展的均衡性、协调性、包容性，实现了对福利主义模式的极大超越。

---

① 习近平著作选读（第二卷）［M］．北京：人民出版社，2023：502.

4.5.5 运用全球思维开展共同富裕理论的本土化实践

马克思主义的共同富裕观主要体现在其本人对人类社会发展规律的深刻把握和科学认识的相关描述中，集中体现在对资本主义社会本质的批判中，是对人类关于共同富裕思想的吸纳和升华，实现了人类思想的革命性变革和历史性飞跃。因此，马克思主义的共同富裕观为全人类实现共同富裕勾画了美好蓝图。马克思主义的共同富裕观具体包括科学内涵、实现条件、实现途径等内容。中国共产党以浙江高质量发展建设共同富裕示范区为实践契机，运用全球思维开展了共同富裕理论的本土化实践，进行了"制器尚象"的制度设计，创新形成了新时代中国特色社会主义共同富裕理论。中国共产党自1921年7月诞生以来，始终坚持对中国国情进行深入调查研究，把马克思主义基本原理与中国国情紧密结合，反对教条主义，构建本土化语境的新时代中国特色社会主义共同富裕理论，走自己的全体人民共同富裕道路，实现了马克思主义的共同富裕观的本土化实践创新。新时代中国特色社会主义共同富裕理论是对马克思主义的共同富裕观的价值追求与自觉认同、自觉把握与实践遵循，是对马克思主义的共同富裕观的继承、发展、检验和创新，开创了马克思主义的共同富裕观中国本土化的新境界。

从新时代中国特色社会主义共同富裕理论出场逻辑来看，其内生于中国特色社会主义土壤，且在新时代中国与全球关系的互动建构过程中尤其在国家社会治理语境中彰显中国智慧，构建了人类共同富裕社会的中国范式。全面理解新时代中国特色社会主义共同富裕理论是马克思主义的共同富裕观的本土化实践创新，可以从以下三个方面的理路进行。

一是新时代中国特色社会主义共同富裕理论奠基于马克思主义的共同富裕观，是源于实践的科学真理。实践是中国共产党践行初心使命的根本遵循。中国共产党根据对新时代我国社会主要矛盾的科学判断，对未来我国经济社会发展精准定位，作出了扎实推动全体人民共同富裕的战略部署。针对我国经济社会发展新实践，中国共产党坚持一切从实际出发，实事求是，按照客观规律办事，以马克思主义的共同富裕观为指导，系统回答了中国特色社会主义新时代建设共同富裕社会的实践课题，给出了全体人民共同富裕社会建设的整体思路和把握的基本原则。习近平总书记特别强调，我们建设的全体人民共同富裕要尽力而为量力而行、坚持循序渐进，鼓励各地区因地制宜探索有效路径，总结经验，逐步推开，急不得。总之，中国共产党坚持运用实践思维不断地推进着以实践为基础的共同富裕理论创新。

二是新时代中国特色社会主义共同富裕理论不是凭空想象出来的，而是基于中国共产党对共同富裕百年奋斗的实践探索。中国共产党自诞生以来，就一直带领全国各族人民不断地探索着如何在一个显著落后于发达国家的发展中大国建设什么样的共同富裕社会，积累了丰富宝贵经验。毛泽东首倡"共同富裕"，凝聚全国人民走上社会主义的大同之路；邓小平提出贫穷不是社会主义，共同富裕是社会主义的本质特征，鼓励一部分地区一部分人先富起来，先富带动、帮助后富，最终达到共同富裕；江泽民强调兼顾效率与公平，在社会主义现代化建设的每一个阶段都必须让广大人民群众共享改革发展的成果；胡锦涛突出以人为本，科学发展，更加注重社会公平。① 习近平继续推进实践上的理论创新，提出习近平新时代中国特色社会主义思想。他在《扎实推动共同富裕》一文中，具体明确了促进共同富裕的理论原则、思想方法、工作方法和目标导向。党的历代领导人对共同富裕的实践探索和追寻推动了新时代中国特色社会主义共同富裕理论的形成。由此可见，新时代中国特色社会主义共同富裕理论不是凭空想象出来的，而是根基于中国共产党百年奋斗实践创立的共同富裕思想，是根植于中国本土不断地发展起来的创新性理论。

三是新时代中国特色社会主义共同富裕理论深刻回答了全体人民共同富裕社会如何建设的关键核心问题。实现全体人民共同富裕的关键核心问题包括谁来领导、动力来源、怎么样实施。首先，全体人民共同富裕实现的领导力量是中国共产党。中国特色社会主义的最大特征就是中国共产党的领导。中国共产党实现了中国国家建构，具有政治领导力、思想引领力、群众组织力、社会号召力。中国共产党的领导是国家治理的内在逻辑要求，其政治领导力的实现与核心地位为扎实推进全体人民共同富裕社会建设奠

---

① 孙业礼. 共同富裕：六十年来几代领导人的探索和追寻 [J]. 党的文献，2010 (1)：80 -
87.

定了关键基础。全体人民共同富裕社会建设是我国国家治理体系中的重要内容。中国共产党是国家治理体系的中轴，根据我国社会主要矛盾的转变带来的新特征和新要求，找准坐标、选准方位、瞄准靶心，破解了新时代背景下全体人民共同富裕社会建设的困局。从这一角度来看，没有中国共产党的领导，不可能实现全体人民的共同富裕。其次，全体人民共同富裕实现的动力源泉是人民群众。中国共产党自身没有特殊的利益，一切为了人民谋幸福。党的根基在人民、血脉在人民、力量在人民，人民是党执政兴国的最大底气。民心是最大的政治，正义是最强的力量。① 习近平总书记强调："人民是历史的创造者，群众是真正的英雄。人民群众是我们力量的源泉。"② 一切依靠人民群众，是中国共产党扎实推进实现全体人民共同富裕的制胜法宝和关键密码。全心全意为人民服务是中国共产党的根本宗旨，这为中国共产党扎实推进全体人民共同富裕奠定了关键性的制度保障。从这个角度来看，中国共产党坚持人民至上是实现全体人民共同富裕的动力来源。最后，全体人民共同富裕实现途径是高质量发展。高质量发展是中国共产党根据当前中国经济社会发展阶段、发展环境和发展条件的变化作出的科学判断，是实现全体人民共同富裕的重要途径，确保从顶层设计上助力高质量发展有效促进全体人民共同富裕。高质量发展的最终目的就是实现全体人民共同富裕。高质量发展强调要全面贯彻落实新发展理念，推动经济发展质量变革、效率变革、动力变革③，有效破解发展不平衡不充分问题的现实要求，确保实现全体人民共同富裕具备的经济基础。从这个角度看，高质量发展是稳步实现全体人民共同富裕的必然路径选择。

4.6 推动构建新时代中国特色社会主义共同富裕理论的鲜明话语体系

马克思指出，"思想、观念、意识的生产最初是直接与人们的物质活

---

① ③ 中共中央关于党的百年奋斗重大成就和历史经验的决议（全文）[EB/OL]. https：//www.gov.cn/zhengce/2021－11/16/content_5651269. htm？trs＝1，2021－11－16.

② 习近平著作选读（第一卷）[M]. 北京：人民出版社，2023：61.

动，与人们的物质交往，与现实生活的语言交织在一起的"。① 思想来源于实践，话语是思想的表达形式。话语被理解为人们进行斗争的手段和目的。话语的表达、显现的系统化，就形成了话语体系。在政治学领域，话语被视为为政党服务的一种强有力的、行为取向的媒介或工具，引导着政党的实践行为。从政治学角度看，话语是一个国家的政党主导自身社会变革的重要理论武器。在政治学领域中话语是与一个国家特定时期的主流意识形态和主流价值观念联系非常紧密的国家层面权力话语体系。一个国家的权力话语体系在特定历史时期表现出与当时特定历史环境相一致的话语表达逻辑和话语价值取向。权力话语体系具有显著的话语的解释力、说服力、引导力、影响力和控制力。新时代中国特色社会主义共同富裕理论的鲜明话语体系就是中国共产党运用共同富裕理论体系和共同富裕建设实践影响人们为实现全体人民共同富裕不断努力奋斗。

新中国成立以来，中国共产党发展了马克思主义的共同富裕观，逐渐形成了新时代中国特色社会主义共同富裕理论。新时代以来，中国共产党立足经济社会发展实际，提出了"坚持中国共产党的领导""坚持人民至上""坚持全体人民共同富裕""坚持实事求是的实践原则""坚持制度的顶层设计"等一系列蕴涵中国共产党建设全体人民共同富裕社会特征的鲜明话语，构建了新时代中国特色社会主义共同富裕理论的鲜明话语体系。该话语体系集中反映了新时代中国特色社会主义共同富裕理论的实践发展和理论创新。从理论逻辑上看，新时代中国特色社会主义共同富裕理论的鲜明话语体系来源于马克思主义的共同富裕观。从历史逻辑来看，新时代中国特色社会主义共同富裕理论的鲜明话语体系形成于中国共产党对全体人民共同富裕的实践探索。从现实逻辑来看，新时代中国特色社会主义共同富裕理论的鲜明话语体系形成于中国共产党坚持以实现全体人民共同富裕为实践问题导向的理论创新发展。新时代中国特色社会主义共同富裕理论的鲜明话语体系集中体现了话语体系形成的理论逻辑、历史逻辑和现实逻辑的三者有机统一。

新时代中国特色社会主义共同富裕理论的鲜明话语体系是基于中国共产党建设什么样的社会主义道路而构建的话语体系，是中国共产党在革命、

---

① 马克思恩格斯选集（第一卷）[M]. 北京：人民出版社，2012：151.

建设、改革不同历史时期中逐渐形成的独特的话语体系，重视马克思主义的共同富裕观与中国社会情景的契合性，以中国特色社会主义为价值支点，客观反映了新中国成立以来我国经济社会发展变迁过程中人民的迫切需要，是中国共产党关于共同富裕理论的规范化语言表达，对于中国共产党带领全国各族人民扎实推动共同富裕具有重要的战略指引。新时代中国特色社会主义共同富裕理论的鲜明话语体系不是非常抽象的概念体系，而是一个内容丰富、逻辑严密的科学体系，承载着新时代中国特色社会主义共同富裕理论主题，外在表征了中国共产党关于共同富裕叙事框架的议题规则和评价标准。新时代中国特色社会主义共同富裕理论鲜明话语体系构建的根本目的就是要获得中国式共同富裕表达的话语权，表达新时代背景下中国共产党推动共同富裕的意图，强化中国全体人民对共同富裕道路的自信，使之被人民理解、被人民认同，从而增强实践的力量，强有力地反驳国外对中国共产党推动全体人民共同富裕的偏见与误读[4-25]，以理服人方能行之有效。

党的十八大以来，中国共产党关于全体人民共同富裕的重要论述或重要观点丰富了新时代中国特色社会主义共同富裕理论鲜明话语体系内容。新时代中国特色社会主义共同富裕理论鲜明话语体系既担负着将中国共产党扎实推动全体人民共同富裕的建设经验和建设规律升华为人类普适性经验和规律的重大话语使命，又重塑着中国共产党建设全体人民共同富裕社会的建设实践和理论创新，非常有利于将新时代中国特色社会主义共同富裕理论鲜明话语体系的鲜明价值转化为中国共产党带领全国各族人民扎实推进全体人民共同富裕的内在动力和精神支撑。新时代中国特色社会主义共同富裕理论鲜明话语体系是"中国之治"话语体系建构的关键内容之一，体现中国共产党扎实推进共同富裕社会建设规律，彰显中国共产党建设全体人民共同富裕逻辑，有着独特的构建逻辑。从新时代中国特色社会主义共同富裕理论鲜明话语体系的结构框架来看，其呈现出理论基石体系、核心话语体系、话语概念体系等三层结构样态（见图4-19）。

一是新时代中国特色社会主义共同富裕理论鲜明话语体系的理论基石体系。理论基石体系包括五大理论。理论之一是中国特色社会主义共同富裕本质论。该理论强调，坚持人民至上，定位了共同富裕建设的方向，将中国共产党扎实推进共同富裕战略置于"人民幸福生活是最大的

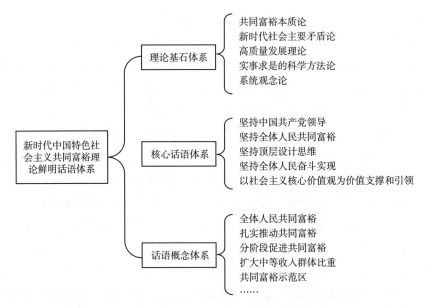

图 4 - 19　新时代中国特色社会主义共同富裕理论鲜明话语体系的三层结构框架

人权"①，即要实现全体人民共同富裕。理论之二是中国特色社会主义新时代社会主要矛盾论。党的十九大报告明确提出，新时代我国社会主要矛盾是人民日益增长的美好生活需要和不平衡不充分的发展之间的矛盾。该理论强调，要解决新时代我国社会主要矛盾就要依靠扎实推动全体人民共同富裕，这是全体人民共同富裕要解决的根本任务。理论之三是高质量发展理论。高质量发展是全面建设社会主义现代化国家的首要任务。发展是党执政兴国的第一要务。没有坚实的物质技术基础，就不可能全面建成社会主义现代化强国。② 该理论强调，要实现全体人民共同富裕依赖于高质量发展。理论之四是实事求是的科学方法论。该理论强调要实现全体人民共同富裕，必须坚持实事求是的根本原则作为科学方法指导，以解决新时代我国社会主要矛盾这个大问题。理论之五是系统观念论。习近平总书记强调："万事万物是相互联系、相互依存的。只有用普遍联系的、全面系统的、发展变化的观点观察事物，才能把握事物发展规律。"③ 中国共产党带领全国

---

① 习近平谈治国理政（第三卷）［M］. 北京：外文出版社，2020：288.

② 习近平著作选读（第一卷）［M］. 北京：人民出版社，2023：23.

③ 习近平著作选读（第一卷）［M］. 北京：人民出版社，2023：17.

各族人民扎实推动全体人民共同富裕是在一个仍长期处于社会主义初级阶段的人口大国、发展中大国最大现实情况中逐步推进的，这就更需要坚持系统观点做好全体人民共同富裕各项工作。

二是新时代中国特色社会主义共同富裕理论鲜明话语体系的核心话语体系。新时代中国特色社会主义共同富裕理论鲜明话语体系不是一种被外在赋予中国特殊性的既定话语体系，而是在中国社会现实中孕育而生的、自主建构的话语体系。核心话语概念是话语体系的基础。核心话语概念之一是坚持中国共产党的领导。中国共产党是全体人民最可靠的主心骨，确保拥有团结奋斗的强大政治凝聚力、发展自信心，集聚起万众一心、共克时艰的磅礴力量。唯有坚持中国共产党的领导，才能确保我国全体人民共同富裕社会建设的正确方向。核心话语概念之二是坚持全体人民共同富裕。习近平总书记强调，我们所说的共同富裕是全体人民共同富裕，是人民群众物质生活和精神生活都富裕，不是少数人的富裕，也不是整齐划一的平均主义。① 核心话语概念之三是坚持全体人民共同富裕制度的顶层设计思维。全体人民共同富裕是社会主义的本质要求，是中国式现代化的重要特征。中国共产党根据扎实推进共同富裕战略要求，做好关于共同富裕的顶层设计和整体谋划，从而稳步推进相关政策和举措落地生根，包括明确了全体人民共同富裕的总体方向、总体目标、实施步骤、工作重点。其中，为确保扎实推动全体人民共同富裕顺利，实施共同富裕示范区创新机制。核心话语概念之四坚持全体人民奋斗实现。习近平总书记强调，幸福生活都是奋斗出来的，共同富裕要靠勤劳智慧来创造，坚决防止落入"福利主义"养懒汉的陷阱。② 核心话语概念之五是以社会主义核心价值观为价值支撑和引领。价值内核是话语体系的基本构成元素，没有价值内核作为支撑的话语体系往往不具备合法性和感召力。社会主义核心价值观具体包括国家、社会、个人三个层面的具体内容，为中国共产党扎实推进全体人民共同富裕提供了重要的价值遵循和建设方向。社会主义核心价值观是凝聚人心、汇聚民力的强大力量。③ 它能够巩固全体人民为实现共同富裕团结奋

---

① 习近平著作选读（第二卷）［M］. 北京：人民出版社，2023：501.
② 习近平著作选读（第二卷）［M］. 北京：人民出版社，2023：501 – 502.
③ 习近平著作选读（第一卷）［M］. 北京：人民出版社，2023：36.

斗，鼓舞斗气，增强民族凝聚力，具有强大的全体人民共同富裕价值引领作用。

三是新时代中国特色社会主义共同富裕理论鲜明话语体系的话语概念体系。任何话语体系的建构都不是一劳永逸的。新时代中国特色社会主义共同富裕理论鲜明话语体系的建构过程中突出了国家主体性、阐释好中国全体人民共同富裕道路和服务于中国共产党扎实推进共同富裕道路的重大国家战略。新时代中国特色社会主义共同富裕理论鲜明话语体系的构建过程具有动态性，不是一成不变，会随着中国共产党扎实推动全体人民共同富裕实践过程的不断变化和对马克思主义的共同富裕观等理论的认知水平的不断提升不断创新发展。任何一种话语体系的建构与发展，都是围绕着核心概念的辩证运动而展开的。新时代中国特色社会主义共同富裕理论鲜明话语体系的构建与发展也不例外。进入新时代以来，中国共产党围绕什么是全体人民共同富裕、如何实现全体人民共同富裕等根本性问题进行了不断探索，提出了"共同富裕是全体人民共同富裕，是人民群众物质生活和精神生活都富裕""扎实推动共同富裕""分阶段促进共同富裕""基础性制度安排""扩大中等收入群体比重""橄榄型分配结构""促进基本公共服务均等化""防止两极分化""促进人民精神生活共同富裕""促进农民农村共同富裕""共同富裕示范区""共同富裕是中国式现代化的重要特征""鼓励勤劳创新致富""坚持基本经济制度""尽力而为量力而行""坚持循序渐进""坚持以人民为中心的发展思想""高质量发展中促进共同富裕""提高发展的平衡性、协调性、包容性"等一系列创新表述性概念，构建起新时代中国特色社会主义共同富裕理论鲜明话语体系的话语概念体系。在这些话语概念体系中，中国共产党都以非常通俗易懂的表达方式，对全体人民共同富裕的本质和怎样实现全体人民共同富裕进行了系统性的科学阐释和战略部署，凸显了中国共产党睿智的战略眼光和系统思维。

4.7 推动构建新时代中国特色社会主义共同富裕理论的评判标准体系

党的十九大对社会主义现代化建设新征程进行了具体的战略安排与工

作部署：2020～2035年和2035年至21世纪中叶两个阶段，分别完成基本实现社会主义现代化和建成社会主义现代化强国的奋斗目标，并对应给出"全体人民共同富裕迈出坚实步伐"和"全体人民共同富裕基本实现"的共同富裕阶段目标。党的十九届五中全会对扎实推动共同富裕作出重大战略部署。2021年5月20日，《中共中央 国务院关于支持浙江高质量发展建设共同富裕示范区的意见》发布。《中华人民共和国国民经济和社会发展第十四个五年规划和2035年远景目标纲要》提出，支持浙江高质量发展建设共同富裕示范区。2021年7月19日，《浙江高质量发展建设共同富裕示范区实施方案（2021—2025年)》正式发布。党的二十大报告明确提出，到2035年全体人民共同富裕取得更为明确的实质性进展。全面建成小康社会之后，中国共产党率领全国各族人民进行社会主义现代化建设新征程全面开启，全体人民共同富裕的实质性进展逐渐清晰。人民群众的获得感、幸福感、安全感越来越充实、越来越有保障、越来越可持续，共同富裕不断取得新的成效。实现全体人民共同富裕彰显了中国共产党坚持以人民为中心的初心使命与价值追求，是中国共产党第二个百年奋斗目标。

在当前中国新发展阶段下，如何实现好全体人民共同富裕是重大议题和历史性重大课题。评判标准是指对人们实践活动所指向结果的效果评价，并具有引导性。新时代中国特色社会主义共同富裕理论的评判标准体系是从多主体、多维度、多角度全面评判全体人民共同富裕实现程度，是对全体人民共同富裕所要达成的结果进行精细刻画与顶层设计。结合前文关于新时代中国特色社会主义共同富裕理论科学内涵的阐述和中国共产党关于全体人民共同富裕的战略部署和工作安排，新时代中国特色社会主义共同富裕理论的评判标准体系笔者认为具体包括五大模块（见图4－20）。

新时代中国特色社会主义共同富裕理论的评判标准体系
- 评判标准体系的构建目标和原则
- 全体人民共同富裕内容范围的评判标准体系
- 以人民为中心实现人的全面发展的价值标准
- 以社会公平正义为实现全体人民共同富裕的价值准则
- 从过程性、空间性、形态性来客观全面评价全体人民共同富裕

图4－20 新时代中国特色社会主义共同富裕理论的五维一体评判标准体系

4.7.1　评判标准体系的构建目标和原则

从评判标准体系的构建目标来看，新时代中国特色社会主义共同富裕理论的评判标准体系构建有以下几个遵循目标：（1）坚持顶层设计思维系统回答全体人民共同富裕是什么的理论问题。（2）坚持以实践问题为导向系统回答全体人民共同富裕怎样建设的实践问题。（3）坚持人民为主体从人民视角系统回答全体人民共同富裕的实现程度问题。

从评判标准体系的构建原则来看，新时代中国特色社会主义共同富裕理论的评判标准体系构建有以下几个遵循原则：（1）坚持顶层设计的战略规划。具体包括党的十九大、党的十九届五中全会、浙江高质量发展建设共同富裕示范区、国家第十四个五年规划和2035年远景目标纲要、党的二十大都对全体人民共同富裕进行了系统性的顶层设计和战略部署。（2）坚持人民的主体性。只有社会主义社会的生产"以所有人的富裕为目的"，确定的是以人民为中心的生产逻辑，它把实现人民幸福、人民对美好生活的向往作为经济社会发展的目的和归宿。[①] 该观点强调了在实现共同富裕和人的全面发展中必须坚持人民群众的主体性和决定性作用。进入新时代以来，中国共产党明确将"坚持以人民为中心"作为主旨指向，不断增进全体人民福祉，将最终实现全体人民共同富裕和人的全面发展作为工作任务的根本出发点和落脚点，注重强调尊重全体人民群众的主体性和历史决定性作用。（3）坚持实事求是的政策逻辑。实事求是是中国共产党的科学工作方法。中国共产党在新发展阶段准确把握全体人民的核心诉求，及时关注到全体人民核心诉求的动态变化，直接面对现实矛盾，坚持实事求是的工作原则，及时地进行政策调整和政策制定。（4）坚持客观科学可操作性。全体人民共同富裕实现程度衡量指标体系设计上，要能够体现对全体人民共同富裕科学内涵的准确理解，坚持评价指标选取满足客观科学性和可操作性，避免人为主观判断的负面影响。（5）坚持系统动态性。全体人民共同富裕实现过程是一个动态发展过程，具有长期性、复杂性和艰巨性的显著

---

① 唐爱军. 人民当家作主是社会主义民主政治的本质［EB/OL］. https://theory. gmw. cn/ 2022－08/22/content_35968646. htm，2022－08－22.

特征。在全体人民共同富裕实现程度衡量指标体系设计上，要能够体现全体人民共同富裕实现过程的系统动态性、发展性。（6）坚持系统多层次性。全体人民共同富裕科学内涵丰富，全体人民共同富裕实现程度衡量指标体系设计上，包括七大模块具体内容，缺一不可。（7）坚持多维度性。根据全体人民共同富裕理论内涵，评判标准的多维性包括全体人民共同富裕的发展性、可持续性、共享性、保障性。

4.7.2　全体人民共同富裕内容范围的评判标准体系

社会主义的本质就是实现全体人民共同富裕。浙江高质量发展建设共同富裕示范区标志着全体人民共同富裕真正从理念目标走向实际政策目标。根据前文对浙江高质量发展建设共同富裕示范区的系统性研究，新时代中国特色社会主义共同富裕理论的具体内涵包括七大方面：经济高质量发展、公平合理的收入分配格局、公共服务优质共享、城乡融合和区域协调发展、人民精神文化生活富裕、生活环境美丽宜居、社会环境舒心安心放心。浙江是党中央国务院赋予建设的全体人民共同富裕示范区，上述七个方面都走在全国前列。这七个方面的内容构成了全体人民共同富裕内容评判基本标准。每一个方面都有具体明确细化的评价标准指标体系，具体涉及人民主体性、发展的富裕度和富裕的共同度三个细分维度。表 4 - 2 给出了浙江建设共同富裕示范区七个方面的评判标准体系。

表 4 - 2　　　　　浙江建设共同富裕示范区的评判标准体系

评价视域的一级指标体系	评价视域的二级具体指标体系
经济高质量发展	基本形成科技创新新型举国体制浙江路径；大力建设全球数字变革高地；加快建设具有国际竞争力的现代产业体系；打造全球高端要素引力场；扩大居民消费和有效投资；加快建设"一带一路"重要枢纽；培育更加活跃更有创造力的市场主体；打造创业创新创造升级版
公平合理的收入分配格局	实施中等收入群体规模倍增计划；推动实现更加充分更高质量就业；实施居民收入十年倍增计划；完善创新要素参与分配机制；创新完善财政政策制度；全面打造"善行浙江"
公共服务优质共享	率先构建育儿友好型社会；争创新时代教育综合改革试验区；健全面向全体劳动者的终身职业技能培训制度；深入实施健康浙江行动；推进社保制度精准化结构性改革；构建幸福养老服务体系；打造"浙里安居"品牌；全面建立新时代社会救助体系；推进公共服务社会化改革

评价视域的一级指标体系	评价视域的二级具体指标体系
城乡融合和区域协调发展	率先形成省域一体化发展格局；开展新型城镇化"十百千"行动；大力建设共同富裕现代化基本单元；大力推进农业转移人口市民化集成改革；率先探索以土地为重点的乡村集成改革；大力实施强村惠民行动；创新实施先富带后富"三同步"行动；打造山海协作工程升级版；打造对口工作升级版
人民精神文化生活富裕	打造学习宣传实践习近平新时代中国特色社会主义思想的重要阵地；高水平推进全域文明创建；构建高品质公共文化服务体系；传承弘扬中华优秀传统文化；加快文化产业高质量发展
生活环境美丽宜居	全力打好生态环境巩固提升持久战；实施生态修复和生物多样性保护；高标准制定实施碳排放达峰行动方案；全面推行生态产品价值实现机制
社会环境舒心安心放心	健全党组织领导的"四治融合"城乡基层治理体系；加快建设法治中国示范区；高水平建设平安中国示范区

4.7.3 以人民为中心实现人的全面发展的价值标准

发展为了人民是发展的根本目的，是马克思主义政党的根本立场。习近平总书记明确指出，"维护人民根本利益，增进民生福祉，不断实现发展为了人民、发展依靠人民、发展成果由人民共享，让现代化建设成果更多更公平惠及全体人民"。[①] 所谓"以人民为中心"就是坚持人民主体地位，将人民利益放在至高无上的位置，将人民当作党和国家开展一切工作的主体力量和动力源泉。由此可见，坚持以人民为中心是实现全体人民共同富裕的根本立场，是扎实推动全体人民共同富裕的题中必然之义。唯物史观认为人民群众是历史的创造者。人民是全体人民共同富裕这个社会实践活动的主体，是其实现的最大动力。人民是党的力量之源和胜利之本，是党执政兴国的最大底气。坚持以人民为中心的全体人民共同富裕就是尊重人民在扎实推动全体人民共同富裕实践进程中的首创精神，实现人民群体中的个人自由全面发展。坚持以人民为中心的全体人民共同富裕注重对人民群体中的个人人学关怀，回答了中国共产党扎实推动共同富裕"为了谁"

---

① 习近平著作选读（第一卷）［M］．北京：人民出版社，2023：22.

的问题。根据马克思关于人的全面发展的理论，人的自由全面发展既是社会发展的内在要求，也是社会发展的衡量标准和最终价值体现。实现人的自由全面发展是推动共同富裕的最终归宿。人的自由全面发展具体体现为人的德智体美劳的全面发展。全体人民共同富裕是实现人的自由全面发展的重要逻辑前提。只有在实现全体人民共同富裕的基础上，人才能以一种全面的方式作为一个完整的人，实现自己的全面发展的本质。① 从这个角度来看，实现全体人民共同富裕与实现人的自由全面发展是高度相统一的。习近平总书记明确指出，"人，本质上就是文化的人，而不是'物化'的人；是能动的、全面的人，而不是僵化的、'单向度'的人"。② 因为全体人民是共同富裕的承载者，是价值主体、创造主体和受益主体的统一，也是共同富裕的评价主体。人民群众对美好生活的满意度是衡量全体人民共同富裕实现是否的重要尺度标准。因此从伦理价值目标逻辑角度来看，实现全体人民共同富裕就是以人民为中心实现全体人民群众对美好生活的追求，让人获得全面发展。

4.7.4 以社会公平正义为实现全体人民共同富裕的价值准则

社会公平正义是在社会财富、益处的分配过程中既要顾及公平又要关注正义进而达到均衡、适宜状态的价值尺度，要求每一个公民在财富和益处的分配上都能被一视同仁、得所当得。社会主义公平正义包括权力维度的平等、机会维度的均等、规则维度的公正和结果维度的公平。马克思恩格斯使用唯物史观的科学思维方式对社会公平正义问题进行了非常深入的思考，认为科学社会主义的首要价值就是要实现社会公平正义。我国是社会主义国家，作为执政党的中国共产党始终代表最广大人民的根本利益。正如邓小平所说："社会主义不是少数人富起来、大多数人穷，不是那个样子。社会主义最大的优越性就是共同富裕，这是体现社会主义本质的一个东西。"③ 胡锦涛明确提出"在促进发展的同时，把维护社会公平放到更加

---

① 马克思恩格斯文集（第一卷）[M]. 北京：人民出版社，2009：189.
② 习近平. 之江新语 [M]. 杭州：浙江人民出版社，2007：150.
③ 邓小平文选（第三卷）[M]. 北京：人民出版社，1993：363.

突出的位置，综合运用多种手段，依法逐步建立以权利公平、机会公平、规则公平、分配公平为主要内容的社会公平保障体系，使全体人民共享改革发展的成果，使全体人民朝着共同富裕的方向稳步前进"。^① 习近平总书记明确指出："共同富裕是中国特色社会主义的本质要求，也是一个长期的历史过程。我们坚持把实现人民对美好生活的向往作为现代化建设的出发点和落脚点，着力维护和促进社会公平正义，着力促进全体人民共同富裕，坚决防止两极分化。"^② 全体人民共同富裕不是同步富裕，也不是同等程度富裕，而是共同但有差别的富裕，因而是凸显着社会公平正义的富裕。社会公平正义是实现全体人民共同富裕的根本原则。从这个逻辑角度来看，我们所说的全体人民共同富裕不仅对社会上每个人都会进行付出与获得对等、权利与义务相称的考量，还会充分关注机会、规则、过程等复杂要素。因此，社会公平正义作为一种价值准则和价值理念，是实现全体人民共同富裕的内在要求，是扎实推动全体人民共同富裕的核心价值取向。

4.7.5 从过程性、空间性、形态性来客观全面评价全体人民共同富裕

全体人民共同富裕是一个系统性框架。就其内容框架来看，其包括经济高质量发展、公平合理的收入分配格局、公共服务优质共享、城乡融合和区域协调发展、人民精神文化生活富裕、生活环境美丽宜居、社会环境舒心安心放心等七个方面。从这个角度来看，我们不能片面地去评价全体人民共同富裕实现程度，而是需要准确把握其内容的全面性，要注重系统性、整体性的客观全面评价。全体人民共同富裕是上述七个维度内容的有机统一的社会状态，因此就每一维度内容来看，都需要我们运用系统性、整体性思维从过程性、空间性、形态性三个方面来客观全面评价其实现程度。其一，过程性强调"家国一体"的全体人民一起行动起来，共同撸起袖子加油干，共同成就全体人民共同富裕，具体包含着共建富裕和共享富

---

① 中共中央文献研究室. 十六大以来重要文献选编（中）[M]. 北京：中央文献出版社，2006：712.

② 习近平著作选读（第一卷）[M]. 北京：人民出版社，2023：19.

裕并向同行的两个过程。其二，空间性强调注重全体人民共同富裕局部建设，通过浙江高质量发展建设共同富裕示范区实现局部全体人民共同富裕，然后通过建设经验示范，引领带动其他地区相继实现全体人民共同富裕，最后实现整个国家层面的全体人民共同富裕。其三，形态性强调要致力实现全体人民的普遍性富裕和允许存在相对合理的异质性群体差别富裕水平，绝不能出现"富者累巨万，而贫者食糟糠"的现象①。

4.8 推动构建新时代中国特色社会主义共同富裕理论的鲜明制度体系

马克思明确指出，"一切划时代的体系的真正的内容都是由于产生这些体系的那个时期的需要而形成起来的。所有的这些体系都是以本国过去的整个发展为基础的"。② 中国共产党围绕全体人民共同富裕经过百年来的实践探索已经形成了成熟的、系统性的支撑全体人民共同富裕实现的鲜明制度体系（见图4－21）。准确理解新时代中国特色社会主义共同富裕理论的鲜明制度体系对当前阶段全国上下一致行动扎实推动共同富裕具有重大现实价值。从中国共产党治国理政角度来看，新时代中国特色社会主义共同富裕理论的鲜明制度体系是解锁中国共产党如何带领全体人民实现共同富裕的关键密码。

新时代中国特色社会主义共同富裕理论的七维一体的制度体系

- 社会主义基本经济制度
- 全过程人民民主的政治制度
- 繁荣发展社会主义先进文化的制度
- 社会主义社会治理体制制度
- 人与自然和谐共生的生态文明制度
- 党的自我完善建设制度
- 高质量发展建设共同富裕示范区制度

图4－21 新时代中国特色社会主义共同富裕理论的七维一体的制度体系

---

① 习近平. 在党的十八届五中全会第二次全体会议上的讲话（节选）［J］. 求是，2016（1）：3－10.

② 马克思恩格斯全集（第三卷）［M］. 北京：人民出版社，1960：544.

一是社会主义基本经济制度。社会主义基本经济制度包括公有制为主体、多种所有制经济共同发展，按劳分配为主体、多种分配方式并存，社会主义市场经济体制、科技创新体制机制、更高水平开放型经济新体制等。

二是全过程人民民主的政治制度。全过程人民民主的政治体制包括人民当家作主制度保障体系、社会主义协商民主制度体系、民族区域自治制度体系、基层民主制度体系、爱国统一战线制度体系、党的领导制度体系、党和国家监督制度体系等。

三是繁荣发展社会主义先进文化的制度。社会主义先进文化体制包括马克思主义在意识形态领域指导地位的根本制度、以社会主义核心价值观引领文化建设制度、人民文化权益保障制度、坚持正确导向的舆论引导工作机制、"把社会效益放在首位、社会效益和经济效益相统一"的文化创作生产体制机制等。

四是社会主义社会治理体制制度。社会主义社会治理体制制度包括统筹城乡的民生保障制度体系、"职责明确、依法行政的"政府治理制度体系、中国特色社会主义法治体系、共建共治共享的社会治理制度体系等。

五是人与自然和谐共生的生态文明制度。人与自然和谐共生的生态文明制度包括实行最严格的生态环境保护制度、全面建立资源高效利用制度、健全生态保护和修复制度、严明生态环境保护责任制度等。

六是党的自我完善建设制度。党的自我完善建设制度包括建立"不忘初心、牢记使命"的制度、完善坚定维护党中央权威和集中统一领导的各项制度、党的全面领导制度、健全"为人民执政、靠人民执政"各项制度、健全提高党的执政能力和领导水平制度、全面从严治党制度、党的自我革命制度规范体系等。

七是高质量发展建设共同富裕示范区制度。党中央国务院赋予浙江承担起在共同富裕方面先行探索路径、积累经验、提供示范的重要历史责任的试验区机制。该制度安排确保形成"试验－总结－推广"的共同富裕建设模式。

第5章　浙江建设共同富裕示范区在 "谁来推进" 上的创新机制：建设主体视角

实现全体人民共同富裕绝非朝夕之功。党中央确定浙江高质量发展建设共同富裕示范区是中国式现代化进程中的重要关键步骤。浙江高质量发展建设共同富裕示范区是人类社会发展历史上第一次尝试如何实现全体人民共同富裕的一项宏伟事业，也是引领全国各族人民逐步实现共同富裕的必由之路，更是建成中国式现代化的强有力支撑。从社会学角度来看，共同富裕示范区就是一种 "共同体特质的社区"。在这个社区中，全体人民都有一个共同面对的生活需求，即实现全体人民共同富裕。也就是说，全体人民共同富裕是影响这个社区中人们各种各样社会活动和彼此之间关系网络有效塑造的关键因素。从问题逻辑来看，浙江高质量发展建设共同富裕示范区的过程属于一个社会公共治理问题。这个社会公共治理问题涉及多元化的参与主体。从具体建设实践过程来看，浙江高质量发展建设共同富裕示范区形成了内在的多元主体参与的共同富裕治理框架逻辑。因此，高质量发展建设共同富裕示范区需要人人都去参与，大家共同努力和尽力。

5.1　"谁来推进" 上的三类参与主体：顶层设计者、相关政府、实践主体

5.1.1　顶层设计者

顶层设计是党的十八大以来党中央治国理政的鲜明特色，强调系统性、

协同性和整体性。顶层设计具有主导性、优先性、统筹性和战略性。党中央是最高层顶层设计者。新中国成立以来,党中央就对经济社会改革进行了不断探索,一直围绕着如何实现全体人民共同富裕做战略谋划和设计布局。进入新时代以来,党中央根据对新发展阶段社会主要矛盾的深刻认识,作出了扎实推动全体人民共同富裕的战略安排和整体布局,同时根据浙江经济社会发展实际作出了浙江高质量发展建设共同富裕示范区的战略安排,从顶层设计层面明确了新阶段扎实推动共同富裕的阶段目标和长远目标,显示出党中央对实现全体人民共同富裕的认识已经站在新的社会发展制高点上,对未来中国式现代化建设进程必定产生深远的影响。浙江省委是次级的顶层设计者。浙江省委根据党中央国务院关于支持浙江高质量发展建设共同富裕示范区的指导意见文件,结合浙江省实际发展情况制定了《浙江高质量发展建设共同富裕示范区实施方案(2021—2025年)》。该实施方案明确,要坚持国家所需、浙江所能、群众所盼、未来所向,脚踏实地、久久为功,不吊高胃口、不搞"过头事",尽力而为、量力而行,创造性系统性落实示范区建设各项目标任务,率先探索建设共同富裕美好社会,为实现共同富裕提供浙江示范。同时,该实施方案在目标体系、工作体系、政策体系以及评价体系等方面进行了顶层设计。随着浙江高质量发展建设共同富裕示范区的不断深入推进,党中央和浙江省委创新性地设计了顶层设计者和地方省委设计者上下融合发展的形态模式制度机制。这种形态模式制度机制具有显著的制度机制韧性,充分彰显了全体人民共同富裕实现上坚持党中央领导权威,确保了国家上下纵向党委领导体制的制度优势和全体人民共同富裕社会的治理效能,非常有利于保障全体人民共同富裕战略的顺利实施,并不断积累起其他省份地区能够借鉴的共同富裕示范区建设经验。

5.1.2 相关政府

浙江高质量发展建设共同富裕示范区是一项复杂的系统性工程,任务艰巨。该工程任务的整体推进需要不同层级政府的积极参与,建设的关键努力方向重塑着不同层级政府的角色扮演。在我国的政治体制背景下,参与到共同富裕示范区建设进程中的相关政府包括最高层级的中央政府、居于中位的中间各级政府和最下层的基层政府等，整个社会的整合能力、动员能力强，有利于整体上扎实推进共同富裕示范区建设进程。在上述三层级政府体系中，中央政府具体指国家最高行政机构国务院，具有决策统一性，对共同富裕示范区具体建设拥有控制权和统筹权，能够有效指挥共同富裕示范区建设进程。根据党中央国务院关于支持浙江高质量发展建设共同富裕示范区的指导意见文件，中央政府承担整体统筹，赋予下级政府一定的权力。中间层具体包括省级政府、市级政府和县级政府。其中，省级政府具体指浙江省政府，市级政府具体指浙江省下辖11城市的政府，县级政府具体指市下辖的区或县级政府。在中间层中，浙江省政府承担总责；其他各级政府则抓具体落实，具有一定的权力自主性。基层政府则是县下辖的基层镇（乡）政府。基层政府承担本区域内的因地制宜共同富裕政策措施的实施。在浙江高质量发展建设共同富裕示范区的具体进程中，面对建设的复杂性，中央政府、中间各级政府和基层政府形成了一种特殊的互动模式（见图5-1），重塑了中央与地方政府之间的关系。这种模式强调，在不减少中央政府统筹权的情况下尽可能给予下面不同层级政府一定的独立性、自主性、灵活性，通过建立上下联动、高效协同的任务落实机制，要求最大化实现整体政府组织能力，走向共同富裕"全局型区域协同治理"模式。

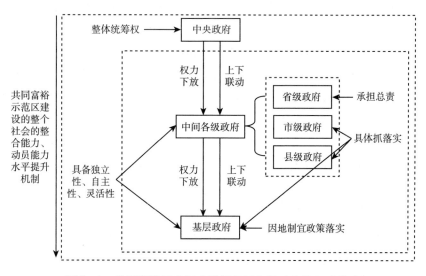

图5-1 共同富裕示范区建设框架下各级政府的互动模式

这种制度模式旨在充分调动不同层级政府的组织潜力，结合共同富裕示范区建设的具体任务分配，有效应对不同层级政府所面对的共同富裕示范区建设困境。这种制度模式构成了中国特色社会主义共同富裕建设道路至关重要的解释逻辑。这种解释逻辑有助于为其他省份地区积极推进共同富裕积累宝贵经验。

5.1.3　具体实践主体

浙江高质量发展建设共同富裕示范区是一个实践问题。这个问题的有效解决需要依靠人民群众的奋斗实践，是典型的"众推共同富裕"实践活动，呈现的是全体社会力量融入共同富裕示范区建设大格局之中。浙江高质量发展建设共同富裕示范区实践涉及三类社会主体力量积极参与和建设。具体来说，共同富裕示范区实践主体包括营利性组织、非营利性组织、社会公众三类社会力量主体。

第一类社会主体是营利性组织。具体包括各类以营利为目的的企业组织。这种组织可以划分为国有企业、集体企业、民营企业等。企业组织本质上是通过社会投资在 ESG 理念[5-1] 践行引导下实现共同富裕的重要参与者和贡献者。从外在表现上，这些组织通过履行企业不同层次社会责任促进整个社会的共同富裕。其中企业社会责任具体划分为基础社会责任[5-2]、高级社会责任[5-3]和超级社会责任[5-4]三种类型。

第二类社会主体是非营利性组织。非营利性组织是以社会利益增进为目的非营利性机构，是除政府和企业部门之外第三种促进整个社会共同富裕的主要社会力量，具体包括各类行业协会商会、各类慈善机构等。这类主体通过社会自治形式协调社会不同群体利益、降低社会冲突、提升行业自律、促进社会创富。

第三类社会主体是社会公众。共同富裕旨在满足人民群众日益多元化的需求，使人民过上美好生活，确保改革发展成果能够更多更公平地惠及全体人民。全体人民共同富裕是全民共享文明成果，离不开社会公众的共同参与。社会公众的具体实践过程是促进共同富裕实现的重要因素。社会公众具体指现阶段精细分层社会中的个体化层面的社会群体，具体包括富裕阶层、中等收入群体阶层、相对贫困群体阶层等。社会公众在具体社会实践过程中具体以首创精神、奋斗精神、奉献精神等进行外在表征。

5.2 "谁来推进"上的三类参与主体的主要责任

　　浙江高质量发展建设共同富裕示范区是一项整体性、复杂性的社会性工程。其建设过程不是上述某一类主体的责任，而是需要依靠上述三类参与主体的共同参与和建设，形成整体合力（见图5－2）。可以说，高质量发展建设共同富裕示范区是每一类参与主体不可推卸的责任和义务。这种责任属于任务责任和共同责任，是对参与主体提出的行为要求。根据德国哲学家卡尔－奥托·阿佩尔（Karl-Otto Apel）对话伦理学思想中的共同责任原则，共同责任不是把责任推给某个或某些有能力的人，而是要求普通的人一起承担责任，这里包含了对团结和合作的要求，强调了责任主体既要向集体负责又要向自我负责，是主体责任与主体自由的高度统一（罗亚玲，2021）。从卡尔－奥托·阿佩尔的共同责任原则角度来看，结合共同富裕示范区建设实际，上述三类不同参与主体是根据"共同而有区别的责任原则"来分担共同富裕示范区建设的具体任务。

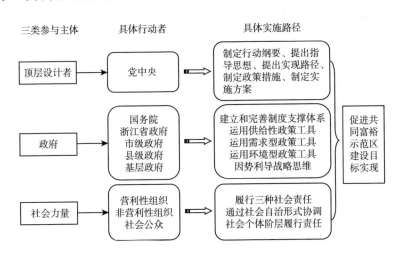

**图5－2　"谁来推进"上的参与主体参与共同富裕
示范区建设的行为逻辑框架体系**

5.2.1 顶层设计者责任

从《中共中央 国务院关于支持浙江高质量发展建设共同富裕示范区的意见》和浙江省委公布的《浙江高质量发展建设共同富裕示范区实施方案（2021—2025 年)》可以明确看到，党中央和省委具体工作责任包括制定行动纲要、提出指导思想、提出实现路径、制定政策措施、制定实施方案等具体内容。例如，《中共中央 国务院关于支持浙江高质量发展建设共同富裕示范区的意见》明确给出了共同富裕示范区建设的总体要求、七大建设内容和具体保障措施等纲领性工作责任。《浙江高质量发展建设共同富裕示范区实施方案（2021—2025 年)》明确给出了全面细化落实的"四率先三之美"的发展建设目标任务、七大建设内容、保障措施和推进机制等指引性工作责任。

5.2.2 政府主动有为责任

浙江高质量发展建设共同富裕示范区有序推进离不开有为政府的保障。政府主动有为责任就是政府积极主导、发挥正向作用。如前文所述，浙江高质量发展建设共同富裕示范区是最高层级的中央政府、居于中位的中间各级政府和最下层的基层政府等不同层级政府共同参与。政府要在契合党中央高质量发展建设共同富裕示范区重大战略安排导向上，切实履行自身主体责任。其中中央政府履行的责任包括建设完善社会主义基本经济制度、全过程人民民主的政治制度、繁荣发展社会主义先进文化的制度、社会主义社会治理体制制度、人与自然和谐共生的生态文明制度等制度体系。根据制度性设计（包括正式制度设计和非正式制度设计），中间各级政府履行的责任则是在制度性集体行动框架（即组织、机构和区域的集体行动框架）下确保中央政府各项工作部署能够有效落地，并结合共同富裕示范区建设面临的实际重点和难点情况，因地制宜地重点运用供给型政策工具、需求型政策工具、环境型政策工具，重塑区域内政府、企业、非营利组织和社会公众之间的共同体关系网络结构，全面有效提升共同富裕示范区建设质量水平。基层政府则根据当地建设实际和本地区资源优势，采取因势利导的战略思维，通过提供各种激励措施使得整个地区的共同富裕示范区建设的潜在比较优势变为真正的比较优势。

5.2.3　具体实践社会主体责任

根据前文对具体实践社会主体的划分，这里给出对应的三类参与主体责任。第一类是企业责任。实际上，任何企业都存在于社会之中，都是社会的企业。任何一家企业都要承担相应的社会责任。企业责任具体指企业为自己影响民众、社会和环境的任何行为所承担的必要责任。从企业参与共同富裕示范区建设角度来看，企业承担的责任有基础社会责任、高级社会责任和超级社会责任等三种。在正式制度和非正式制度的约束下，企业通过社会投资，履行上述三种责任助推共同富裕示范区建设的行为机制（见图 5-3）。第二类是非营利性组织责任。非营利性组织主要是通过自愿性活动主动安排，通过将社会福利逻辑纳入自身组织战略中，提供满足当地社会需求的产品或服务，参与推动共同富裕示范区建设任务。第三类是社会公众责任。具体体现为富裕阶层责任、中等收入群体阶层责任、相对贫困群体阶层责任。具体来说，富裕阶层责任体现为人道主义回馈责任，中等收入群体责任体现为包容性互助责任，相对贫困群体阶层责任体现为内生努力责任。

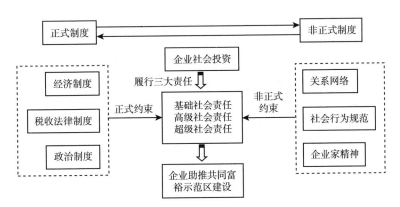

图 5-3　企业组织通过社会投资助推共同富裕示范区建设的行为机制框架

5.3 "谁来推进"上的三类参与主体的主要责任机制

5.3.1 有力领导机制

高质量发展建设共同富裕示范区是中国共产党为解决新时代社会主要矛盾问题而进行的重要制度创新。邓小平明确指出,"制度问题更带有根本性、全局性、稳定性和长期性"。① 中国共产党对该项制度的强有力领导是扎实推动高质量发展建设共同富裕示范区成功的关键因素。浙江高质量发展建设共同富裕示范区过程中涉及的领导组织包括党中央、中央政府、浙江省委省政府、市级政府、县级政府和基层政府等。上述组织都在中国共产党的坚强领导下开展组织领导工作。实际上,高质量发展建设共同富裕示范区制度是由中国共产党的政治领导力、思想领导力和组织领导力这三种领导力量作为建设支撑的。从组织行为视角看,中国共产党的政治领导力体现在确保改革方向不动摇、政治体制不变色,发挥政治指南针作用,具体表征在思想引领力、群众组织力和社会号召力等方面。中国共产党的思想领导力体现在党对自身建设规律和社会发展规律的认识水平上,具体表征在"统一思想、凝聚力量、振奋精神、鼓舞斗志"等方面。中国共产党的组织领导力来源于党的执政地位、党政体制,并通过党政体制实现了对党内各层级、对各级政府的领导,体现在党的组织优势,具体表征在党的组织结构、组织网络、组织体系、组织运行等组织要素所发挥的组织力量,即高效的组织领导力。在中国共产党有力的领导机制作用下,党从制定行动纲要、提出指导思想、提出实现路径、制定政策措施、制定实施方案等方面进行系统性整体设计,准确把握共同富裕示范区建设的"整体性、协同性与联动性",为高质量发展建设共同富裕示范区的成功实现提供强有力支撑。这其中构建的"中央统筹、省负总责、市县抓落实的实施机制"是高质量发展建设共同富裕示范区能够顺利开展的关键性机制。图5-4具体给出了高质量发展建设共同富裕示范区"谁来推进"上的参与主体的有力领导机制模型。

---

① 邓小平文选(第二卷)[M]. 北京:人民出版社,1994:333.

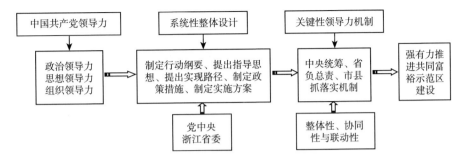

图5-4　"谁来推进"上的参与主体的有力领导机制模型

5.3.2　积极内在主导机制

高质量发展建设共同富裕示范区的积极内在主导机制是指，在内在动力要素的内生驱动下，对上述三类主体参与高质量发展建设共同富裕示范区的促进机制。根据浙江高质量发展建设共同富裕示范区的具体实践，上述三类主体参与共同富裕示范区建设的关键内生动力要素有两个。一个是解决新时代主要社会矛盾的主体需求，即全体人民共同富裕；另一个是如何建设共同富裕示范区的实践需求，即高质量发展。在上述主体需求和实践需求的内在动力要素的驱动下，有两种关键性的积极内在主导机制发挥着重要性作用。

第一种是亲清新政府与市场关系机制。全体人民共同富裕内涵着要做大"财富蛋糕"和切好分好"财富蛋糕"两个要求，这就需要一种政府与市场关系机制内生驱动实现。从经济社会发展角度来看，政府与市场均为保证国民经济正常运行的关键因素，是构成一国经济体制的核心内容。因此，政府与市场这两种基本的制度安排，是任何国家和地区都无法回避的一对基本矛盾，它们都在寻求有效市场和有效调控的有机结合点。新古典经济学认为，政府与市场之间存在清晰的职能边界，政府提供公共产品和宏观经济调控，旨在克服"市场失灵"，除此之外都是市场的"势力范围"。从实际情况看，政府与市场之间并不是新古典经济学认为的二元对立关系，而是相互依赖、相互依存的动态关系。从改革开放以来浙江形成的政府与市场关系模式演化来看，浙江始终坚持以人民为中心推动政府"有形之手"和市场"无形之手"两者紧密结合，从过去契合本省实际的"活跃的市场加有为政府的市场与政府合作互补模式"逐步转变为"新阶段建构亲清新政府－市场关系模式"[5-5]。亲清新政府－市场关系模式出发点是进一步转变政府职能，营造有利于发挥企业家精神的氛围，本质上是重塑政府与市场的关系，形成真正做大"财富蛋糕"的有效市场和切好分好"财富蛋糕"的有为政府，更好发挥市场"无形之手"和政府"有形之手"的积极作用。浙江过去的政府与市场模式有力地推动了浙江在确保经济社会发展正确方向的前提下成为全国民营经济强省和市场强省。而浙江在新阶段形成的亲清新政府－市场关系模式是浙江高质量发展建设共同富裕示范区取得成功的关键要诀。从共同富裕示范区建设实践来看，亲清新政府－市场关系模式主要通过共同富裕理念引领、示范区制度支撑、高质量发展和发展成果分配调节等四个具体路径促使共同富裕示范区建设成功。

第二种是实施精致化的共同富裕多元整体性治理模式。共同富裕示范区建设是国家的重大战略，建设上需要依靠上述三类社会主体共同参与形成合力方能取得预期建设成效。在共同富裕示范区建设事业进程中，整体呈现出了党中央国务院统筹支持、浙江省负总责、市县抓落实、广大人民群众积极响应扎实推进的大好局面。根据前文本书对全体人民共同富裕科学内涵的深入研究，可以非常清晰地知道全体人民共同富裕涵盖经济高质量发展、公平合理的收入分配格局、公共服务优质共享、城乡融合和区域协调发展、人民精神文化生活富裕、生活环境美丽宜居、社会环境舒心安心放心等七个显性维度内容。上述每一个维度都属于一个社会系统，具有议题的复杂多样性、参与主体角色的多样性、组织实施架构的多样性等明显特征。因此，从社会治理逻辑来看，高质量发展建设共同富裕示范区是超越某单一领域碎片化治理的整体性治理过程，需要高度重视"参与主体间互动的规则和规范"的治理机制设计。图5-5给出了共同富裕示范区建设场域下浙江构建的高效精致化的共同富裕示范区多元整体治理框架。

整体性治理是理解浙江高质量发展建设共同富裕示范区具体实践的重要视角。共同富裕示范区建设的公共事务的性质决定了其治理需求必须进行整体性回应。共同富裕示范区建设的实现有赖于上述三类参与主体合作共治。共同富裕示范区合作共治力图通过制度化安排实现外部性问题内部化，走出集体行动困境，实现整体利益最优。整体性治理理论（holistic governance theory）为共同富裕示范区合作共治提供了重要理论支撑。整体

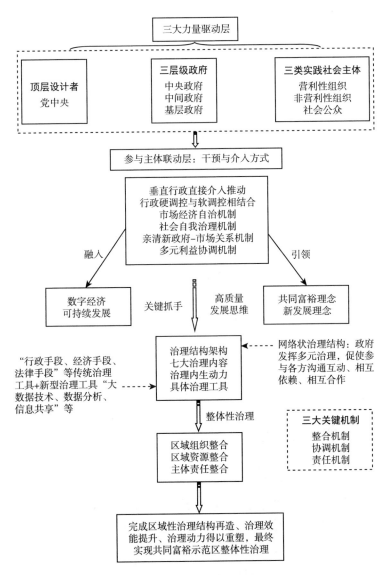

图5-5 共同富裕示范区多元整体性治理框架结构

性治理理论由佩里等（Perri 6. et al, 2002）提出，是在反思和回应公共行政的衰落、新公共管理带来的碎片化[5-6]问题基础上发展起来的。整体性治理理论强调参与主体的协调、整合与整体性行动，即治理主体通过沟通与合作，实现有效的协调与整合，彼此目标一致，工具互助，达成合作无间的治理行动。从理论逻辑上看，整体性治理注重以问题解决作为治理的出发点，着眼于微观层面的个体多样化、个性化和差异化诉求的集成性整合，强调公民需求导向、协作整合机制和信息技术应用，通过治理利益参与主体所形成的关系网络和各自具有的关键性资源优势，建立彼此之间的合作。

为确保高质量发展建设共同富裕示范区伟大事业能够顺利实现，经过两年多的建设，浙江已经形成了由顶层设计者、政府、具体实践社会主体等多方力量驱动的高效精致化的共同富裕示范区多元整体性治理模式，该模式融入数字经济、可持续化发展等关键性议题，以共同富裕理念、新发展理念为引领，树立高质量发展思维，以治理体系结构架构、治理内容、治理动力、治理工具等为关键抓手，运用整合机制、协调机制和责任机制三大关键机制有效整合区域内不同组织、资源、主体责任，不断促进经济高质量发展、公平合理的收入分配格局、公共服务优质共享、城乡融合和区域协调发展、人民精神文化生活富裕、生活环境美丽宜居、社会环境舒心安心放心等共同富裕七个显性维度内容的建设。该治理模式强调要用整体性、系统性思维积极开展上述三类参与主体共同协作管理共同富裕示范区建设事务，以保证共同富裕示范区的社会秩序和集体一致行动的管理过程。

5.3.3 动力推动机制

浙江高质量发展建设共同富裕示范区作为中国共产党带领全体人民追求实现共同富裕道路上的重要实践性命题，离不开人民的鼎力支持。人民是马克思主义语境中的历史主体。在当代中国，凡是拥护、参加和推动中国特色社会主义事业的人都属于人民的范畴。毛泽东明确指出，"人民，只有人民，才是创造世界历史的动力"。① 从社会本体论来说，人民是创造历史的主体和社会变革的决定性力量。浙江高质量发展建设共同富裕示范区是一项崭新事业，无经验可鉴，这就要求必须坚持正确的科学方法论。从共同富裕示范区建设取得的建设成效来看，浙江高质量发展建设共同富裕示范区的成功推进和宝贵实践经验与人民群众实践探索和创造历史的主体

---

① 毛泽东选集（第三卷）[M]. 北京：人民出版社，1991：1031.

动力密不可分。所谓动力，就是事物运动与发展的力量来源。习近平总书记指出，分析中国经济，要看这艘大船方向是否正确，动力是否强劲，潜力是否充沛。[①] 从主体动力要素结构视角来看，主体动力要素包括根基性的精神动力、过程性的战略动力和全域性的管理创新实践动力三个层面（见图 5－6）。

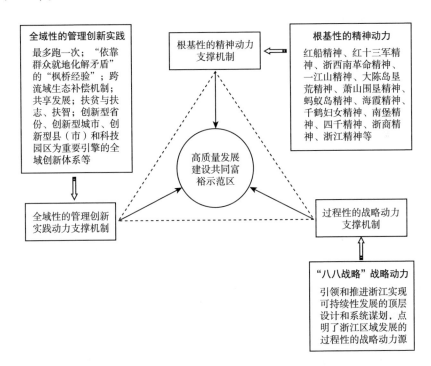

图 5－6　浙江人民群众积极推动共同富裕示范区建设的动力结构模型

第一层是根基性的精神动力支撑机制。根据辩证唯物主义基本原理可知，经济基础决定上层建筑，上层建筑反作用于经济基础。毛泽东指出，"物质可以变成精神，精神可以变成物质"。[②] 浙江高质量发展建设共同富裕示范区作为一项整体性的社会实践，既离不开富裕的物质基础作为内在支撑，也离不开浙江人民精神力量的内在驱动。两者彼此交织，共同发力。

---

① 习近平. 坚持构建中美新型大国关系正确方向促进亚太地区和世界和平稳定发展［EB/OL］. https://www.gov.cn/xinwen/2015－09/22/content_2936860.htm，2015－09－22.

② 毛泽东文集（第八卷）［M］. 北京：人民出版社，1999：321.

浙江高质量发展建设共同富裕示范区实践的成功开辟和顺利推进，离不开浙江人民革命精神力量的引领和感召。这是因为浙江人民革命精神力量在高质量发展建设共同富裕示范区中发挥着动力支撑作用。百年来，浙江劳动人民锻造出了特色鲜明、内容丰富、博大精深的根基性的精神动力谱系。浙江根基性的精神动力谱系内容具体包括红船精神[5-7]、红十三军精神[5-8]、浙西南革命精神[5-9]、一江山精神[5-10]、大陈岛垦荒精神[5-11]、萧山围垦精神[5-12]、蚂蚁岛精神[5-13]、海霞精神[5-14]、千鹤妇女精神[5-15]、南堡精神[5-16]、"四千"精神[5-17]、浙商精神[5-18]、浙江精神[5-19]等13种。浙江根基性的精神动力谱系象征并印证着浙江人民百年奋斗、百年业绩和百年荣耀，凝聚并代表着中国共产党在浙江这块热土上依靠人民、团结人民、服务人民的足迹和业绩，也生动写实了浙江有关地方、领域在党的领导下，结合本地本业实际的努力探索与富有成效的创新创造。正是在上述精神谱系的内在驱动下，浙江高质量发展建设共同富裕示范区才能够成功开辟和扎实推进，取得了令人瞩目的建设成就，为其他兄弟省份建设全体人民共同富裕社会贡献浙江智慧和浙江方案。

第二层是过程性的战略动力支撑机制。根据历史唯物主义基本原理可知，任何事物的发展都是渐进演变的历史过程。这里所说的过程性的战略动力，就是指在浙江高质量发展建设共同富裕示范区先行探索过程中能够提供持续性战略支撑的动力力量。一个区域的发展，离不开战略思想的指引。在浙江经济社会发展与改革的重要历史时期，习近平来到浙江主政，针对当时浙江经济社会发展中遇到的困难和挑战，他坚持要求开展系统性调查研究工作。2003年7月，习近平通过系统总结浙江经济社会发展实践经验，为能够更加精准地理解和把握浙江经济社会发展的优势和短板，站在全局和战略高度，科学地提出并亲自擘画实施"八八战略"[5-20]。"八八战略"是引领浙江共同富裕示范区和现代化建设先行省的总纲领。在"八八战略"指引下，浙江实现了从经济大省向经济强省、从对内对外开放向深度融入全球、从总体小康向高水平全面小康的历史性跃迁。"八八战略"实施以来，浙江围绕创新驱动发展，不断强化顶层设计，打出转型升级组合拳，实施一揽子政策举措有效构建起相辅相成、融合互促的质量建设完整体系和制度安排，区域创新建设取得优异成绩：科技综合实力稳居全国第一方阵；"互联网＋"、生命健康、新材料三大科创高地和创新策源地建设取得重大突破；区域创新能力连续14年居全国第5位、省区第3位；创新成效连续4年获国务院督查激励。在"八八战略"指引下，浙江形成创新型省份、创新型城市、创新型县（市）和科技园区为重要引擎的全域创新体系，成功打造省域创新范例。当前，浙江正在坚决扛起全国先行高质量发展建设共同富裕示范区的政治责任。在"八八战略"指引下和其持续发力的作用下，浙江在高质量发展建设共同富裕示范区上实施了多种工作举措。其一，坚持全域创新高质量发展，夯实全体人民共同富裕的物质基础，做大"财富蛋糕"；其二，坚持区域一体化协同发展，补齐全体人民共同富裕的短板；其三，坚持完整、准确、全面贯彻落实新发展理念，倾力打造生态富裕强省；其四，坚持底线思维，健全民生保障机制，切实切好"财富蛋糕"；其五，坚持高水平对外开放，加快形成全面开放新格局，实现"开放大省"向"开放强省"方向转变。

第三层是全域性的管理创新实践动力支撑机制。创新作为引领发展的第一动力，其在现代化国家建设全局中处于核心地位，是当前我国经济社会高质量发展的关键所在。浙江在高质量发展建设共同富裕示范区过程中高度重视创新的推动作用，持续不断强化管理创新，现已经形成全域性的管理创新动力支撑优势。管理创新，就是一种管理实践、过程、结构或技术的发明和实施。管理创新本质上属于一种组织变革。随着社会的进步和科学技术创新的不断涌现，知识与创新将成为组织的核心和重点，创造新的知识和实现新的创新与突破是管理者的主要任务。问题的多样性直接引发多种多样的管理创新。从当前浙江高质量发展建设共同富裕示范区取得的成绩来看，全域性的管理创新实践模式的重要性不言而喻。浙江已形成的全域性的管理创新实践模式主要有：基于"互联网＋政务服务"技术支撑的整体性政府改革模式"最多跑一次"改革[5-21]；全域性数字政府建设[5-22]；倾力打造出党组织领导的自治、法治、德治相结合的城乡基层治理体系的"枫桥经验"新时代升级版[5-23]；实施新安江－千岛湖生态补偿试验区建设工程[5-24]及跨流域生态补偿机制（见图5-7和图5-8）的重大改进与创新（新安江－千岛湖生态保护补偿机制提档升级[5-25]）；推动和强化创新创业模式的生态化协同，加快建设青年发展型省份；积极推进第三次分配机制创新；以"一带一路"建设为统领打造对外开放强省；等等。其中，"最多跑一次"改革注重系统性整体性协同性改革，通过创新理

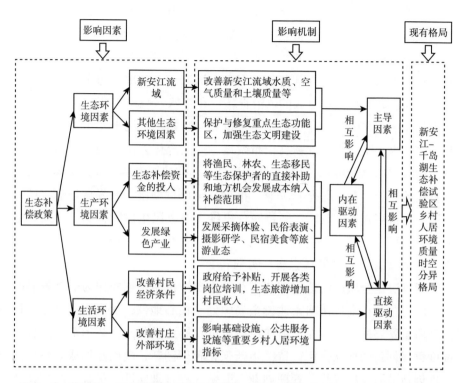

图 5-7 新安江 - 千岛湖跨流域生态补偿机制制度实施对当地人居环境质量的影响

资料来源：董冬，罗毅，王丽宸，等. 新安江 - 千岛湖生态补偿试验区乡村人居环境质量时空分异及影响机制［J］. 生态与农村环境学报，2023，39（1）：29-40.

念、借力技术，形成整体性政府的改革模式，增创浙江省经济社会发展的体制机制新优势，有力助推了新时代浙江经济行稳致远。第三次分配机制创新包括沿海地区与山区欠发达地区的结对帮扶模式、创建村级慈善爱心基金（如庆元县"小慈善，大推手"财政促富改革模式）、帮扶对接的精准化模式（如宁波"爱在江北"项目）、"浙里捐赠"数字平台的管理一体化协同模式（见图 5-9）、"人人有事做，家家有收入"共富协作区模式、"扩中"家庭财税政策综合改革模式、创新众筹互助养老模式（宁波镇海）等。非常明显地，上述全域性的管理创新实践模式都是源于实践问题的解决，根据对人民群众的公共利益进行评估后，将现有的管理制度和管理思维进行创新实践，再对初步形成的新管理模式进行进一步的修改和完善，最后形成成熟的管理创新模式。

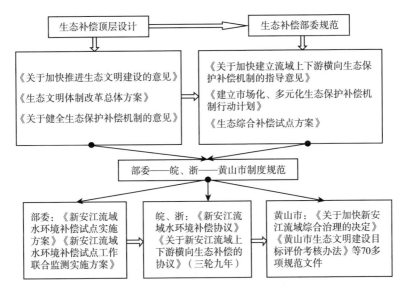

图5-8 新安江-千岛湖跨省流域生态补偿机制制度框架

资料来源：曾凡银. 共建新安江-千岛湖生态补偿试验区研究［J］. 学术界，2020（10）：58-66.

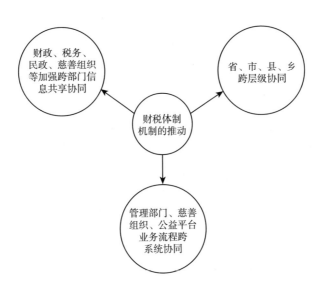

图5-9 "浙里捐赠"数字平台的管理一体化协同模式结构与

慈善捐赠的社会合力激发效应

5.4 "谁来推进"上的三类参与主体的共同责任体系运行机制

前文根据德国哲学家卡尔-奥托·阿佩尔的共同责任原则对浙江高质量发展建设共同富裕示范区"谁来推进"上的参与主体的主要责任进行了比较详细的讨论。卡尔-奥托·阿佩尔的共同责任原则理念能够把顶层设计者、相关政府和具体实践社会主体三类参与主体凝聚在一起，形成扎实推动高质量发展建设共同富裕示范区的整体合力。上述三类参与主体有差别的具体责任集成为"谁来推进"上的参与主体的共同责任体系（见图 5-10）。这种集成的共同责任体系不是一经形成就能自主运转生效起作用，而是必须通过制度化的机制才能有效。根据浙江高质量发展建设共同富裕示范区的实践，上述集成的共同责任体系主要通过四种制度化的运行机制来保障有效。

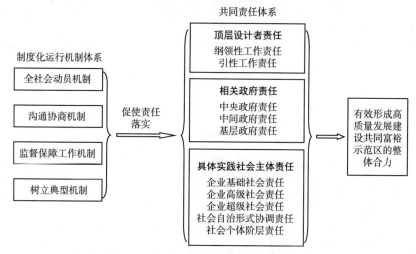

图 5-10 "谁来推进"上的参与主体责任集成体系及制度化运行机制作用机理

5.4.1 全社会动员机制

全社会动员机制是理解参与主体责任在实践层面得到有效落实的重要视角。这里全社会动员机制是指全社会动员的体系由哪些力量与因素构成，这些力量与因素间的基本关系如何。全社会动员机制旨在让顶层设计者、相关政府和具体实践社会主体三类参与主体都认识到浙江高质量发展建设共同富裕示范区是大家共同的责任。浙江高质量发展建设共同富裕示范区作为国家扎实推动全体人民共同富裕的一项重要国家战略，其顺利实施需要顶层设计者、相关政府和具体实践社会主体三类参与主体的积极参与。"党政军民学、东西南北中，党是领导一切的，坚决维护党中央权威，健全总揽全局、协调各方的党的领导制度体系，把党的领导落实到国家治理各领域各方面各环节。这是党领导人民进行革命、建设、改革最可宝贵的经验。"[1] 进入新时代以来，党加强了自身组织建设和对非公企业、社会组织的党组织建设，有效提升了党对国家与社会的整合与动员能力。这为党动员全社会力量参与浙江高质量发展建设共同富裕示范区建设提供了可能。鉴于我国社会结构已经由改革开放前的总体性社会向分化性社会转变[5-26]，在具体实践操作上，浙江高质量发展建设共同富裕示范区的全社会动员机制包括整体党委动员机制和协作动员机制。其中，整体党委动员机制是各级党委以党的组织序列为关键依托实现对国家和社会的组织与动员，协作动员机制是被动员起来的社会力量齐心协力、共同合作推动高质量发展建设共同富裕示范区。例如，2022 年 5 月 20 日，在浙江高质量发展建设共同富裕示范区重要阶段性节点，人民日报社、浙江省委在杭州共同主办扎实推动共同富裕高峰论坛。论坛以"在高质量发展中扎实推动共同富裕"为主题，与会嘉宾以线上线下结合的方式开展深层次、高水平研讨，交流经验做法、解读政策机遇、展望发展前景。

5.4.2　沟通协商机制

沟通协商能够非常有效纾解人与人之间的信息不对称（asymmetric information）问题。从实际情况来看，浙江高质量发展建设共同富裕示范区是一项任务非常艰巨、系统非常复杂的公共事业工程。该项事业扎实推进有赖于国家政策信息和地方民意信息的完美对接。从信息对接角度来看，在浙江高质量发展建设共同富裕示范区过程中，参与主体之间避免不了地存在信息不对称问题。从经济学角度来看，信息不对称会影响到社会福利达到帕累托最

---

① 习近平著作选读（第二卷）[M]．北京：人民出版社，2023：284.

优化。因此，从这个逻辑看，沟通协商机制就是有效解决浙江高质量发展建设共同富裕示范区进程中由于信息不对称带来的困难的重要机制。该机制强调通过参与主体的有效沟通协商能够促使协商主体准确把握和理解自身的主要职责，激发工作活力，增强履行职责的能力。浙江高质量发展建设共同富裕示范区的参与主体的沟通协商可以是某一主体内部之间的协商，例如顶层设计者之间、相关政府之间、具体实践社会主体之间，也可以是上述三类参与主体之间的互动联动沟通协商。从浙江高质量发展建设共同富裕示范区实践来看，浙江各地人民群众因时制宜、因地制宜地不断创新沟通协商机制模式。例如，跨区域联动协商机制。2022年9月浙江省杭州市上城区和淳安县联合发起，在王阜乡胡家坪村举行了一场特殊的"请你来协商"活动。来自两地的政协委员、企业负责人、乡村干部等30余人齐聚在共富项目建设现场，就推进企村"帮共体"建设进行深入沟通协商。这种两地开展跨区域联动协商，不仅能拓展委员协商建言的广度和深度，而且推动了更多企业参与到帮促山区共富的实践中。除了上述沟通协商形式外，两地还将持续推进"民生议事堂"与委员工作室、社情民意联系点"三位一体"和协商驿站等建设，不断完善跨区域联动协商机制，通过两地政协委员建言资政和凝聚共识的"双向发力"，全方位、多角度为山区共富助力。① 又例如，国有企业与山区共建生态产品价值实现共富的全产业合作模式。这种模式典型案例是"双碳引领，国企与山区共建生态产品价值实现共富快车道"。共富路上，山区有什么？山区需要什么？国企能做什么？杭钢集团给出的答案是以"双碳"为引领，以务实举措推进项目落地，聚焦绿色低碳、制造业转型、数字赋能等领域，助力山区县迈入生态产品价值实现共富快车道。②

5.4.3 监督保障工作机制

监督保障工作机制旨在督促顶层设计者、相关政府和具体实践社会主体三类参与主体时时刻刻不要忘记协同扎实推动高质量发展建设共同富裕

---

① 窦瀚洋，余新亮. 浙江杭州开展区县协作——跨区域协商助力山区共富［N］. 人民日报，2022－09－09（11）.

② 速看！带你一起解锁杭钢"共富密码"［EB/OL］. https：//www. hzsteel. com/mtzx/jtxw/5686. htm，2023－02－08.

示范区的主要职责。浙江高质量发展建设共同富裕示范区伟大事业的复杂性、系统性、全局性，势必要求参与主体做好责任承担和责任履行，因此没有有效的监督保障工作机制是不行的。中国共产党第十九届中央委员会第四次全体会议通过的《中共中央关于坚持和完善中国特色社会主义制度推进国家治理体系和治理能力现代化若干重大问题的决定》明确指出："党和国家监督体系是党在长期执政条件下实现自我净化、自我完善、自我革新、自我提高的重要制度保障。必须健全党统一领导、全面覆盖、权威高效的监督体系，增强监督严肃性、协同性、有效性，形成决策科学、执行坚决、监督有力的权力运行机制，确保党和人民赋予的权力始终用来为人民谋幸福。"这确立了新时代坚持与完善党和国家监督体系的准则所在。自浙江高质量发展建设共同富裕示范区实施以来，浙江坚持以党内监督为主导，构建出"各类监督有机贯通、相互协调"的多跨协同的监督体系模式（见图5-11），赋能监督保障共同富裕示范区建设。

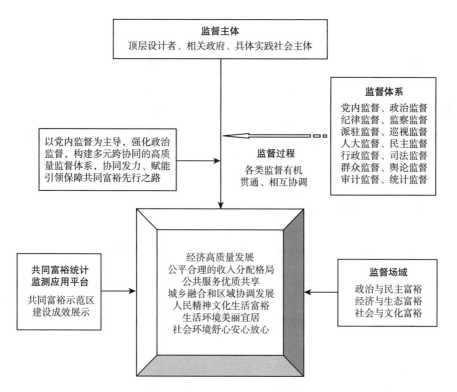

图5-11　浙江构建出的多跨协同监督体系模式助力高质量发展建设共同富裕示范区

例如，2021 年 7 月，浙江省纪委省监委制定出台《关于监督保障高质量发展建设共同富裕示范区的意见》，系统构建监督保障制度机制，推动党中央决策部署一贯到底、落地见效。该意见明确指出："围绕示范区建设目标和重点任务，跟进监督、精准监督、做实监督，推动思想统一、政策落地、任务见效。要明确监督路径，强化具体抓、抓具体的理念，在对象上重点加强对'一把手'和领导班子的监督，在方式上坚持项目化、清单化运行，在效果上实现政治、纪法、社会效果'三效合一'最大化。要健全监督机制，主动适应示范区建设对政治监督具体化常态化提出的新要求，强化全过程目标管理，构建立体化监督格局，健全贯彻重大决策部署督查问责机制，以高质量监督推动示范区建设规划的蓝图变为现实。"从工作成效看，浙江已经探索建立"例会＋协调会""数字平台＋闭环管控""总报＋专报""横向＋纵向一体联动"等独具特色的工作机制，完善系统集成、精准施策、一抓到底的工作体系，形成全省"一盘棋"工作格局，切实做到监督有效、保障有力。①

又例如，2021 年 12 月，国家统计局公布的《"十四五"时期统计现代化改革规划》明确指出，"贯彻以人民为中心的发展理念，构建社会民生发展统计调查和评价体系。推进部门行政记录在住户抽样调查中的应用工作，加强低收入群体、中等收入群体研究测算，探索建立共同富裕统计监测体系"。2022 年 3 月国家统计局印发《支持浙江省推进高质量发展建设共同富裕示范区统计重点改革的行动方案》。该方案明确指出，支持浙江探索共同富裕示范区高质量发展综合绩效评价体系、打造共同富裕统计监测评价体系、开展省域特色统计改革、打造"1＋3＋N"智慧型统计体系、打造统计体制机制创新模式、打造统计服务新载体、充分展示高质量发展建设共同富裕示范区成就等。2022 年 10 月，浙江省统计局推出共同富裕统计监测应用平台，实施对经济高质量发展、公平合理的收入分配格局等 7 个先行示范方面进行统计监测监督。目前，浙江创造性构建一体多维的共富型统计监测体系系统架构已经成形，其统计监督作用开始显现。

---

① 颜新文，孙凯妮. 突出政治监督 强化引领保障监督融入"十四五" 浙江护航共同富裕示范区建设［EB/OL］. https：//www.ccdi.gov.cn/yaowenn/202108/t20210809_145067.html，2021－08－09.

5.4.4　树立典型机制

所谓典型，即模范或标杆，指的是一个领域中出类拔萃、值得被效仿的人、地点或事件。毛泽东十分主张，"应当注意收集和传播经过选择的典型性的经验，使自己领导的群众运动按照正确的路线向前发展"。① 这就为浙江通过先富地区试点示范来激发后富地区发展的内生动力提供了重要理论支撑。浙江在高质量发展建设共同富裕示范区进程中坚持树立典型的最根本逻辑在于：社会发展与运行过程中存在着先进和落后的对立普遍性，为确保党中央政策意图落实和国家发展目标实现，十分需要通过树立成功典型来带动全局，引导整个社会发展的价值取向。正如法国社会心理学家古斯塔夫·勒庞（2004）所说"如果想在很短的时间里激发起群体的激情，让他们采取任何性质的行动，……其中效果最大的就是榜样"。《中共中央 国务院关于支持浙江高质量发展建设共同富裕示范区的意见》明确指出，要"立足当前、着眼长远，统筹考虑需要和可能，按照经济社会发展规律循序渐进，脚踏实地、久久为功，不吊高胃口、不搞'过头事'，尽力而为、量力而行，注重防范化解重大风险，使示范区建设与经济发展阶段相适应、与现代化建设进程相协调，不断形成推动共同富裕的阶段性标志性成果"。《浙江高质量发展建设共同富裕示范区实施方案（2021—2025年)》明确指出，到2025年推动高质量发展建设共同富裕示范区取得明显实质性进展，形成阶段性标志性成果。浙江在运用树立典型的工作方法时，注重依据典型的代表性和广泛性，从不同行业、不同领域、不同地区中去选择。自浙江高质量发展建设共同富裕示范区实施以来，在复杂的高质量发展建设共同富裕示范区场域中，浙江积极开展"七个先行示范"领域试点、共同富裕最佳实践案例、共同富裕新时代美丽乡村示范带、新时代美丽乡村（农村人居环境提升）工作优胜县、共同富裕实践观察点、未来社区（乡村）教育场景建设典型、促进共同富裕的典型示范经验[5-27]等系列典型创建工作，成为扎实推进高质量发展建设共同富裕示范区的重要工作抓手，

---

① 毛泽东年谱：1893—1949（下卷）[M]．北京：人民出版社，中央文献出版社，1993：294.

以确保国家扎实推进共同富裕战略大政方针在基层不会跑偏、不会变形。

5.5 "谁来推进"上的三类参与主体的协调推进创新机制

顶层设计者、相关政府和具体实践社会主体三类参与主体的协调推进是高质量发展建设共同富裕示范区如期保障实现的重要前期条件。在高质量发展建设共同富裕示范区进程中,始终坚持系统思维,三类参与主体创造性地构建出的协调推进创新机制有力地保障了共同富裕示范区建设任务不断向前推进。在高质量发展建设共同富裕示范区实践场域下,基于制度集成创新理论[5-28],运用"制度建设—组织架构—执行实施"框架能为三类参与主体的协调推进创新机制提供一个解释视角。图 5 - 12 给出了"制度建设—组织架构—执行实施"框架视角下三类参与主体的协调推进创新机制的逻辑架构。

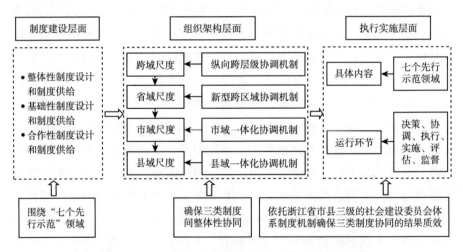

图 5 - 12 三类参与主体协调推进创新机制的逻辑架构

5.5.1 制度建设层面

制度影响着人们社会生活方法方面,其本身具有强制性与认同的普遍性特征。旧制度经济学派代表人物约翰·罗杰斯·康芒斯（Commons，1934）认为，制度本质就是控制社会中个人行为（individual action）的集体行为（collective activities）。该观点强调社会制度中的集体作用。新制度经济学派代表人物科斯（Coase，1960）、亚当和丹尼尔（Adam & Daniel，2018）、樊胜岳等（2019）则从参与主体的交易行为角度理解制度本质，他们认为制度体现为降低交易成本而产生的各种法律性质方面的约束性规则或法规化的秩序。浙江高质量发展建设共同富裕示范区涉及顶层设计者、相关政府和具体实践社会主体三类参与主体之间复杂的相关利益调整，需要科学把握制度系统集成创新思维和运用系统性观，围绕"七个先行示范"领域，构建出集成式的制度设计和完善系统性的制度供给，确保共同富裕示范区建设的顺利推进和实现。

制度管根本、管长远，具有长期性作用。集成式的制度设计和完善系统性的制度供给是高质量发展建设共同富裕示范区的核心任务，引领着示范区建设方向。集成式的制度设计和完善系统性的制度供给的内核和动因是高质量发展建设共同富裕示范区的社会需求和市场需求，旨在满足对三类参与主体需求的考量，旨在增强对不同类型制度之间的整体性、系统性、协调性安排的准确把握。集成式的制度设计和完善系统性的制度供给既能够减少三类参与主体之间协作的随意性和自利性，又能将制度之间有机协同优势转换为治理效能，为三类参与主体协调推进高质量发展建设共同富裕示范区提供最根本的制度保障和方向引导。三类参与主体协调推进高质量发展建设共同富裕示范区的集成式系统性共富型制度体系有以下三个层次。

第一层是协调推进的整体性制度设计和制度供给。从顶层设计者层面明确高质量发展建设共同富裕示范区整体布局，构建统一的制度体系框架。基于扎实推动共同富裕总体战略要求，正式的制度性、综合性文件有《中共中央关于制定国民经济和社会发展第十四个五年规划和二〇三五年远景目标的建议》《中共中央　国务院关于支持浙江高质量发展建设共同富裕示范区的意见》《中共浙江省委关于制定国民经济和社会发展第十四个五年规划和二〇三五年远景目标的建议》《浙江高质量发展建设共同富裕示范区实施方案（2021—2025年）》等。

第二层是协调推进的基础性制度设计和制度供给。从相关政府层面明确高质量发展建设共同富裕示范区所需要的配套性基础性制度安排。根据中央事权授权和省级事权授权，基础性制度可以是区域内不同层级政府直接制定，也可以是跨区域内相关政府联合出台制定。通过上下联动，浙江全力争取国家层面政策保障和改革授权。正式的制度性、综合性文件有《中共中央　国务院关于加快建设全国统一大市场的意见》《长江三角洲区域一体化发展规划纲要》《促进共同富裕行动纲要》[5-29]《支持浙江省探索创新打造财政推动共同富裕省域范例的实施方案》《浙江省国民经济和社会发展第十四个五年规划和二〇三五年远景目标纲要》《浙江省国土空间总体规划（2021—2035年）》（征求意见版）等。全国多部委（单位）通过专项政策、合作协议、试点批复等形式支持共同富裕示范区建设。国家发展改革委还围绕收入分配、公共服务、城乡融合、产业发展等领域陆续出台多个专项支持政策。

　　第三层是协调推进的合作性制度设计和制度供给。合作性制度设计和制度供给是指相关参与主体围绕某一合作领域，就相关资源、相关利益、行动方案等多方面开展协商合作形成的遵守规则，显著不同于上述两种层面的制度性设计和制度性供给。例如，自高质量发展建设共同富裕示范区战略实施以来，国家开发银行、中国农业银行、中国银行、国家电网等13家央企（金融机构）出台行动方案或与浙江签署战略合作框架协议，中国建筑等7家央企与文成县等7个山区26县创新建立"一对一"合作关系。①又如，2023年6月12日，工行浙江省分行与浙江省生态环境厅在杭州签署全面战略合作协议。按照协议，双方将发挥各自优势，在推进浙江全省重大生态环保项目建设、数字化政府建设、加快绿色金融及气候投融资创新业务、生态环境导向开发（EOD）模式等方面开展深度合作，推动形成生态环境保护与金融服务相互促进、共同发展的良性局面。②

5.5.2　组织架构层面

　　从图5-12可以发现，组织架构层面旨在优化不同参与主体职能结构，

① 资料来自国家发展改革委网站，https：//www.ndrc.gov.cn/xwdt/wszb/fbhzj/wzsl/202202/t20220217_1315720.html。

② 工行浙江省分行与浙江省生态环境厅签署全面战略合作协议［EB/OL］.http：//zj.people.com.cn/n2/2023/0613/c370990-40454840.html，2023-06-13.

通过面向不同场域尺度构建相应的协调推进机制，其目的是实现不同类制度之间的整体性协同。通过四类场域尺度的协调推进机制组织架构，使得跨部门、跨区域、跨领域的合作更加紧密，非常有利于集成式的制度之间形成系统性相互支持的化学反应。

从央地跨域尺度来看，参与主体构建的是纵向跨层级协调机制。这种机制重点发挥了党中央和省委等顶层设计者、国务院及其组成部门和浙江省政府等中央政府和省级地方政府之间的纵向层级一体化联动的优势，非常有助于强化共同富裕示范区建设的制度与政策的引领作用，确保相关制度与政策靶向不偏。

从省域尺度来看，参与主体构建的是新型跨区域协调机制。这种机制重点发挥了浙江省域层面的"两屏互动[5-30]、内外协同、湾区引领、强心特县、整体智治"空间发展策略[5-31]，锚定"一湾引领、三带提升；四极辐射、多群链接；两屏融合、全域美丽"的"多中心、网格化、组团型、一体化"的国土空间开发保护总体格局，实施以人为核心的"一湾双核、四极多群"的新型城镇发展空间格局[5-32]中跨区域融合发展的有效合作，以高质量发展的"浙江韧劲"扎实推进共同富裕示范区建设。

从市域尺度来看，参与主体构建的是市域一体化协调机制。这种机制是在市域层面重点发挥坚持党的领导，全面落实浙江省委发布的共同富裕示范区建设实施方案，有效聚合市域内多方参与主体在彼此相互信任和互利互惠的基础上形成有利于资源共享、优势互补、串联全市域城镇村的市域一体化组织合作。

从县域尺度来看，参与主体构建的是县域一体化协调机制。这种机制嵌在市域一体化协调机制之内，是在县域层面发挥坚持党的领导、全面落实市委发布的共同富裕示范区建设实施方案，有效聚合县域内多方参与主体在彼此相互信任和互利互惠的基础上形成有利于资源共享、优势互补、串联全县域城镇村的县域一体化组织合作。

5.5.3 执行实施层面

从图5-12可以发现，执行实施层面旨在依托浙江省、市、县三级的社会建设委员会体系制度机制，确保三类制度协同的结果质效。在执行实施层面，顶层设计者、相关政府和具体实践社会主体三类参与主体之间相互互动是一个涵盖"七个先行示范"协作领域和决策、协调、执行、实施、评估、监督等六个关键环节的长期性、复杂性、系统性过程。从"七个先行示范"协作领域来看，三类参与主体根据不同领域协作事项建立起非常有针对性的领域内的对接联动机制和跨领域的对接联动机制。依托浙江省、市、县三级的社会建设委员会体系制度机制，这两种对接联动机制明确相关参与主体的权责范围，确定统一联动的执行工作标准和协调推进机制，以促使共同富裕示范区建设整体向前推进。从关键环节来看，要求三类参与主体从共同富裕示范区建设的整体布局出发，有效发挥贯通浙江省、市、县三级的社会建设委员会体系制度机制，系统围绕决策、协调、执行、实施、评估、监督等关键环节，形成协同推进创新机制合力。其中，评估、监督两个过程环节旨在服务于三类参与主体之间合作行为的信息反馈与合作事宜调整，以动态有序推进高质量发展建设共同富裕示范区。

5.6 "谁来推进"上的三类参与主体建构良性可持续化模式：制度性集体行动

何谓制度性集体行动？菲沃克（Feiock，2013）认为，制度性集体行动可以理解为通过一套共同起作用的制度（即正式制度和非正式制度的有效组合）实现共享性的政策目标。高质量发展建设共同富裕示范区参与主体的行动契合逻辑，我国集中力量办大事的制度优势[5-33]，为顶层设计者、相关政府和具体实践社会主体三类参与主体提供了非常好的制度性集体行动空间。在集中力量办大事的制度优势下，共同富裕示范区建设本质上就是一场全民参与组织化的制度性集体行动，其参与主体对建设目标一致认同为：建立科学有效、可持续化的参与主体协同推进与治理责任机制模式。该模式是助力浙江高质量发展建设共同富裕示范区所采取的重要性制度安排。

制度性集体行动理论框架（institutional collective action framework, ICAF)[5-34]提供了一个概念性体系，用于理解和调查当代社会和治理安排中普遍存在的各种制度性集体行动困境（institutional collective action dilemmas，ICAD），是一种用来分析和解释包括协同治理在内的各类集体行动问题的重要理论工具。制度性集体行动困境具体指在信息不对称和缺少协调的情形下，复合行动者追求自身利益的行为所导致的集体结果的无效率。根据ICAF分析，ICAD源于公共治理系统中公共权力划分或责任划分导致的系统治理的碎片化，知识和资源在多个地方行动者之间的不对称分布，致使一个政府在一个或多个特定职能领域的决策影响其他政府职能的权力划分或责任划分，最终导致集体结果没有达到预期或结果的无效率。

在浙江高质量发展建设共同富裕示范区的背景下，顶层设计者、相关政府和具体实践社会主体三类参与主体已经形成了非常明确的协同共建的制度性共识和协同治理格局。下面将根据制度性集体行动理论框架来分析上述三类参与主体构建的制度性集体行动治理机制框架。浙江高质量发展建设共同富裕示范区，实质上是一种三类主体协作参与治理的集体行为。因此ICAF能够为分析它们的制度性集体行动治理机制提供重要理论依据。在浙江高质量发展建设共同富裕示范区的制度性集体行动治理机制框架中，一致性动机、核心参与者、具体行动策略、宏观治理结构和合作协调机制等关键性的核心要素必不可少。

（1）一致性动机。一致性动机指顶层设计者、相关政府和具体实践社会主体三类主体参与高质量发展建设共同富裕示范区的共同内心意图和合作收益。这个共同内心意图源于三类主体在高质量发展建设共同富裕示范区中产生的一致性协同治理需求，即共同实现示范区共同富裕治理。这是形成一致性动机的根本前提。一致性动机导致协同治理行为试点产生还有赖于参与主体的合作收益。合作收益具体划分为两种。第一种为集体性收益，即高质量发展建设共同富裕示范区给所有参与主体带来的共同性收益。这里共同性收益具体体现为共同富裕美好社会的实现。第二种为选择性收益，即高质量发展建设共同富裕示范区给所有参与主体带来的自身利益的获得。如中国共产党自身形象的进一步提升、中央政府现代化治理效能的提升、地方政府对中央战略目标落实的政治加分、政府参与部门中官员的政治晋升、参与企业的社会声誉提升、社会公民个人的社会形象塑造提升等。

（2）核心参与者。核心参与者指推动高质量发展建设共同富裕示范区协同治理行为的关键力量。在具体实践过程中，核心参与者主要是顶层设计者、相关政府和具体实践社会主体。这三类参与主体的具体推动力受到它们自身意愿和能力的约束。顶层设计者具有强烈的推进示范区建设的意愿和政治地位能力。

（3）具体行动策略。具体行动策略指核心参与者所产生的协同治理行动。具体来说，包括两种类型。第一种类型归属于精神驱动类型策略。该行动策略依赖于各参与主体的理念认同、文化认同、社会信任、社会关系网络。第二种类型归属于相关利益驱动型策略。该行动策略依赖于各参与主体交易成本（这类成本包括信息、谈判、执行与监督等成本）和合作风险（这类风险包括协调不力、分配不公和失信风险等）。这里合作风险我们可以理解为：因共同富裕示范区建设中参与主体一致同意的目标涉及多样的利益、关系、行为、价值等元素造成的不稳定型集体行动结构所带来的风险。

（4）宏观治理结构。宏观治理结构指核心参与者达成协同治理时所形成的规则维系管理秩序。具体来说，包括两种类型。第一种类型为非中心化的共享型。这种宏观治理结构类型以各个参与主体自主协调治理为主要特点。第二种类型为中心化的领导型。这种宏观治理结构类型是以参与主体协同治理的内部领导者为中心的治理模式。就浙江高质量发展建设共同富裕示范区实践来看，上述两种类型都存在，并且都在起作用。

（5）合作协调机制。参与主体之间的交易成本和合作风险是导致制度性集体行动出现困境的核心因素。ICAF 将 ICAD 划分为跨域合作的横向困境、跨级合作的纵向困境及跨职能部门合作的功能性困境三种。针对上述三种集体行动困境，ICAF 根据组织自治程度和制度空间大小对制度性集体行动合作协调机制进行了划分。ICAF 给出了 12 种相应的具体解决机制。根据政治过程理论[5-35]，集体行动的参与者是充满理性的，他们会根据计算出来的合作收益和合作成本分析选择对自身最有利的行动策略。除了上述合作收益和合作成本等因素影响外，合作协调机制还会受到参与主体合作范围、参与主体诉求与行动、政府介入形式、多元化制度逻辑、省域内市际差异问题、参与主体之间关系网络等其他关键性变量的影响（见图 5-13）。因此，合适的合作协调机制是解决高质量发展建设共同富裕示范区所有参与主体制度性集体行动困境的关键步骤环节。

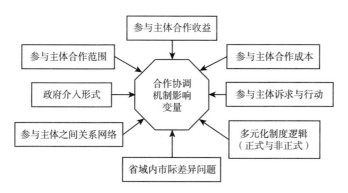

图 5 – 13 ICAF 下高质量发展建设共同富裕示范区治理
ICAD 的解决机制的关键影响变量

扎实推进共同富裕示范区社会建设,涉及政府卫生、人社、教育、生态环境等众多部门和省、市、县、乡、村等五个层级,非常需要以系统观念,统筹加强三类参与主体之间的协同性,在不同政府部门、不同层级的有效合作中才能够实现。就浙江高质量发展建设共同富裕示范区实践来看,已经形成的非常有效的合作协调机制主要是两种,即正式的外部强加的政府机制[5-36]和非正式的嵌入性的社会网络关系机制[5-37]。

在浙江高质量发展建设共同富裕示范区背景下,基于制度性集体行动理论框架 ICAF,顶层设计者、相关政府和具体实践社会主体三类参与主体协同推进与治理责任机制模式如图 5 – 14 所示。

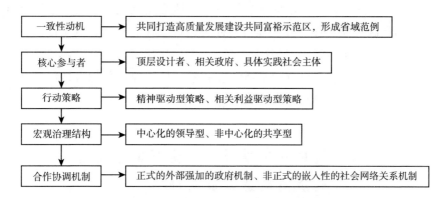

图 5 – 14 ICAF 下共同富裕示范区三类参与主体协作治理
责任的制度性集体行动治理机制框架

第6章 浙江建设共同富裕示范区在"怎样推进"上的创新机制：建设场域视角

高质量发展建设共同富裕示范区是新时代中国式现代化建设道路上的重要建设单元。围绕共同富裕示范区关键建设内容和建设环节，浙江有着自己的具体行动逻辑。从共同富裕示范区建设场域的内容上看，关键建设内容具体包括经济高质量发展、公平合理的收入分配格局、公共服务优质共享、城乡融合和区域协调发展、人民精神文化生活富裕、生活环境美丽宜居、社会环境舒心安心放心等七个显性维度内容。本书在第2章中根据浙江省及下辖11市（包括市下辖区县）公布的建设实施行动方案，曾运用文本分析法尝试归纳整理并详细分析了浙江省及下辖11市因地制宜参与共同富裕示范区建设情况。整体来看，浙江各地都是围绕上述七个显性维度内容，因地制宜地推进自身共同富裕社会建设工作。从全省域角度看，浙江建设共同富裕示范区在"怎样推进"上的方法路径选择与创新进路有七个方面实践探索。这七个方面是浙江在高质量发展建设共同富裕示范区实践过程中形成的彰显浙江地域特色的制度逻辑。

6.1 聚焦八个领域创新驱动推进实现经济高质量发展机制

现阶段经济发展进入新常态，已由高速增长阶段转向高质量发展阶段。

经济高质量发展是扎实推动实现全体人民共同富裕的重要基础保障和重要实现途径，其本质是做大社会整体的物质财富"蛋糕"，解决的是社会整体物质财富创造和物质财富增加问题。如果不做大物质财富"蛋糕"，就没有物质方面的共同富裕，共同富裕的其他方面也就根本无法推进与实现。如何确保实现经济高质量发展是一项系统性工程，需要运用创新[6-1]去驱动实现。根据熊彼特（Schumpeter，1912）提出的"创新理论"，技术进步与科技创新能够使经济结构产生新的质变，表现为通过创新驱动的新的要素组合实现"创造性破坏"。从亚当·斯密1776年在其著作《国民财富的性质和原因的研究》中提出"劳动分工在一定条件下导致社会出现普遍的富裕"的命题开始，到后来的阿罗（Arrow，1962）、罗默（Romer，1986）、小罗伯特·卢卡斯（Robert E. Lucas, Jr.，1988）等都强调技术进步是经济长期增长的内生渊源。这些研究表明，创新对经济发展的作用日益显著。从经济发展的本质来看，实际上就是不断创新的结果。在高质量发展建设共同富裕示范区过程中，浙江不断化解经济发展过程中的复杂性、结构性矛盾问题，使用更具深度、更加系统的创新视野，不断健全提升科技创新水平的制度机制与实现融通创新[6-2]的政策供给支撑体系，努力完善对经济高质量发展"提质增效"的顶层设计。浙江在实现经济高质量发展中具体的创新推进路径主要包括以下八个方面。

第一，形成科技创新新型浙江路径模式的制度性设计框架体系。创新是引领发展的第一动力，加快科技创新是推动高质量发展的需要，也是实现人民高品质生活的需要。根据国内学者陈曦（2022）、李春林等（2022）的研究，科技创新是实现全体人民共同富裕的重要因素，具有引领带动作用和有效支撑作用。科技创新既是社会财富创造的最重要源泉，也可对财富创造的分布、财富合理分配等产生影响，将在促进共同富裕中起到引领和支撑作用。浙江高度重视科技创新赋能夯实共同富裕的内生动力和经济基础。根据中国科技发展战略研究小组和中国科学院大学中国创新创业管理研究中心共同发布的《中国区域创新能力评价报告2021年》（省域排名），浙江已经形成良好的科技创新赋能共同富裕社会建设基础，全域创新能力处于第一梯队，格局稳定，但落后于粤、京、苏和沪四地。为能够实现《浙江高质量发展建设共同富裕示范区实施方案（2021—2025年)》提出的"形成浙江特色全域创新体系，打造全国有影响力的科技创新中心，为率先实现共同富裕提供强劲内生动力"，浙江将科技创新作为促进经济高质量发展的重中之重，并将其作为一项重要的公共事务治理进行制度化框架设计，瞄准六条路径（见表6-1）形成科技创新新型浙江路径模式。

表6-1　　科技创新新型浙江路径模式制度性设计的编码分析

序号	具体路径	具体实施行动方案	重点任务	创新参与主体范围*	创新范式与创新治理模式
1	打造全国有影响力的科技创新中心	实施三大科创高地建设	聚焦"互联网＋"、生命健康、新材料三大领域	相关政府、生产者、非生产者	后熊彼特式创新[6-3]；集体行动创新治理
2	实施关键核心技术攻关千亿工程	制定实施基础研究十年行动方案	推广"揭榜挂帅""赛马制"等攻关组织方式，深化完善重点领域项目、平台、人才、资金一体化的创新资源配置机制，深入推进"尖峰""尖兵""领雁""领航"四大计划[6-4]	相关政府、生产者、非生产者	后熊彼特式创新；集体行动创新治理
3	实施重大科研平台设施建设千亿工程	推动建设创新策源地、打造综合性科学中心、科创走廊建设、国家和省实验室建设、打造国家战略科技力量、引进培育高水平新型研发机构、重大科技基础设施项目纳入国家规划	杭州城西科创大走廊建设；甬江、环大罗山、浙中、G60等科创走廊建设；之江实验室；良渚、西湖、湖畔、甬江、瓯江等省实验室建设；支持浙江大学、西湖大学等打造国家战略科技力量；引进培育一批高水平新型研发机构；更多重大科技基础设施项目被纳入国家规划	相关政府、生产者、非生产者	后熊彼特式创新；集体行动创新治理
4	实施高新技术产业发展千亿工程	高水平建设国家自主创新示范区、推进高新技术产业带建设、推动高新区全覆盖、高新技术产业增加值每年递增千亿元以上	杭州、宁波温州国家自主创新示范区高水平建设；环杭州湾高新技术产业带建设；设区市国家高新区全覆盖、工业强县省级高新区全覆盖；高新技术产业增加值每年新增1000亿元以上	相关政府、生产者、非生产者	后熊彼特式创新；集体行动创新治理

续表

序号	具体路径	具体实施行动方案	重点任务	创新参与主体范围*	创新范式与创新治理模式
5	加速实施新一轮"双倍增"行动计划	组建体系化、任务型的创新联合体、企业共同体和知识产权联盟、共性技术平台建设	支持企业协同科研院所、高等院校力量共同实施；建设技术创新中心、工程师协同创新中心等共性技术平台	相关政府、生产者、非生产者	后熊彼特式创新；集体行动创新治理
6	建设全省域创新生态系统与治理	构建现代科技创新治理体系；健全创新激励和保障机制；优化十联动创新生态；军民协同创新；实施县域创新发展格局	以"科技大脑＋未来实验室"为核心的重大应用场景，构建现代科技创新治理体系；优化"产学研用金、才政介美云"十联动创新生态；发展国防科技，实施军民协同创新；培育国家创新型县（市）	相关政府、生产者、非生产者	后熊彼特式创新；集体行动创新治理

注＊：因本书篇幅所限，此处只给出大致的创新参与主体范围，并没有针对每一项详细列出。

第二，构建数字经济与实体经济高质量发展深度耦合体系与引领机制。"数字经济"（digital economy）概念最早由美国全球著名的新经济学家和商业策略大师唐·塔普斯科特（Don Tapscott）在其1994年出版的著作《数字经济》中提出。何谓数字经济？2016年《二十国集团数字经济发展与合作倡议》中真正明确了数字经济概念含义，即"以使用数字化的知识和信息作为关键生产要素、以现代信息网络作为重要载体、以信息通信技术的有效使用作为效率提升和经济结构优化的重要推动力的一系列经济活动"[6-5]，是一种新经济形态。数字经济本质上具有很高的技术属性，包含两个重要方面。其一是移动互联网、大数据、云计算、物联网、金融科技、人工智能、区块链、电子信息、虚拟现实和增强现实等技术的深化应用，其二是社会生产、人们生活等数字化应用场景的不断创新和创造及受到的影响。数字经济与传统经济的融合既是当前经济社会的基本事实，也代表了未来经济的发展趋势。国家"十四五"规划明确指出，要充分发挥海量数据和丰富应用场景优势，促进数字技术[6-6]与实体经济深度融合，赋能传统产业转型升级，催生新产业新业态新模式，壮大经济发展新引擎。"数据"作为一种新型生产要素，已成为促进数字经济高质量发展的要素基础和战略性资源。现阶段，数字经济与实体经济深度融合，成为新时代中国经济动能转换和高质量发展的重要驱动力。这种融合影响机理主要有微观影响机理（见图6－1）和宏观影响机理（见图6－2）两个方面（荆文君和孙宝文，2019）。由此可见，发展数字经济是实现经济高质量发展的必由之路。

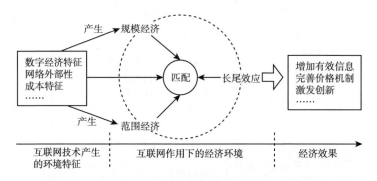

图6－1　数字经济发展情境下互联网技术对经济高质量发展的微观影响机理

资料来源：荆文君，孙宝文．数字经济促进经济高质量发展：一个理论分析框架［J］．经济学家，2019（2）：66－73.

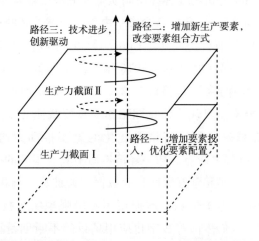

图6－2　数字经济发展情境下互联网技术对经济高质量发展的宏观影响机理

资料来源：荆文君，孙宝文．数字经济促进经济高质量发展：一个理论分析框架［J］．经济学家，2019（2）：66－73.

《2021长三角数字经济发展报告》显示，浙江在数字化治理、数字产业化、产业数字化领域优势突出。其中，消费互联网和工业互联网领域产业竞争力位居国内第一梯队。根据《浙江省国民经济和社会发展第十四个五年规划和二〇三五年远景目标纲要》，2020 年浙江数字经济增加值占 GDP 比重达到 45%，其中数字经济核心产业增加值占 GDP 比重 10.9%，"十三五"时期数字经济领跑全国。2022 年浙江数字经济核心产业增加值占 GDP 比重达 11.7%，[①] 相较于 2020 年上升 0.8 个百分点。现阶段，浙江正瞄准数字经济发展赛道，坚持问题导向，科学制定数字经济政策供给和改善数字经济监管效率，大力实施数字经济创新提质"一号发展工程"重大战略，借力"数字科技创新成果转化""打造数字产业生态集群""打造全球数字变革高地"三把梯子，构建数字经济与实体经济高质量发展"高耦合、良协调"的互动格局，消除数字鸿沟，有效发挥数字经济在宏观、中观、微观中对资源配置的积极作用，厚植数字经济全国领先优势，打造数字经济高质量发展强省目标，走出全球数字经济发展浙江道路。表 6 - 2 给出了浙江厚植数字经济与实体经济高质量发展深度耦合体系与引领机制的制度性设计的编码分析。

表 6 - 2　　　浙江厚植数字经济全国领先优势的制度性设计（部分）

序号	具体实施行动方案	具体行动方案	制度性设计工作目标机制	重点实现任务
1	实施数字经济创新提质"一号发展工程"	8 大攻坚行动方案：数字关键核心技术、数据要素价值释放、数字产业竞争优势提升、"产业大脑＋未来工厂"赋能、数字消费创新引领、新型基础设施强基、平台经济创新发展、数字生态活力激发；11 市行动方案	"一体谋划、一体推进、一体落实"，构建起"1＋8＋11"省市一体的政策体系机制	力争到 2027 年，数字经济核心产业增加值达到 1.6 万亿元，培育形成 2 个以上万亿元级产业集群，培育"新星"产业群 30 个、千亿元级数字企业 7 家、百亿元级数字企业 50 家
2	浙江省国民经济和社会发展第十四个五年规划和二〇三五年远景目标纲要	深入实施数字经济"一号工程 2.0 版"、全面推进数字社会建设、深入推进政府数字化转型、加快完善数字生态	形成"152"工作体系机制，即建设一个一体化智能化公共数据平台、搭建五个综合应用[6-7]、构建理论和制度规范两套体系，聚焦数字化、一体化、现代化，推进全省域整体智治、高效协同	全面推进数字变革，建设新时代数字浙江

① 资料来源：《2023 年浙江省政府工作报告》。

续表

序号	具体实施行动方案	具体行动方案	制度性设计工作目标机制	重点实现任务
3	浙江高质量发展建设共同富裕示范区实施方案（2021—2025 年）	深化国家数字经济创新发展试验区建设、基本建成全球数字贸易中心、深入开展数字生活新服务行动、实施全民共享数字红利行动、推动各类数字化平台开发适应弱势群体需求的功能模块和接口、探索开展数字化制度和标准体系建设	形成数字产业化、产业数字化、治理数字化、数据价值化、数字普惠化"五化协同"发展新格局机制	建成全球数字变革高地

第三，系统构建增强现代化产业体系国际竞争力优化机制。党的十九届五中全会明确指出，要坚持把经济发展的着力点放在实体经济上，坚定不移地推进产业基础高级化、产业链现代化，提高经济质量效益和核心竞争力。建设现代化产业体系是推动高质量发展的必然要求，是赢得大国竞争主动的迫切需要，是全面建设社会主义现代化国家的重大举措。[①] 现代化产业体系非常有助于生产要素资源优化配置，提升整体经济发展质量和核心竞争优势。由此可见，建设具有国际竞争力优势的现代化产业体系是浙江高质量发展建设共同富裕示范区的应有之义。推动产业结构合理化、高度化、高效化发展是实现产业结构优化升级的重要路径。改革开放以来，浙江已经在现代农业、装备制造业、高新技术制造业、现代服务产业等多个行业具有领先地位；进入新时代，以数字经济为核心的现代化产业体系在浙江已初步建立。2018～2022 年，数字经济核心产业增加值占地区生产总值比重从 9.5% 提高到 11.7%，高新技术产业增加值占规上工业增加值比重从 40.1% 提高到 62%。[②] 为能够推动自身现代化产业结构合理化、高度化、高效化发展，浙江正以战略性眼光、前瞻性思维系统谋划适宜省情的现代化产业体系布局[6-8]，加快构建以先进制造业为骨干，以数字经济

---

① 《求是》杂志编辑部. 为全面建设社会主义现代化国家开好局起好步 [J]. 求是，2023（4）：10-17.

② 资料来源：《2023 年浙江省政府工作报告》。

为核心，以现代化交通物流体系为动脉，以现代化基础设施为支撑，现代服务业与先进制造业、现代农业深度融合，数字经济和实体经济深度融合的现代化产业体系①，实施一系列现代化产业强基提质工程，系统构建增强现代化产业体系国际竞争力优化机制。表6-3给出了浙江构建增强现代化产业体系国际竞争力优化机制的制度性设计编码分析。

表6-3　浙江构建增强现代化产业体系国际竞争力优化机制的制度性设计

序号	具体实施行动方案	相关配套政策文件（部分）	制度性设计工作目标机制	重点实现任务
1	实施大力发展"新产业-新技术-新模式"工程	《中国制造2025浙江行动》《浙江省产业创新服务综合体建设行动计划》《关于推动工业企业智能化技术改造的意见》《关于深入推进服务型制造促进制造业高质量发展的实施意见》《关于加快军民融合产业发展的实施意见》《浙江省科技企业"双倍增"行动计划（2021—2025年）》《浙江高质量发展建设共富裕示范区实施方案（2021—2025年）》《浙江省国民经济和社会发展第十四个五年规划和二○三五年远景目标纲要》《2023年浙江省政府工作报告》《浙江省"415X"先进制造业集群建设行动方案（2023—2027年）》等	形成系统性"新产业-新技术-新模式"梯次培育机制	完善企业创新体系、"415X"先进制造业集群、4个万亿级先进产业群、15个千亿级特色产业群、百亿级新星产业群等
2	实施数字经济"一号发展工程"[6-9]	《浙江省国家数字经济示范省建设方案》《浙江省数字经济五年倍增计划》《浙江省推进数字化园区建设实施方案》《浙江省数字经济发展"十四五"规划》《浙江省数字经济促进条例》《关于深入实施数字经济"一号工程"若干意见》《浙江省国家数字经济创新发展试验区建设工作方案》《浙江省公共数据条例》《浙江省数字贸易先行示范区建设方案》等	形成统筹推进数字经济"一号工程"建设强大政策引导机制	加快推进数字产业化、全面推动产业数字化，形成数字经济引领的现代产业化体系

① 资料来源：《2023年浙江省政府工作报告》。

序号	具体实施行动方案	相关配套政策文件（部分）	制度性设计工作目标机制	重点实现任务
3	实施制造业"强基提质"工程	《关于开展质量提升行动的实施意见》《浙江省加快传统制造业改造提升行动计划（2018—2022年)》《浙江省绿色制造体系建设实施方案（2018—2020)》《浙江省人民政府关于加快发展工业互联网促进制造业高质量发展的实施意见》《浙江省实施制造业产业基础再造和产业链提升工程行动方案（2020—2025年)》《关于高质量发展建设全球先进制造业基地的指导意见》等	落实"1+2+10+X"工作体系，形成制造业"强基提质"动力机制	全面提升制造业整体国际竞争能力，打响"浙江制造"品牌
4	实施现代服务业高质量发展工程	《浙江省国民经济和社会发展第十四个五年规划和二〇三五年远景目标纲要》《2023年浙江省政府工作报告》《浙江省服务业高质量发展"百千万"工程实施方案（2023—2027年)》《关于深入推进服务型制造促进制造业高质量发展的实施意见》《"设计+营销"赋能制造业高质量发展促进共同富裕示范区建设的行动计划》《2023年度服务业高质量发展"百千万"工程重大项目计划》《浙江省现代服务业创新发展区建设导则（试行)》等	完善现代服务业发展政策体系，夯实平台基础支撑、释放领军企业主体活力、推进重大项目引领带动、引聚高端人才资源四个关键环节搭建服务业高质量发展的"四梁八柱"	构建创新开放、融合共享、供需协调、优质高效的服务业新体系，有效防止陷入"鲍莫尔成本病"陷阱[6-10]，全面打响"浙江服务"品牌，加快建设现代服务业强省

续表

序号	具体实施行动方案	相关配套政策文件（部分）	制度性设计工作目标机制	重点实现任务
5	推进实施优势产业省级特色小镇建设工程	《浙江省人民政府关于加快特色小镇规划建设的指导意见》《浙江省特色小镇创建导则》《关于高质量加快推进特色小镇建设的通知》《浙江省人民政府办公厅关于旅游风情小镇创建工作的指导意见》《关于加快推进特色小镇文化建设的若干意见》《关于加快推进特色小镇建设规划编制工作的指导意见》《关于高水平推进美丽城镇建设的意见》《浙江省高水平推进美丽城镇建设工作重点任务指标体系（2020—2022年）》《深化生态文明示范创建，高水平建设新时代美丽浙江规划纲要（2020—2035年）》《浙江省国民经济和社会发展第十四个五年规划和二〇三五年远景目标纲要》等	以产业特色小镇理念为引领，形成"培育高新产业，激活历史经典产业，搭建创新创业平台"与"地方主导产业"相吻合的产业链条建设机制	因地制宜，高水平打造120个左右产业更特、创新更强、功能更全、体制更优、形态更美、辐射更广的2.0版省级特色小镇

第四，系统构建全球高端要素引力场机制。聚集高端要素是浙江经济高质量发展水平跃升的重要突破口之一。高端要素即高级生产要素，是一种相对稀缺且高价值的资源，是显著区别于劳动力、土地和资本等人类进行社会生产所需要的最基本生产资料。具体来说，高端要素包括高端智力资源、高端资本资源、创新资源、数据要素等四类高端生产要素。其中，高端智力资源指高端科学技术劳动力资源，具体包括战略科技人才、科技领军人才、高水平创新创业团队、高端智库创新团队、研发人员等；高端资本资源指显著区别于传统金融资本的优质创新资本，具体包括创业资本（VC）、成长资本、重振资本、杠杆收购（LBO）、管理层收购（MBO）、夹层资本、Pre-IPO和PIPE等私募股权资本（PE）；创新资源指科技基础性资源，具体包括科技研发机构、各类创新平台、研发投入、科技信息、知识要素、创新孵化器、联合共建科技创新载体等；数据要素是一种新型生产要素，是数字化、网络化、智能化的基础，已快速融入生产、分配、流通、消费和社会服务管理等各环节，深刻改变着生产方式、生活方式和社

会治理方式。① 为实现各种优质高端要素不断聚集和有效发挥作用，浙江正以战略性眼光、前瞻性思维系统谋划适宜省情的高端要素空间聚集布局，实施一系列高端要素聚集工程（见表 6 - 4），形成"以创新资源聚集为核心、以高端智力资源为重点、以高端资本资源为关键、以数据要素为支撑"的高端要素聚集格局，系统构建全球高端要素引力场机制，注重形成独具特色的高端要素聚集供给与培育模式。根据浙江《"十四五"大数据产业发展规划》，目前浙江夯实数字产业发展支撑数据强省基础成效显著（见图 6 - 3）。

表 6 - 4　　　　浙江系统构建全球高端要素引力场机制的制度性设计

序号	具体实施行动方案	相关配套政策文件（部分）	制度性设计工作目标机制	重点实现任务
1	实施高端智力资源聚集工程	《关于加快推进院士专家工作站建设与发展的意见》《浙江省 151 人才工程（2011—2020 年）实施意见》《关于深化人才发展体制机制改革支持人才创业创新的意见》《浙江省"鲲鹏行动"计划》《中共浙江省委关于建设高素质强大人才队伍打造高水平创新型省份的决定》《关于加快推进科技创新人才队伍建设的若干意见（征求意见稿）》《关于全面推进科技政策扎实落地的实施意见》《关于进一步加强高技能人才与专业技术人才职业发展贯通的实施办法》《关于鼓励和支持女性科技人才更好发挥作用的若干措施》《浙江省碳达峰碳中和专业人才培养实施方案》等	构建多元化高端智力资源聚集机制	聚力打造全球人才蓄水池，厚植人才集聚优势
2	实施创新资源聚集工程	《浙江省引进大院名校共建高端创新载体实施意见》《关于加快建设新型研发机构的若干意见》《浙江省高端装备制造业发展"十四五"规划》《浙江省国民经济和社会发展第十四个五年规划和二〇三五年远景目标纲要》《推动高质量发展建设共同富裕示范区科技创新行动方案》《关于全面推进科技政策扎实落地的实施意见》《2023 年浙江省政府工作报告》《关于促进平台经济高质量发展的实施意见》等	构建多元化创新资源聚集机制	重塑创新资源体系，构筑创新策源优势

① 中共中央　国务院关于构建数据基础制度更好发挥数据要素作用的意见［EB/OL］. https：//www. gov. cn/gongbao/content/2023/content_5736707. htm，2022 - 12 - 02.

序号	具体实施行动方案	相关配套政策文件（部分）	制度性设计工作目标机制	重点实现任务
3	实施高端资本资源聚集工程	《关于引导浙商总部回归和资本回归的实施意见》《关于发挥资本市场作用助推经济转型升级的若干意见》《关于促进和引导民间投资的意见》《浙江高质量发展建设共同富裕示范区实施方案（2021—2025年）》《关于金融支持浙江高质量发展建设共同富裕示范区的意见》《关于发挥资本市场作用助推经济转型升级的若干意见》《关于加快构建科技创新基金体系的若干意见》《关于进一步优化投资结构提高投资质量的若干意见》《关于促进平台经济高质量发展的实施意见》等	构建多元化高端资本资源聚集机制	做大做强高端资本资源能级，构建多元高端资本服务科创生态圈，使科创"资金链"向高质量聚合，夯实创新生态优势
4	实施"数据强省"战略性工程	《浙江省促进大数据发展实施计划》《浙江省公共数据条例》《浙江省数字基础设施发展"十四五"规划》《中共中央　国务院关于构建数据基础制度更好发挥数据要素作用的意见》《关于促进平台经济高质量发展的实施意见》《浙江省公共数据开放与安全管理暂行办法》《浙江省推进产业数据价值化改革试点方案》《浙江省产业数据仓－工业产品主数据管理平台建设指南（试行）》《关于推进浙江省产品主数据标准试点的实施意见（试行）》等	形成以制度创新为根本推动数据要素市场化改革建设机制	建成数据要素市场化配置和大数据产业发展基础性制度体系

　　第五，系统实施促进居民消费提质扩容和有效投资供给双项行动。消费、投资和出口是国民经济发展的"三驾马车"。从消费角度看，消费是经济增长的"稳定器"与"压舱石"，是经济发展的主要推动力，会显著通过结构效应影响经济增长。中国共产党第十九届中央委员会第五次全体会议通过的《中共中央关于制定国民经济和社会发展第十四个五年规划和二〇三五年远景目标的建议》明确提出"全面促进消费，增强消费对经济发展的基础性作用，顺应消费升级趋势，提升传统消费，培育新型消费，适当增加公共消费"。居民消费规模是大国经济持续稳定增长的必要条件。从结构效应逻辑看，2002年以来，我国居民消费规模水平低于社会资本投资水平是制约经济增长的结构性矛盾（见图6-4），尤其近些年来"居民消费低迷"现象凸显。2022年我国居民消费占GDP比重低于35.3%，低于

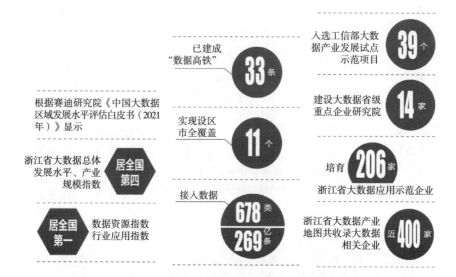

图 6 - 3　浙江夯实数字产业发展支撑数据强省基础发展成效

资料来源：厉敏. 数字化改革引领，深化推进大数据产业发展——《"十四五"大数据产业发展规划》解读 [J]. 信息化建设，2022（5）：12 - 15.

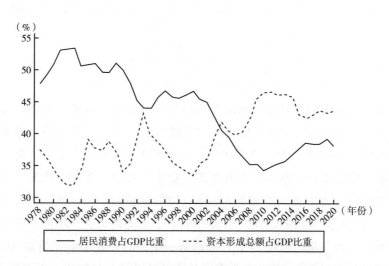

图 6 - 4　1978～2020 年我国居民消费水平与社会资本投资水平

资料来源：韦韡，蔡运坤. 中国经济高速增长与居民消费滞后并存之谜——基于经济增长压力视角的解释 [J]. 消费经济，2022，38（1）：31 - 43。

经济合作与发展组织（OECD）居民消费水平 59.0%，也远低于世界居民消费平均水平 54.9%。① 这说明居民消费对经济发展的基础性作用还没有得到充分的发挥，居民消费能力潜力并未得到充分释放。从投资角度看，拓展投资空间降低资本投资错配非常有利于提升经济发展动力。《中华人民共和国国民经济和社会发展第十四个五年规划和 2035 年远景目标纲要》明确指出，要优化投资结构，保持投资合理增长，发挥投资对优化供给结构的关键作用。根据贺京同等（2022）的实证研究，我国存在着"低投资效率的产业获得高份额的投资以及高投资效率的产业没有获得足够的投资份额"的投资结构失衡问题。这种投资结构失衡带来的资本投资错配使得我国各产业之间实际产出与潜在产出之间大约有 9.31% 的缺口。为有效防止居民消费下滑和因资本投资错配带来的以制造业为主体的实体经济部门投资动力不足及其发展能力可能逐步僵化和弱化对国民经济发展的动力作用，浙江正以战略性眼光、前瞻性思维系统谋划适宜省情的居民消费提质扩容和有效投资供给双项行动（见表 6 - 5）。

表 6 - 5　浙江系统实施促进居民消费提质扩容和有效投资供给双项行动情况（部分）

具体行动	相关政策文件	主要政策举措	实现目标
促进居民消费	《关于进一步扩大消费促进高质量发展若干举措》	拓展新型主题消费	做强亚运体育消费、创新升级数字信息消费、支持电子商务直播发展、倡导绿色低碳消费、促进国潮国货消费
		巩固提升传统消费	稳定扩大汽车消费、促进合理住房消费、升级繁荣文旅消费、推动特色农产品消费
		提质扩容服务消费	丰富餐饮消费、发展品质医疗美容消费、促进家政服务消费、提升养老幼消费
		助力企业开拓国内市场	扩大浙江产品在重大工程中的应用、促进产业链供应链上下游紧密对接、提升浙江制造品牌影响力、积极构建营销网络、搭建助企拓市平台载体
		打造高品质消费场景	提升中心城市消费能级、建设高品质消费地标、打造精致消费场景、支持消费促进活动
		提高商贸流通效率	推进一刻钟便民生活圈建设、加快县域商业体系建设、完善物流基础设施网络

①　刘洪愧. 为什么消费在 GDP 中的占比不高 [J]. 中国经济评论，2023（1）：14 - 20.

具体行动	相关政策文件	主要政策举措	实现目标
有效投资	《2022 年浙江省扩大有效投资政策二十条》	提出稳住投资基本盘、向重大基础设施建设平台注入资本金等 20 条政策	积极应对需求收缩、供给冲击、预期转弱三重压力，着力扩大有效投资、优化投资结构
	《2023 年浙江省扩大有效投资政策》	提出稳住投资基本盘、持续向重大基础设施建设平台注入资本金等 24 条政策	大力实施扩大有效投资"千项万亿"工程，优化投资结构
	《关于加快构建科技创新基金体系的若干意见》	创新投融资体制机制，设立政府科技创新基金、科技公益基金、科技私募基金、重大创新平台科技创新基金	投向"互联网＋"、生命健康、新材料三大科创高地和碳达峰碳中和技术制高点等重点领域的基础研究、应用基础研究、关键核心技术攻关项目

第六，系统构建以"一带一路"重要枢纽为依托的开放型经济新体制机制。理论上讲，开放型经济与外向型经济是两种不同的对外经济发展模式。从概念本质来看，外向型经济主要是以政府出口导向政策支持形成的一种经济发展模式，而开放型经济则是以市场决定实现资源在全球范围内最优配置形成的一种经济发展模式。因此，从概念本质上看，开放型经济要比外向型经济更上一层次，前者在内涵上要比后者更丰富，前者在形式上要比后者更自由。针对新时代如何建设更高水平的开放型经济，党的二十大报告中明确指出"稳步扩大规则、规制、管理、标准等制度型开放"。这充分展现出国家对建设更高水平开放型经济体制机制的重视，标志着我国对外开放迈向了更加全面、深入和系统的新阶段。"一带一路"倡议是我国建设开放型经济的一种重要创新实践。2013 年，习近平总书记提出"和平之路、繁荣之路、开放之路、创新之路、文明之路"的"一带一路"倡议战略构想①。从经济学本质来看，"一带一路"倡议是构建"走出去"和

---

① 习近平著作选读（第一卷）［M］. 北京：人民出版社，2023：592 – 595.

"引进来"良性互动新发展格局的重要"先手棋"，它在重塑世界经济格局的同时，也可能改变国内的经济版图。作为一项国家宏观经济政策，"一带一路"倡议是国家层面进行资源配置的重要手段。浙江是外贸大省，开放型发展是浙江经济的鲜明标识，已经成为我国最重要的开放型经济地区之一。2022年，浙江外贸进出口规模已达4.68万亿元，位居全国第3，出口、进口规模突破3万亿元、1万亿元大关；实际利用外资总量升至全国第5位，对外实际投资规模跃升至全国第2位；全省有实际业绩的外贸主体已突破10万家；实施两轮"丝路领航"行动计划，共培育领航企业50家；加大对外资企业服务力度，全省累计设立外资企业7.7万家，新老浙江企业不断走向世界，不断发展壮大。① 2016年以来，浙江全省开放水平不断上升（见图6-5）。2023年浙江开放型经济指数[6-11]为119.9，较2022年增长4.7。② 这些数据充分展示了浙江开放型经济强大的韧性和活力。

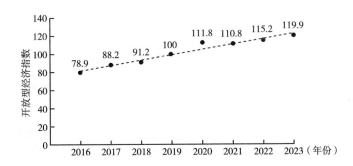

图6-5 2016~2023年浙江开放型经济指数走势

资料来源：https：//www.zj.gov.cn/art/2023/6/27/art_1229233933_60145533.html。

现阶段，浙江正以《中华人民共和国外商投资法》出台为契机，着力完善开放提升工作的顶层设计，运用战略性眼光、前瞻性思维、改革创新性思路系统谋划构建适宜省情的以"一带一路"重要枢纽为依托的开放型

---

① "八八战略"实施20周年系列主题新闻发布会（第3场）"强力推进创新深化、改革攻坚、开放提升，构筑高质量发展新优势"［EB/OL］. https：//mp.weixin.qq.com/s?__biz＝MzA-xNTE2MzAwNQ＝＝&mid＝2651370931&idx＝2&sn＝d813f867c45c8fe9862012b0a6d1be36&chksm＝80745ea1b703d7b7c70f21938336e9047ed7ee15205178e711e883778011e85030beafc6e937&scene＝27，2023-05-22.

② 2023浙江开放指数［EB/OL］. http：//www.zac.org.cn/info/1180.html，2023-06-25.

经济新体制机制（见表6-6），以全面提升全球影响力、要素配置力、科技支撑力和辐射组织力为目标，有效发挥自身在开放经济中积累的相对比较优势，不断着力提升自身开放型经济发展能级，赋能浙江经济高质量发展整体跃升。

表6-6　　浙江系统构建以"一带一路"重要枢纽为依托的开放型
经济新体制机制（部分）

序号	具体行动	政策文件	政策内容
1	实施"地瓜经济"提能升级"一号开放工程"	《浙江省"地瓜经济"提能升级"一号开放工程"实施方案》	明确9个方面共39项重点任务
2	实施营商环境优化提升"一号改革工程"	《浙江省营商环境优化提升"一号改革工程"实施方案》	对浙江积极构建亲清政商关系，营造市场化、法治化、国际化一流营商环境工作作出重要决策部署
3	实施"服务提质、改革提能、治理提效"三大行动	《浙江省生态环境厅关于服务保障三个"一号工程"助力创新深化改革攻坚开放提升的实施意见》	"1+10+X"政策体系，"1"即一个政策文件，"10"即暖心助企十件实事，"X"即暖心助企若干具体措施，形成政策协同、措施集成、系统推进的工作体系
4	建立开放提升"1+X"政策体系	《强力推进开放提升加快打造高能级开放大省的意见》	明确了7方面126条政策举措。统筹推进贸易、财税、金融、产业、人才、科技等首批26项配套政策制定
5	制定"扩大内需和对外开放"政策包	《关于更大力度吸引和利用外资工作的若干措施》《全力拓市场增订单稳外贸的若干举措》等	在"8+4"经济政策体系下，形成"扩大内需和对外开放"政策包
6	实施制度型开放提升行动	《中国（浙江）自由贸易试验区提升行动方案（2023—2027年）》	5年建设指标体系，重点部署八个方面的24项具体举措、53项具体任务，实现自贸试验区与联动创新区协同发展，加强与长三角区域自贸试验区协同联动

第七，系统构建培育更加具有创新活力市场主体的制度体系机制。市场主体作为国民经济的力量载体，因其在整个国民经济体系中处于重要的

基础环节，是经济社会发展的重要推动力量，承载着数亿人的就业创业，对稳定宏观经济大盘具有非常重要的关键支撑。培育和壮大市场主体是党的十八大以来努力推动经济持续健康发展过程中总结出来的重要经验。2020年7月21日，习近平总书记在企业家座谈会上明确指出，市场主体是我国经济活动的主要参与者、就业机会的主要提供者、技术进步的主要推动者，在国家发展中发挥着十分重要的作用。① 培育更加具有创新活力的市场主体是市场信心的关键来源。我国中央政府高度重视市场信心问题。2023年3月政府工作报告明确指出要"为各类所有制企业创造公平竞争、竞相发展的环境，用真招实策稳定市场预期和提振市场信心"。明显地，提振市场信心是保护中国市场免受大环境负面影响的天然屏障，是推动中国经济持续健康发展的重要保障。2023年8月10日，浙江省省长为浙江第1000万户市场经营主体颁发营业执照。这一刻意味着浙江市场经营主体总量突破1000万户，同比增长11.21%。浙江成为我国第5个市场经营主体总量突破1000万户的省份，这说明浙江经济发展的内生动力强劲。在浙江，每万人中市场经营主体拥有量为1520户；民营经济贡献了浙江60%以上的生产总值、70%以上的税收、80%以上的就业及90%以上的企业数量。② 在1000万户市场经营主体中，民营经济主体达967万户，占比96.69%。在全国工商联发布的2022中国民营企业500强榜单中，浙江有107家企业入围，占21.4%。③ 很显然，市场经营主体的健康发展是夯实经济高质量发展的重要基础。现阶段，浙江高位统筹加强顶层设计，正通过系统构建和健全培育更加具有创新活力市场主体的制度体系机制，培育和重塑具有充分自主权和市场活力的市场主体，以及制度创新联动，不断激活市场主体规模活力、市场主体结构活力、市场主体资本活力、市场主体创新活力，以提升市场信心。表6-7给出了浙江系统构建和健全培育更加具有创新活力市场主体的制度体系机制编码分析情况。

---

① 习近平著作选读（第二卷）［M］. 北京：人民出版社，2023：318-319.

② 奚金燕，周迪. 浙江市场经营主体总量突破1000万户［EB/OL］. https：//www. chinanews. com. cn/cj/2023/08-10/10059155. shtml，2023-08-10.

③ 屈凌燕、张璇. 浙江省市场经营主体突破1000万户［EB/OL］. http：//m. news. cn/2023-08/10/c_1129796382. htm，2023-08-10.

表6－7　　浙江系统构建和健全培育更加具有创新活力市场主体的制度体系机制

序号	制度体系机制	政策文件（部分）	政策目标
1	国有企业规范发展机制	《关于推进全省国有企业创新发展的意见》、《关于推动构建全省国资监管大格局的指导意见》、《关于培育"忠诚、担当、奋斗、创新、清正"浙江国资国企新风尚的意见》、《浙江省国资国企高质量发展战略纲要（2023—2027年）》和"345"专项行动清单、《关于推进浙江省国有经济布局优化和结构调整的实施意见》、《浙江省关于推进国有企业打造原创技术策源地的实施意见》、《浙江省"315"科技创新体系建设工程实施方案（2023—2027年）》[6-12]等	打响"浙里国资国企新风尚"品牌；建立健全组织体系、工作体系、政策体系、评估体系，推动国企体制机制重塑，真正按市场化机制运营
2	营商环境制度体系建设机制	《浙江省保障"最多跑一次"改革规定》《浙江省营商环境优化提升行动方案》《浙江省营商环境优化提升"一号改革工程"实施方案》《浙江省人民政府办公厅关于进一步优化营商环境降低市场主体制度性交易成本的实施意见》《浙江省地方标准：营商环境无感监测规范指标体系》《浙江省地方标准：营商环境无感监测规范数据计算分析应用》《深入推进营商环境优化提升"一号改革工程"助力企业高质量发展的若干举措》等	打造具有中国特色、浙江辨识度的国际一流营商环境，助力市场主体高质量发展
3	跨区域市场主体建设的制度机制	《浙江省推进长江三角洲区域一体化发展行动方案》《浙江省国民经济和社会发展第十四个五年规划和二〇三五年远景目标纲要》《浙江省国内贸易发展"十四五"规划》《浙江省自由贸易发展"十四五"规划》《市场监管赋能山区26县跨越式高质量发展实施方案》等	构建新发展格局赋能经济高质量发展
4	亲清型政商关系建设机制	《关于构建新型政商关系的意见》《国家税务总局浙江省税务局　浙江省工商业联合会关于构建亲清政商关系　共同服务民营经济高质量发展合作框架协议》《关于进一步促进民营经济高质量发展的实施意见》《浙江省民营企业发展促进条例》《关于推进清廉民营企业建设的实施方案》《关于规范领导干部廉洁从政从业行为进一步推动构建亲清政商关系的意见》等	以系统施治为导向，以政企共抓为手段，构建亲清型政商关系，形成亲清合力，打造民营经济健康发展标杆

序号	制度体系机制	政策文件（部分）	政策目标
5	民营企业发展机制	《关于进一步促进民营经济高质量发展的实施意见》《关于促进中小企业健康发展的实施意见》《关于落实"五个着力"推动民营经济新发展的若干意见》《浙江省民营企业发展促进条例》《浙江省促进中小微企业发展条例》等	激发民企活力和发展动力，推进民营企业健康高质量发展
6	要素市场化配置体制机制	《浙江省地方标准：企业投资工业项目"标准地"管理规范》《浙江省数字经济发展"十四五"规划》《中共浙江省委浙江省人民政府关于构建更加完善的要素市场化配置体制机制促进高质量发展的实施意见》《浙江省推进技术要素市场化配置改革行动方案》《浙江省数据要素市场化配置试点实施方案》《浙江省公共数据条例》等	推动要素配置依据市场机制实现效益最大化和效率最优化
7	平台经济治理体系机制	《关于进一步加强监管促进平台经济规范健康发展的意见》《关于深入实施数字经济"一号工程"的若干意见》《浙江省国家数字经济创新发展试验区建设工作方案》《浙江省数字赋能促进新模式发展行动计划（2020—2022）》《加快电子商务平台企业培育的指导意见》《浙江省公共数据条例》《浙江省地方标准：互联网平台企业竞争合规管理规范》《关于促进平台经济高质量发展的实施意见》等	构建更具活力的创新体系、多元融合的生态体系、精准高效的服务体系、公平透明的规则体系和高效协同的监管体系，全力打造平台经济现代化治理先行省
8	市场公平竞争全链条监管机制	《浙江省平台企业竞争合规指引》《浙江省省域公平竞争政策先行先试改革实施方案》《浙江省清理妨碍统一市场和公平竞争政策措施工作方案》《浙江省地方标准：互联网平台企业竞争合规管理规范》等	实现事前事中事后全链条监管，奋力打造公平竞争政策全域实施领跑省

第八，系统构建创业创新创造支持政策工具箱赋能经济高质量发展的制度体系机制。创新创业创造是经济社会发展的重要驱动力。2019年3月10日，习近平总书记在参加十三届全国人大二次会议福建代表团审议时强调，"要营造有利于创新创业创造的良好发展环境。要向改革开放要动力，最大限度释放全社会创新创业创造动能，不断增强我国在世界大变局中的

影响力、竞争力"。① 政策工具是为解决某一社会问题或达成一定的政策目标而采用的具体手段和方法。近些年来,浙江忠实践行"八八战略",积极实施一系列的创业创新创造支持政策工具,系统构建创业创新创造赋能经济高质量发展的制度体系机制,聚众智汇众力不断激发出全社会创业创新创造活力,最大限度地释放全社会创业创新创造新动能,为加快推动全省域经济高质量发展注入了强劲动力,积极探索出让数字经济、创新经济、生态经济、现代服务经济等"四新"经济成为新时代老百姓经济的有效路径。根据 2022 年首都科技发展战略研究院发布的《中国城市科技创新发展报告(2021)》,2021 年浙江全域区域创新能力连续 14 年居全国第 5 位,科技综合实力稳居全国第一方阵,下辖 11 市科技创新发展指数都高于全国平均值(见图 6-6),已经形成多主体、多层次、多领域的创新格局和态势。2022 年浙江省国家高新技术企业数量增长到 3.6 万家,较 2017 年实现翻两番。目前浙江的国家专精特新"小巨人"企业、单项冠军企业数量,均

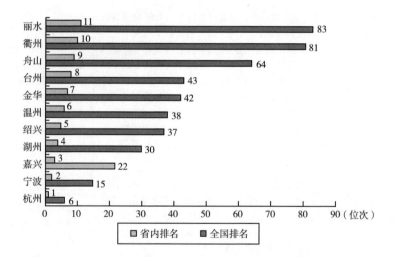

图 6-6 2021 年浙江省 11 城市的科技创新发展指数排名情况

资料来源:关成华,赵峥,刘杨. 中国城市科技创新发展报告 2021 [M]. 北京:科学技术文献出版社,2022:184-187.

---

① 福建日报评论员. 营造有利于创新创业创造的良好发展环境——二论学习贯彻习近平总书记参加福建代表团审议时的重要讲话精神 [EB/OL]. https://news.fznews.com.cn/dsxw/20190312/5c86f8196de27.shtml? from = m, 2019-03-12.

居全国前列。① 2022年浙江全省扶持创业5.1万人，发放创业担保贷款42.3亿元。② 根据2023年8月赛迪智库信息化与产业研究所发布的《中国大数据区域发展水平评估报告（2023年）》，2022年浙江数字基础设施（数字化生活场景）重点行业融合应用指数排名全国第一。根据罗伊·罗特韦尔（Roy Rothwell）和沃尔特·泽格菲尔德（Walter Zegveld）1981年提出的"供给型、需求型、环境型"三类政策工具分析框架，表6-8给出了对浙江实施一系列的创业创新创造政策文本（部分）进行发力点编码分析的结果。

表6-8　　政策工具视角下浙江实施创业创新创造政策的制度
主题特征词及主题名称

工具类型及编码	工具发力点	政策文件（部分）	所属工具名称	主题特征词（部分）	主题名称
供给型政策-1	科技创新	《浙江省人民政府办公厅关于加快构建科技创新基金体系的若干意见》	科技创新支持基金	基金体系、政府科技创新基金、科技公益基金、科技私募基金、重大创新平台科技创新基金	科技创新基金体系
供给型政策-2	人才培养	《浙江省碳达峰碳中和专业人才培养实施方案》	碳达峰碳中和专业人才培养	碳达峰、碳中和、绿色低碳技术、创新载体、"双碳"专业、"双碳"专家	"双碳"人才
供给型政策-3	公共服务	《浙江省人民政府关于推动创新创业高质量发展打造"双创"升级版实施意见》	"双创"升级	"双创"生态、主体、动能、平台、创业带动就业能力、投融资服务	大众创业万众创新
供给型政策-4	基础设施建设	《浙江省新型基础设施建设三年行动计划（2020—2022年）》	新型基础设施建设	数字基础设施、智能化基础设施、创新型基础设施、新型基础设施产业链生态	新型基础设施体系
环境型政策-1	绿色发展环境	《浙江省碳达峰碳中和科技创新行动方案》	绿色低碳技术创新发展	零碳电力技术创新、零碳非电能源技术发展、零碳工业流程重塑、低碳技术集成与优化、CCUS及碳汇技术	碳达峰碳中和

① 资料来源：余建斌，韩鑫，窦瀚洋.浙江以创新深化跑出高质量发展加速度（高质量发展调研行）[N].人民日报，2023-06-02（01）.

② 资料来源：王东丽，周凌云."浙"里何以成为大学生创业天堂[N].中国劳动保障报，2023-07-14.

工具类型及编码	工具发力点	政策文件（部分）	所属工具名称	主题特征词（部分）	主题名称
环境型政策-2	数字产业发展	《关于支持信息服务业稳进提质的实施意见》	信息服务业稳进提质	信息技术应用创新、信息服务业态创新、产业链创新链深度融合、雁阵式企业、数智赋能、信息技术服务产业园区、平台经济发展	数字经济核心产业发展
环境型政策-3	人才发展规划	《浙江省人才发展"十四五"规划》	人才发展"十四五"规划	人才强省、人才生态、人才发展、人才治理、人才结构、人才效能、一流人才、浙商青蓝接力工程、新生代企业家"双传承"计划、品质浙商提升工程	人才发展
环境型政策-4	民营企业发展	《浙江省民营企业发展促进条例》	民营企业发展	亲清政商关系、民营企业活力、民营企业创造力、平等使用资源要素、民营资本、平等准入、民营企业回报机制	民营企业发展
环境型政策-5	政策引导	《关于推动经济高质量发展的若干政策》	经济高质量发展	扩大有效投资政策、科技创新政策、"415X"先进制造业集群培育政策、现代服务业高质量发展政策、世界一流强港和交通强省建设政策、扩大内需和对外开放政策、乡村振兴和城乡一体化发展政策、保障和改善民生政策	经济高质量发展
需求型政策-1	数字政府建设	浙江省人民政府关于深化数字政府建设的实施意见	数字政府建设	数字变革、数字化改革、数字政府、掌上办事之省、掌上办公之省、掌上治理之省、现代政府、协同闭环、数字化生态、数字浙江	数字政府建设

续表

工具类型及编码	工具发力点	政策文件（部分）	所属工具名称	主题特征词（部分）	主题名称
需求型政策-2	市场壁垒	《浙江省清理妨碍统一市场和公平竞争政策措施工作方案》	大统一市场建设	地方保护、行政性垄断、营商环境、市场准入、市场退出、公平竞争、商品和要素自由流动、生产经营成本、生产经营行为、	大统一市场建设
需求型政策-3	商事制度改革	《浙江省深化"证照分离"改革进一步激发市场主体发展活力实施方案》	"证照分离"改革	市场主体、制度改革、照后减证、简化审批、清单管理、协同配套、商事登记制度改革、"一件事"改革、一网通管	"证照分离"改革

6.2 聚焦六个领域创新推进形成橄榄型社会结构体制机制

橄榄型社会结构是一个国家或地区社会现代化在低、中、高阶层结构上的生动描述，是判断一个国家或地区是否实现现代化的重要标志之一。率先在全国基本形成以中等收入群体为主体、"中间大两头小"[6-13]为典型特征的橄榄型社会结构是高质量发展建设共同富裕示范区的重要任务之一。扩大中等收入者比重是缩小收入差距、形成橄榄型社会收入分配格局的关键所在。由此可见，构建橄榄型社会收入分配格局的核心要义是扩大中等收入群体。要扩大中等收入群体，就需要通过一整套制度机制大幅度增加低收入者和中等低收入者的收入水平，使得他们向上中等收入群体流动。构建橄榄型社会收入分配格局是推动实现共同富裕的重要途径。《浙江高质量发展建设共同富裕示范区实施方案（2021—2025年)》明确提出，实施居民收入和中等收入群体双倍增计划，推进收入分配制度改革省域先行示范，要在经济高质量发展中构建有利于实现全体人民共同富裕的橄榄型社会收入分配格局。在具体操作实践上，浙江以新共同富裕理念为指导，不断强化收入分配制度改革领域顶层设计思路，聚焦六个领域，构建和实施有利于形成橄榄型社会收入分配格局的体制机制的政策措施。

第一，系统实施有利于中等收入群体"扩容提质"的政策体系支撑机制。实现中等收入群体"扩容提质"是浙江扎实推进实现共同富裕示范区建设的重要任务之一。实现中等收入群体"扩容提质"最终目的就是改善不同收入群体的收入分配结构，实现高水平的共同富裕。中等收入群体"扩容提质"是浙江实现全体人民共同富裕的重要途径和手段。从这个逻辑角度看，中等收入群体"扩容提质"是扎实推动共同富裕的必然之举。从功能作用角度看，中等收入群体对一个社会具有显著的"缩小社会不同阶层居民收入差距""能够优化整体社会消费结构""有利于推动产业升级与创新驱动"功能作用。从全体人民共同富裕实现角度看，中等收入群体的功能作用主要体现在"缩小社会不同阶层居民收入差距"层面，使得社会不同阶层的收入差距落在合理范围之内。鉴于中等收入群体上述的功能作用和自身具有的重要意义，浙江坚持在收入分配政策改革领域强化政策制度设计，深化利益联结试点工作机制，精细化分类施策，中等收入群体规模持续扩大。表6-9给出了浙江系统实施有利于中等收入群体"扩容提质"的政策体系支撑机制编码分析情况。

表6-9　浙江系统实施有利于中等收入群体"扩容提质"的政策体系

序号	政策支撑机制	面向群体对象	实现目标	政策文件（部分）
1	扶持中等收入群体后备军发展机制	技能人才、科研人员、小微创业者、高素质农民、小农户、农民群体[6-14]等	让更多普通劳动者进入到中等收入群体	《浙江省激发重点群体活力带动城乡居民增收的实施方案》《浙江高质量发展建设共同富裕示范区实施方案（2021—2025年）》《推进农民农村"扩中""提低"工作方案》《百村万户增收促富试点实施方案》《浙江省"扩中""提低"行动方案》
2	构建人才聚集机制	高素质人才、高校毕业生等	吸引更多优秀人才来浙就业创业	《关于建设高素质强大人才队伍打造高水平创新型省份的决定》《浙江省人才发展"十四五"规划》
3	优化中等收入社会结构政策体系	中等收入家庭、"扩中"重点群体、"提低"重点群体等	社会结构系统性优化	《浙江省"扩中""提低"行动方案》《浙江省财政厅构建家庭型财税政策体系攻坚行动方案》

序号	政策支撑机制	面向群体对象	实现目标	政策文件（部分）
4	构建一体发展、顺畅有序的人才流动机制	党政机关、企事业单位和社会各方面人才	完善人才顺畅流动的制度体系	《浙江省国民经济和社会发展第十四个五年规划和二〇三五年远景目标纲要》《浙江省人才发展"十四五"规划》
5	依法规范收入分配秩序	不同收入群体	完善收入分配秩序	《浙江省人民政府关于改革国有企业工资决定机制的实施意见》《浙江高质量发展建设共同富裕示范区实施方案（2021—2025 年)》

第二，系统构建劳动者就业创业生态跃升的政策体系制度支撑机制。人始终是经济社会发展过程中最为重要的因素。就业是社会劳动者发挥主观能动性、实现个人价值的主要途径。就业是最大的民生、民心、根基工程，是社会劳动者获得收入、提高生活品质的主要途径，是其共享经济发展成果的重要手段，直接关系到经济社会发展大局，是共同富裕的重要基础。党的十八大提出了要实现就业更加充分和推动实现更高质量的就业。从理论视角看，充分就业应该理解为所有有意愿并有能力工作的劳动者都能获得与之相适应的社会劳动岗位，高质量就业应该理解为劳动者就业结构高级化、就业市场环境的有效改善和就业保障体系的完善，致使就业者自身获得满意发展。更加充分更高质量就业则深刻体现了劳动者就业数量和就业质量的有机结合。从实际情况来看，实现更加充分更高质量就业是达成共同富裕示范区建设目标的关键内在要求。党的二十大报告中明确指出，实施就业优先战略，强化就业优先政策，健全就业促进机制，促进高质量充分就业。根据劳动经济学理论观点，国民经济财富的增长是社会劳动者就业岗位创造的源泉。高质量发展建设共同富裕示范区实施以来，为应对"就业去工业化"趋势显著、劳动力供给进入"刘易斯转折区间"劳动力短缺凸显、机器人替代浪潮对低技能就业造成冲击的就业极化效应[6-15]，以及新兴业态模式（例如，平台经济模式）快速扩张等宏观因素多维共振带来的劳动者就业脆弱性，浙江坚持以人民为中心，坚持大就业格局，坚持把高质量就业作为高质量发展的基础导向，以构建有利于推动实现更加充分更高质量就业为总抓手，加强劳动者就业生态跃升的顶层设

计，加大就业政策体系的制度供给，优化就业服务保障机制，形成高质量就业创业体系机制，倾力打造高效、优质、公平的劳动者就业创业生态系统，构建出"劳有岗位、劳有技能、劳有优得、劳有体面、劳有保障"五个可感知图景。表6－10给出了浙江系统构建高质量就业创业体系的制度机制编码分析情况。

表6－10 　　　浙江系统构建高质量就业创业体系的制度机制设计

序号	制度机制	关键词（部分）	政策文件（部分）
1	就业困难人员动态清零机制	劳动能力、就业意愿、帮扶、托底、零就业家庭、精准服务、职业指导、技能培训等	《浙江高质量发展建设共同富裕示范区实施方案（2021—2025年）》《浙江省"十四五"就业促进规划实施意见》
2	山区26县新增就业倍增机制	山区26县、就业、创业、倍增机制、新业态、新模式、新职业、特色平台、农创客、劳务品牌、特色行业、浙派工匠、"飞地"人才等	《浙江高质量发展建设共同富裕示范区实施方案（2021—2025年）》《浙江省"十四五"就业促进规划实施意见》《关于支持山区26县就业创业高质量发展的若干意见》
3	浙里好创业建设机制	创新创业文化、营商环境、市场准入、资金支持、创业培训、交流平台、成果转化、孵化器、众创空间等	《浙江高质量发展建设共同富裕示范区实施方案（2021—2025年）》《浙江省"十四五"就业促进规划实施意见》
4	"浙派工匠"名片建设机制	一流技师、高水平专业群、现代技工教育体系、技能人才、技能培训等	《浙江高质量发展建设共同富裕示范区实施方案（2021—2025年）》《浙江省"十四五"就业促进规划实施意见》
5	浙江无欠薪建设机制	"浙江安薪智治"、欠薪动态清零、行动、数字化改革、浙江安薪码"、欠薪治理、"无欠薪"评价体系等	《浙江高质量发展建设共同富裕示范区实施方案（2021—2025年）》《浙江省"十四五"就业促进规划实施意见》《以数字化改革为引领持续擦亮"浙江无欠薪"品牌的实施意见》
6	新就业形态权益保障机制	互联网平台就业、新就业形态、劳动者权益、集体协商、社会保险、保障机制、数字化应用、激励惩戒机制、劳动关系等	《浙江高质量发展建设共同富裕示范区实施方案（2021—2025年）》《浙江省"十四五"就业促进规划实施意见》《浙江省维护新就业形态劳动者劳动保障权益实施办法》

序号	制度机制	关键词（部分）	政策文件（部分）
7	就业服务智能化、全贯通机制	数字化改革、应用场景、数字化服务、大数据、就业创业、职业发展、贯通领域等	《浙江高质量发展建设共同富裕示范区实施方案（2021—2025年)》《浙江省"十四五"就业促进规划实施意见》《关于进一步加强高技能人才与专业技术人才职业发展贯通的实施办法》
8	构建浙江辨识度的高质量和谐劳动关系	劳动关系、试验区建设、公平就业环境、基本权益、劳动争议、创建标准、大中型企业、小微型企业、新业态平台企业、动态管理等	《浙江高质量发展建设共同富裕示范区实施方案（2021—2025年)》《高质量推进和谐劳动关系创建活动实施方案》《关于加强劳动关系协调员队伍建设的指导意见》
9	零工市场健康有序发展机制	灵活就业、增收、零工市场、高质量发展、就业服务体系、"浙里找零工"、服务平台、建设标准、零工需求、服务模式等	《浙江省人力资源和社会保障厅等7部门关于促进零工市场高质量发展健全完善公共就业服务体系的实施意见》
10	便捷高效的就业公共服务体系	就业、公共服务、就业创业体系、服务模式、"浙里就业创业"、数字化、就业服务治理智能化等	《浙江高质量发展建设共同富裕示范区实施方案（2021—2025年)》《浙江省公共服务"十四五"规划》
11	重点群体就业支持体系	失业人员、高校毕业生、退役军人、农民工、就业困难人员、帮扶、"扩中"、"提低"、就业创业、职业培训、就业服务等	《浙江高质量发展建设共同富裕示范区实施方案（2021—2025年)》《浙江省人力资源和社会保障事业发展"十四五"规划》《浙江省促进残疾人就业行动方案（2022—2025年)》
12	就业工作督查激励机制	就业、督查考评、激励机制、就业质量、评估、评价体系、表扬激励等	《浙江高质量发展建设共同富裕示范区实施方案（2021—2025年)》《浙江省人力资源和社会保障事业发展"十四五"规划》

　　第三，系统实施符合高质量发展导向的居民收入十年倍增计划。居民收入是国民收入分配的三大基本领域之一[6-16]。国之称富者，在乎丰民[6-17]。增加居民收入是经济发展的根本，也是体现以人民为中心的一个关键，必须千方百计地增加居民收入。增加居民收入是高质量发展建设共同富裕示范区进程中非常需要关注的重点问题。在新征程上扎实推进全体人民共同富裕，需要多渠道、多举措并举不断增加居民收入水平。这是最基础性的工作。增加居民收入非常有利于更好地满足实现人民群众对美好

生活的追求，进一步地夯实全体人民共同富裕。从实际情况来看，增加居民收入非常明显的好处有两个。第一个是有效发挥居民消费拉动经济增长的作用，第二个是有效激发和凝聚人民群众建设共同富裕社会的磅礴力量。根据《2022年浙江省国民经济和社会发展统计公报》，全省居民、城镇常住居民和农村常住居民人均可支配收入分别为60302元、71268元和37565元，比上年分别增长4.8%、4.1%和6.6%（见表6-11），全省居民收入增长势头强劲；扣除价格因素实际增长2.5%、1.9%和4.3%，全省居民收入实际增长势头仍旧客观；城乡收入比为1.90，比上年缩小0.04；全省低收入农户人均可支配收入18899元，其中，山区26县低收入农户人均可支配收入17329元，比上年增长15.8%，增速比全省低收入农户平均水平高1.2个百分点。从收入结构来看，全省居民、城镇常住居民和农村常住居民不同性质收入也都比2021年有显著性增加。整体来看，通过多渠道、多举措并举的一系列政策措施，浙江全省人民群众的钱袋子越来越鼓实，其生活和社会保障质量进一步获得显著性提升。经济发展水平是共同富裕程度的重要物质基础。高质量发展建设共同富裕示范区实施以来，浙江高度重视经济高质量发展水平是共同富裕程度的重要物质基础，聚焦不同居民收入群体，正确处理好不同居民群体收入增长关系及收入分配结构彼此协调，设计出兼顾不同区域、不同行业的居民收入倍增政策体系。表6-12给出了浙江系统实施符合高质量发展导向的居民收入十年增长计划制度机制编码分析。

表6-11　　　　　　2022年浙江全省居民人均收支主要指标情况

具体指标	全省居民		城镇常住居民		农村常住居民	
	绝对数（元）	比上年增长（%）	绝对数（元）	比上年增长（%）	绝对数（元）	比上年增长（%）
人均可支配收入	60302	4.8	71268	4.1	37565	6.6
工资性收入	34177	4.1	39718	3.4	22687	5.8
经营净收入	9880	6.3	10233	5.8	9149	7.3
财产净收入	7397	7.1	10397	6.5	1177	8.8
转移净收入	8848	3.8	10919	2.6	4552	8.3
人均生活消费支出	38971	6.3	44511	5.5	27483	8.1

资料来源：《2022年浙江省国民经济和社会发展统计公报》。

表6-12　　　浙江系统实施符合高质量发展导向的居民收入十年增长计划制度机制

序号	具体制度机制	关键词（部分）	政策文件	面向群体
1	工资合理增长机制	职工工资增长、企业效益、劳动生产率增长、工资单元、业绩贡献等	《浙江高质量发展建设共同富裕示范区实施方案（2021—2025年）》《高质量推进和谐劳动关系创建活动实施方案》	大中型企业职工
2	工资决定和增长机制	企业单位、事业单位、低收入群体、中等收入群体、工资收入、绩效工资、集体协商、薪酬制度等	《浙江省人力资源和社会保障事业发展"十四五"规划》《浙江高质量发展建设共同富裕示范区实施方案（2021—2025年)》	企事业单位职工
3	工资分配宏观指导机制	企业、分配制度改革、薪酬调查、信息发布、市场工资、指导价位、行业人工成本等	《浙江省人力资源和社会保障事业发展"十四五"规划》《浙江高质量发展建设共同富裕示范区实施方案（2021—2025年)》	企业职工
4	企业工资收入分配优化机制	最低工资标准、工资分配、工资集体协商、调节过高收入、分配制度改革等	《浙江省人力资源和社会保障事业发展"十四五"规划》《浙江高质量发展建设共同富裕示范区实施方案（2021—2025年)》	企业职工
5	城乡居民财产性收入渠道拓宽机制	城乡居民、财产性收入、财富管理、增值收益、金融产品、股权激励、员工持股计划、现金分红、"扩中""提低"等	《"扩中""提低"行动方案（2021—2025年）》《浙江高质量发展建设共同富裕示范区实施方案（2021—2025年）》	城乡居民
6	农民致富增收机制	农民致富、联结机制、农创客、农家旅游、致富计划、土地经营权、林权、创业就业、未来乡村、高效生态农业、农业全产业链、现代农业园区、农户入股、农民农村资产、集体经营性收入、增收促富、小农户增收等	《浙江高质量发展建设共同富裕示范区实施方案（2021—2025年)》《农业农村领域高质量发展推进共同富裕行动计划（2021—2025年）》《中共浙江省委农村工作领导小组办公室关于支持山区26县乡村全面振兴加快农民农村共同富裕的意见》《关于2023年高水平推进乡村全面振兴的实施意见》《百村万户增收促富试点实施方案》	农村居民

第四，系统构建创新要素有序高效流动空间聚集优化配置和参与分配的制度机制体系。创新要素具体指复杂性社会创新活动开展过程中必不可

少的关键性生产要素，是创新活动的重要性战略资源和基础源泉，也是区域发展首要争夺的资源，其构成创新本身必须具有的实质或本质组成部分。从要素论视角来看[6-18]，创新要素具体包括创新知识、创新技术、创新人才（即研发人员）、创新资本（即研发资本）、数据创新要素、产业与市场、创新研发平台、政策与制度、创业者、管理要素、创新方法、创新设施、信息资源等关键性创新生产要素。这些创新要素因具有高附加值、知识空间溢出效应、边际收益递增和可再生性的典型特征，成为驱动技术进步与经济可持续增长的核心资源。创新要素通过高级化配置、高效化配置、结构化配置和协同化配置等四层配置作用对实体经济高质量发展和增强经济发展韧性现已形成支撑效应，成为驱动全体人民共同富裕实现的重要新引擎。目前，浙江全域创新成效显著。2017~2022年，浙江省研发投入从1266亿元增至2350亿元；国家高新技术企业从0.9万家增至3.6万家，省科技型中小企业从4万家增至9.8万家；高新技术产业增加值占规上工业增加值比重从42.3%提高至65.3%；省属企业已拥有省级以上高能级创新平台逾百个。① 2022年，浙江创新能力综合排名跃居全国第4位，实现了历史性突破；以全国第一的成绩荣获国务院创新驱动督查激励，也是连续第4年获得国务院督查激励；2021年R&D经费投入位居全国第4位，R&D强度达2.94%，超过欧盟15国平均水平，其中，企业R&D经费支出1890.41亿元，占全省的87.6%，企业创新主体地位日益稳固，企业技术创新能力居全国第3位。② 2012年以来，浙江创新要素配置水平在全国排名第一梯队中稳步上升（见表6-13）。"十四五"时期以来，针对原始创新和关键核心技术攻关能力不强、高端创新人才紧缺、重大创新平台和载体偏少等短板比较明显，科技创新支撑高质量发展的动能不强等问题，浙江强化顶层设计，系统构建完善的创新要素有序高效流动空间聚集优化配置和参与分配的制度机制体系，支撑共同富裕示范区建设。表6-14给出了浙江系统构建创新要素有序高效流动空间聚集优化配置和参与分配的制度机制体系编码分析情况。

---

① 孙庆玲，张均斌，魏其濛．"科技力"驱动产业蝶变 [N]．中国青年报，2023-06-08 (02)．
② 资料来自《浙江省科技创新发展"十四五"规划》。

表 6 - 13　　2012~2020 年浙江省创新要素配置水平在全国排名情况

省份	2012 年	2013 年	2014 年	2015 年	2016 年	2017 年	2018 年	2019 年	2020 年
北京	1	1	1	1	1	1	1	1	1
天津	5	4	4	3	3	2	2	2	2
河北	23	24	24	21	17	19	12	15	14
上海	2	2	2	2	2	3	3	5	3
江苏	4	6	3	4	4	4	4	4	4
浙江	**7**	**7**	**7**	**8**	**8**	**8**	**8**	**3**	**5**
福建	8	8	8	7	7	7	7	6	6
山东	9	9	9	9	6	6	6	8	7
广东	6	5	5	5	5	5	5	7	9
海南	16	16	22	23	22	23	21	10	22
山西	25	25	25	24	21	21	22	11	26
安徽	15	15	14	14	15	12	9	9	12
江西	19	19	19	20	20	24	20	13	13
河南	14	14	17	17	14	14	14	14	15
湖北	17	17	18	18	18	18	18	21	16
湖南	20	20	13	13	13	20	26	16	17
重庆	3	3	6	6	9	9	10	17	8
四川	10	10	10	10	10	10	11	18	11
贵州	11	11	11	11	11	11	13	19	18
云南	12	12	12	12	12	13	15	20	30
陕西	13	13	15	15	16	15	16	12	20
甘肃	28	28	28	28	28	28	28	28	25
青海	29	29	29	29	29	29	29	29	26
宁夏	22	22	21	22	24	22	23	24	27
新疆	30	30	30	30	30	30	30	30	28
内蒙古	26	26	26	26	26	26	25	26	29
广西	27	27	27	27	27	27	27	27	21

续表

省份	2012 年	2013 年	2014 年	2015 年	2016 年	2017 年	2018 年	2019 年	2020 年
辽宁	28	28	28	28	28	28	28	28	23
吉林	18	18	16	16	19	16	17	22	19
黑龙江	24	23	23	25	25	25	24	25	24

资料来源：边作为. 中国创新要素配置水平的测度及区域差异分析 [J]. 技术经济与管理研究，2023（4）：38－43.

表 6－14　　　　浙江系统构建创新要素有序高效流动空间聚集优化配置和参与分配的制度机制体系

序号	制度机制	涉及创新要素领域	关键词（部分）	政策文件
1	构建全省域创新体系体制	创新人才、创新资本、创新平台、产业与市场、政策与制度、创新技术等	科技创新、创新型省份、科技强省、科创高地、科技体制、创新创业生态系统、创新平台、原始创新、创新资本、创新人才、高质量发展、科技治理、基础研究、智能计算等	《浙江省科技创新发展"十四五"规划》
2	构建支撑共同富裕的科技创新机制	创新人才、创新资本、创新平台、创新资本、产业与市场、创新政策、创新制度、创新技术、信息资源、管理方式	浙江特色、创新驱动、高质量发展、科技创新、全域创新、创新型省份、创新型城市、创新型县（市）、科技园区、创新型特色园区、试验区联盟、协同创新、绿色低碳、科技强农、科研体系、科研新范式、信息资源、技术要素市场等	《推动高质量发展建设共同富裕示范区科技创新行动方案》《关于改革完善省级财政科研经费管理的实施意见》《关于加强科技创新助力经济稳进提质的若干政策措施的通知》
3	构建"315"科技创新体系	创新资本、创新人才、创新设施、创新政策、创新制度、产业与市场	科创高地、创新策源地、科技创新体系、科创平台、科创走廊体系、开放创新生态、科创创新基金、新型实验室、高水平学科专业、创新联合体、创新链、产业链、资金链、人才链、创新网络、科技金融等	《浙江省"315"科技创新体系建设工程实施方案（2023—2027 年）》

续表

序号	制度机制	涉及创新要素领域	关键词（部分）	政策文件
4	构建科技创新基金体系	创新资本、创新人才、创新平台、创新政策、创新制度	政府科技创新基金、科技公益基金、科技私募基金、重大创新平台科技创新基金、科技金融改革、产业基金、投资模式、社会资本、国家大基金、退出机制、创业投资基金、股权转让、市场化融资等	《关于加快构建科技创新基金体系的若干意见》
5	构建创新链产业链融合发展机制	创新资本、创新人才、产业与市场、创新政策、创新制度	企业创新、产业集群、链主企业、创新联合体、科技小巨人、国有企业、省属企业、"编制池"管理、分红激励、"新星"产业群、产业生态构建、政策集成等	《关于推动创新链产业链融合发展的若干意见》
6	构建促进平台经济高质量发展机制	数据创新要素、创新基础设施、创新平台、创新人才	平台企业、创新联合体、"平台—场景—生态"模式、融合创新、数据要素市场化、平台发展标准体系、数智赋能、新业态新模式、平台经济人才、平台治理、数字监管等	《关于促进平台经济高质量发展的实施意见》
7	完善创新要素参与分配机制	创新知识、创新人才、管理要素、数据创新要素、创新资本、产业与市场、创新政策、创新制度、创新技术	要素价值、创新要素、收入分配、收益分享、公示制度、市场化定价机制、评价机制、科技奖励、数据要素市场、资源价值、证券化、资本化等	浙江高质量发展建设共同富裕示范区实施方案（2021—2025年）

第五，创新构建有利于推动共同富裕实现的积极财政制度体系与安排。作为一种正式制度，财政直接改变着社会利益关系的重组，是国家治理的重要基础与重要支柱，对促进经济发展、调节收入分配、兜底民生保障等方面起到关键性作用，是实现共同富裕的重要制度保障，其系统解决中国式现代化五大元素中涉及的民生问题。具体到财政促进实现共同富裕的作用职能上，则表现为财政通过财力分配、资源配置、财政政策引导和财政

体制的制度性保障，实现全体人民共同富裕。从具体操作层面来看，财政通过基础性、综合性和宏观性等三大具体操作性职能，协助调整社会各方利益主体的矛盾冲突，弥补市场无形之手存在的不足，促进资源的合理优化配置。2023 年浙江省一般公共预算收入 8600.02 亿元，比 2022 年增长 7.0%，其中税收收入 7124.06 亿元，比 2022 年增长 7.6%，占一般公共预算收入的 82.8%。① 2023 年浙江财政支持实施公共服务"七优享"工程（根据《浙江省公共服务"七优享"标准体系建设方案》，"七优享"工程具体指幼有善育、学有优教、劳有所得、病有良医、老有康养、住有宜居、弱有众扶），全省一般公共预算支出用于民生的比例达 75.5%，有力保障高质量完成十方面民生实事项目。② 在高质量发展建设共同富裕示范区战略背景下，浙江财政围绕《支持浙江省探索创新打造财政推动共同富裕省域范例的实施方案》着力做好短中期、中长期层面财政顶层设计和财政制度体系创新，以创造性张力主动作为，聚焦共同富裕示范区建设的各项任务，创新完善集中财力办大事财政政策框架体系，精准实施一系列共富型财政政策：实施有地方特色的省管县财政体制改革，有效调节区域经济发展的不平衡；实施区域协调财政专项激励政策，有效促进区域经济协调发展；实行省、市、县层面生态补偿制度，有序推动"绿色浙江"建设；实施山区 26 县"一县一策"发展方案，实现山区跨越式高质量发展。图 6 - 7 给出了浙江创新构建有利于推动共同富裕实现的积极财政政策制度机制与安排框架体系。

第六，全面系统构建助力共同富裕的收入第三次分配制度的社会"自调节"机制体系。党的十九届四中全会通过的《中共中央关于坚持和完善中国特色社会主义制度推进国家治理体系和治理能力现代化若干重大问题的决定》明确，要重视发挥第三次分配在国民收入财富分配格局中的突出作用。收入第三次分配是国家财富收入分配制度结构中重要组成部分，缺一不可，属于公共服务范畴。收入第三次分配本质上是基于自愿性原则、

---

① 关于 2023 年全省和省级预算执行情况及 2024 年全省和省级预算草案的报告 [EB/OL]. http://czt.zj.gov.cn/art/2024/2/6/art_1416803_58928305.html，2024 - 02 - 06.

② 2023 年浙江财政收入质量居全国前列，全省一般公共预算支出用于民生比例达 75.5% [EB/OL]. https://zj87.jxt.zj.gov.cn/zlzq/citySite/views/article/news/detail.html? id = 240483，2024 - 02 - 23.

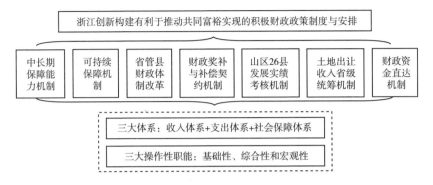

图6－7　浙江创新构建有利于推动共同富裕实现的积极
财政政策制度机制与安排框架体系

受道德情感驱动的、以社会自助互助方式开展的分配活动，重构现阶段经济秩序、分配秩序、社会秩序、道德秩序，是实现全体人民共同富裕的重要收入分配机制。从收入第三次分配的作用机制看，体现为"弥补初次分配和再分配的不足""善行文化中促进共同富裕""社会力量助力共同富裕""社会公平中推动共同富裕"。"善行浙江"建设是浙江高质量发展建设共同富裕示范区中的重要战略任务。"善行浙江"建设重点是突出依靠社会力量（企业、社会组织和个人等）通过多种形式实现收入第三次分配的社会互济，助力共同富裕。截至目前，浙江收入第三次分配的主体力量不断壮大，各项政策制度体系逐渐完善，"善行浙江"已成为响亮的金名片。根据《2022年中国慈善信托发展报告》，2022年浙江省慈善信托备案规模超4亿元，历年累计备案规模达15.38亿元，浙江是目前唯一突破10亿元的省份。根据民政部发布的2022年第一季度相关统计数据，浙江全省登记认定慈善组织1364家，基金会达925家，慈善基地达101个，注册志愿者已超过1803万人，依法登记的志愿服务组织1403个，城乡综合服务设施设立志愿服务站点2.48万个，持证社会工作者已达11.3万人，社工站点总量达9595家。根据2023年2月10日浙江省民政工作会议，截至2022年底，浙江拥有社区社会组织25万家，每万人拥有社会组织11.2家、拥有持证社工23.9名，均居全国第一；2022年浙江最低生活保障年标准达到1.2万元以上。图6－8给出了浙江全面系统构建助力共同富裕的收入第三次分配制度的社会"自调节"机制体系框架结构。

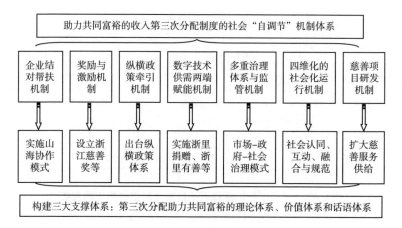

图6-8　助力共同富裕的收入第三次分配制度的社会"自调节"机制体系框架结构

6.3　聚焦九个领域创新推进公共服务优质周全共享长效机制

　　建设完善的公共服务优质周全共享的制度体系是实现全体人民共同富裕的必然要求。从政府公共管理角度来看，公共服务是指满足每位公民公共需求的行为，是政府为公共利益提供的一般性或普遍性服务，包括公共服务保障供给的数量和质量两个方面，目的是"利为民所谋"，即提升每位公民的社会生活质量。所谓公共服务优质共享维度的共同富裕，是指全体公民都可以公平可及地获得优质共享的公共服务。这种优质共享的公共服务对每位公民形成的吸引力、满意度、安全感、幸福感、体验感、品质感等方面趋向于无差异或差异在可接受范围之内，不会给每位公民带来心理上不可接受的明显感觉。公共服务优质共享体现了公共服务优质均等化，既是公平性在公共行政过程的具体实践，也是公共性在政治运作实践中的应有之义。公共服务优质共享是浙江高质量发展建设共同富裕示范区的重要任务之一，是一项典型的基础性建设工程。大数据与人工智能作为一种新型技术，引发了政府公共服务领域的管理变革。进入大数据时代，运用大数据技术提升政府公共服务管理能力已成为趋势。当前，浙江正积极借助大数据与人工智能新型技术驱动决策机制，完善政府公共服务管理体制改革，实现政府公共服务供给流程重构与模式创新，不断优化公共服务设施空间布局，提升公共服务的均衡性和可达性，建成涵盖育儿友好型服务等九个领域的公共服务体系，构建公共服务优质周全共享有效供给格局，做实全体人民共同富裕底座，扎实推动全体人民共同富裕。图6－9示意了大数据时代背景下浙江实施公共服务优质共享项目供给与扎实推动共同富裕的关系机理框架。

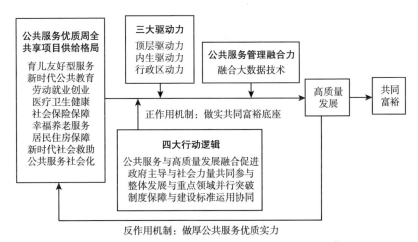

图6－9 浙江实施公共服务优质共享项目供给与扎实推动共同富裕的关系机理框架

第一，系统建构育儿友好型社会的政策体系与制度机制。全体人民共同富裕社会的实现依赖于德智体美劳全面发展的社会主义建设者和接班人。少年强则国强，少年进步则国进步。因此，需要注重对人的早期培养与教育，以期每人都能成为高质量的人才资源。那么，如何构建育儿友好型社会呢？早在1996年，联合国儿童基金会和联合国人类住区规划署曾共同发起成立"儿童友好型城市倡议"。我国先后出台了《中共中央 国务院关于优化生育政策促进人口长期均衡发展的决定》《关于推进儿童友好城市建设的指导意见》，为浙江率先构建育儿友好型社会提供了一定的方向指引。浙江在建设共同富裕示范区的过程中，先行提出构建育儿友好型社会理念。建设育儿友好型社会是浙江实施公共服务优质周全共享九大项目之一，目的就是为高质量发展建设共同富裕示范区及未来浙江经济社会发展提供持久的、高质量的人才资源。现阶段，浙江在人口长期均衡发展、家庭育儿公共服务等方面积极普惠施策，努力率先构建育儿友好型社会的政策体系与制度机制，有效降低居民家庭育儿的直接成本，即缓解居民家庭的育儿经济压力。从 2023 年 8 月召开的浙江省"国家儿童友好城市"建设工作现场会获悉，浙江全省共有 5 个设区市成功入选国家儿童友好城市建设名单，数量居全国首位。浙江持续优化儿童友好社会政策、公共服务，加大儿童公共服务设施投入和适儿化改造，千人托位数、公办幼儿园在园幼儿占比、普惠性幼儿园在园幼儿占比均居全国第一，推动儿童友好向农村延伸，制定出台全国首个儿童友好乡村建设规范，擦亮了共建共享的儿童友好共富底色。将儿童友好元素全面融入可视可感的生活场景，打造 2349 个儿童友好试点单元，让孩子们尽享"家门口的便利"，增添了美美与共的儿童友好幸福暖色。图 6-10 给出了浙江系统构建育儿友好型社会的政策体系与制度机制框架。

图 6-10 育儿友好型社会的政策体系与制度机制框架

第二，系统建构支撑建设新时代公共教育高质量发展的政策体系与制度机制。共同富裕是人的全面发展的内在要求和必然结果，也是人的全面发展的重要保障。人的全面发展离不开教育公平。实现教育公平是实现共同富裕首先要解决的问题。教育是民族振兴与社会进步的根本基石。作为一种基础性的社会要素，因教育本身具有的经济属性[6-19]和社会属性[6-20]，教育通过"授人以渔"和"教育—经济—政府—社会"的"四螺旋"合作机制在促进共同富裕中具有基础性、长期性和先导性作用，关系到共同富裕的发展性、共建性、共享性和可持续性。在扎实推动全体人民共同富裕的宏观政策语境下，教育通过教育正义能够为实现共同富裕提供政治基础、经济基础、制度基础和战略动力。进入新时代以来，为确保每位公民公平地、可及地获得教育，以优质、均衡、一体化为特征的公共教育供给模式改革势在必行。发展优质、均衡、一体化的公共教育服务能够充分保障全体人民的公平受教育权利。新时代公共教育服务是建设完善的公共服务优质周全共享项目供给中的核心要素。新时代公共教育体系包括义务教育、高中段教育、职业技能教育、特殊教育和专门教育、普通高等教育、开放教育等不同层次教育。为能够使得全体人民公平地、可及地获得公共教育资源，助力高质量发展建设共同富裕示范区，浙江系统建构支撑建设新时代公共教育高质量发展的政策体系与制度机制框架（见图6-11），进一步打造面向共同富裕的高质量、高水平教育体系。例如，"十三五"期间，浙江省坚持"以教育信息化支撑和引领教育现代化"的发展理念，以促进技术与教育教学深度融合为核心，全面发展智慧教育，基础教育信息化发展指数连续四年居全国首位。①

图6-11 支撑建设新时代公共教育高质量发展的政策体系与制度机制框架

第三，系统构建面向全体劳动者终身职业技能教育适应性的技能型社会生态系统。劳动者的终身职业技能问题具有典型的社会属性[6-21]。职业技能教育是与经济社会发展最为紧密关联的一种教育类型。《中共中央关于制定国民经济和社会发展第十四个五年规划和二〇三五年远景目标的建议》和《中华人民共和国国民经济和社会发展第十四个五年规划和2035年远景

---

① 资料来自《浙江省教育信息化"十四五"发展计划》。

目标纲要》都明确提出要将"增强职业技术教育适应性"作为未来职业技能教育的重要任务。增强职业技术教育适应性是新时代全体劳动者切身技能利益诉求表达与整合的话语建构,就是要突出劳动者终身职业技能的形成是一个不断持续的社会化过程,需要一个良好的技能型社会生态系统作为支撑,否则不可能一蹴而就。职业技能教育适应性,旨在提升劳动者终身劳动技能和持续就业能力,弱化学历筛选机制带来的劳动力市场结构矛盾[6-22],强化个人劳动技能与市场需求持续匹配,以实现更好的个人发展和社会融合。制度是稳定重复的行动规则,对于社会形态的建构具有重要的作用机制。技能型社会是一个国家重视技能、社会崇尚技能、人人学习技能、人人拥有技能的社会形态。从制度演化角度看,技能型社会生态系统的构建实际上属于一个社会建构过程。技能型社会建设要素包括技能型人力资本内外部张力和技能型人力资本张力转化。这两种要素是技能型社会生态系统构建不能忽视的关键要素。为满足高质量发展建设共同富裕示范区的技能人才需求,浙江围绕劳动者终身职业技能教育适应性,从外部嵌入、内部嵌入和层级嵌入三个路径,系统构建了技能型社会生态系统(见图6-12)。

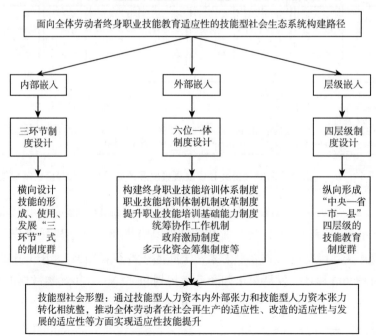

图6-12 面向全体劳动者终身职业技能教育适应性的技能型社会生态系统构建路径

　　第四，系统构建具有浙江标识的全民健康权利保障的医疗健康制度体系和行动框架。人的健康是个人生存和发展的重要前提，因而是一项重要的人权。人们对共同富裕美好社会的向往，离不开健康的根本保障。世界卫生组织于1964年签署的《世界卫生组织宪章》中明确宣布，"享有可能获得的最高标准的健康是每个人的基本权利之一，不因种族、宗教、政治信仰、经济及社会条件而有区别"。2017年《中国健康事业的发展与人权进步》白皮书非常明确地把健康权界定为"一项包容广泛的基本人权，是人类有尊严地生活的基本保证，人人有权享有公平可及的最高健康标准"。健康权是每位公民的一项基本人权。健康权包括两个方面的要素。第一个要素是关于健康保障的，例如治疗和预防保健；第二个要素是与"健康的基本前提条件"相关的，例如基本卫生设备的足够供应等[6-23]。为积极回应人民对健康权利的关切，我国主动设计出台《基本医疗卫生与健康促进法》，用"制度"保障人民的健康防御权、健康受益权与获得健康照护权等健康权利和健康权利平等。国家把健康权确立为每位公民一项基本权利，通过积极公共政策来保障每位公民健康权利实现的人权治理实践逻辑，很好地表达了中国共产党以人民为中心的执政理念。为能够切实保障全体人民的健康权，扎实推动共同富裕示范区建设，浙江围绕人民群众健康防御权、健康受益权与获得健康照护权三大健康权，系统构建具有浙江标识的全民健康权利保障的医疗健康制度体系和行动框架（见图6-13），形成了立足"完善人民健康促进政策"的"浙江经验"。根据2022年11月7~8日召开的浙江省高水平推进健康浙江行动现场会披露的数据，健康中国行动实施三年来，高质量、高水平推进健康浙江建设各项工作取得明显成效，截至2021年底，浙江全省人均预期寿命82.2岁，高于全国4.0岁。健康浙江行动第一梯队初步形成，示范效应初显成效。浙江居民健康素养水平36.11%；经常参加体育锻炼（含学生）人数占总人口的42.2%；国民体质监测合格率达94%。整体层面上，2021年健康浙江发展指数达到84.42，高质量、高水平打造健康中国省域示范区迈上新台阶。①

---

　　① 最新！浙江人均预期寿命达82.2岁［EB/OL］. https：//www.zj.gov.cn/art/2022/11/9/art_1229401406_59930028.html，2022-11-09.

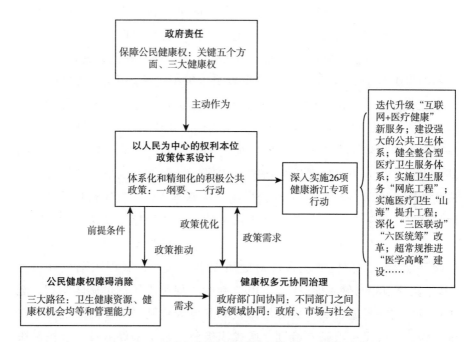

图 6 – 13　具有浙江标识的全民健康权利保障的医疗
健康制度体系和行动框架

第五，系统推进社会保障制度精准化结构性改革，建立起高质量、可持续性发展的社会保障制度体系框架。社会保障是保障和改善民生、维护社会公平、增进人民福祉的基本制度保障，是促进经济社会发展、实现广大人民群众共享改革发展成果的重要制度安排，发挥着民生保障安全网、收入分配调节器、经济运行减震器的作用，是治国安邦的大问题。① 实现共同富裕离不开公平的收入分配制度。社会保障制度是维护社会公正、改善民生的重要举措，通过"再分配和社会保护机制"对社会财富收入进行调节和兜底性保障。构建高质量、可持续性发展的社会保障制度是扎实实现共同富裕的重要制度安排之一和内在要求，是跨越西方国家"福利陷阱"的根本之路。社会保障制度涵盖社会保险制度、社会救助制度、社会福利制度、社会优抚制度等四个方面，其中社会保险制度占主体。社会救助制度、社会福利制度、社会优抚制度属于非缴费型，是由财政承担的社会保

---

① 习近平. 促进我国社会保障事业高质量发展、可持续发展 [J]. 求是，2022（8）：4 – 10.

障制度具体形式。高质量、可持续性发展的社会保障制度是能有效应对人类风险的覆盖人群广泛、制度体系完备、权责结构清晰、基金保障充分，实现社会保障制度充分性、公平性和可持续性发展，且涵盖制度质量、体系质量、服务质量、立法质量和发展质量的制度安排体系的总称，它能有效兼顾公平与效率、权利和义务、中央与地方、政府与市场等关系。为避免人们因收入分配公平感知上的阶层分裂，浙江建立起整体社会中等收入人群的"中层认同"，扎实实现高质量发展建设共同富裕示范区，围绕"健全制度体系、扩大覆盖面、优化保障服务、标准化建设立法、提升管理水平"，从社会保障制度的可持续性、公平性、共享性及包容性入手，进行精准化结构性改革和重构，建立起多层次[6-24]、保兜底、重梯度、系统协调的社会保障制度体系（见图6-14）。

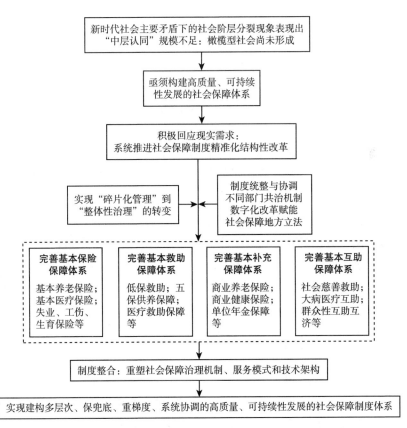

图6-14　浙江构建社会保障制度体系框架逻辑

《2022 年浙江省国民经济和社会发展统计公报》显示，截至 2022 年底，浙江全省参加基本养老保险人数 4520 万人，参加基本医疗保险人数 5577 万人，参加失业保险、工伤保险、生育保险人数分别为 1851 万人、2767 万人和 2186 万人。《2022 年度浙江省人力资源和社会保障事业发展统计公报》显示，城乡低保对象 56.4 万人（不含五保）群体享受到最低生活保障；浙江全省社会保障卡持卡人数为 6223 万人，基本实现常住人口全覆盖；领用电子社会保障卡人数达 4406 万人，电子社会保障卡在 48 个渠道提供服务。表 6-15 给出了浙江省社会救助发展"十三五"时期主要指标完成情况。

表 6-15　　　浙江省社会救助发展"十三五"时期主要指标完成情况　　　单位:%

序号	指标名称	2015 年	2020 年目标值	2020 年完成情况
1	最低生活保障标准城乡一体化程度	75	80	100
2	医疗救助政策落实率	—	100	100

资料来源:《浙江省社会救助事业发展"十四五"规划》。

第六，系统构建面向共同富裕的幸福养老服务体系框架。进入新时代以来，尤其在扎实推进共同富裕的背景进程下，老年人的生活需求发生了根本性转变，即从经济保障型向服务保障型转变。新时代幸福养老服务是高质量养老服务，是浙江高质量发展建设共同富裕示范区的重要内容之一。新时代幸福养老服务旨在通过提供必要的生活服务提升社会上老年人的生活品质，让他们获得幸福满足感。从构成内容上看，新时代幸福养老服务具体包括两个方面的核心内容。一方面是通过救助供养等兜底性制度安排，满足孤寡老人等特殊群体的服务需求；另一方面是在优化基本制度安排的基础上，通过不断健全养老服务体系，为全体老年人提供更高质量的养老服务。体系化的新时代幸福养老服务政策需要从内容、形式、制度、管理、经济、技术、文化等七个方面着手构建。2021 年 11 月 18 日，中共中央、国务院出台的《关于加强新时代老龄工作的意见》明确指出，要对健康、失能、经济困难等不同老年人群体，分类提供养老保障、生活照料、康复照护、社会救助等适宜服务，要求从创新居家社区养老服务模式、进一步规范发展机构养老、建立基本养老服务清单制度和完善多层次养老保障体系等四个方面不断健全养老服务体系。根据《浙江省养老服务发展"十四五"规划》文件内容,"十三五"期间,浙江省养老服务设施布局基本完成,养老服务政策初步构建,养老服务发展理念明显转变,"以居家为基础、社区为依托、机构为补充、医养相结合"的养老服务体系基本建成,目标任务全面完成(见表6-16),主要指标位居全国前列,连续两年得到国务院督查激励,广大老年人幸福感、获得感和满意度不断提升。① 进入新时代以来,浙江围绕老年人对美好生活向往和高质量发展建设共同富裕示范区要求,针对养老保障供需两侧的非对称性矛盾[6-25],强化顶层设计提出幸福养老服务理念,推进养老服务体系转型升级,积极探索和深化养老服务"三大改革",实施养老服务提升"五大行动",系统构建具有浙江标识的新时代幸福养老服务体系框架(见图6-15)。

表6-16　浙江省养老服务发展"十三五"期间主要指标完成情况

序号	主要指标	2015年	2020年目标值	2020年完成情况
1	每千名老年人拥有社会养老床位(张)	48.6	50	55
2	每千名老年人拥有养老机构床位(张)	35	40	40.2
3	养老机构护理型床位占比(%)	36	50	53
4	民办养老机构床位占机构床位比例(%)	54.6	70	75
5	城乡社区居家养老服务照料中心(万个)	1.92	2.3	2.34
6	养老服务补贴对象占老年人口比(%)	2.5	3	3.1

资料来源:《浙江省养老服务发展"十四五"规划》。

第七,系统构建面向共同富裕的"浙里安居"体系框架。住房是民生之要,承载着居民的生活功能、社会功能和财富功能,独立于劳动力市场的社会分层[6-26]方式,直接决定了人们的生活机会。住房问题关系到人民群众切身福祉。在新时代新征程上,需更加关注居民住房保障制度的公平覆盖和服务质量的提升,解决好广大人民群众的住房问题,构建完善的居民住房保障体系,让广大人民群众都能体面地居住生活,是衡量共同富裕是否实现的重要标志之一。党的二十大报告中明确指出,要坚持房子是用来住的、不是用来炒的定位,加快建立多主体供给、多渠道保障、租购并

① 浙江省养老服务发展"十四五"规划[EB/OL]. https://mzt.zj.gov.cn/art/2021/4/28/art_1229262777_4700756.html, 2021-04-28.

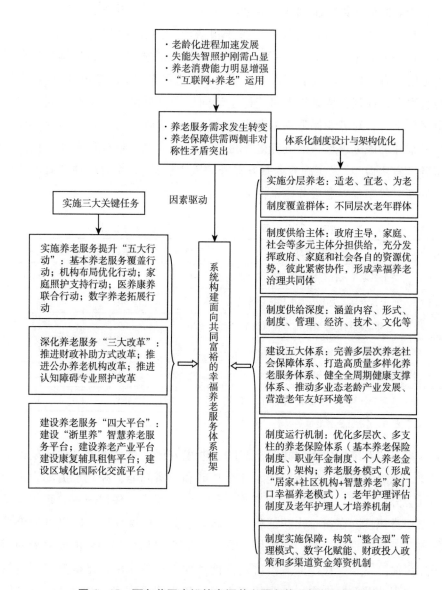

**图 6-15 面向共同富裕的幸福养老服务体系框架的驱动
因素、制度设计与路径选择逻辑**

举的住房制度。这为满足居民居住需求，抑制投资需求，打击投机性供给，构建完善的居民住房保障体系提供了方向性指引。"十三五"期间，浙江省居民"住有所居"迈出新步伐。《浙江省住房和城乡建设"十四五"规划》中公布的数据显示，"十三五"期间，浙江省商品住宅销售面积超过3.9亿平方米，近400万户家庭通过购买商品房改善了居住条件；住房保障水平稳步提升，城镇住房保障覆盖率达23.9%，开工各类棚户区改造116.9万套，提前完成国务院棚改新三年攻坚计划，温州、绍兴先后成为国务院棚改激励支持地级市；城镇老旧小区改造加快推进，"十三五"期间浙江全省共开工改造老旧小区1015个，惠及居民43.5万户。城镇新建房屋白蚁预防实现全覆盖，预防面积达112334万平方米。从2021年浙江存量公积金利用效率与全国其他地区及全国平均的对比情况看，都居于全国前列（见图6－16）。浙江省在"十三五"期间公积金改革发展取得新成效，累计归集资金7033亿元，支持住房等消费8885亿元。①

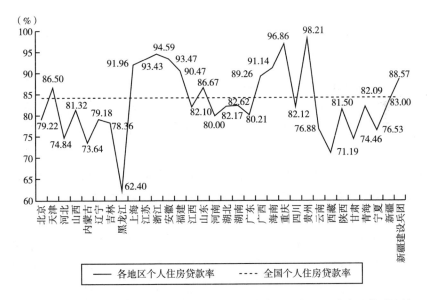

图6－16 2021年浙江存量公积金利用效率与其他地区及全国平均水平的对比情况

资料来源：吴义东，王先柱．共同富裕视角下住房公积金制度的改革思路——逻辑解释、问题剖析与政策优化 [J]．浙江工商大学学报，2022（5）：132－144．

---

① 资料来自《浙江省住房和城乡建设"十四五"规划》。

　　构建新时代住房保障供给制度体系是扎实推动共同富裕的重要制度要求。在高质量发展建设共同富裕示范区背景下，浙江提出建设"浙里安居"品牌理念。针对居民各阶段对住房保障有不同的诉求，"浙里安居"品牌理念本质就是解决民有所居的现实问题，体现了对居民从低水平的初级保障走向高质量住房保障。在"浙里安居"品牌理念指引下，为确保不同类型住房群体都有向上改善住房条件的机会，浙江围绕居民"住有所居"，秉承渐进性、差异性、多样性、包容性原则，坚持"因市施策""一市一策""因层施策"，系统构建多主体参与、多层次、多元化"浙里安居"制度体系框架（见图6-17）。

　　第八，系统构建面向共同富裕的分层分类、机会均等、力度梯队化的社会救助制度体系框架。社会救助属于国家兜底性的民生保障性的公共服务。作为一套社会治理机制，社会救助是国家运用一套完整、有效、精准的对象瞄准机制对可行能力弱势群体[6-27]（例如，有困难的居民或家庭群体等）直接给予一定现金支持或服务帮助，确保他们能够获得最基本的常规生活生存权利，是国家建立起保障民生的最后一张安全网，是一项兜底贫困治理的制度设计，能够有效缩小收入分配差距促进共同富裕。从理论逻辑角度看，社会救助制度体系本质上属于社会保障政策范畴中的重要内容，是扎实推进共同富裕的重要制度安排。健全的社会救助制度体系被认为是社会救助制度成熟定型的重要性标志。党的二十大报告中明确指出，要健全分层分类的社会救助体系。2019年，浙江省委省政府办公厅印发《浙江省关于加快推进新时代社会救助体系建设的实施意见》，注重顶层设计，完善和推进"1+8+X"大救助体系建设，进一步编密织牢民生保障兜底网。"十三五"期间社会救助体系建设成效显著（见表6-15）。新时代以来，为有效解决因不合理的社会救助制度带来的"悬崖效应"[6-28]，提升社会救助制度体系的整体效能，围绕社会救助制度的政策工具类型、政策目标要求以及政策力度宽度，在坚持"弱有众扶"的原则下，"1+8+X"大社会救助体系[6-29]基本建成落实，打造出共同富裕示范区建设背景下社会救助的浙江样本。图6-18给出了浙江系统构建面向共同富裕的分层分类、机会均等、力度梯队化的社会救助制度体系框架逻辑。

　　第九，创新社会力量参与公共服务领域社会化建设模式。公共服务是

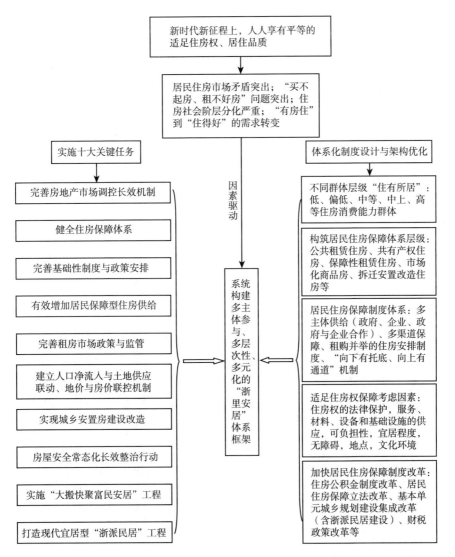

图6-17 "浙里安居"体系框架的驱动因素、制度设计与路径选择逻辑

公共部门为了回应社会需要、保障公民权利和实现更加广泛的公共利益而从事的提供公共产品的服务行为及其制度安排的总称。在相对较长一段时间里，我国公共服务供给是以政府一元主导，凭借政府意志、资源和力量，提供相对固化、封闭的公共服务。在这种模式下，政府是公共服务供给的唯一责任主体，社会公众被动接受公共服务内容，公共服务供给整体效能

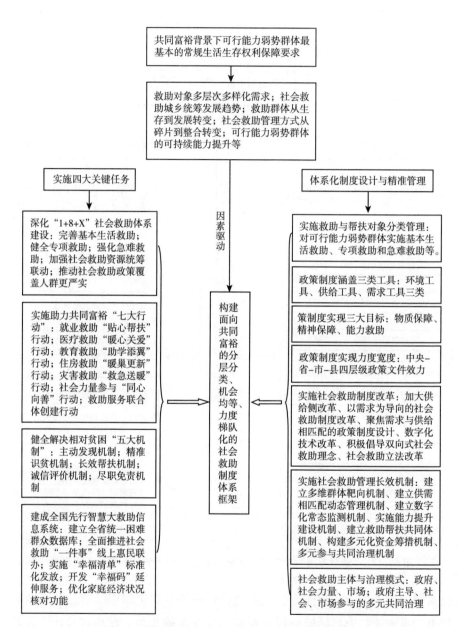

图 6-18　面向共同富裕的社会救助制度体系框架的驱动
因素、制度设计与路径选择逻辑

比较低下，容易滋生"锦标赛式"的公共服务供给结果，造成社会公众与公共服务供给方关系割裂，不是共同创造公共服务价值。进入新时代以来，数字技术因打破组织边界和降低参与成本，显著改变了政府、社会组织（包括营利性组织和非营利性组织）和社会公众参与公共事务的具体方式，并强化了它们彼此之间的互动关系，塑造的新型共同生产[6-30]模式颠覆性地改变公共服务供给模式[6-31]。通过允许社会力量（即社会组织、企业组织和社会公众）参与公共服务领域建设，可以有效发挥政府和社会力量各自的主体优势，满足多元化的公共服务需求。在数字技术背景下，公共服务领域社会化建设指在政府主导下引入社会力量平等参与公共服务领域具体建设，旨在增加公共服务供给深度与广度，通过合作生产网络增强公共服务供给整体效能，实现公共服务的均衡性和可及性，以提升居民公共服务满意度和获得感效应[6-32]。社会力量参与公共服务领域建设打破了政府一元主导的公共服务供给主体格局，成为非常重要的责任主体。在这种新型公共服务建设模式下，政府、社会力量形成了多元主体协同的公共服务组织体系，并实质性共同参与公共服务供给设计、生产、供给、评价的全过程生产，共同实现公共服务价值创造。《中华人民共和国国民经济和社会发展第十四个五年规划和2035年远景目标纲要》明确提出："加快补齐基本公共服务短板，着力增强非基本公共服务弱项，努力提升公共服务质量和水平。鼓励社会力量通过公建民营、政府购买服务、政府和社会资本合作等方式参与公共服务供给。"从社会行动系统论视角看，公共服务领域社会化建设是以实现居民公共服务均等化和可及性为目标驱动的社会行动。在高质量发展建设共同富裕示范区战略任务要求下，浙江围绕育儿友好型服务建设等8个领域，强化公共服务社会化建设的共同设计、生产、供给、评价等标准体系架构设计，系统构建了社会行动系统视角下的社会力量参与公共服务领域社会化建设的内在逻辑与运行机制框架体系（见图6-19）。从图6-19可以看出，在数字技术背景下，浙江创新社会力量参与公共服务领域社会化建设模式的经验在于打破传统模式下政府主导的公共服务供给模式，系统构建了以人民群众公共服务实质需求为中心导向型"政府-社会力量"平等参与的"强化-驱动-行为-效果"四维运行机制的公共服务供给模式。

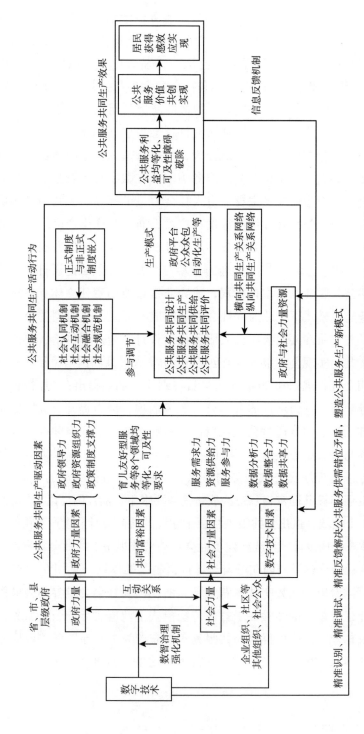

图 6－19　社会力量参与公共服务领域社会化建设模式的内在逻辑与运行机制

6.4　聚焦九个领域创新"共富"机制推进城乡区域协调高质量发展

经济学理论告诉我们，市场能够有效促进资源要素有效配置，实现帕累托有效，社会福利最大化。理论上讲，市场是决定区域经济发展的关键力量。根据新古典经济增长理论的观点，发达区域与不发达区域会由于市场因素陷入各自自身的积累循环，加剧城乡居民收入差异，最终会进一步固化城乡二元经济结构现象。根据制度经济学理论观点，制度才是一个地区或国家经济增长的潜在根本原因。这就要求经济发展过程中有好的制度作为支撑。因我国长期执行城市偏向性的政策，城乡差距长期存在，城乡区域发展呈现失衡态势，成为扎实推动共同富裕实现道路上不能回避和必须要解决的关键性问题。根据新阶段我国社会主要矛盾，党中央果断实施区域协调发展战略，缩小城乡收入差异和消除城乡二元经济结构现象，并将之作为经济工作重点。习近平总书记指出，"协调既是发展手段，又是发展目标，同时还是评价发展的标准和尺度"。[①] 协调发展的最终目标是各地区间差距趋于缩小，不断提高人民群众的获得感、幸福感、安全感。从经济高质量发展建设共同富裕示范区实践过程来看，城乡区域协调发展是非常符合实际情况的重要一招。城乡区域协调发展是从城乡简单的空间板块整合到空间有机融合，强调城乡区域协调发展的高质量性，注重构建城乡一体化的利益攸关共同体，是扎实推动共同富裕的重要性制度安排。图6-20给出了浙江创新"共富"机制推进城乡区域协调高质量发展"制度-合作-路径-机制"四维逻辑框架，系统构建了省域空间下城乡区域发展与共同富裕的体制机制。

第一，创新省域一体化发展格局模式。汤普森等（Thompson et al.，1958）认为区域一体化强调区域内不同经济体之间系统性的交互关系，彼此之间积极开展各方面合作，是区域内经济体最终整合的状态及过程。相

---

① 中共中央宣传部、国家发展改革委. 习近平经济思想学习纲要 [M]. 北京：人民出版社 & 学习出版社，2022：43.

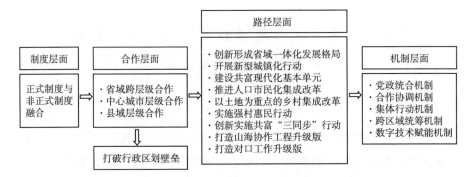

图 6-20 浙江创新"共富"机制推进城乡区域协调高质量发展
"制度-合作-路径-机制"四维逻辑框架

注：正式制度包括各种政策、法规等。非正式制度包括文化、精神、理念、习俗等。党政统合机制是我国集中力量办大事制度特色的具体体现，具体表现为以有力政党引领有效市场、有为政府和有序社会的举国协同机制（李晓飞，2023）。

互竞争、以邻为壑的非一体化发展损害区域整体发展质量，非常不利于区域共同富裕的实现。共同富裕的实现有赖于共同发展，区域一体化则为共同发展创造有利条件。就区域一体化发展本身来讲，涉及多个区域、多个领域的空间交流与互动。区域一体化能够有效降低交易成本，有效发挥区域市场的规模效应，能够提升实现资源优化配置效果，促进区域经济高质量发展。推动省域一体化发展是浙江高质量发展建设共同富裕示范区的重要举措。浙江的具体做法是，围绕影响省域一体化发展的经济密度、时空距离、区域分割、区域技术水平、公共服务均等化五个动力结构性要素[6-33]，以数字技术破除区域信息壁垒、弥合区域资源禀赋差距的赋能作用，创新省域一体化发展格局模式。图 6-21 给出了基于拓展的新经济地理学框架理论的浙江创新省域一体化发展格局模式的"因素-结构-路径-机制"四维逻辑框架体系。

浙江通过聚焦全省域城乡一体化发展，促进城乡区域深度融合，城乡居民生活水平得到显著提升。《2022 年浙江省国民经济和社会发展统计公报》显示，2022 年，浙江全体及城乡居民人均可支配收入分别为 60302 元、71268 元和 37565 元，比上年增长 4.8%、4.1% 和 6.6%；扣除价格因素实际增长 2.5%、1.9% 和 4.3%。城乡收入比为 1.90，比上年缩小 0.04；全

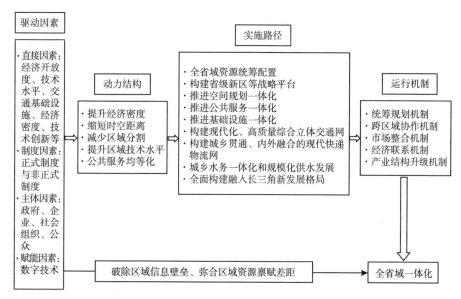

图6-21 浙江创新省域一体化发展格局模式的"因素-结构-路径-机制"四维逻辑框架体系

省低收入农户人均可支配收入18899元，其中，山区26县低收入农户人均可支配收入17329元，比上年增长15.8%，增速比全省低收入农户平均水平高1.2个百分点。

第二，开辟具有浙江特色、浙江风格和浙江气派的共同富裕新型城镇化道路。城镇化[6-34]是一种社会深刻变革，是国家现代化的重要显著标志。西方发达国家在城镇化道路上形成了让广大发展中国家可以借鉴学习的城镇化模式。胡安俊（2023）认为，我国城镇化道路经历了调整过渡时期、高速发展时期和快速发展时期三个阶段（见图6-22），比较关注发展速度、注重量的增长、重视利用资本提高城镇化效率，出现了粗放城市蔓延、规模体系失调、劣质空间形态、激进土地出让等城镇化问题，尤其对资本侵犯失地农民、农民工、城市弱者的空间权利和权益的保障缺乏足够重视，还没有摆脱对西方发达国家城镇化道路的"学徒"状态。党的十九大提出了在我国发展的新的历史方位下推动新型工业化、信息化、城镇化、农业现代化同步发展的战略思路。《中华人民共和国国民经济和社会发展第十四个五年规划和2035年远景目标纲要》提出，要坚持走中国特色新型城镇化道路，深入推进以人为核心的新型城镇化战略，以城市群、都市圈为依托促进大中小城市和小城镇协调联动、特色化发展，使更多人民群众享有更高品质的城市生活。党的二十大则再次明确强调了新型城镇化战略的重要性。从内涵角度看，新型城镇化道路是以人民为中心的城镇化道路，坚持实现农业人口集"非农从业""城镇聚居""同城权益"于一身，注重城镇化高质量发展，要求过程和结果都优质高效，显著区别于过去城镇化道路模式。新型城镇化旨在通过优化城市空间布局、缩小城乡差距、促进社会公平正义、保持经济健康发展等方式推动全体人民共同富裕进程。

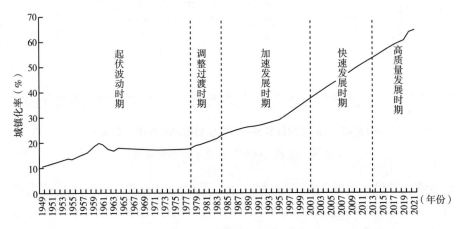

图 6 – 22　1949～2021 年中国城镇化阶段划分与城镇化率情况

资料来源：胡安俊.2035 年中国的城镇化率与城市群主体空间形态［J］.技术经济，2023，42（5）：174–188。

在国家新型城镇化战略要求下，浙江走出了一条具有浙江特色、浙江风格和浙江气派的共同富裕新型城镇化道路。根据《浙江省新型城镇化发展"十四五"规划》，浙江"十三五"以来深入实施新型城镇化战略，城镇化整体水平稳居全国第一方阵。具体来看，人口加速流入，城镇化率全国领先，城镇化率达到 73.4%。① 户籍制度改革全面深化，人口市民化水平不断提升。统筹推进"大湾区大花园大通道大都市区"建设，区域发展更加均衡协调。城乡融合发展格局基本形成，城乡差距进一步缩小。数字浙江建设持续深化，城乡治理方式迭代升级。特色载体建设成效显著，形成了一批

---

① 资料来自《2022 年浙江省国民经济和社会发展统计公报》。

强县和特色镇。赛迪顾问发布的《2023 中国县域经济百强研究》显示，2023
年全国百强县中浙江有 16 个，其中，慈溪位列第 7，义乌列第 11 位，诸暨列
第 12 位，余姚列第 13 位，乐清列第 15 位，海宁列第 16 位，温岭列第 18
位。[①] 图 6 - 23 给出了地域社会学理论[6-35] 视角下的浙江开辟具有浙江特色、
浙江风格和浙江气派的共同富裕新型城镇化道路六维逻辑框架。

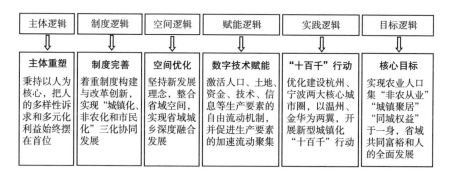

图 6 - 23　浙江开辟共同富裕新型城镇化道路的六维逻辑框架

第三，依托共同富裕现代化基本单元体系，构建具有浙江标识的共同
富裕发展微观格局。建设共同富裕现代化基本单元实现了共同富裕从顶层
宏观设计到微观层面真实落地，是浙江高质量发展建设共同富裕示范区背
景下的本土化创新实践微观单位。共同富裕现代化基本单元是承载共同富
裕科学内涵的关键载体，向人民群众呈现了可感、可及、可体验的共同富
裕场景。高质量发展建设共同富裕示范区以来，浙江坚持优化顶层设计，
围绕人民作为共同富裕现代化基本单元核心主体，不断强化数字技术赋能
作用，将地域文化底蕴、生态风貌等独具地域标识度的浙江韵味元素融入
共同富裕基本单元建设中，形成了具有浙江标识的共同富裕发展微观格局。
浙江以未来乡村、未来社区、城乡风貌样板区建设作为共同富裕现代化基
本单元体系建设的关键抓手，加快推进高质量发展建设共同富裕示范区。
其中，未来乡村[6-36] 立足于乡村原有资源生态特色，是嵌入数字化、生态
化等新技术元素，集乡村"三生融合"功能与城市"公共服务"功能于一
体，宜居、宜业、宜游的"美丽乡村 + 数字乡村 + 共富乡村 + 人文乡村 +

① 周林怡，谢丹颖. 2023 百强县出炉，浙江占 16 席　这些县为什么持续霸榜 [EB/OL]. ht-
tps：//zjnews. zjol. com. cn/zjnews/202307/t20230727_26021828. shtml，2023 - 07 - 27.

善治乡村"的综合体。2019 年出台的《浙江省未来社区建设试点工作方案》给出了未来社区集成系统设计方案，核心内容概括为"139"框架体系。"1"即一个核心"以人为本"，满足人民群众对美好生活的向往是未来社区建设的根本出发点和立足点。"3"即三维价值坐标：人本化强调以人为本，提供全年龄段、全时间段、全功能链的多元化服务；生态化强调绿色、环保、低碳的可持续发展要求；数字化强调以现代通信、大数据等为基础构建智慧互联体系。"9"即未来邻里、教育、健康、创业、建筑、交通、能源、物业和治理等九大创新场景。城乡风貌样板区是城乡外在形象和内涵气质的有机统一，是由城乡自然生态环境、历史人文环境及建设空间环境相互协调、有机融合构成的综合展现区，旨在打造整体大美、浙江气质的全省城乡风貌"富春山居图"，具体包括城市风貌样板区、县域风貌样板区两种类型。截至 2023 年 8 月，浙江建成未来乡村 275 个，未来社区 201 个，城乡风貌样板区 171 个。① 以未来乡村、未来社区、城乡风貌样板区组成的共同富裕现代化基本单元体系集中体现了浙江高质量发展建设共同富裕示范区体制机制改革创新的经验。

第四，通过制度集成改革创新省域农业转移人口市民化路径选择模式。农业转移人口是否实现了市民化，是度量新型城镇化水平的重要标志。农民变市民的身份认同上的"市民化"是新型城镇化战略中具有决胜意义的最终环节。《中共中央关于制定国民经济和社会发展第十四个五年规划和二〇三五年远景目标的建议》明确提出，深化户籍制度改革，完善财政转移支付和城镇新增建设用地规模与农业转移人口市民化挂钩政策，强化基本公共服务保障，加快农业转移人口市民化。农业转移人口市民化指农业转移人口获取城市居民身份与权利、空间资源及实现城市社会空间融入的发展过程。从本质上看，农业转移人口市民化是包括外在社会保障和内在综合素质的市民化，没有任何显性的和隐性的身份歧视，与市民享有平等权益和权利保障，以集"非农从业""城镇聚居""同城权益"[6-37]于一身为实现标志，体现了以人为本的理念和城市包容的思维逻辑。农业转移人口市民化工作是一个联动城乡、事关民生的复杂系统。在推进农业转移人口

---

① 浙江建成 201 个未来社区 持续建设共富现代化基本单元［EB/OL］. http：//www. zj. chinanews. com. cn/jzkzj/2023－08－23/detail-ihcsmwis8508224. shtml, 2023－08－23.

市民化过程中，浙江省不断进行体制机制集成改革创新探路，加快人口聚集提升省域城镇化水平。根据浙江省统计局2023年2月发布的2022年浙江省人口主要数据公报，从城乡构成情况看，2022年末全省常住人口中，城镇人口为4826万人，农村人口为1751万人。城镇人口占总人口的比重（即城镇化率）为73.4%，与2021年相比，上升0.7个百分点。在高质量发展建设共同富裕示范区过程中，浙江以农业人口转移为重点，以社会公平正义为基石，有效结合新时代城乡融合发展格局，针对农业转移人口市民化过程中制度性和社会性障碍，围绕"非农从业""城镇聚居""同城权益"于一身的身份认同实现，加强顶层设计和体制机制集成改革创新，探索出了健康有序、可持续发展的省域农业转移人口市民化路径选择模式。图6-24给出了浙江省域农业转移人口市民化的逻辑框架体系。

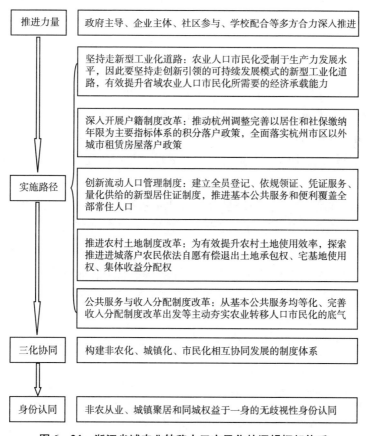

图6-24　浙江省域农业转移人口市民化的逻辑框架体系

第五，通过制度集成改革创新省域深度乡村振兴实践模式。新时代以来，我国最大的发展不充分是农村发展不充分。党的十九大提出实施乡村振兴战略，党的二十大提出全面推进乡村振兴战略，即"坚持农业农村优先发展，坚持城乡融合发展，畅通城乡要素流动。加快建设农业强国，扎实推动乡村产业、人才、文化、生态、组织振兴"。实施全面推进乡村振兴战略是有效解决城乡发展不平衡的关键路径。在全面推进乡村振兴过程中，需要在农业数据化、智能化、低碳化、产业化建设、三产融合、绿色金融、乡村建设与管护、生产生活废弃物清洁和资源化处理、文化与生态产业发展等众多个领域引入市场机制，通过政府、市场主体、人民群众等多元化力量互动有效激活农村劳动、资本、土地、知识、技术、管理、数据等关键生产要素的市场活力，实现对这些要素的系统性整合和优化配置，最终达到乡村共富格局，缩小与城市发展差距。乡村不振兴将会影响到共同富裕示范区建设成效。在全面推进乡村振兴过程中，浙江坚持全面推进乡村振兴战略与新型城镇化战略同步协调实施，统筹推进"产业、人才、文化、生态、组织"五个振兴工作，统筹推进"乡村发展、乡村建设、乡村治理"三个重点工作，统筹推进"农业、农村和农民的现代化"三个现代化工作，推动省域农业全面升级、省域农村全面进步和省域农民全面发展，围绕"实现乡村共富，进一步缩小城乡差距"的价值逻辑，通过制度集成改革创新实现省域乡村生产要素自由流动与制度体系重构，不断提升农业发展动力与资源配置效率，实现了省域深度乡村振兴。近些年来，浙江围绕以土地等生产要素为重点，制度集成改革创新省域深度乡村振兴成绩显著。2022年浙江省数字农业农村发展水平达到68.3%，浙江省数字乡村发展水平已连续四年居全国首位。① 浙江农业现代化水平居全国第三位②，打好以集体经济为核心的强村富民乡村集成改革组合拳，实施乡村产业"十业万亿"行动和农业全产业链"百链千亿"工程，已建成82条产值超10亿元农业全产业链。③ 截至2022年底，浙江全

① 浙江数字乡村引领区建设新闻发布会 [EB/OL]. https：//www.zj. gov. cn/art/2023/2/7/art_1229630150_6390. html，2023 – 02 – 08.

② 浙江省第十五次党代会报告 [EB/OL]. http：//www.zjdx. gov. cn/art/2022/8/29/art_1229656561_54086. html，2022 – 08 – 29.

③ 周嵘，杨宗辉. 持续擦亮"千万工程"金名片 全面打造乡村振兴浙江样板——专访浙江省委农办主任，省农业农村厅党组书记、厅长，省乡村振兴局局长王通林 [EB/OL]. http：//journal. crnews. net/ncgztxcs/2023/dseq/jj/955923_20230627011700. html，2023 – 06 – 27.

省村级集体总资产 8800 亿元、占全国十分之一强，集体经济收入 30 万元以上且经营性收入 15 万元以上行政村占比 85% 以上，经营性收入 50 万元以上村占比 51.2%；浙江城乡居民收入比从 2003 年的 2.43 缩小到 2022 年的 1.90，低于全国平均水平的 2.45，连续十年呈缩小态势；浙江全省 90% 以上的村庄达到新时代美丽乡村标准；创建美丽乡村示范县 70 个、示范乡镇 724 个、风景线 743 条、特色精品村 2170 个、美丽庭院 300 多万户，浙江美丽大花园映入眼帘；创新实施农村指导员、科技特派员、"四好农村路"等机制，多层次支持农村加快发展；率先基本实现城乡饮水同质，城乡规模化供水覆盖率 90%。① 实施新型城镇化和乡村振兴"双轮驱动"，按提升县城承载能力、深化"千万工程"、城乡融合发展三大方向，浙江确立 40 个市、县（市、区）先行试点，开启重塑城乡关系、畅通城乡循环、构建城乡命运共同体的新探索。② 图 6 – 25 给出了浙江通过制度集成改革创新省域深度乡村振兴实践模式的逻辑框架。

　　第六，创新实践样态发展新型农村经济，助力实现乡村共富。在我国，农业本身的产业特点以及农民、农村问题在国家整体经济发展战略中占据基础性地位。这决定了要实现中国式现代化务必高度重视农村经济发展。习近平总书记在 2017 年 12 月 28 日召开的中央农村工作会议上明确指出，要牢固树立新发展理念，统筹推进农村经济建设。③ 党的二十大报告明确，巩固和完善农村基本经营制度，发展新型农村集体经济，发展新型农业经营主体和社会化服务，发展农业适度规模经营。《中共中央　国务院关于做好 2023 年全面推进乡村振兴重点工作的意见》明确提出，"巩固提升农村集体产权制度改革成果，构建产权关系明晰、治理架构科学、经营方式稳健、收益分配合理的运行机制，探索资源发包、物业出租、居间服务、资产参股等多样化途径发展新型农村集体经济"。这些为新时代发展新型农村经济提供了方向性指南。新型农村经济是高质量发展的农村经济新型样态，显著区别于传统模式下的粗放型农村经济。新型农村经济本质上具有强大

---

① 十组数据解码浙江"千村示范、万村整治"工程二十年 [EB/OL]. https://politics. gmw. cn/2023 –04/13/content_36493732. htm, 2023 – 04 – 13.

② 祝梅. 做一件事超过 20 年会怎么样 [EB/OL]. https://tidenews. cn/news. html？id = 2604049, 2023 – 10 – 11.

③ 习近平著作选读（第二卷）[M]. 北京：人民出版社，2023：81.

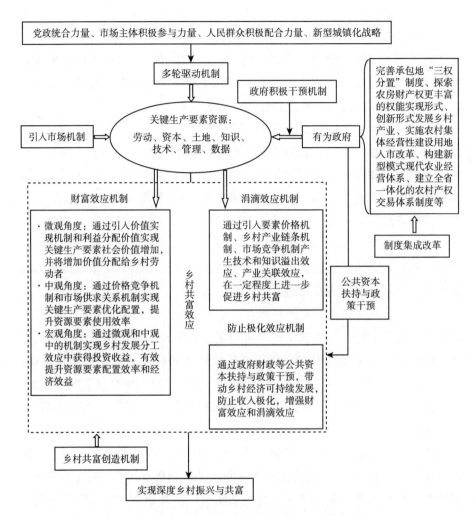

图 6 – 25　浙江省域深度乡村振兴实践模式的逻辑框架

的经济韧性，是农村经济平稳运行的重要基础保障。新型农村经济韧性具体指农村地区在面临各种不确定性冲击时能够有效依靠自身能力去适应和转变，形式上表现为避免出现衰落和返贫困能力，不至于陷入所谓的纳克斯贫困恶性循环模型（Nurkse's model of vicious circle of poverty）[6-38] 所描述的情景。在新发展阶段，发展新型农村经济是有效促进乡村村民共同富裕的关键载体和着力点。从内容上看，新型农村经济包括新型农村集体经济、新型农村民营经济及新型农村混合所有制经济，其中，新型农村集体经济占据主要组成部分。上述三种经济形式对促进村民增收，实现农村共同富裕都发挥着非常重要的作用。集体经济是农民共同富裕的根基①，尤其发展壮大新型农村集体经济是关键考量。在高质量发展建设共同富裕示范区的过程中，为实现新型农村经济助力乡村共富，浙江积极强化制度安排与机制设计聚焦新型农村经济生产潜力的释放，通过引入彼此之间相互依存、相互协调、相互共生的市场机制和有为政府的积极干预机制构建新型农村经济体系，借助财政等公共资本、社会经济资本、人力资本和生态资本等资本支持，依靠"党政统合力量、市场主体积极参与力量、人民群众积极配合力量、新型城镇化战略"四方力量，运用组织学习[6-39]与集成治理模式[6-40]不断创新新型农村经济实践样态，使农村经济生产方式向现代化农业经济生产方式跃迁。从实际情况来看，浙江新型农村经济发展成效显著。根据国家统计局浙江调查总队和浙江省统计局调查数据，2023年浙江农村居民人均可支配收入首次突破4万元大关，达到40311元，比上年增长7.3%，连续39年冠居全国。更为难能可贵的是，全省低收入农户人均可支配收入21440元，同比增长13.4%，首次突破2万元。相比于2022年，浙江全省农民收入增速高于城镇居民2.1个百分点，城乡居民人均收入倍差继续缩小至1.86。浙江助力乡村共富的创新实践样态模式众多，使得浙江省村集体"家底子"和农民"钱袋子"更加殷实。截至2023年6月，浙江已成立2278家强村公司，入股行政村达11280个，2022年实现总利润21.7亿元，村均分配收益15.4万元。从强村公司的层级看，有村庄、乡镇、县、市四级；从出资主体看，有村里独资，也有多村合资，还有村级资金入股国有公司或者工商企业。② 强村公司发挥了重要作用。图6-26给出了农业农村组织学习与集成治理视角下的浙江创新实践样态发展新型农村经济助力实现乡村共富的运行机制逻辑框架。

第七，创新"先富带后富、帮后富"实践机制，助力不同群体共富。改革开放以后，为了能够让全体人民尽快富裕起来过上幸福美好生活，邓小平运用"用差别消灭差别，用暂时的不平衡追求最终的平衡"经济发展理念，针对实际国情果断提出了先富带后富的战略设计，即"一部分地区有

---

① 习近平. 摆脱贫困 [M]. 福州：福建人民出版社，1992：4.
② 美丽乡村盘活美丽经济 [N]. 中国青年报，2023-06-27 (06).

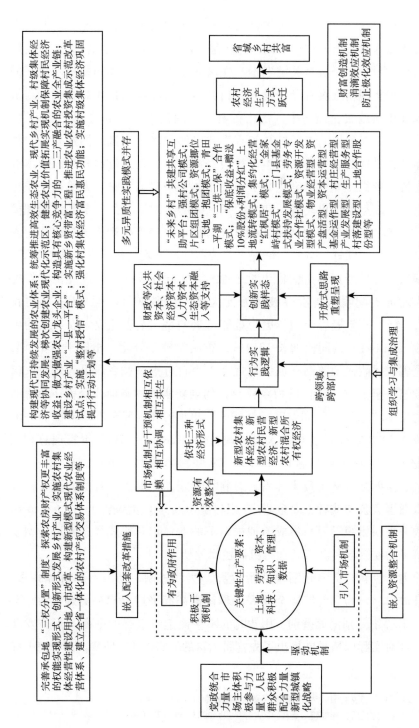

图 6-26 浙江创新实践样态发展新型农村经济助力实现乡村共富的运行机制逻辑框架

条件先发展起来，一部分地区发展慢点，先发展起来的地区带动后发展的地区，最终达到共同富裕"。① 邓小平的先富带后富的战略设计极大地推动解放和发展社会生产力。这为全面建成小康社会提供了坚定的物质保障基础，也为扎实推进共同富裕创造了良好条件。进入新时代，为适应我国社会主要矛盾的转变，更好地满足人民群众日益增长的美好生活需要，党中央提出要把促进全体人民共同富裕作为为人民群众谋幸福的着力点。站在新的历史方位，习近平提出"要允许一部分人先富起来，同时要强调先富带后富、帮后富"② 的战略设计。"先富带后富、帮后富"战略设计要求先富地区和群体务必考虑其他地区和群体为其先富所创造的正外部性，而不应背弃不可撤销的"共同富裕"契约，履行"先富带后富、帮后富"的责任。在高质量发展建设共同富裕示范区过程中，浙江积极探索"先富带后富、帮后富"的有效模式路径，成绩显著。根据《2022年浙江省国民经济和社会发展统计公报》，实施农民"扩中""提低"行动计划，推进强村惠民，全省村级集体经济收入30万元以上且经营性收入15万元以上行政村占比达到85%以上；深入实施先富带后富"三同步"行动[6-41]，深化构建新型帮共体，加强低收入农户帮扶，全省低收入农户年人均可支配收入增长14.6%，高出全省农民收入增速8.0个百分点。图6-27给出了基于市场内、市场外两维逻辑视角下浙江创新"先富带后富、帮后富"实践机制助力不同地区和群体共富的逻辑框架体系。

第八，坚持"人民为中心"逻辑，创新打造"山海协作工程"升级版共富实践模式。欠发达地区遵循着追赶发达地区发展的经济学逻辑和发展规律。有效解决区域发展不平衡问题关键在于加强与培育欠发达地区内生发展动力，处理好自身发展能力与外部推力的关系，处理好不同区域协调发展的核心问题。区域协调发展的核心问题是要实现地方利益从单一化、割据化向着整体化、公共化扩展，不同利益诉求的协调和利益格局的调整。2002年4月浙江省正式实施"山海协作工程"，坚持人民为中心着力构建省域内区域协调发展新格局，形成"先富带后富、帮后富"的共同富裕山海局面。"山海协作工程"是一种形象化的提法，"山"主要指以浙西南山

---

① 邓小平文选（第三卷）[M]. 北京：人民出版社，1993：373-374.
② 习近平著作选读（第二卷）[M]. 北京：人民出版社，2023：502.

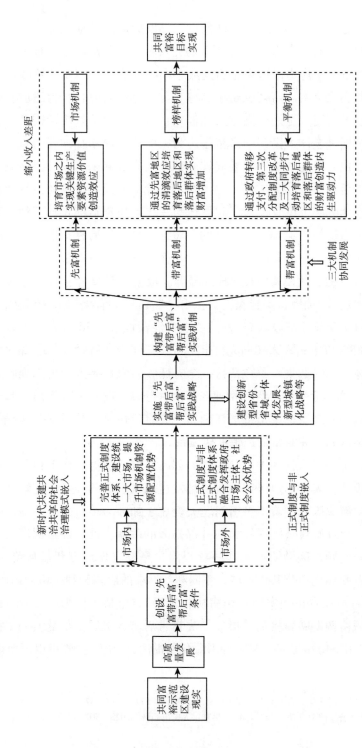

图 6-27　浙江创新"先富带后富、帮后富"实践机制助力不同地区和群体共富的逻辑框架

区和舟山海岛为主的欠发达地区，"海"主要指沿海发达地区和经济发达的县（市、区）。"山海协作工程"本质是一种趋"向心力"之利而避"离心力"之害的区域协调发展空间化社会实践。2003年，习近平在主持召开山海协作工程情况汇报会上，强调把全面实施山海协作工程作为促进区域协调发展有效载体来抓、作为"八八战略"的重要内容来推进。① 作为浙江促进区域协调发展的三大重要举措[6-42]之一的"山海协作工程"，是浙江省解决发达地区与不发达地区之间发展不平衡问题的重要实践探索，现已经成为缩小地区差距、促进区域协调发展实现共同富裕的有效载体。从2002年正式实施到现在，"山海协作工程"共富实践模式经历了外援帮扶、合作共建、融合驱动三个演化阶段。"山海协作工程"开启阶段是以《浙江省人民政府办公厅关于全面实施"山海协作工程"的若干意见》公布为显著标志。"山海协作工程"发展阶段是以《浙江省人民政府办公厅关于实施新一轮山海协作工程的若干意见》公布为显著标志。"山海协作工程"深化阶段是以《中共浙江省委浙江省人民政府关于深入实施山海协作工程促进区域协调发展的若干意见》公布为显著标志。根据新华社《山与海的"双向奔赴"——浙江"山海协作"20年纪事》一文，20年来，浙江山区26县通过"山海协作"累计获得结对市县援助、土地指标外调等渠道资金近1000亿元；推动"山海协作"产业合作项目12438个，完成投资7305亿元；经济强县帮助山区26县建立20多个"山海协作"实训基地，累计培训劳动力近150万人次。通过"山海协作"机制，有效推动浙江区域协调发展水平走在全国前列。图6-28给出了基于空间化社会理论[6-43]视角的浙江实施"山海协作工程"共富实践模式迭代升级过程逻辑框架体系[6-44]。

　　第九，依托对口工作机制创新构建适应新时代要求的省际共同富裕实践模式。党的二十大提出"促进区域协调发展"和"人民群众获得感、幸福感、安全感更加充实、更有保障、更可持续，共同富裕取得新成效"。这为新形势下的对口工作提供了根本遵循。对口工作是一项政策性非常强的实践性问题，是中国式现代化建设进程中实现扎实推动共同富裕目标的制度

---

　　① 叶慧. 高质量推进区域协调发展　做好"共创共享　合作共赢"这篇大文章——浙江深入实施山海协作工程综述 [J]. 今日浙江，2018，0 (11)：14-17.

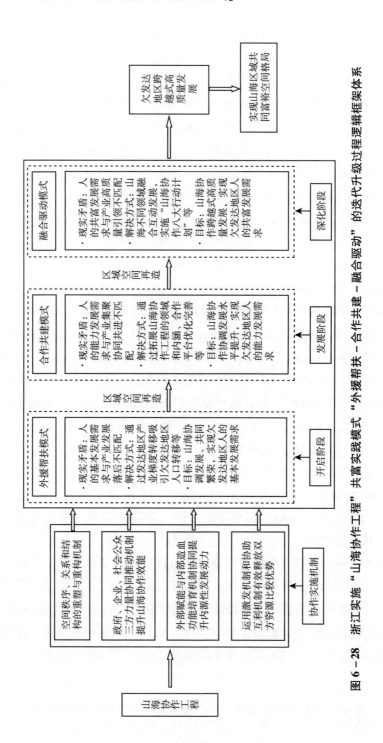

图 6-28 浙江实施"山海协作工程"共富实践模式"外援帮扶-合作共建-融合驱动"的迭代升级过程逻辑框架体系

供给，本质上是一种中国特色政治环境下的特定政治机制和政治约定，具体表现为一项政府公共政策。从内涵角度讲，对口工作是发达地区对欠发达地区的全方位、多层次、宽领域、高标准的协作体系，强调通过市场机制有效激活劳动、资本、土地、知识、技术、管理、数据等关键生产要素的市场活力，注重强调双向政府之间、双向社会主体企业之间、双向社会公众之间共同协作参与、共同治理，目标旨在实现区域发展协同和共同富裕，超越了"一方有难，八方支援"单向的救济式对口支援模式。对口工作和对口支援虽然都属于缩小区域差距、实现区域协同发展的制度性创新，但是对口支援是一种以政治性馈赠方式实现各类资源从发达地区向欠发达地区横向流动的援助模式[6-45]，注重强调中央政府、支援方政府、受援地政府的政府作用及其治理，通过直接效应和间接效应影响欠发达地区的经济社会发展，最终构建的区域间协作发展关系网络体现为"远亲合作型"地方间政府关系。从发展逻辑角度看，对口工作是基于在对口支援基础上逐步发展和完善起来的，并结合了新形势下经济社会发展的实际要求，实现在工作重心、职能和具体任务上的拓展升级。对口工作本质上是一种在中国特色政治环境中产生并持续发展完善的政策工具，现已经成为区域协同发展机制的重要性制度创新安排。志合者不以山海为远[6-46]。在高质量发展建设共同富裕示范区背景下，浙江坚持落实"跳出浙江发展浙江"和构建新发展格局的发展思路，聚焦省际系统联动强协同、交往交流促交融、民生改善聚民心、消费帮扶稳增收、智力帮扶育人才和深化合作抓保供等六个方面，站在全国和全省大局中进行跨省域共同富裕模式的制度设计，依托对口工作机制创新构建了适应新时代要求的省际共同富裕实践模式，不断取得显著成效，现已经成为一张具有浙江标识的金名片。从理论贡献角度看，这项创新性实践进一步丰富了共同富裕理论内容体系。根据浙江对口工作实践，对口工作机制已经形成了具有新时代中国特色、凸显中国制度优势的普适性省际共同富裕制度安排（见图6-29）。在这种实践模式下，发达地区和欠发达地区实现了真正融合发展，为欠发达地区实现共同富裕奠定了重要基础。2023年1月23日浙江省对口工作领导小组召开的第16次会议指出，浙江省对口工作建设成效显著：东西部协作位居"第一方阵"，对口合作领域不断深化，对口支援工作综合效益不断提升。例如，2022年，以"地瓜经济"理念为指引，大力发展协作地区特色产业，浙江

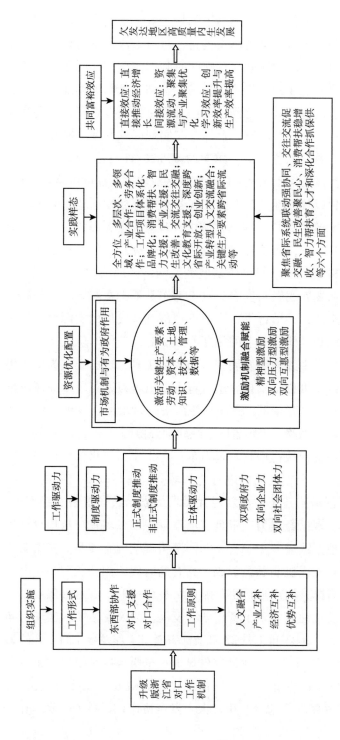

图 6-29 浙江依托对口工作机制创新构建省际共同富裕实践模式的逻辑框架

注：在浙江对口工作机制框架下，精神型激励指"一方有难，八方支援"的历史文化精神所蕴含的软性向心力作用；双向压力型激励指双向政府、企业和社会公众等与主体在对口工作在对口工作政策工具双向压力下必须采取集体一致行动；双向互惠型激励指双向区域之间通过互惠互利、共赢的关系网络所蕴合的隐性合约使得彼此都形成可持续发展的内生动力。

和四川共建产业园 93 个，新增引导企业入驻 165 家，入园企业实际投资额 71 亿元。浙江和吉林对口合作取得新成效。聚力产业合作有新成果，一汽奥迪销售事业部落户杭州，巩固拓展"浙粮吉储""浙肉吉养"合作模式；聚力平台建设有新提升，"一市一平台"建设有序推进，对 17 个浙江和吉林对口合作产业园进行了规整提升；聚力科创转换有新成效，成立吉浙合作科创服务中心，吉浙互输技术合同 116 份，合同成交额 2.65 亿元；聚力机制创新有新进展，复制推广浙江省"最多跑一次""标准地 + 承诺制""一网通办"等改革经验。着力内生驱动，持续巩固拓展脱贫攻坚成果。深化省际劳务合作机制，帮助四川省脱贫人口就地就近就业；深化消费帮扶，采购销售四川省消费帮扶产品 138 亿元；建成四川省防返贫数字化监测帮扶平台。

6.5　聚焦五个领域创新推进社会主义先进文化不断发展机制

文化是一个国家、一个民族的灵魂。① 先进文化是维系国家统一和民族团结的精神纽带，对社会政治、经济的发展起着巨大的促进作用，是一个国家综合国力的重要体现。没有先进文化的积极引领，没有人民精神世界的极大丰富，没有民族精神力量的不断增强，一个国家、一个民族不可能屹立于世界民族之林。② 社会主义先进文化是在中国共产党领导人民推进中国特色社会主义伟大实践中，以马克思主义中国化时代化理论创新成果为根本指导，坚持以人民为中心，坚持以社会主义核心价值观为核心引领，汲取中华优秀传统文化、革命文化、世界文明养料，以培育有理想、有道德、有文化、有纪律的公民为目标，发展面向现代化、面向世界、面向未来的，民族的、科学的、大众的社会主义文化，它代表着时代进步潮流和发展要求。社会主义先进文化凝聚了全国各族人民的强大精神力量，是坚

---

① 习近平在中国文联十大、中国作协九大开幕式上的讲话 [EB/OL]. http://www.xinhua-net.com/politics/2016 – 11/30/c_1120025319. htm, 2016 – 11 – 30.

② 习近平在文艺工作座谈会上的讲话 [EB/OL]. http://culture.people.com.cn/n/2014/1015/c22219 – 25842812. html, 2014 – 10 – 15.

定文化自信、促进文化自强的重要动力。根本固者，华实必茂；源流深者，光澜必章[6-47]。党的十九届四中全会通过的《中共中央关于坚持和完善中国特色社会主义制度推进国家治理体系和治理能力现代化若干重大问题的决定》明确指出，"发展社会主义先进文化、广泛凝聚人民精神力量，是国家治理体系和治理能力现代化的深厚支撑"。同时，该决定划清了发展社会主义先进文化必须坚持马克思主义在意识形态领域指导地位的根本制度、坚持以社会主义核心价值观引领文化建设制度、健全人民文化权益保障制度、完善坚持正确导向的舆论引导工作机制、建立健全把"社会效益放在首位、社会效益和经济效益相统一"的文化创作生产体制机制等五个方面性质边界，从科学的世界观、先进的价值观、正确的宗旨观，还有强大的控制力和发达的生产力等五个方面构建坚持和完善繁荣发展社会主义先进文化的制度框架。党的二十大提出了"大力发展社会主义先进文化，推进文化自信自强，铸就社会主义文化新辉煌"的工作要求，以适应新时代广大人民群众的精神需求。进入新时代以来，浙江坚持在"以坚定文化自信为基础、以培育和践行社会主义核心价值观为灵魂、以坚持和加强党对意识形态工作的领导为重点、以加强思想道德建设和繁荣发展社会主义文艺等为基本内容的文化建设新思想"的指引下，聚焦五个领域，创新推进社会主义先进文化不断发展机制，坚持中华优秀传统文化、革命文化和社会主义先进文化的融合发展，打造新时代文化高地和推进社会主义先进文化发展先行示范，实施以人民为中心的文化治理，筑牢全体人民共同富裕的文化根基，开拓了新时代社会主义先进文化建设与发展的新境界。现阶段，浙江正以创新推进先进文化不断发展机制为关键抓手，着力推动实现"精神充实、文化丰富、文明有礼、心态平和、社会和谐"的精神富有。图6-30给出了浙江创新推进先进文化不断发展机制的建设逻辑与实践进路。

6.5.1 系统构建学习宣传实践习近平新时代中国特色社会主义思想制度体系

习近平新时代中国特色社会主义思想具体内容包括"十个明确""十

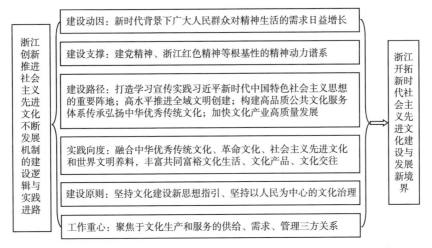

图6-30 浙江创新推进社会主义先进文化不断发展机制的框架体系

四个坚持""十三个方面成就",① 是指导新的伟大实践的科学思想体系。习近平新时代中国特色社会主义思想是马克思主义中国化理论创新的重要成果，是全党全国人民为实现中华民族伟大复兴而奋斗的行动指南，必须长期坚持并不断发展。② 作为新时代中国共产党治国理政的重要战略新思想，习近平新时代中国特色社会主义思想的创新性贡献集中体现在马克思主义中国化时代化、中华优秀传统文化的创造性转化和创新性发展、马克思主义整体性的深化以及人类文明新形态的思考等各方面内容。对于如何深刻理解和准确把握习近平新时代中国特色社会主义思想的精髓和特质，需要从其中贯穿的立场观点方法来进行。习近平新时代中国特色社会主义思想的世界观和方法论具体包括六个方面的必须坚持，即必须坚持人民至上、必须坚持自信自立、必须坚持守正创新、必须坚持问题导向、必须坚持系统观念、必须坚持胸怀天下。上述六个方面相互关联，体现出层次性、依存性、贯通性特征，从而实现了习近平新时代中国特色社会主义思想在主要内容上、范畴关系上、重要论断上的整体性，并对新时代中国共产党人提出了总体要求、内在要求、实践要求和使命要求等四个新时代目标要求。坚持好、使用好上述六个方面对于增强政治意识、实践能力和看家本领大有裨益。

---

① 详细内容参见《中共中央关于党的百年奋斗重大成就和历史经验的决议》。
② 资料来自《中国共产党章程》。

在高质量发展建设共同富裕示范区过程中，浙江通过系统构建学习宣传实践习近平新时代中国特色社会主义思想的制度体系，紧扣"学思想、强党性、重实践、建新功"12字总要求和根本任务，推动全员学习、全面践行、全域出彩，让"最讲党性、最讲政治、最讲忠诚、最讲担当"成为鲜明标识，以生动实践诠释了习近平新时代中国特色社会主义思想的精神实质、核心要义、理论品格，始终坚持把思想和行动统一到党的十九届五中全会精神，始终坚持把智慧和力量凝聚到贯彻落实高质量发展建设共同富裕示范区各项任务，确保共同富裕示范区如期高质量建设完成。图6－31给出了浙江系统构建学习宣传实践习近平新时代中国特色社会主义思想制度体系框架。

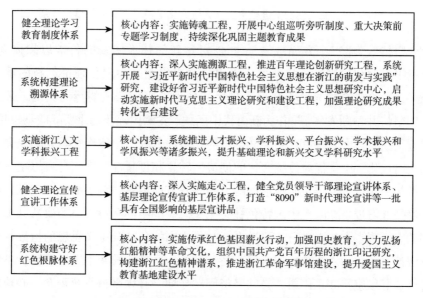

图6－31 浙江系统构建学习宣传实践习近平新时代中国特色社会主义思想制度体系框架

6.5.2 从"技术－制度－文化"三维视角系统构建具有浙江标识的全域文明创建框架体系

党的二十大明确指出，"统筹推动文明培育、文明实践、文明创建，提高全社会文明程度"。高水平推进全域文明建设是高质量发展建设共同富裕示范区的重要任务和必然要求。如何正确理解浙江高水平推进全域文明创建中的"全域文明"，非常有必要先弄清楚文明本身具体指向。文明是一个既抽象又具体的概念，是一定时空下人类群体生活场景中所具有的良善性、先进性、进步性特质的总和，是人类群体在一定时空下所能够达到的历史高度。文明在不同的语境下具有不同的科学内涵，且其指代的对象表现出显著性差异。例如，人类整体文明、国家文明、宗教文明、儒家文明、物质文明、精神文明、生态文明、社会文明、数字文明、资本文明、政治文明等。又如，在文化语境下，文明是文化的发展结果与高级形态。根据何哲（2021）的研究观点，任何一种文明都可以从技术、制度和文化三维角度进行阐释和理解。技术是衡量和反映某种文明程度的重要维度，是不断推进人类文明进程的关键性因素。科学技术是第一生产力。生产力决定生产关系。这说明社会生产力达到的程度决定着社会状况。技术能够指明重塑人类社会文明秩序的可能性条件。技术具有理性特征。在技术理性宿命般的驱使之下，人类理论理性试图发现存在于自然界与人类社会中的必然性规律，并将之进行应用技术方向的实践转化。现阶段，新的物质生产力，正在信息化、智能化等条件下形成，重塑着新时代人类社会文明形态。例如，当前媒介技术的进步不断推动着人类社会形态发生变化，致使人们的数字化生活与生存方式成为必然趋势，不断推动形成人类数字文明形态。人类社会文明程度的高低又依赖于正义性社会制度本身形成水平和由其正义性社会制度构建出来的复杂社会结构和社会功能。根据诺贝尔经济学奖得主道格拉斯·诺思（Douglass C. North）的双重平衡理论（the theory of double balance）观点，制度建构友好的社会文明有利于技术进步结果出现。人类社会文明除了上述技术和制度维度之外，还需要相应的文化要素表征、塑造和升华。文化对文明的作用集中体现在社会道德、社会伦理和社会核心价值观的引领和塑造方面。

在高质量发展建设共同富裕示范区过程中，浙江围绕技术、制度和文化三维层面，依托文明素养提升重点工程项目，实施全域文明创建行动计划，注重以社会主义核心价值观为引领，以人工智能、大数据、智能算法等数字技术重构全省域文明形态，积极打造全省域人民群众可感、可知、可触、共享、开放、共治的新时代社会文明实践省。作为全国新时代文明实践中心建设首批试点省份，自2018年启动以来，浙江实现了新时代文明实践中心从无到有、从有到优、从"盆景"到"风景"的跃升，许多工作走在全国前列。2022 年 6 月，率先实现中心、所、站全覆盖，建成文明实践所、站、点 5 万余个。涌现出"李家播报""幸福巴士"等宣讲品牌，推出了"美在安吉""德润建德"等 104 个区域品牌。① 新时代文明实践中心浙江样板通过建立多元化的供给与实践参与平台各类载体，统筹使用和协同运行管理，不断向广大人民群众提供多样化和高质量的文化活动，不断满足广大人民群众的精神文化需求，着力丰富广大人民群众美好生活，从而实现广大人民群众的自我价值提升。图 6-32 给出了浙江从"技术-制度-文化"三维视角系统构建具有浙江标识的全域文明创建框架体系的逻辑思路。

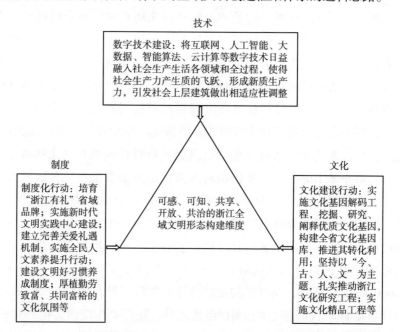

图 6-32　浙江系统构建具有浙江标识的全域文明创建框架体系的逻辑思路

6.5.3　系统构建高品质公共文化服务体系行动框架

进入新时代，广大人民群众的公共文化需求逐步从"数量均等"迈向

---

① 何贤君，王璐怡，俞刘东. 打造新时代文明实践中心浙江样板：全域深化全面提升［EB/OL］. http://www.zjwmw.com/ch123/system/2023/11/24/034449171.shtml，2023-11-24.

"质量共享"。高品质公共文化服务是对新时代不断发展和宣扬社会主义先进文化、培养社会公众文化自信、提升社会公众文化素养水平的有效回应，目的是塑造广大人民群众的高品质、充满温度的文化生活。从新时代人民群众精神需求角度看，高品质公共文化服务是更深层次的人民群众精神层面福祉。高品质公共文化服务建设是一项新时代文化建设的基础性工程，属于创建高品质生活的重要维度。高品质生活是指国家社会公民所拥有的各种客观条件得到更充分保障，获得感、幸福感、安全感等主观感受更为满意的动态化生活状态。习近平总书记在中共中央政治局第二十八次集体学习时强调，要树立战略眼光，顺应人民对高品质生活的期待，适应人的全面发展和全体人民共同富裕的进程。① 2021年3月文化和旅游部、国家发展改革委、财政部联合发布《关于推动公共文化服务高质量发展的意见》指出，公共文化服务高质量发展应坚持品质发展、均衡发展、开放发展、融合发展的四项基本原则。《中共中央 国务院关于支持浙江高质量发展建设共同富裕示范区的意见》明确提出，浙江要建设高质量发展高品质生活先行区。党的二十大提出，"坚持把社会效益放在首位、社会效益和经济效益相统一，深化文化体制改革，完善文化经济政策。实施国家文化数字化战略，健全现代公共文化服务体系，创新实施文化惠民工程"。这些为浙江如何建设高品质公共文化服务指明了具体战略性方向。因此，实现高品质公共文化服务需要构建高品质公共文化服务体系作为重要支撑。现阶段，公共文化服务体系建设正步入以"提质增效"为核心的高质量发展阶段。在高质量发展建设共同富裕示范区进程中，针对公共文化服务领域的内卷化困境——供需矛盾、公众参与度满意度低、整体服务效能偏低，浙江围绕创建高品质精神生活的主线开展具体工作，既体现提升全省域公共文化服务效能，又密切关注不同地区的公共文化服务需求差异性，坚持区域文化差异的政策目标导向，强化完善高品质公共文化服务组织体系和政策体系，依托数字技术赋能作用[6-48]和多种形式的政策工具策略选择，实施制度设计与实践进路两轮驱动，形成多层次、多样式、去中心化的新型高品质公共文化服务空间[6-49]生产机制，系统构建具有浙江标识的高品质公共文化服务体系行动框架（见图6-33），推动全省域社会文化事业向前迈进。

---

① 习近平在中共中央政治局第二十八次集体学习时强调：完善覆盖全民的社会保障体系，促进社会保障事业高质量发展可持续发展［N］．光明日报，2021-02-28（01）．

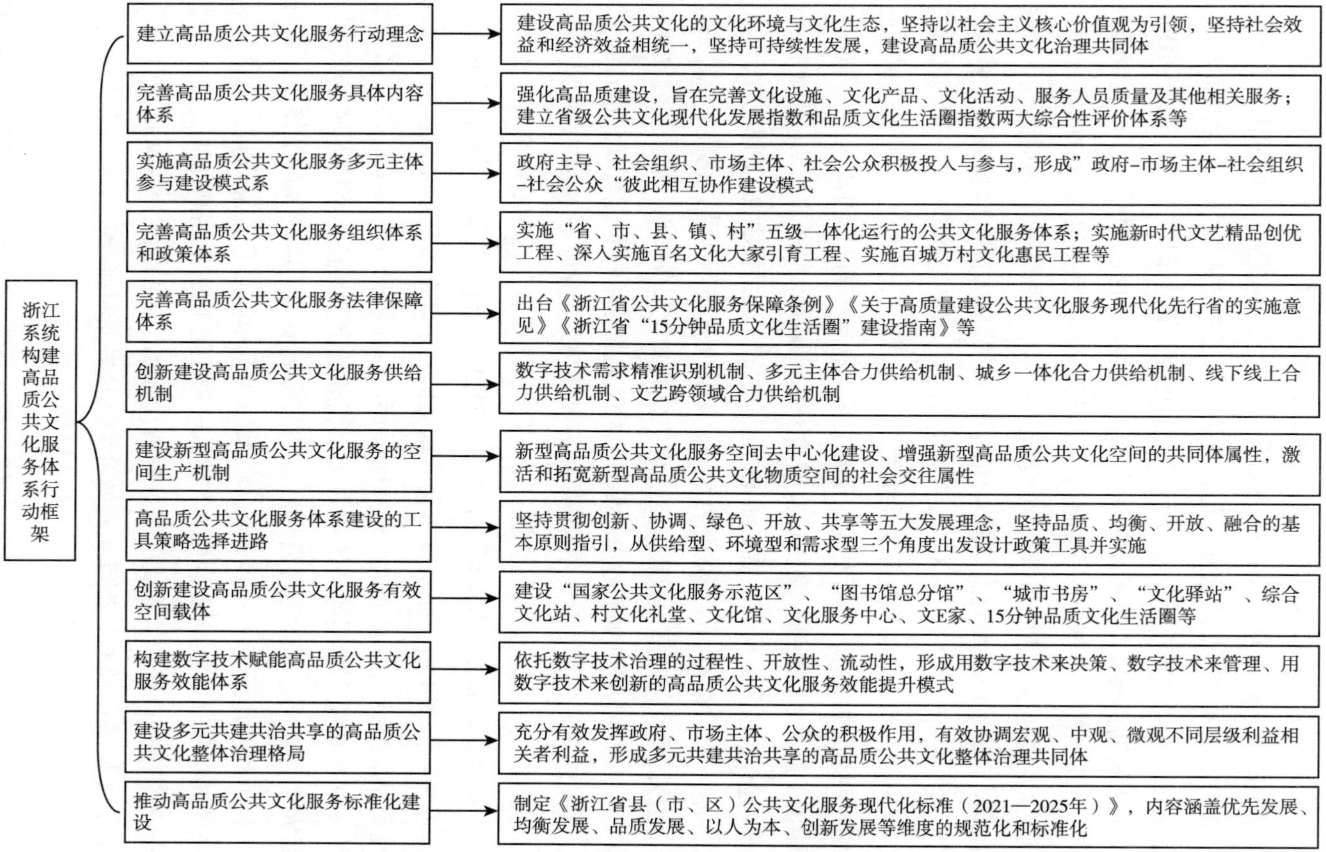

图6-33 浙江系统构建高品质公共文化服务体系行动框架的实践进路

浙江系统构建高品质公共文化服务体系行动框架

行动框架内容	实践进路说明
建立高品质公共文化服务行动理念	建设高品质公共文化的文化环境与文化生态，坚持以社会主义核心价值观为引领，坚持社会效益和经济效益相统一，建设高品质公共文化治理共同体
完善高品质公共文化服务具体内容体系	强化高品质建设，旨在完善文化设施、文化产品、文化活动、服务人员质量及其他相关服务；建立省级公共文化现代化发展指数和高质量文化生活圈两大综合性评价体系等
实施高品质公共文化服务多元主体参与建设策略体系	政府主导，社会组织、市场主体、社会公众积极投入与参与，形成"政府—市场主体—社会组织—社会公众"彼此相互协作建设模式
完善高品质公共文化服务组织体系	实施"省、市、县、镇、村"五级一体化运行的公共文化服务体系；实施新时代文艺精品创优工程，深入实施百名文化大家引育工程，实施百城万村文化惠民工程等
完善高品质公共文化服务法律保障体系	出台《浙江省公共文化服务保障条例》《关于高质量建设公共文化服务现代化先行省的实施意见》《浙江省"15分钟品质文化生活圈"建设指南》等
创新建设高品质公共文化服务供给机制	数字技术需求精准识别机制，多元品质文艺跨领域合力供给机制，城乡一体化合力供给机制，线下线上合力供给机制
建设新型高品质公共文化服务的空间生产机制	新型高品质公共文化服务空间去中心化建设，增强新型高品质公共文化空间的共同体属性，激活和拓宽新型高品质公共文化物质空间的社交性属性
高品质公共文化服务体系建设的工具策略选择进路	坚持贯彻创新、协调、绿色、开放、共享五大发展理念，坚持品质、均衡、开放、融合的基本原则指引，从供给型、环境型和需求型三个角度出发设计政策工具并实施
创新建设高品质公共文化服务有效空间载体	建设"国家公共文化服务示范区"、"图书馆总分馆"、"城市书房"、"文化驿站"、综合文化站、村文化礼堂、文化馆、文化家、15分钟品质文化生活圈等
构建数字技术赋能高品质公共文化服务效能体系	依托数字技术治理的过程性、开放性、流动性，形成用数字技术来决策、数字技术来管理、用数字技术来创新的高品质公共文化服务效能提升模式
建设多元建构共治共享的高品质公共文化整体治理格局	充分有效发挥政府、市场主体、公众的积极作用，有效协调宏观、中观、微观不同层级利益相关者利益，形成多元建构共治共享的高品质公共文化整体治理共同体
推动高品质公共文化服务标准化建设	制定《浙江省县（市、区）公共文化服务现代化标准（2021—2025年）》，内容涵盖优先发展、均衡发展、品质发展、以人为本、创新发展等维度的规范化和标准化

根据文化和旅游部发布的《关于印发浙江文化和旅游赋能高质量发展建设共同富裕示范区第一批典型经验的通知》文件，截至 2023 年 6 月底，浙江全省整合 1.82 万个公共文化设施和 8.2 万个其他文化空间，打造 11730 个覆盖全省的"15 分钟品质文化生活圈"；累计建成图书馆分馆 3816 个，文化馆分馆 1846 个，城市书房 1373 家，文化驿站 710 家，乡村博物馆 549 家；截至 2023 年 8 月，全省"15 分钟品质文化生活圈"共集合 5.6 万个文艺社团、4.5 万名文化骨干和 200 余万名注册文化志愿者；2023 年以来，"浙里文化圈"应用共上线省市县文化场馆提供的 4615 个文化菜单项目，近 30 万场次免费活动，5 万场次低成本或优惠活动。表 6-17 给出了 2021 年浙江省 11 市基层公共文化服务现代化发展水平排名情况。图 6-34 给出了浙江依托数字化技术管理赋能实现高品质公共文化服务的四大闭环管理模式逻辑。

表 6-17　　2021 年浙江省 11 市基层公共文化服务现代化发展水平排名

城市	公共文化服务现代化发展指数（CMDI）	总排名
嘉兴	75.0251	1
杭州	73.7403	2
宁波	60.3960	3
湖州	58.0607	4
绍兴	55.9394	5
衢州	51.9848	6
温州	51.6435	7
金华	50.1311	8
舟山	47.3787	9
丽水	42.9800	10
台州	42.1909	11

资料来源：浙江省文化和旅游厅公布的 2021 年浙江省公共文化服务现代化发展指数（CMDI）评估结果。

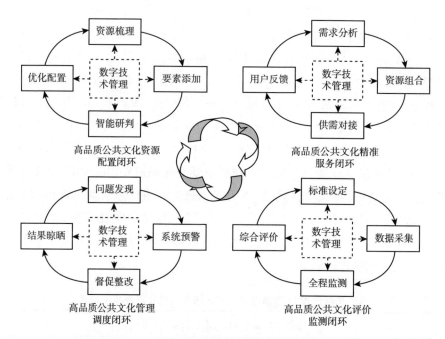

图 6-34　浙江依托数字化技术管理赋能实现高品质公共
文化服务四大闭环管理模式逻辑

资料来源：笔者根据文化和旅游部发布的《关于印发浙江文化和旅游赋能高质量发展建设共同富裕示范区第一批典型经验的通知》中的相关内容整理绘制。

6.5.4　系统构建推动中华优秀传统文化古为今用、推陈出新、创造性转化、创新性发展的浙江方案

中华优秀传统文化是中华文化的重要构成内容之一，是中国式现代化的文化维度标识。中华优秀传统文化属于中华民族世代传承与发展的古典文化体系，是中华民族的基因与精神命脉，支撑着中华民族历经五千余年而绵延不绝、生生不息。中华优秀传统文化是在特定的历史境遇下，从社会生活的现实出发，不断地把握人、自然与社会的交互发展规律，集中反映社会历史现状并经过积淀、筛选、转化和发展而逐渐塑造的一种历史文化形态。这种历史文化形态因其思维方式、思想观念、价值理念而表现得相对稳定，但在"周虽旧邦，其命维新"[6-50]中因因相承、因因相革，因

应时代不断推陈出新。从内涵结构看，中华优秀传统文化内容丰富，涵盖物质、社会和精神三个层面。

浙江具有悠久历史，江南文化灿烂，是中华优秀传统文化的重要实证地。浙江境内有上山文化、河姆渡文化、良渚文化、越文化、吴越文化、两宋文化、青瓷文化等优秀标识文化，也有越剧、中国传统桑蚕丝织技艺、绍兴黄酒酿制技艺、火腿制作技艺、白蛇传传说、龙泉青瓷烧制技艺、海宁皮影戏、乐清细纹刻纸等八大著名国家非物质文化遗产。从文化叙事角度看，人是文化的存在，文化表现人的存在方式。浙江灿烂的江南文化表征了其社会发展过程。在新征程上，传承弘扬中华优秀传统文化有利于我们坚定文化自信，助力实现中国式现代化。2018 年 5 月，浙江实施《浙江省传承发展浙江优秀传统文化行动计划》，加快推进浙江省优秀传统文化保护事业的高质量发展、竞争力提升、现代化建设，凸显浙江文脉、浙江元素，打造浙江文化金名片，成为新时代中华优秀传统文化传承发展新高地。自《浙江省传承发展浙江优秀传统文化行动计划》实施以来，浙江积极参与"中华文明起源和早期发展综合研究"，牵头实施"长江下游区域文明模式研究""长江中下游早期稻作农业社会的形成研究"等"考古中国"重大项目，打造了"万年上山文化""五千年良渚文明"等一批浙江文化标识；西湖、大运河、良渚古城遗址相继成功列入《世界遗产名录》；系统整合全省研究资源和力量，聚焦浙学与浙江文化研究，推进《中华古籍总目·浙江卷》、浙学文献中心总库、古籍资源库、浙江历史文献数字资源总库建设；实施特色传统文化重点提升工程，推动优秀传统文化传承发展全面融入社会生产生活。整体来看，在高质量发展建设共同富裕示范区进程中，浙江坚持以人民文化需求为本，围绕传承弘扬中华优秀传统文化中心任务，系统构建推动中华优秀传统文化古为今用、推陈出新、创造性转化、创新性发展的方案框架体系（见图 6 – 35）。

6.5.5　系统构建加快文化产业高质量发展的"主体逻辑 – 目标逻辑 – 靶向逻辑 – 行动逻辑 – 价值逻辑"五维向度框架

文化产业是一种战略性新兴产业和朝阳产业，具有很好的发展前景。文化产业高质量发展是高质量发展建设共同富裕示范区的重要内容之一。

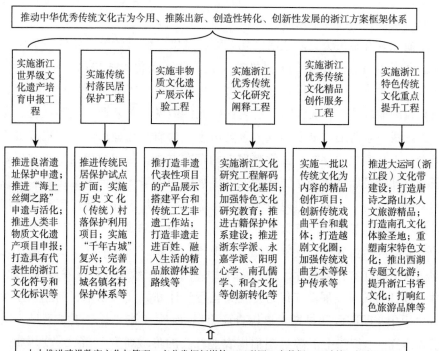

图 6-35　浙江系统构建推动中华优秀传统文化发展的方案框架体系

从概念角度看，文化产业高质量发展是一个洞察、呵护和满足当代中国民众潜隐文化需求的过程，也是实现优质文化产品供给与文化消费潜力激发协同优化的过程。其内容应该包括经济维度上的旺盛增长力、政治维度上的强大凝聚力、文化维度上的坚定自信力、社会维度上的广阔辐射力、生态文明维度上的先进引领力。实现文化产业高质量发展是新时代丰富广大人民群众对社会主义文化消费需求的关键途径。习近平总书记在 2018 年21~22 日召开的全国宣传思想工作会议上明确指出，"要推动文化产业高质量发展，健全现代文化产业体系和市场体系，推动各类文化市场主体发展壮大，培育新型文化业态和文化消费模式，以高质量文化供给增强人们的文化获得感、幸福感"。国家《"十四五"文化发展规划》明确指出，"贯彻新发展理念，构建新发展格局，推动高质量发展，文化是重要支点，必须进一步发展壮大文化产业，强化文化赋能，充分发挥文化在激活发展动能、提升发展品质、促进经济结构优化升级中的作用"。党的二十大报告明确指出，"繁荣发展文化事业和文化产业"。这为加快文化产业高质量发展提供了根本遵循。

在高质量发展建设共同富裕示范区进程中，为有效解决文化产业高质量发展"够不够好""如何更好"的实际问题，浙江坚持社会主义文化消费需求侧和社会主义文化产业供给侧的双向驱动、匹配性协同发展，坚持守正创新、产业融合、制度改革和"社会效益和经济效益相统一"的实践遵循，系统构建加快文化产业高质量发展的"主体逻辑 – 目标逻辑 – 靶向逻辑 – 行动逻辑 – 价值逻辑"五维向度框架体系（见图6 – 36）。

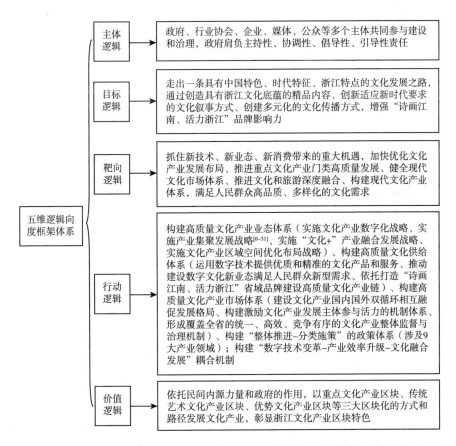

图6 – 36 浙江系统构建加快文化产业高质量发展的五维逻辑向度框架体系

党的十八大以来，浙江文化产业提质增效显著。根据 2022 年浙江省统计局的《打造新时代文化高地文化发展呈现新气象——党的十八大以来浙江经济社会发展成就系列分析之十二》，浙江文化产业增加值占全省 GDP 的比重由 2012 年的 4.56% 提高到 2020 年的 6.95%，综合实力列全国第一方阵。浙江文化产业发展综合指数居全国第 3 位，仅次于北京、广东，连续 4 年位列前 3 位。产业主体实力大幅增强。浙江出版联合集团、浙报传媒控股集团、华数集团、宋城演艺、华策影视、华谊兄弟、大丰实业等龙头企业相继荣获"全国文化企业 30 强"或提名企业。全省拥有民营文化企业总数超 30 万家，涌现出横店影视、电魂网络、海伦钢琴等一批龙头企业及成长型文化企业。中国（之江）视听创新创业基地、杭州国家数字出版产业基地、国家（杭州）短视频基地、国家音乐产业基地等"四大基地"落户浙江。长三角国际文化产业博览会、义乌文旅交易会、杭州动漫节、杭州文博会、宁波特色文博会、温州时尚文博会等的品牌度和外向度不断提升。

6.6 聚焦四个领域创新推进生活环境美丽宜居建设机制

推进生态文明建设要求必须从文明进步的新高度认识和解决资源环境等问题。党的十八大报告明确提出："建设生态文明，是关系人民福祉、关乎民族未来的长远大计。面对资源约束趋紧、环境污染严重、生态系统退化的严峻形势，必须树立尊重自然、顺应自然、保护自然的生态文明理念，把生态文明建设放在突出地位，融入经济建设、政治建设、文化建设、社会建设各方面和全过程，努力建设美丽中国，实现中华民族永续发展。"根据马克思和恩格斯的"人与自然"观点，人与自然是相互影响、相互依存的生命共同体关系。党的十九大报告明确指出，"人与自然是生命共同体，人类必须尊重自然、顺应自然、保护自然"。党的二十大报告又进一步指出："人与自然是生命共同体，无止境地向自然索取甚至破坏自然必然会遭到大自然的报复。我们坚持可持续发展，坚持节约优先、保护优先、自然恢复为主的方针，像保护眼睛一样保护自然和生态环境，坚定不移走生产发展、生活富裕、生态良好的文明发展道路，实现中华民族永续发展。"生活环境美丽宜居是高质量发展建设共同富裕示范区的重要内容之一，强调人应主动顺从和适应生态环境，要在理解和尊重自然规律的基础上科学合理地保护、利用和改造自然，着力实现可持续发展、人与自然和谐共生的美好愿景，让人民群众在绿水青山中共享自然之美、生命之美、生活之美。[①] 生活环境美丽宜居是对马克思和恩格斯关于人与自然关系的思想以及习近平总书记关于生命共同体重要论述的实践遵循，是建构出的一种更具基础性、系统性的人与自然关系的新样态。从美学角度看，生活环境美丽宜居就是实现广大人民群众的生活实物质量和生活世界美的体验。这里生活世界美本质上就是指庄子的"原天地之美而达万物之理"。因此，生活环境美丽宜居建设遵循了美学理念和崇尚自然、顺应自然、敬畏自然的心理。生活环境美丽宜居作为共同富裕示范区建设的重要内容，展现了新时代浙江人民群众生态文明建设模式上的实践探索，形成了浙江示范实践模式，建构了生态文明建设"浙江叙事"体系。图6-37给出了浙江聚焦四个领域创新推进生活环境美丽宜居建设机制的建设框架与实践进路。

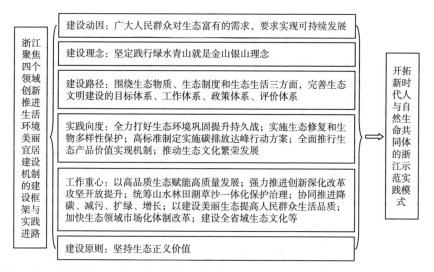

图6-37　浙江聚焦五个领域创新推进生活环境美丽宜居建设机制的建设框架与实践进路

注：生态正义价值具体指自然价值原则、生态平衡原则、永续发展原则（贾可卿，2023）。生态正义（ecological justice）概念由尼古拉斯·洛（Nicholas Low）和布莱丹·格里森（Brendan Glee-son）在1998年出版的 *Justice，Society and Nature：An Exploration of Political Ecology* 一书中提出，具体指在人类之间分配环境的正义以及人类与自然界其他部分之间利益关系的正义。

---

① 习近平. 在纪念马克思诞辰200周年大会上的讲话［J］. 求是，2018（10）：3-10.

6.6.1 以战略全局思维构建省域生态管理模式，提升生态利益空间治理效能

生态环境是人们赖以生存的外部自然环境条件。人们赖以生存的自然环境利益包括资源型商品属性的利益和生态（生命）型公共物品属性的利益。前者被称为经济利益或物质利益，后者被称为生态利益。经济利益和生态利益两者是对立统一的。生态利益属于公共产品，具有典型的非排他性和非竞争性特征。生活环境美丽宜居就是人们实现生态利益所追求的目标。站在人与社会生产关系角度看，因人的无限制需求带来的商品需求和商品供给失衡严重阻碍着生态利益实现，"公地悲剧"[6-52]仍旧不断上演。在高质量发展建设共同富裕示范区进程中，浙江着重强化国土空间规划和制度创新设计，坚持以生态系统功能高水平保护为工作重点，以生态利益空间平衡和可持续为目标导向，以战略全局思维构建省域生态管理模式，提升生态利益治理效能，通过维护生态环境正义保证人民生态利益实现可持续性，实现人民生活环境美丽宜居的建设目标（见图6-38）。根据2023年11月25日举办的习近平生态文明思想浙江论坛公布的数据，近5年来，浙江万元GDP能耗、水耗分别下降11.7%、31.7%。浙江以占全国1%的土地、4.7%的人口、3%的用水量、5%的能源消耗量，创造了全国6.4%的国内生产总值，绿色发展综合得分居全国各省区前列；2022年，浙江获得国家污染防治攻坚战成效考核、生态环境公众满意度评价两个"全国第一"，生态环境公众满意度连续12年提升；城镇生活垃圾无害化处理率达到100%，全省美丽乡村覆盖率达到93%，农村人居环境整治测评名列前茅；"千万工程"和"蓝色循环"荣获联合国"地球卫士奖"。

6.6.2 注重提升全省域生态文明制度秉赋效能，构建浙江特色的生态文明制度建设体系

生态文明制度建设是实现生态利益空间治理的重要保障。这离不开生态文明制度建设体系的构建与完善。制度问题更带有根本性、全局性、稳定

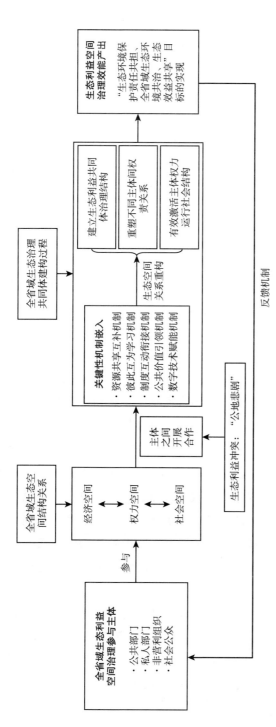

图 6-38　浙江以战略全局思维构建省域生态管理模式提升生态利益空间治理效能的行动逻辑框架

注：经济空间指参与主体在生态空间中形成的各自经济利益关系；权力空间指参与主体围绕各自经济利益关系产生的权力治理关系；社会空间指参与主体之间的社会关系；资源共享互补机制指参与主体以共同价值目标为引领进行各自资源的共享与互补，实现生态空间治理效果最大化；彼此互为学习机制指参与主体彼此之间相互学习、吸收、转移知识，共同应对生态空间治理困境；制度互动衔接机制指参与主体依赖一定的制度（包括正式制度、非正式制度）之间耦合衔接，共同提升生态空间治理的制度效能作用；公共价值引领机制指参与主体以生命共同体作为一致行动价值引领，共同推动生态空间治理目标实现；数字技术赋能机制通过数字技术深度嵌入和耦合生态利益空间治理中各个环节，拓展参与主体参与生态利益空间治理渠道，重塑生态利益空间结构关系再造，实现生态利益空间共同推动生态利益目标实现。

性和长期性。① 在人类文明发展历史上，因人类盲目和过度的生产活动所引起的各种生态环境危机事件（即生态利益空间冲突）都与生态文明制度不完善有关。正如马克思主义的生态思想观所强调的，人类在能动实践过程中创造了文明，而生态环境如同人类实践的一面镜子，清晰地折射出人类文明的真实状况（方熹，汤书波，2018）。这就要求生态文明制度应该具有适应社会和时代场景变化而自我更新发展的能力。生态文明制度是协调人与自然、人与社会关系的行为规范的总和，表现为执政党和其政府围绕生态文明建设形成的较为成熟的生态文明制度形态和生态文明建设的制度化举措。生态文明制度建设直接面对的是如何解决生态环境危机问题。习近平总书记强调，"只有实行最严格的制度、最严密的法治，才能为生态文明建设提供可靠保障"。② 这"两个严"的科学论断充分彰显了生态文明制度建设的重要性、必要性和紧迫性。生态文明制度建设指运用一系列法律、政策、技术、宣传等手段调整人与人、人与社会、人与自然之间的关系，推进生态文明建设，以达到人与自然和谐共生的目的。生态文明制度建设目标是提升生态文明制度秉赋，最终确保保持生态系统结构和功能的稳定与平衡，实现人类社会的可持续发展。生态文明制度建设体系架构是生态利益空间治理的引领性规约。其重要性不言而喻。生态利益空间治理涉及经济发展、民生生活、生态环境、社会心理等众多领域，因此生态文明制度建设体系架构必须覆盖面全、结构体系完整、科学化规范、注重过程性。在高质量发展建设共同富裕示范区进程中，浙江坚持用历史思维、辩证思维、战略思维、系统思维、底线思维、改革思维、创新思维、生态思维等科学方法，注重生态文明制度整体设计和全面组织领导，坚持生态利益空间治理的制度化规范理念，强调"生态环境保护制度和法治体系双严格"，系统构建浙江特色的生态文明制度建设体系（见图6-39）。浙江已经构建了美丽浙江建设推进工作机制，形成了生态环境保护领域"1+N"法规体系，正在开展全国唯一生态环境数字化改革和生态环境"大脑"试点省建设，建立了以"七张问题清单"为牵引的党建统领督察整改工作机制，构建

---

① 邓小平文选（第二卷）［M］. 北京：人民出版社，1994：333.
② 用最严格制度最严密法治保护生态环境——牢固树立绿水青山就是金山银山理念述评（二）［N］. 人民日报，2020-08-16（01）.

了与综合执法相衔接的生态环境大综合执法体系；建立了五级河长制、四级生态环境状况报告制度等一批具有浙江特色的省域生态文明制度举措。①

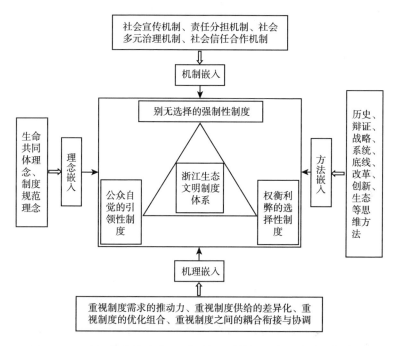

图6-39　浙江特色的生态文明制度建设体系规范建构的逻辑框架

注：浙江生态文明制度体系构成维度笔者参考了沈满洪等（2017）的生态文明制度划分类型。图中的强制性制度和选择性制度属于法律层面的正式制度，具体指涉及生态环境、生态经济、生态生活、生态制度、生态文化等五个基本方面的具体法律文件；公众自觉的引领性制度具体指道德规范、社会文明、社会主义核心价值观等方面的非正式制度。

6.6.3　树立和践行"绿水青山就是金山银山"理念，系统构建生态产品价值实现机制

生态产品是生态系统通过生物生产和与人类生产共同作用为人类福祉提供的最终产品或服务，是与农产品和工业产品并列的、满足人类美好生活需求的生活必需品，包括公共性生态产品和经营性生态产品两类。相当

① 钱晨菲. 浙江生态省建设20周年成果发布［EB/OL］. https：//www. chinanews. com. cn/cj/2023/11-25/10117955. shtml，2023-11-25.

长时间里，人们对生态产品价值实现存在错误理解，致使"没有认识到生态资源是经济发展的优质资源，将生态产品价值实现简单地等同为'等靠要'，把实现生态产品价值作为经济落后的理由，借经营生态产品开发利用搞过度生态产业化"等现象频繁出现（虞慧怡等，2020）。为从源头上推动生态环境领域国家治理体系和治理能力现代化的必然要求，推动经济社会发展全面绿色转型，2021 年 4 月，中共中央办公厅、国务院办公厅出台《关于建立健全生态产品价值实现机制的意见》。该意见明确指出，"加快完善政府主导、企业和社会各界参与、市场化运作、可持续的生态产品价值实现路径"。这为生态产品价值如何实现提供了最根本方向指南。生态产品价值实现本质上是生态产品从生产到消费等一系列环节价值形成及增值的过程。生态产品价值实现的终极标准就是生活环境美丽宜居需求得到极大满足。制度是否健全和完善则是生态产品价值实现的重要保障因素。从理论上看，生态产品具有典型的经济稀缺性、经济排他性特征，这就决定了其价值链实现上有赖于不同环节消费主体的付费机制。实际上，生态产品价值实现是生态系统保护中不同利益主体之间利益关系的调整，是发生在不同空间区域内，涉及不同利益主体之间互动形成的不同机制，需要健全和完善能够将空间区域生态优势转化为空间区域经济优势的规范化制度体系。在高质量发展建设共同富裕示范区过程中，浙江树立和践行"绿水青山就是金山银山"理念，坚持生态共富的核心价值发展目标，注重系统整体规划和制度顶层设计，系统构建生态产品价值实现机制的浙江实践模式。图 6 – 40 给出了"机制嵌入 – 制度嵌入 – 支付模式嵌入 – 载体嵌入"四位一体的浙江系统构建可持续的生态产品价值实现路径解构。

6.6.4 坚持"生态兴则文明兴、生态衰则文明衰"的生态价值观理念，系统构建浙江特色的生态文化体系，推动全省域生态文化繁荣发展机制

"生态文化"一词最早是由意大利的著名实业家、学者奥雷利奥·佩切伊（Aurelio Peccei）提出，由学者余谋昌于 1986 年引入国内。日益严重的生态问题以及由此导致的生存困境，是生态文化产生最为直接的原因。作

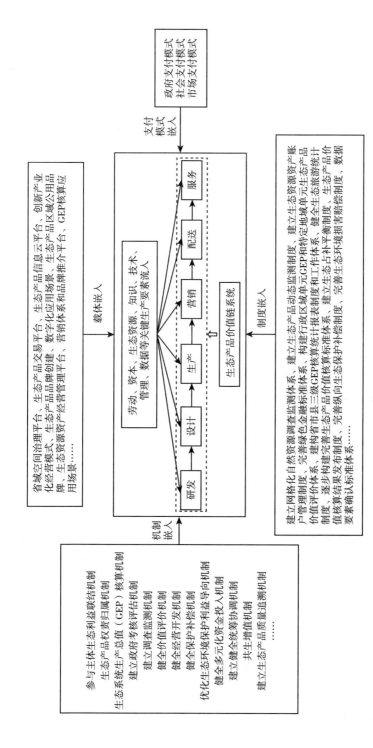

图 6－40　浙江系统构建可持续的生态产品价值实现路径模式解构

注：政府支付模式指政府财政直接购买或转移支付购买模式；社会支付模式指通过社会主体直接或间接自愿捐赠形式购买；市场支付模式指消费主体通过市场定价机制实现对产品的购买。如果生态产品完全具有经济排他性或能够准确建立经济排他性机制则采用市场机制实现支付。

为生态文明的一种文化样态，生态文化是从人类统治、征服、主宰自然过渡到人与自然和谐共生的文化，是以生态价值观为核心的人类精神文明的重要成果，是更高层次上对人类应然生活状态的理性回归，是人类为了缓解生态危机，协调人与自然之间的紧张关系而作出的新的文化选择，体现了人类对自身行为失范的反思，实质是人类希望与自然和解，对生态文明建设具有重要的引导、凝聚、激励、调适和约束作用。狭义生态文化指人类对自身与自然生态环境关系的认知以及处理二者关系的理念等群体意识，具体表现为社会群体有关生态环境的各种思想、理念、观点、思维、看法、态度等，而广义生态文化还要包括在处理经济社会发展与自然生态环境关系时群体的行为及表现形态。从生态文化的本质属性看，它既是生态生产力的客观反映和人类文明进步的结晶，又是推动社会前进的精神动力和智力支持，并渗透于社会生态的各个领域。同时，生态文化的本质属性是由人的自然和社会双重属性所决定的。2018 年 5 月 18 日习近平在全国生态环境保护大会上明确指出，"必须加快建立健全以生态价值观念为准则的生态文化体系"。① 生态文化体系建设目标就是通过培育正确的生态价值观理念深入人心，让广大人民群众形成高水平的文化自觉，扎实推进新时代的生态文明建设，最终实现自然、人、社会的和谐统一。"生态兴则文明兴、生态衰则文明衰"是新时代广大人民群众必须树立和坚持的生态价值观理念。

"八八战略"实施以来，浙江大力弘扬生态文化，全民生态自觉持续提升。浙江率先设立省级生态日，全国首个生态日主场活动在浙江成功举办。环境保护公众参与蔚然成风，"嘉兴模式"写进联合国报告。浙江的国家生态文明建设示范区、"绿水青山就是金山银山"实践创新基地数量均居全国第一；全省中小学环境教育普及率达到 100%；生态环境公众满意度连续 12 年提升。② 图 6-41 给出了浙江系统构建"物质层次-精神层次-制度层次-行为层次"四位一体模式的全省域生态文化体系建设策略框架体系解构。

---

① 习近平. 推动我国生态文明建设迈上新台阶 [J]. 求是, 2019 (3)：4-19.
② 浙江生态省建设 20 周年成果发布 [EB/OL]. https：//www.chinanews.com.cn/cj/2023/11-25/10117955.shtml, 2023-11-25.

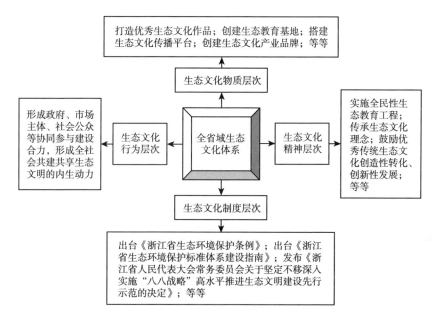

图6-41 浙江系统构建省域生态文化体系建设策略解构

6.7 聚焦三个领域创新推进社会环境舒心安心放心治理机制

创造和提升广大人民群众美好生活是实现新时代社会治理现代化重要目标和任务的驱动力源。"社会环境舒心安心放心"治理是浙江高质量发展建设共同富裕示范区的重要内容之一，本质上是属于社会治理范畴。社会治理是社会建设的重大任务，是国家治理的重要内容。[①] "社会环境舒心安心放心"治理则是社会治理在省级区域的具体表现。笔者认为，"社会环境舒心安心放心"治理就是制度安排。制度的核心是社会成员对互动方式的相互认可。2013年11月12日，习近平总书记在党的十八届三中全会第二次全体会议上强调，"国家治理体系和治理能力是一个国家制度和制度执行

---

① 习近平.坚持以人民为中心的发展思想 努力让人民过上更加美好生活［N］.人民日报，2017-10-11（06）.

能力的集中体现"。在"社会环境舒心安心放心"治理情境中，社会治理机制就是整体层面上的系统化制度设计，但又不能脱离实际。习近平总书记指出，"从我国实际出发，遵循治理规律，把握时代特征，加强和创新社会治理，更好解决我国社会出现的各种问题，确保社会既充满活力又和谐有序"。① 《中共中央关于坚持和完善中国特色社会主义制度推进国家治理体系和治理能力现代化若干重大问题的决定》提出"坚持和完善共建共治共享的社会治理制度，保持社会稳定、维护国家安全"的社会治理建设要求。在高质量发展建设共同富裕示范区进程中，浙江围绕"治理什么样的社会、怎样治理社会"这一中心问题，着力推进社会治理系统化、科学化、智能化、法治化，努力把党的领导和我国社会主义制度优势转化为社会治理优势，坚持系统治理、依法治理、源头治理、综合施策，构建了具有浙江特色的"社会环境舒心安心放心"治理机制制度体系。图6-42给出了"观念-结构-行为"制度范式视角下的浙江聚焦三个领域创新推进"社会环境舒心安心放心"治理机制的逻辑框架解构。

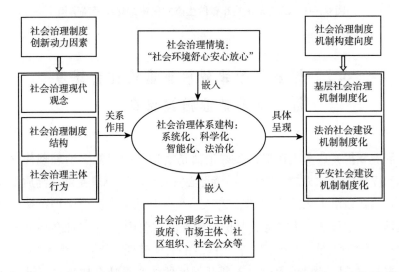

图6-42　浙江系统构建"社会环境舒心安心放心"治理模式的逻辑进路解构

注：社会治理现代观念指建设人人有责、人人尽责、人人享有的社会治理共同体；社会治理制度结构指社会治理的制度供给与制度需求；社会治理主体行为指社会治理参与主体在社会治理利益驱动下的理性决策行为和过程决策行为。

---

① 习近平谈治国理政（第二卷）［M］．北京：外文出版社，2017：386．

6.7.1 系统构建党组织领导的"四治融合"城乡基层治理体系，重塑城乡基层社会治理秩序

党的二十大报告提出，"健全共建共治共享的社会治理制度，提升社会治理效能"。实际上，社会治理的制度创新和效能提升的关键场域在基层。基层在国家治理和社会发展中处于基础性地位，也是社会矛盾冲突集中呈现的场域，更是承载全体人民共同富裕的关键性载体。基层是社会治理的根基和支撑，治国安邦重在夯实基层。《中共中央关于坚持和完善中国特色社会主义制度推进国家治理体系和治理能力现代化若干重大问题的决定》提出，"社会治理是国家治理的重要方面。必须加强和创新社会治理，完善党委领导、政府负责、民主协商、社会协同、公众参与、法治保障、科技支撑的社会治理体系，建设人人有责、人人尽责、人人享有的社会治理共同体，确保人民安居乐业、社会安定有序，建设更高水平的平安中国"的社会治理建设框架，以及"构建基层社会治理新格局"的基层社会治理建设方向。"四治"指自治、法治、德治、智治。在城乡基层社会治理工作中，浙江围绕社会治理现代化建设先行省和高质量发展建设共同富裕示范区的定位要求，针对城乡基层社会治理存在的"不平衡不充分的发展"实际问题，不断加强城乡基层治理体系建设试点探索，打好"自治、法治、德治、智治"协同发力组合拳，以自治为基、以法治为本、以德治为先、以智治为支撑，不断创新"四治融合"的实现形式，在城乡社会治理的重要领域和关键环节积极创新、大胆实践，在面上积极构建党组织领导的自治、法治、德治、智治"四治融合"城乡基层治理体系，在点上打造了一批各具特色的示范品牌（见表6-18）。党组织领导的"四治融合"城乡基层治理体系指在党的全面领导组织体系下，依托城乡基层党的组织体系网络，通过城乡基层社会自治、法治、德治、智治及四治之间融合所构建的基层社会治理体系，有效解决城乡基层社会治理"复合碎片化"现实困境，以实现现代基层社会善治。浙江系统构建党组织领导的"四治融合"城乡基层治理体系重塑了城乡基层社会治理秩序向着良性可持续发展方向前行。图6-43给出了"技术-组织-环境"三维视角下的浙江系统构建党组织领导的"四治融合"城乡基层治理体系重塑基层社

会治理秩序的建设路径解构。

表 6 – 18 　　　2019 年以来浙江乡村治理实践创新做法（"四治融合"视角）

乡村治理维度	具体做法或典型经验
乡村自治	安吉县建立了全国首个《乡村治理工作规范》；象山县持续打造"村民说事"品牌，迭代升级"线上说事"，深化"村民说事"标准化创建，编制《"村民说事"监督规范》；海宁市创新推广"四共四筹"（共商筹智、共建筹资、共管筹治、共富筹心）治理模式，并以此为基础发布了全省首个以乡村自治为主体对象的《乡村自治规范》地方标准，激发村民在乡村治理中的参与热情
乡村法治	深入开展民主法治示范村创建活动，推广"法治驿站""一米阳光""法律诊所"等做法，实现每村配备一名法律顾问。规范推进乡村"法律明白人"培养工作，着力培养一支群众身边的普法依法治理工作队伍。全省已建成省级以上民主法治村 1643 个，县级以上民主法治村占比 90% 以上；17784 个村实行"一村一辅警"制度，18886 个村建立法律顾问、法律服务工作室
乡村德治	推进移风易俗工作，立好用好村规民约，推广婚丧喜事流程规约制、标准菜单制、金牌厨师制、礼堂准入制等机制，倡导婚事新办、丧事简办。开展"我有传家宝""家书抵万金""最美全家福"等活动，探索建立"好家风信用贷""好家风褒奖礼"激励机制，擦亮"浙江有礼·好家风"品牌
乡村智治	紧跟"数字强省"建设步伐，创新数字驱动的乡村治理路径。桐乡市编制国内首个县域"智慧农业发展规划"，完成智慧农业云平台和大数据中心建设，获评全国县域数字农业农村发展水平评价先进县。衢州市衢江区创新推出服务村社的村情通、服务社区的邻里通、服务企业的政企通，覆盖全区 86 个小区、10711 个企业、20.6 万名群众。建德市与阿里巴巴合作开发"乡村钉"平台并基本实现村户全覆盖，获得 2020 年度中国十大社会治理创新奖。杭州市桐庐县实施的互联网 + 社会治理的小县"大"思路

6.7.2　系统构建法治社会建设机制制度化体系，加快建设法治中国示范区

法治社会是习近平总书记在党的十八大之后多个场合提出的"法治国家、法治政府、法治社会一体建设"重要政治命题中的重要内容，属于新的法治建设战略。[①] 习近平总书记强调，"法治社会是构筑法治国家的

---

① 方世荣，孙思雨. 论公众参与法治社会建设及其引导 [J]. 行政法学研究，2021（4）：55 – 68.

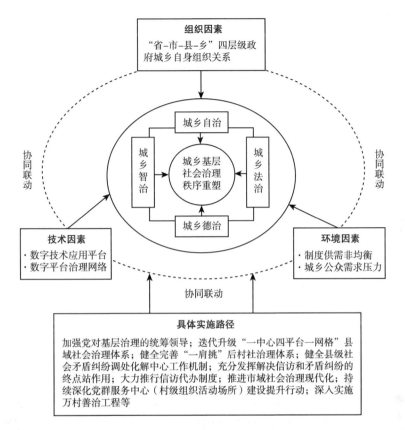

图6-43 浙江系统构建基层治理体系重塑基层社会治理秩序的建设路径解构

注：城乡基层社会自治具体通过不同级政府给予赋权实现；城乡基层社会法治具体通过强制性正式制度刚性约束实现；城乡基层社会德治具体通过非正式制度柔性约束实现，比如社会文明公约等；城乡基层社会智治具体通过数字技术等高效信息处理技术手段支撑实现。

基础"。① 法治社会是法治国家、法治政府建设的基础和依托，法治国家、法治政府建设必须筑牢法治社会根基。法治社会是具有高度中国实践特色的概念，它指公权力运作系统之外的社会生活的法治化[6-53]。法治社会建设的核心要义在于有效整合多元规范[6-54]，促成社会秩序的和谐共生，为社会成员提供安定可靠的生活秩序。法治社会是一个具有价值认同、规则

---

① 习近平. 坚定不移走中国特色社会主义法治道路为全面建设社会主义现代化国家提供有力法治保障［J］. 求是，2021（5）：4-15.

多元和社会共治属性的社会治理形态，其实现依赖于经济、政治和社会生活等方面治理内容均被纳入法律框架内[6-55]。法治社会充分体现了现代法治的核心内容[6-56]。法治是现代人类文明进步的重要标志。法治之力在于增加民生福祉，守护群众幸福生活。现代法治的核心内容是限制权力的专断，其基本原则表现为人民主权。"法治兴则国家兴，法治衰则国家乱。"法治是党执政兴国的重要方式，是人民幸福安康的重要保障。法治在治国理政中具有基础性作用。从理论角度看，法治是法律制度、法律技术、法律文化[6-57]的综合体，它表明法治不仅仅体现为一种内容良善、运行健全的法律制度，以及技艺精湛、守护正义的法律技术，还表现为崇德向善、热爱公平的法律文化。中国共产党十八届四中全会通过的《中共中央关于全面推进依法治国若干重大问题的决定》给出了法治中国建设的总目标是建设"三体两翼"[6-58]的中国特色社会主义法治体系。2020年12月中共中央印发了《法治社会建设实施纲要（2020—2025年)》。这些为法治中国建设提供了重要方向指引。

浙江是法治中国建设的重要实践地。浙江2006年开始作出法治浙江建设的重要决定，使法治浙江建设成为全省上下的共同使命和责任担当。浙江在法治浙江建设方面取得了丰富的理论成果、制度成果和实践成果，探索形成了一条经济先发地区法治先行的发展道路，推动法治浙江建设在总体上走在全国前列。2022年6月20日《浙江法制报》报道，法治浙江群众满意度从2016年的83.15%提高至2021年的92.26%，浙江成为司法文明指数最高的省份之一。2018年，浙江建立全国唯一的省级综合行政执法指导部门，率先开展"大综合一体化"行政执法改革，推行"一支队伍管执法""综合查一次"，构建起权责统一、权威高效的行政执法新格局。2022年3月，浙江获批成为此项改革目前唯一国家试点地，改革站上新起点。目前浙江已经成为审批事项最少、办事效率最高、营商环境最优、群众和企业获得感最强的省份之一。近些年来，浙江系统构建法治浙江建设顶层设计，探索形成地方创制性立法、"大综合一体化"行政执法改革、互联网法院、数字法治改革、社会治理中心等一大批标志性成果，推动法治浙江建设走在了全国前列。2006年以来，浙江不断推动创新实践，形成"党委领导、服务大局、法治为民、数字赋能、整体智治为特色"的法治浙江建设经验，已成为展示中国特色社会主义法治优越性的

"重要窗口"。2022年，浙江省委十五届二次全会提出"积极争创法治中国示范区"目标。图6-44给出了"制度完善-规范运行-心理认同"三维视角下的浙江加快建设法治中国示范区的实践进路解构。

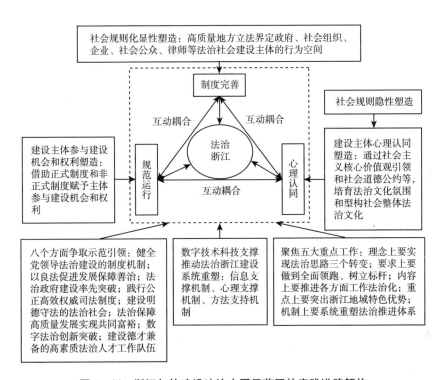

图6-44 浙江加快建设法治中国示范区的实践进路解构

注：信息支撑机制具体指对法治社会信息资源进行获取、分析及处理的过程；心理支撑机制具体指数字技术科技理性会减少因掺杂个人情感影响产出结果的可能，其精准处置过程有助于反向推动社会主体积极守法，扩大与提高对社会主体的权益保护的范围和效率，开放式参与有助于营造谨慎且周全的法治氛围；方法支持机制具体指形成去中心化的"多元主体共治+精准处置"法治社会治理模式。数字技术科技支撑推动法治浙江建设系统重塑具体指构建以"1338"为主要内容的数字法治系统，推动有关体制机制、组织架构、业务流程的系统性重塑。"1338"为主要内容的数字法治系统具体为：建设一个数字法治综合应用；完善政法一体化办案体系、综合行政执法体系、社会矛盾纠纷调处化解体系三大重点任务；提升相关联的三个集成应用；以及八个基础应用（涉及公安、法院、检察院、司法和社会治理等各个领域）。

6.7.3 系统构建平安社会建设机制制度化体系，高水平建设平安中国示范区

欲筑室者，先治其基[6-59]。国家安全是民族复兴的根基，社会稳定是国家强盛的前提。① 针对当前我们生活处于 VUCA[6-60] 环境时代背景，党的二十大报告中给出了"建设更高水平的平安中国，以新安全格局保障新发展格局"的国家安全时代论断。习近平总书记强调，"要落实总体国家安全观，坚持共建共治共享方向，聚焦影响国家安全、社会安定、人民安宁的突出问题，深入推进市域社会治理现代化，深化平安创建活动，加强基层组织、基础工作、基本能力建设，全面提升平安中国建设科学化、社会化、法治化、智能化水平，不断增强人民群众获得感、幸福感、安全感"。② 这为平安中国建设作出蓝图规划，也为 VUCA 环境时代背景下我国国家安全体系在重心、内容、组织、架构等方面的重构给出科学方向性指引。建设更高水平的平安中国是更好夯实"中国之治"根基、更好满足人民对美好生活的向往、更好应对各类风险挑战的必然要求。这里平安中国应该理解成"总体国家安全观意义上的大平安"，而不是社会治安意义上的平安社会或者政法机关所推进的平安中国建设。在这样的语境下，平安中国不仅蕴含着"预防治理、系统治理、综合治理、规则治理、契约治理、智能治理"等一系列治理理念，还包括着"维护政治安全体系、社会治安防控体系、社会纠纷解决体系、社会公平保障体系、社会德治德育体系、社会应急管理体系"等一整套治理制度机制。

平安中国建设萌芽于浙江省"大平安"建设理念。浙江省委十一届六次全会提出按照"八八战略"的总体部署，大力建设"平安浙江"，努力促进社会和谐稳定的目标。浙江成为全国最早提出并全面部署"大平安"建设战略的省份，正式开启"平安浙江"建设新征程。根据国家统计局调查结果，2022 年浙江省群众安全感达 99.28%，高于全国平均值 1.13 个百

---

① 习近平著作选读（第一卷）［M］. 北京：人民出版社，2023：43.
② 全面提升平安中国建设水平　不断增强人民群众获得感幸福感安全感［N］. 人民日报，2020-11-12（01）.

分点。"平安浙江"建设是"平安中国"建设的早期实践和成功试验，走出了一条适应当地经济社会发展水平的前瞻的、有实效的、示范性的新道路，为建设"更高水平的平安中国"提供了有益经验和启示。现阶段，浙江遵循总体国家安全观理论的方向指引，围绕平安浙江十大重点任务[6-61]，坚持统筹发展和安全，坚持和发展新时代"枫桥经验"，传承和践行"浦江经验"，坚持系统治理、综合治理、源头治理、专项治理、融合治理和智能治理相结合，坚持与法治浙江建设一体推进，以协作性公共管理[6-62]理念为指导，系统构建"党政领导、政法主导、社会协同、各方参与、齐抓共管"工作格局，系统构建平安社会建设机制制度化体系，形成了具有浙江特色的省域平安社会建设的工作模式和经验做法体系。图6-45给出了"重心-内容-组织-架构"四维视角下的浙江高水平建设平安中国示范区的实践进路解构。

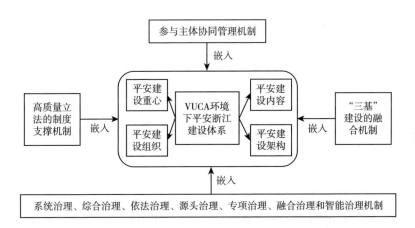

图6-45 浙江高水平建设平安中国示范区的实践进路解构

注："三基"建设指平安浙江建设过程中的基层组织、基础工作、基本能力等建设；平安浙江建设重心在基层建设；平安浙江建设内容是维护国家政治安全等十大领域任务；平安浙江建设组织是指"省、设区的市、县（市、区）平安建设组织协调机构和乡镇、街道负责平安建设有关工作机构"的工作体制；平安浙江建设架构是指平安浙江建设整体框架体系，涵盖工作体制、风险防控、重点防治、基层社会治理、数字平安建设、保障措施、考核与责任追究等七大模块。

第7章 浙江建设共同富裕示范区在
"如何实现"上的创新实践：
制度环境视角

讨论浙江高质量发展建设共同富裕示范区必定绕不开制度环境的影响。何谓制度？制度的本质是什么？在我国传统文化中，制度是由"制"与"度"合成而来。前者指节制，后者为量化。制度是为决定人们的相互关系而人为设定的一些制约，其功能在于规范和约束行为，以消解人性弱点、增强行为能力和克服客观环境等不利因素，具有推动社会变革的能力。道格拉斯·诺思（2008）认为，制度作为规范人类交往的人为限制，制度涵盖正式制度与非正式制度两个方面。正式制度包括正式的法律、政策等。非正式制度包括文化、习俗和惯例等。田国强和陈旭东（2018）认为，制度的本质是具有自我实施性的规则或限制，主要用以稳定个体间的信息交换过程，减少其间所产生的不确定性和激励扭曲，从而达到合意的目标。经国序民，正其制度[7-1]。仁圣之本，在乎制度而已[7-2]。针对制度建设的重要性，1980年8月18日，邓小平在中央政治局扩大会议上强调，"领导制度、组织制度问题更带有根本性、全局性、稳定性和长期性"。① 因此，实现共同富裕的关键在于设计好相关制度措施，既要重视目标设定，也要重视执行过程。现代社会财富的生产、分配及贫富差距的形成已经显著不同于传统社会，在很大程度上是由社会制度安排或者制度设计决定的。因此，制度创新是实现共同富裕的根本路径，有效的制度安排是实现共同

---

① 邓小平文选（第二卷）［M］. 北京：人民出版社，1994：333.

富裕的根本保障。本章从共同富裕制度环境视角，系统分析浙江建设共同富裕示范区在"如何实现"上的创新实践。

7.1 "如何实现"上的共同富裕制度构建主要原则

共同富裕是一种理念，更是以这一理念为价值导向的制度安排，是涉及财富的创造、占有、分配、供给、消费等为内容的制度体系。高质量发展建设共同富裕示范区是一项系统性工程，涉及领域众多，共同富裕制度构建需要重点结合新时代广大人民群众的现实需求，更要突出中国特色社会主义制度的优越性。在高质量发展建设共同富裕示范区进程中，浙江构建共同富裕制度所遵循的主要原则如下。

第一，坚持尊重新时代社会发展规律进行共同富裕制度理论框架的顶层设计。制度的存在提供了人类相互影响的框架，是社会政治、经济秩序建构的基础。因此，制度是影响共同富裕社会建设的关键性变量。制度供给滞后、制度路径依赖、制度本身刚性及不同制度之间的博弈等因素导致共同富裕社会建设必须进行一系列新的制度安排。共同富裕社会是人类社会发展过程中呈现的新样态，显著不同于现阶段西方经济发达资本主义国家普遍富裕的社会状态。针对共同富裕社会建设属于一项长期性、艰巨性、复杂性、系统性的伟大工程，习近平总书记明确指出，"办好这件事，等不得，也急不得"。①之前并没有共同富裕社会成功实现的建设经验可以借鉴，这对高质量发展共同富裕示范区、构建共同富裕制度提出了更高要求。共同富裕制度是各种具体制度体系的集合，作用和调试各种社会关系以解决新时代发展不平衡不充分等社会问题，以此服务并推动社会向着共同富裕的目标发展和演进。从浙江高质量发展建设共同富裕示范区具体实践来看，浙江高度重视共同富裕制度建设对共同富裕的决定性和规范性作用，坚持在中国特色社会主义制度框架下尊重新时代社会发展规律做好共同富裕制度理论框架的设计工作，围绕"组织领导、参与主体、机制体系、保障实施"等要素进行制度体系框架的构建，完成对经济高质量发展、公平合理的收入分配格局、公共服务优质共

---

① 习近平. 扎实推动共同富裕［J］. 求是，2021（20）：4-8.

享、城乡融合和区域协调发展、人民精神文化生活富裕、生活环境美丽宜居、社会环境舒心安心放心等七大领域的制度体系建构。

第二,坚持共同富裕制度的顶层设计与地方实践探索互为协调联动。高质量发展建设共同富裕示范区是一项前无古人的事业。推进高质量发展建设共同富裕示范区既要注重共同富裕制度的顶层设计,也要坚持从实际出发尊重地方实践探索,从而在共同富裕示范区建设的顶层设计与地方实践探索的协调联动中推动共同富裕示范区事业行稳致远。马克思主义实践理论认为,实践是认识的来源,认识对实践具有反作用。高质量发展建设共同富裕示范区是一项系统性工程,需要统筹兼顾、系统谋划、整体推进,正确处理好共同富裕制度的顶层设计与地方实践探索之间的相互关系。顶层设计事关行动的理念、目标、方向与路径。顶层设计为高质量发展建设共同富裕示范区提供明确目标方向。共同富裕制度的顶层设计就是从系统观念出发,立足共同富裕示范区建设全局,自上而下对共同富裕示范区的各个领域、各个层次、各个要素进行系统统筹规划,具有全局性、战略性、根本性、联动性、协同性、长远性、前瞻性的特点。共同富裕示范区建设是一项探索性事业,实践探索能够使得共同富裕理念和相关制度政策落地生根。实践探索即从实际出发,注重自下而上的基层推进,一边探索一边总结经验,既不裹足不前,又不盲目冒进,具有局部性、渐进性、实践性的特点。从经济发展领域看,浙江省 11 市的经济发展相互辐射、相互合作,形成了一个多层次、多元化的经济结构(见表 7 - 1)。杭州市、宁波市、温州市等凭借其独特的发展模式和优势产业,成为浙江省经济快速发展的重要引擎。在高质量发展建设共同富裕示范区进程中,浙江基于不同地区的独特背景和实践场域,坚持共同富裕制度的顶层设计与地方实践探索互为协调联动,11 市都因地制宜地制定了相关政策措施(具体内容可以参见第 2 章表 2 - 2),确保共同富裕示范区事业不断向前发展。

表 7 - 1 浙江 11 市经济发展主导优势和主要特点

城市	主导优势	主要特点
杭州	逐渐形成一个以电子商务为主导的经济体系	其发展带动了周边城市的经济繁荣,引领互联网经济潮流
宁波	制造业强市,制造业成为城市经济的主要支柱	以其高质量、高效益的制造业,展现了中国制造的实力和竞争力

续表

城市	主导优势	主要特点
温州	形成其独特的民营经济模式	成为民营经济发展的样板，也为全国其他地区提供了借鉴
绍兴	形成以纺织、化工和机械制造为主导的产业结构	地理环境优越，位于杭州都市圈，成为该地区的副中心城市
嘉兴	以其独特的地理位置和丰富的资源优势，形成多元化的经济发展模式	作为浙江省重要的农业和轻工业基地
台州	以化工、塑料制品、纺织等为主导产业，也发展了一系列新兴产业，如新材料、新能源等	多元经济结构成为亮点，展现活力与发展潜力
金华	以家具、汽车零部件和装备制造等行业为主导	作为浙江省的制造业基地，企业众多，技术实力强大，为浙江省产业升级和转型提供了重要支持
湖州	以其优美的自然环境和发达的旅游业而闻名	太湖之畔的重要城市，为上海和杭州都市圈提供支持
衢州	以其独特的地理环境和丰富的人文历史资源，吸引了大量游客和投资者	地理位置独特，经济相对较弱
舟山	浙江省渔业和海洋经济的重要发展区域	海洋经济得到快速发展，成为浙江省经济发展的重要支柱，人均 GDP 位居第一
丽水	以其丰富的自然资源和优美的生态环境而闻名，吸引了大量游客和投资者	GDP 相对较低。地理面积最大，位于浙江省的西南部，拥有巨大的经济发展潜力

第三，坚持"新发展阶段、新发展理念、新发展格局"为战略导向。"新发展阶段、新发展理念、新发展格局"是贯穿党中央、国务院赋予浙江高质量发展建设共同富裕示范区重大使命全过程的重要战略导向。就现实依据来讲，浙江已经拥有实现全体人民共同富裕目标的雄厚物质基础。根据浙江省统计局 2021 年发布的《数说百年奋斗路，礼赞世纪辉煌史——中国共产党成立 100 周年浙江经济社会发展总报告》，浙江生产总值在全国各省份的位次由 1952 年的第 11 位、1978 年的第 12 位升至 1997 年的第 4 位，保持至 2021 年已连续 24 年；人均地区生产总值由 1949 年的 72 元、1978 年的 332 元增至 2017 年的 8.6 万元（按当年平均汇率计算为 1.27 万美元），跨入世界银行国别收入分组标准高收入经济体门槛，2020 年增至

10.1 万元[7-3]（1.46 万美元）；全体居民人均可支配收入增至 52397 元，居全国各省份第 3 位、省（区）第 1 位，占人均地区生产总值的比例由 2013 年的 45.7% 升至 2020 年的 52.1%；城镇居民人均可支配收入连续 20 年居全国各省份第 3 位，农村居民人均可支配收入居全国各省份第 2 位。2020 年，规模以上工业营业收入、利润总额分别增至 77695 亿元和 5545 亿元，分别居全国各省份第 4 位和第 3 位；全员劳动生产率预计增至 16.6 万元/人，为全国平均值的 1.4 倍。1949 年，浙江产业层次很低，属于典型的农业社会，三次产业增加值比例为 68.5：8.0：23.5，1978 年调整为 38.1：43.3：18.7，2020 年进一步调整为 3.3：40.9：55.8，形成工业和服务业共同推动产业发展的格局。进入新发展阶段，浙江不辱使命，坚持"新发展阶段、新发展理念、新发展格局"为战略导向，围绕经济高质量发展、公平合理的收入分配格局、公共服务优质共享、城乡融合和区域协调发展、人民精神文化生活富裕、生活环境美丽宜居、社会环境舒心安心放心等七大领域，打好系统构建共同富裕制度体系组合拳。

第四，坚持"制度创新－制度活力－制度联动－制度融合"的理念思路系统设计架构共同富裕制度体系。构建完善的共同富裕制度体系是浙江扎实推进并如期实现共同富裕示范区建设任务的内在要求。如何构建完善的共同富裕制度体系，需要先导理念作为制度构建的引领支撑。在高质量发展建设共同富裕示范区进程中，浙江坚持"制度创新－制度活力－制度联动－制度融合"的理念思路设计架构共同富裕制度体系。其中，制度创新指为实现高质量发展建设共同富裕示范区目标进行的共同富裕制度系统集成创新。制度创新是共同富裕取得实质性进展的关键。在共同富裕示范区具体建设实践中，浙江立足新发展阶段下经济社会发展各个领域实际特点和共同富裕示范区建设任务的复杂性、艰巨性和多维性，敢于打破传统思维模式，以务实姿态积极推进经济高质量发展等七大领域的制度改革创新，形成集成性的共同富裕制度安排。制度活力指为实现高质量发展建设共同富裕示范区目标进行的共同富裕制度构建既要着力于激发社会创造活力，又要着力于维护社会公平正义。在共同富裕示范区具体建设实践中，浙江统筹考虑城乡差异、区域差异、群体差异、文化差异、阶层问题、代际问题等制约经济社会发展活力的关键因素，以制度集成改革创新优化和调整社会生产关系，不断释放广大人民群众中蕴含的社会生产力和社会向前发展的活力。制度联动指为实现高质量发展建设共同富裕示范区目标进行的共同富裕制度构建既要发挥单一制度的独特作用，又要发挥不同制度之间协调联动带来的制度增效效果。高质量发展建设共同富裕示范区的有效推进，需要制度联动提供持续、强劲的动力支持。从共同富裕示范区具体建设实践看，浙江从顶层宏观制度制定到具体领域的制度细节设置都强调制度之间的协调耦合联动。在社会学领域，融合指具有差异的双方或多方通过互动达至和洽的过程和状态。制度融合指为实现高质量发展建设共同富裕示范区目标进行的共同富裕制度构建需要兼顾考虑不同制度之间（正式制度与非正式制度）的多元协同性、多元包容性和耦合性，避免不同制度之间的利益冲突，保证共同富裕示范区社会建设的有效性、确定性及稳定性。制度隔离不利于共同富裕示范区建设目标的实现。从共同富裕示范区具体建设实践看，浙江重视不同制度之间的融合效应。例如，在劳动、资本、土地、知识、技术、管理、数据等关键生产要素方面，浙江加强不同制度之间的有机衔接，形成关键生产要素在不同区域之间高效流动的良好局面，促使社会整体财富创造能力迈上新台阶。

7.2 "如何实现"上的共同富裕制度构建突破路径

第一，坚持体现对全体社会成员的价值关怀。共同富裕道路上，要确保社会每一个人都不掉队。从共同富裕示范区的共同富裕制度构建视角看，至少有三个方面体现对全体社会成员的价值关怀。一是空间地域正义。因地区资源禀赋和区域专业分工倾向加剧了区域经济和城乡之间发展不平衡。区域发展不平衡是扎实实现共同富裕的重要障碍因素。这就要求共同富裕制度的构建要超越资源禀赋和专业分工的瓶颈制约。虽然浙江是全国区域平衡发展最好的省份，但是浙江沿海与内陆、山区与平原、城市与乡村的发展不平衡依然明显存在。尤其体现在东北部嘉兴、杭州、宁波、温州等沿海地区与浙西南山区的发展不平衡。从浙江高质量发展建设共同富裕示范区进程来看，为有效促进省域内区域发展平衡，浙江采取"发挥差异优势，推进跨区域协作；注重因地制宜，采取灵活政策举措；重视长效机制，培育发展内生动力"的多元化政策措施。二是受益群体正义。20 世纪 80

年代以来，中国居民横向收入不平等（主要指城乡居民收入差距不平等）程度达到了比较高的水平，收入分布尾部不平等状况日益加剧是导致这种现象的重要因素，消除横向收入不平等刻不容缓，合理调节过高收入、取缔非法收入、增加低收入群体收入和扩大中间群体收入成为扎实推进共同富裕的内在要求。从浙江高质量发展建设共同富裕示范区进程来看，浙江十分注重共同富裕制度建设，在收入分配上主动作为，加大收入分配的横向调节力度和精准性，明确提出提高低收入群体收入水平、扩大中等收入群体规模、依法规范和合理调节高收入群体收入、取缔非法收入等方面的具体规划、政策体系和长效机制。三是阶层代际正义。共同富裕允许社会成员之间产生合理的收入差距，强调每位社会成员的收入主要由自身社会贡献决定，而不是由父辈甚至更前一代人纵向影响所致。通常用代际收入流动性来客观反映父辈甚至更前一代人收入对当代子女收入的纵向影响。代际收入流动指家庭中子辈相对父辈收入的变化，反映了一个家庭代际间经济社会地位的动态变化情况，是衡量机会公平的重要指标。代际收入流动性一般用代际收入弹性来衡量。代际收入弹性反映一个家庭父辈持久收入对其子女持久收入福祉的影响程度。代际收入弹性越高，表明父辈持久收入对子女持久收入的影响越大，社会阶层也越容易固化，对应的社会流动性水平则越低。克鲁格（Krueger，2012）提出的 GGC 曲线（great gatsby curve）表明代际收入流动性越低往往会对应着社会高度的收入不平等。合理的代际收入流动性有利于社会公平和经济效率提升。从比较视角来看，共同富裕制度构建强调提升中低阶层群体的代际收入流动性，实现阶层从低到高的跃升。从浙江高质量发展建设共同富裕示范区进程来看，浙江注重从教育水平公平、收入分配政策、资源禀赋政策、职业技能政策、社会保障政策、税收政策等多个领域，构建机会公平的公共政策制度体系，助力中低阶层群体实现阶层跃升[7-4]，最终扩大中间阶层群体，实现共同富裕社会应有的橄榄型社会样态。

第二，注重共同富裕制度性话语权中国表达。在全面建成小康社会之后，中国共产党及时地提出了扎实推动全体人民共同富裕的目标任务，引起了国际社会的广泛关注与讨论，不少人以狭隘的政治眼光给出了中国发展意图的错误解读，甚至是质疑声音，将共同富裕视为中国的对外战略，认为这是中国与西方争夺全球治理话语权和提升意识形态影响力的举措。

例如，舒曼（Schuman，2021）认为，共同富裕未来可能会成为中国建构国际话语体系的一个重要内容，旨在能够更清晰地将"中国特色社会主义"与美国的放任资本主义区分开来。也有不少人认为，由于现实困难难以实现全体人民共同富裕。例如，马格努斯（Magnus，2021）认为国际俄乌冲突及新冠疫情防控措施将导致中国共同富裕暂时搁置。日本综合研究所高级研究员三浦裕二（Miura，2022）认为第三次分配不太会改善收入不平等，在支持共同富裕实现上作用十分有限。为能够及时回应和消解国际上对中国共产党扎实推动共同富裕的各种错误理解和各种质疑，需要在共同富裕制度性话语权构建上下功夫。习近平总书记强调，"加快构建中国话语和中国叙事体系，讲好中国故事、传播好中国声音，展现可信、可爱、可敬的中国形象"。① 这为有效构建共同富裕制度性话语权提供了明确方向。在浙江高质量发展建设共同富裕示范区进程中，浙江注重共同富裕制度性话语权中国表达。从共同富裕制度性话语权构建上看，浙江主要从主体对共同富裕认知养成、共同富裕具体科学内涵、共同富裕制度体系构建、共同富裕具体实践路径等方面展开共同富裕制度性话语权的积极构建。

第三，社会主义制度框架下科学选择共同富裕制度构建路径。共同富裕是对社会主义福利类型的探索创新，显著不同于资本主义福利模式[7-5]。在社会主义制度框架下，共同富裕追求的是全民富裕、全面富裕、共建富裕、渐进富裕。扎实推动共同富裕是由理论阶段向实践阶段转换的重要探索。高质量发展建设共同富裕示范区是扎实推动共同富裕的重要有效载体。共同富裕示范区要在全国形成先行示范，必须做到顶层设计、统筹规划、重点布局、精准施策。因此，共同富裕示范区是否能够顺利建成实现，是否能够形成全国先行示范效应，关键取决于社会主义制度框架下的共同富裕制度体系建设。这就要求科学选择共同富裕制度构建路径，以实现理论与具体制度的有效紧密衔接。在高质量发展建设共同富裕示范区的实践进程中，浙江对共同富裕建设许多领域的制度设计作了非常有益的探索，积累了丰富的、宝贵的实践经验。从浙江高质量发展建设共同富裕示范区具体实践进程来看，浙江确定选择经济高质量发展、公平合理的收入分配格局、公共服务优质共享、城乡融合和区域协调发展、人民精神文化生活富裕、

---

① 习近平著作选读（第一卷）[M]. 北京：人民出版社，2023：38.

生活环境美丽宜居、社会环境舒心安心放心等七个重点领域，针对每个领域关键突破点用心下功夫，建成了彰显浙江省域特色的经济高质量发展制度体系、公平合理的收入分配格局制度体系、公共服务优质共享制度体系、城乡融合和区域协调发展制度体系、人民精神文化生活富裕制度体系、生活环境美丽宜居制度体系、社会环境舒心安心放心制度体系。这些制度体系为社会主义福利模式超越资本主义福利模式提供了坚定的实践支撑。图 7-1 给出了高质量发展建设共同富裕示范区目标下浙江共同富裕制度构建逻辑框架解构。

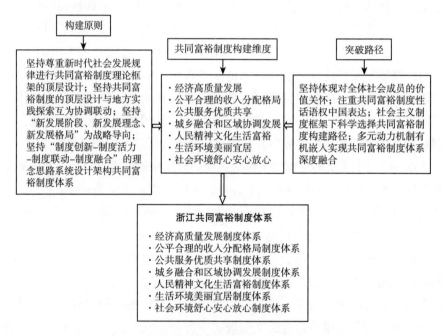

图 7-1　浙江共同富裕制度构建逻辑框架解构

第四，多元动力机制有机嵌入实现共同富裕制度体系深度融合。波兰尼（Polanyi，1944）嵌入性思想认为"经济并非单独存在，而是依赖于政治、文化、宗教和社会关系"。这里借用他的嵌入性思想探讨浙江实现共同富裕制度体系深度融合情景。从社会实践来看，不同制度融合决定着或主导着整个社会发展前进方向。共同富裕制度体系深度融合是一个综合性、整体性系统。该系统中不同制度体系彼此之间具有制约、耦合关系，共同推动着共同富裕示范区建设的具体进程。因此，在高质量发展建设共同富裕示范区进程中，需要充分考虑制度融合背后的动力机制因素。共同富裕制度体系融合推动因素有六个。其一是社会生产力动力机制。社会生产力反映整个社会的财富创造能力，是共同富裕制度体系必须融合的根本动力。马克思指出，生产力的发展"之所以是必需的实际前提，还因为如果没有这种发展，那就只会有贫穷、极端贫困的普遍化"。① 新时代我国社会主要矛盾的解决取决于社会生产力的解放和发展。高度发达的社会生产力是实现共同富裕的前提必要条件。这就要求共同富裕制度构建上必须要考虑不同领域制度是否能够进一步解放和发展社会生产力。其二是目标动力机制。目标就是方向，实现共同富裕是示范区建设的实践目标。制度是实现共同富裕示范区建设目标的关键条件。共同富裕示范区建设领域明确了七大方面具体内容，这就要求共同富裕制度构建是以全体人民共同富裕实现为目标进行的整体设计，要兼顾不同领域制度之间的有机耦合，要形成制度体系合力。其三是市场动力机制。市场机制对于提高经济效率、促进经济增长具有关键作用。经济学认为市场机制的核心是价格机制。通过市场形成的生产要素价格机制能够确保不同参与群体机会平等地根据自身提供的不同生产要素贡献程度获取相应的报酬。市场机制为不同参与群体致富能力的形成提供了平台基础。其四是有为政府动力机制。高质量发展建设共同富裕示范区，意味着高质量发展不仅要有高效率的生产体系，更要形成共享包容的分配体系，建设高品质生活。这就要求政府在共同富裕制度体系构建上必须主动积极有为，要超越传统模式思路构建新时代政府与市场的互动关系。其五是参与主体协作动力机制。实现共同富裕需要社会各方参与主体共同努力才能得以实现。这就要求各个参与主体紧密协作、奋发有为，制度性集体行动，确保共同富裕制度体系发挥最大制度效能。其六是不同制度融合动力机制。制度能够引导未来，是助推和牵引社会走向文明进步的重要力量。共同富裕制度设计源于现实我国社会主要矛盾问题，更要解决新时代我国社会主要矛盾现实问题，而实现共同富裕建设不同领域制度深度融合是凝聚社会力量、促进共同富裕示范区建设发展的应然要求。上述六大动力机制的有机嵌入，助力共同富裕制度体系实现深度融合。

---

① 马克思恩格斯文集（第一卷）［M］. 北京：人民出版社，2009：538.

7.3 "如何实现"上的多元制度协调推进机制模式

7.3.1 多元制度协调推进机制模式的设计思路

进入新时代我国社会主要矛盾发生了根本性转变，根源就在于经济社会发展的结构性失衡。这种结构性失衡导致人民日益增长的美好生活需要无法完全实现。这种结构性失衡具体表现为"经济发展、社会发展、政治发展、文化发展和生态文明建设之间的不平衡或者说失调"。为有效解决新时代我国社会的主要矛盾，党中央作出了扎实推动共同富裕的战略部署，党中央、国务院赋予浙江高质量发展建设共同富裕示范区的重大使命。共同富裕示范区建设的实现受到经济、政治与文化、微观与宏观、物质与精神、社会与自然、效率与公平等方面因素和条件的限制与制约。立足新时代扎实推动共同富裕战略要求，高质量发展建设共同富裕示范区就成为重要的战略布局。党的二十大强调，"必须坚持问题导向，我们要增强问题意识，聚焦实践遇到的新问题、改革发展稳定存在的深层次问题、人民群众急难愁盼问题"。我们在解决共同富裕领域中方方面面的关键问题时，就必须坚持问题导向。在高质量发展建设共同富裕示范区进程中，经济高质量发展、公平合理的收入分配格局、公共服务优质共享、城乡融合和区域协调发展、人民精神文化生活富裕、生活环境美丽宜居、社会环境舒心安心放心等结构性失衡问题是重要阻碍因素。因此，面向扎实推动共同富裕的战略部署，结合共同富裕建设面临的结构性失衡问题，要确保高质量发展建设共同富裕示范区能够如期实现，需要构建一种多元制度协调推进机制模式。共同富裕示范区建设"如何实现"的多元制度协调推进机制模式的设计思路就是紧紧围绕共同富裕"如何实现"进行展开，核心在于构建"思想理念－制度保障－路径措施"相互协调的创新机制体系，确保到2025年共同富裕示范区取得明显实质性成效。

从具体实践来看，浙江高质量发展建设共同富裕示范区实践中立足现实关键问题，统筹规划、谋划长远、精准发力，努力构建了一套"思想理念－制度保障－路径措施"相互协调的创新机制体系，确保到2025年共同富裕示范区取得明显实质性成效。在这里，"思想理念"指前文所述的共同富裕示范区建设的根本理念，即指新发展理念、共生理念、多元共治理念、新的共同富裕理念等四种；"制度保障"指为确保共同富裕示范区如期实现浙江所构建的共同富裕制度体系；"路径措施"指围绕共同富裕制度体系所进行的具体实施路径措施。图7-2给出了浙江系统构建的多元制度协调推进机制模式，这种多元制度协调推进机制模式本质上是思想理念、制度保障和路径措施的有机统一。

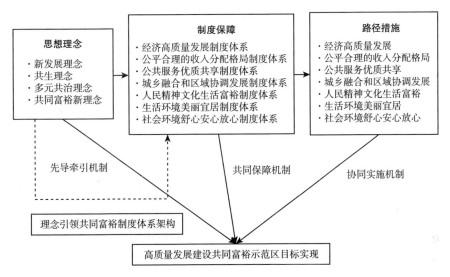

图7-2 浙江系统构建的多元制度协调推进机制模式

7.3.2 先进思想理念先导牵引机制

共同富裕是全体人民共同享有人类社会文明发展成果，离不开全体人民共同努力建设。思想理念先导牵引是全体人民开展共同富裕社会建设活动的重要影响因素，反映了全体人民在共同富裕社会建设中的思想精神状态和整体内在品质。从共同富裕社会建设的宏观层面角度看，先进思想理念是共同富裕社会建设的价值导向和重要推动力。在特定的制度环境下，先进思想理念会促使人们进行思考，有利于社会制度的顺利实施。因此，先进思想理念具有重要助推作用。先进思想理念能够激励人们前行，当人们坚持一种认可的理念时，实干能力会显著增强，会敢于担当和积极作为，更容易克服困难、迎接挑战，因为相信自己的行为是非常有意义的。从理论逻辑上讲，先进思想理念促使人们心往一处想、劲往一处使，是全体人民共同努力建设共同富裕社会的价值先导牵引。在浙江高质量发展建设共同富裕示范区的进程中，主要有新发展理念、共生理念、多元共治理念和共同富裕新理念等四种先进理念的先导牵引与助推。在共同富裕社会实践建设进程中，上述四大理念已经得到广大人民广泛认可，并且深深地嵌入共同富裕社会建设任务各个领域之中。上述四大理念向全体人民提供了如何实现共同富裕目标的行动指南，帮助树立坚定的理想信念和饱满的事业信心。从建设实践角度看，上述四大理念主要通过共同富裕框架下的路线图和聚焦点发挥重要先导牵引与助推作用。从路线图角度看，上述四大理念为全体人民从可能的各种集体行动方案中选择出最符合人民利益的建设行动方案。比如，新发展阶段下新发展理念帮助全体人民确定什么目标不能选择，确保不违反碳减排的公平正义与可持续发展的发展正义标准。从利益协调角度看，因不同参与方利益并非完全一致，导致共同富裕制度建设存在着非唯一均衡的现象很多。在这种情况下，上述四大理念可以帮助共同富裕社会建设不同参与方以最广大人民根本利益实现为出发点，形成彼此都可接受的行动方案。在此意义上看，上述四大先进思想理念促成全体人民集体一致行动，深度拓展了中国扎实推动共同富裕社会建设格局。

7.3.3　共同富裕制度体系共同保障机制

共同富裕制度体系是实现共同富裕社会的关键保障因素。制度在社会事务中发挥着重要作用。根据科斯制度经济学理论，制度是为降低社会成员交易成本而进行设计的正式规则体系，其主要目的是为每一个人的社会活动与社会交往提供制度支持。如果没有科学化、规范化、系统化的共同富裕制度体系建构，新阶段下扎实推进共同富裕阶段战略目标就很难实现。从浙江高质量发展建设共同富裕示范区进程来看，浙江围绕建设好共同富裕示范区的具体重点任务，基于浙江积累的丰富的经济社会发展具体实践及历史和特殊的地理位置、独特的政府与社会关系，坚持全局战略性系统谋划，注重共同富裕制度体系安排与协同联动，系统构建了前述经济高质量发展制度体系等七个领域的整体协同联动、相互融合的制度框架体系，并通过共同富裕制度体系的激励效应、增能效应和赋能效应，在全体人民"共识 - 共生 - 共建 - 共富 - 共享"的关系路径中共同保障全省域居民的共同富裕。该制度体系是共同富裕示范区得以能够成功建设的制度性保障，它抓住了共同富裕示范区建设进程中的关键性问题和现实阻碍，确实解决了共同富裕示范区建设进程中的不少特定问题，使得浙江在扎实推动共同富裕道路上行稳致远，充分展现了浙江智慧。

7.3.4　共同富裕路径措施组合协同实施机制

共同富裕社会的实现取决于一定的前置条件。这些前置条件具体包括社会生产方式、社会政治、社会文化、社会制度等。因此要构建共同富裕美好社会状态，需要在上述前置条件领域不断进行集成改革，突破路径依赖，不同领域协同合力方能取得最大成效。另外，共同富裕社会建设是一项超级复杂异质性、整体性事业。从共同富裕显性层面来看，共同富裕事业包含经济发展、收入分配、民生及社会保障、基础设施建设、公共服务、社会安全、生态体系与生态平衡、文化及旅游等异质性的各个社会子系统，而共同富裕隐性层面则包含着几乎人类所有社会领域，包括人口政策、家庭政策、照护及照顾政策、公共治安、灾害预防、应急管理、社会风险平衡等。这就要求必须超越某种单一制度与逻辑思维，这意味着共同富裕社会建设不等同于不同领域路径措施简单叠加推动，需要兼顾不同领域路径措施的相互影响，将市场力量和社会力量充分融入共同富裕事业建设中，实现可持续性的共同富裕推进模式。根据浙江高质量发展建设共同富裕示范区实践经验，浙江围绕共同富裕示范区建设领域的中心任务，坚持问题导向和系统性思维，从共同性的共同富裕制度供给视角出发，就经济高质量发展、公平合理的收入分配格局、公共服务优质共享、城乡融合和区域协调发展、人民精神文化生活富裕、生活环境美丽宜居、社会环境舒心安心放心等领域凸显的结构性失衡问题，明确作出相应的体制机制和关键路径举措安排，并协同推进，真正打通共同富裕实现的现实阻碍。

7.4 "如何实现"上的多元制度逻辑融合促进机制

7.4.1 "如何实现"上的多元制度逻辑

学术界关于何为制度逻辑具有不同观点。例如，制度逻辑为"一套物质性的实践和象征性的符号结构，其构成了不同制度秩序下的组织原则，并且促进了组织与个体的发展"（FriedlaIld & Alford，1991）；制度逻辑为符号和物质实践、假设、价值观、信仰和规则的社会建构模式，个体和组织通过这些模式生产和再现他们的物质生活、组织时间和空间，并为他们的社会现实提供意义（Thornton & Ocasio，1999）；制度逻辑为一种由社会建构的、关于文化象征与物质的历史模式（Thornton & Ocasio，2012）。制度逻辑还可以理解为某一领域中稳定存在的制度安排和行动机制（周雪光、艾云，2010）；是一个国家或地区的制度体系所蕴含的内在的、本质的必然性联系和规律性要求，是约束域内人们行为选择和价值实现活动的规范和准则中所蕴含的规律和原则要求（罗建文等，2022）；是经社会建构、具备历史权变性、有能力规范组织或个人行为的物质实践、价值和规则体系（裴秋亚、范黎波，2022）。可见，制度逻辑既是实质性的又是象征性的，能够为行为和互动提供正式的和非正式的规则，指引和约束决策者达成组织任务，并在这一过程中得到可能的社会地位、信誉、处罚与回报。

早期的制度逻辑研究关注单一的"主导逻辑"及其变迁在产业层面和组织场域中的作用（Lounsbury，2007）。近些年来，学者越来越重视多元制度逻辑，强调组织内外部长期多元制度逻辑互动所带来的多元要求及其复杂性对组织行为的影响（梁强等，2020）。西方多元制度逻辑具体地划分为政府、市场、合作、社区、专业、家族和宗教，这也是目前多元制度逻辑普遍认同的观点（Thornton et al.，2012）。李宏贵等（2017）将多重制度逻辑具体划分为市场、合作、专业、社区、管制机构和家族逻辑（见表 7 - 2）。多元制度逻辑理论认为，社会存在多元核心制度逻辑。

表7-2 不同制度逻辑的核心特征

制度逻辑	核心特征
家族逻辑	更多体现一种思想和情感，驱使企业采取保守的战略计划，为企业在资源获取中创造优势
市场逻辑	包括利润导向和竞争者导向两个特征，后者指所有与竞争者信息的搜集、传播有关的行为
社区逻辑	企业参与社区相关组织活动，注重利益相关者社会责任的实现
专业逻辑	高管是专业逻辑发挥作用的重要载体，高管组织能力的高低决定了企业创新战略的选择
管制机构逻辑	主要表现在较高的政治关联水平和遵从管制两个方面
文化逻辑	制约着文化的生产与发展，与物质相互影响，作用于制度的发展与变迁

资料来源：李宏贵等（2017）。

多元制度逻辑为厘清浙江高质量发展建设共同富裕示范区模式提供了一个新颖的理论分析框架视角。浙江共同富裕示范区建设模式变迁过程与多元制度逻辑理论的理论要素上的契合性，决定了运用多元制度逻辑理论框架的合理性。在浙江高质量发展建设共同富裕示范区的建设场域中存在着国家逻辑、政府逻辑、市场逻辑、社会逻辑、文化逻辑、党组织逻辑等重要制度逻辑。这些制度逻辑引发了一系列的共同富裕治理策略。

（1）国家逻辑。国家逻辑是指在社会组织领域，基于国家及其代理人的治理意愿，创造并维持的稳定存在的制度安排和相应的行动机制。在国家逻辑语境中，国家具体指中央政府各机构以及全国性立法执法机构的决策部门。在我国体现为党中央国务院、全国人大等。国家逻辑提供了非常重要的外部结构性条件，具备强制性和规制性特征。国家逻辑反映的是国家权力主导的社会情境下国家治理意愿和制度安排的具体影响。在高质量发展建设共同富裕示范区层面上，国家逻辑具体表现为党中央、国务院通过顶层设计国家发展理念和战略部署表达扎实推动共同富裕的国家意志，对共同富裕示范区嬗变所发挥的积极作用和具体影响。

（2）政府逻辑。政府是由多部门集群构成的整体，因其权力的全面性和强大性，会对自身的存在和发展形成制度安排和行动规则，实现公共利益和自身利益。政府的公共利益可以体现为经济发展、社会保障、社会安全等方面，政府的自身利益可以体现为获取更多资源、获取更多权力、形象提升等方面。因此，政府逻辑具体化为公共发展逻辑和自身发展逻辑。在高质量发展建设共同富裕示范区层面上，政府逻辑具体表现为各地政府要根据党中央、国务院的战略部署和上级政府的具体规划，做好本政府关于本地区共同富裕社会建设的顶层设计和相关准备工作，对实现公共利益和自身利益的行动策略的具体影响，塑造着地方社会治理。

（3）市场逻辑。市场就是组织化、制度化的参与主体交易场所。企业是市场主体。市场逻辑强调市场主体倾向于获取绝对收益最大化为经营绩效导向，注重自身快速成长为核心目标的实践模式。对于市场中的企业来说，企业通常情况下都会以一定的理财目标（短期以利润最大化为经营目标，长期会考虑以企业价值最大化为经营目标）作为经营导向，以自身利益为基本规范，以企业股东为关键裁判，凭借自身的资金、技术和社会影响力优势形成制度模式的一种制度逻辑。国家常常会出面维持市场逻辑和秩序，进而直接或间接地维护企业利益。在高质量发展建设共同富裕示范区层面上，市场逻辑具体体现为不同层次市场主体企业追求经营效率和秉持契约精神两个方面的具体内容，目标是形成可持续性的市场体系和建构良好的营商环境，并通过承担社会责任推动共同富裕。

（4）社会逻辑。社会逻辑指以社会公众和社会非营利性组织[7-6]（例如社区志愿者组织、街道委员会、行业协会、区域商会等）之间的"情感、忠诚、共同价值和个性化的关注"为核心原则满足社会公众和社区需要的基础性制度逻辑。社会非营利组织具有专业管理和运行成本相对较低等优势，可以有效弥补政府公共服务供给方面的不足。社会逻辑特别强调社会公众自治和社会非营利组织的作用发挥可弥补国家和政府对公共社会治理、公共社会服务上的不足。在高质量发展建设共同富裕示范区层面上，社会逻辑是社会公众和社会非营利性组织的不断发展与合作为共同富裕示范区建设创造有利条件，不断增加社会关系资本，有效推动共同富裕事业不断向前迈进。

（5）文化逻辑。文化潜移默化地影响着人的思维方式、认识活动与实践活动，在不知不觉间影响着社会生活的每个角落。文以载道，文以化人。这是文化的本质和核心价值。文化属于非正式制度范畴。现实社会中存在着非常多的非理性因素，严重影响着社会的正常发展。文化则可以克服社会中的非理性因素，塑造全社会共有的价值认同体系和行为标准，使社会向理性化的方向发展。从内容来看，文化包括中华优秀传统文化、革命文化和社会主义先进文化等价值取向规范。在高质量发展建设共同富裕示范区层面上，文化逻辑是中华优秀传统文化、革命文化、社会主义先进文化对共同富裕具体实践方式的塑造模式，能够为扎实推动共同富裕提供更基础、更深厚、更持久的文化力量支撑。

（6）党组织逻辑。严密的组织体系是党的优势所在。党组织是中国政治情景下独特的制度安排，属于正式制度范畴。党的二十大报告中明确指出，各级党组织要履行党章赋予的各项职责，把党的路线方针政策和党中央决策部署贯彻落实好，把各领域广大群众组织凝聚好。扎实推动共同富裕，关键在于坚持党的领导。各级党组织是落实党和国家扎实推动共同富裕政策的领导者、组织者、推动者和实践者。在高质量发展建设共同富裕示范区层面上，党组织逻辑是以积极宣传和贯彻党中央、国务院关于扎实推动共同富裕的路线方针政策为主要目的，运用"权力结构的一体化运作机制""党建元素的标识性感召机制""党群动员的人格化示范机制"塑造基层社会的政治领导权威，充分发挥党组织铸魂优势以实现强化党组织与社会公众的血肉联系，有效激发全社会的共同富裕内生驱动力。

7.4.2 "如何实现"上的多元制度逻辑融合促进

国内外学者对制度复杂性并未形成共识性的定义，引用较多的是"持有不同制度逻辑的机构对组织提出的制度要求出现彼此不相容等复杂关系的一种状态"（Greenwood et al.，2011）。他们认为，制度复杂性主要表现在制度逻辑的数量和制度逻辑之间的不相容性方面。也有学者研究指出，制度逻辑还存在着其他更为复杂的互动关系模式。例如，肖红军和阳镇（2019）认为，多种制度逻辑在内容上不仅仅是呈现冲突或不相容的状态，还可能呈现出互补、兼容以及共生的状态。除此之外，制度逻辑还存在主次（王利平，2017）、共存、融合和互补关系（邓少军等，2018）。实际上，多元制度逻辑的数量、互动关系和组织场域的制度演绎共同塑造了制度复杂性。

制度逻辑理论认为，社会中的多元制度逻辑之间可能是矛盾和冲突的，却长期共存并共同影响处于其中的组织和个体的认知和行为。根据制度复杂性观点，不同的制度逻辑会形成不同的矛盾冲突和制度压力。因此从高质量发展建设共同富裕示范区建设场域来看，需要国家逻辑、政府逻辑、市场逻辑、社会逻辑、文化逻辑、党组织逻辑的动态交融与动态平衡，彼此之间形成融合型关系，以多元制度逻辑的组合张力作用实现高质量发展建设共同富裕示范区的任务目标。

高质量发展建设共同富裕示范区在"如何实现"上的多元制度逻辑融合促进机制主要通过有效行动策略来实现。在高质量发展建设共同富裕示范区方案实施前，多元制度逻辑共存的浙江省域社会治理格局表现为：国家逻辑、政府逻辑、市场逻辑、社会逻辑、文化逻辑、党组织逻辑等相互隔离程度较大，呈现结构分割的自然状态，主要是自身单独发挥积极作用，并没有形成深度共生融洽的自然状态，致使多元制度逻辑之间融合作用有限。这就造成整个社会形态与共同富裕社会还有不少差距。在高质量发展建设共同富裕示范区方案实施后，在新发展理念、共生理念、多元共治理念和共同富裕新理念等四种先进思想理念的先导牵引与助推下，决策者通过信息反馈机制对浙江省域社会治理格局不断进行反思与调整，积极采取行动策略以寻找到最为合适的解决方案，从而使得国家逻辑、政府逻辑、市场逻辑、社会逻辑、文化逻辑、党组织逻辑等最终以共生融合的方式在整个社会存在，并能够有效促进共同富裕示范区的高质量建设。在具体行动策略上，国家逻辑采取共同富裕政策框架的顶层指引式的策略实现与其他制度逻辑的纵向分割与交融共存，政府逻辑通过具体的制度安排和行动规则（例如，构建省域统一大市场等）的策略实现与其他制度逻辑的纵向分割与交融共存，市场逻辑通过培育新质生产力的策略实现与其他制度逻辑的纵向分割与交融共存，社会逻辑通过有效增加社会关系资本的策略实现与其他制度逻辑的纵向分割与交融共存，文化逻辑通过塑造全社会共同富裕价值取向的策略实现与其他制度逻辑的纵向分割与交融共存，党组织逻辑通过发挥政治铸魂优势的策略实现与其他制度逻辑的纵向分割与交融共存。

非常明显地，在高质量发展建设共同富裕示范区过程中，浙江通过关注和有效利用社会中存在的多元制度逻辑问题，采取七大行动策略实现多元制度逻辑的深度融合，创新构建出了走向共同富裕过程中的省域共同富裕治理格局模式，为其他国内省域建设共同富裕治理格局提供了借鉴。

第8章 浙江建设共同富裕示范区先行探索创新的实践贡献：经验价值视角

中国特色社会主义进入了新时代，突出地、实质性地解决全体人民共同富裕问题的时机已经成熟。在这样的历史背景下，以习近平同志为核心的党中央把全体人民共同富裕提到了非常突出的位置，明确提出了扎实推进全体人民共同富裕的宏伟战略目标。以习近平同志为核心的党中央坚定地承担起了"突出地提出和解决"这一"中心课题"的历史任务和重大实际问题，主动扛起了扎实推动全体人民共同富裕的历史责任。他告诫全党同志："共同富裕本身就是社会主义现代化的一个重要目标。我们不能等实现了现代化再来解决共同富裕问题，而是要始终把满足人民对美好生活的新期待作为发展的出发点和落脚点，在实现现代化过程中不断地、逐步地解决好这个问题。"① 改革开放以来，浙江在谋深做实共同富裕方面进行了非常有益的大胆探索和实践沉淀，已积累丰富的物质基础并在社会治理、生态文明、精神文明、政治生态建设等诸多方面创造了丰富经验，为浙江实现共同富裕奠定坚实基础。党中央、国务院支持浙江通过高质量发展促进共同富裕，并鼓励其开展先行先试，主动探索路径、积累经验、提供示范，使实现共同富裕不是一种遥不可及的理想目标，而是全国人民能够看得见、摸得着和真实可感的现实例证。因此，浙江高质量发展建设共同富裕示范区对国家全面实现全体人民共同富裕和开创人类更加美好未来具有

---

① 习近平著作选读（第二卷）［M］. 北京：人民出版社，2023：140.

重大价值。一方面，它为我国全面实现全体人民共同富裕创造了可供参考的省域经验模式，有利于新时代中国共产党向着实现第二个百年奋斗目标和以中国式现代化全面推进中华民族伟大复兴目标继续迈进。另一方面，它在丰富马克思主义共同富裕相关理论的同时，也为世界人类社会发展贡献了中国经验。为此，本章从价值向度视角深入研究浙江高质量发展建设共同富裕示范区先行探索创新的重大原创性贡献。在研究内容上，本章主要从八个方面进行梳理和归纳。

8.1 坚持依靠全体人民力量共同建设共同富裕示范区

人民是历史的创造者，人民是真英雄，是决定全体人民共同富裕实现的最根本力量。全体人民共同富裕是全体人民的共同期盼和共同事业，必须坚持依靠全体人民力量才能将其变为全体人民真实可感、可观的美好社会现实。因此，人民是推动共同富裕伟大事业不断向前的不竭动力。毛泽东在《论联合政府》一文中就明确指出了人民力量是无穷的，只要我们依靠人民，坚决地相信人民群众的创造力是无穷无尽的，因而信任人民，和人民打成一片，那就任何困难也能克服。习近平总书记明确指出，"幸福生活是奋斗出来的，共同富裕要靠勤劳智慧来创造。"① 全体人民共同富裕是一项系统复杂、涉及面广、任务繁重的艰巨事业。实现全体人民共同富裕的道路是不可能非常顺利和轻轻松松的，需要依靠全体人民的勤劳和智慧来创造，需要依靠全体人民的不懈努力和共同奋斗。从浙江高质量发展建设共同富裕示范区具体实践来看，高质量发展建设共同富裕示范区的人民力量主要有三种形态。首先，省、市、县、乡及基层等各级党组织干部体现出来的听党指挥、恪尽职守、勇担共同富裕示范区建设责任的人民力量；其次，广大企事业单位和社会团体中工作人员体现出来的自觉奉献、敢于承担社会责任、服务全社会的人民力量；最后，社会上广大人民群众体现出来的积极配合、团结奋进的磅礴力量。

（1）这三种形态力量源于全体人民对中国共产党不忘初心、牢记使命

---

① 习近平著作选读（第二卷）［M］. 北京：人民出版社，2023：501.

坚守的诚心感动。中国共产党人的初心和使命，就是为中国人民谋幸福，为中华民族谋复兴。中国共产党带领广大人民群众在建设共同富裕示范区进程中，始终践行全心全意为人民服务的宗旨，不断与全体人民之间建立真诚互动的社会关系，形成全社会人民人心凝聚的社会心理态势，赢得了全体人民的精彩掌声，助力催生全体人民形成严格遵纪守法、不折不扣坚决服从党中央决策大局的政治力量。

（2）这三种形态力量源于人民对中国共产党的百年奋斗重大成就的真实感知。百年来，中国共产党在团结带领人民实现中华民族伟大复兴的历史进程中相继创造了"四个伟大成就"。这四个伟大成就是：百年来，党领导人民浴血奋战、百折不挠，创造了新民主主义革命的伟大成就；自力更生、发愤图强，创造了社会主义革命和建设的伟大成就；解放思想、锐意进取，创造了改革开放和社会主义现代化建设的伟大成就；自信自强、守正创新，创造了新时代中国特色社会主义的伟大成就。[①] 中国共产党百年奋斗创造的"四个伟大成就"是前后相继、一脉相承的，也实现了中华民族伟大复兴历史进程中的"四次伟大飞跃"。[②]"四个伟大成就"让全体人民都对中国共产党能够带领全体人民实现共同富裕深信不疑。

（3）这三种形态力量源于人民对中国共产党社会治理能力的高度信任。社会治理的最终目的是社会的和谐和有序。党的十八大以来，党在社会治理方面取得了重大历史性成就，赢得了全体人民的高度信任。从社会管理到社会治理，从加快形成科学有效的社会治理体制到打造共建共治共享的社会治理格局，社会治理的社会化、法治化、智能化、专业化整体水平不断提升，建设更高水平的平安中国成效显著。2021 年我国发布的《中国的全面小康》白皮书显示，2020 年，我国群众安全感为 98.4%。中国长期保持社会和谐稳定、人民安居乐业，成为国际社会公认的最有安全感的国家之一。人民的高度信任使得全社会形成"共创共享"的合作秩序，加快汇聚起共同富裕建设的人民力量。

（4）这三种形态力量源于人民对中华优秀传统文化中关于美好理想社会

---

① 中共中央关于党的百年奋斗重大成就和历史经验的决议［EB/OL］. https：//www. gov. cn/zhengce/2021－11/16/content_5651269. htm，2021－11－16.

② 蒯正明，秦芬. 中国共产党百年奋斗创造"四个伟大成就"的内在逻辑与实践经验［J］. 探索，2022（1）：29－39.

的纯朴坚守。高质量发展建设共同富裕示范区所需要的人民力量,究其实质就是一种精神力量。这种精神力量的形成与人民对中华优秀传统文化中"小康""大同""平等""和谐""公平"理念等共同富裕基因的精神追求相关联。这种精神追求早已渗透到人民的精神血液之中,对人民关于建设一个什么样的美好社会起着重要的价值引领作用,助力催生了共同富裕建设的人民力量。

8.2 重视共同富裕示范区建设中正式制度与非正式制度的互动作用

正式制度包括书面的、被社会正式接受并且实施的国家宪法、法规、普通法和其他政府规则条例等。它们决定了政治体系(即治理结构以及个人权利)、经济制度(即产权和合同),以及执法系统(即司法和警察)。这些正式制度通过引导规制、激励规制和约束规制等刚性管理社会个人行为和塑造人们之间的互动关系。非正式制度则是指社会传统、社会习俗、道德价值观、宗教信仰,以及所有其他通过时间考验的各种行为规范。非正式制度通常被称为旧的精神、过去的手或历史的载体。这些非正式制度通过灵活性对社会个人行为产生作用或形成行为约束。根据新制度经济学理论,在制度变迁过程中,正式制度与非正式制度共同构成了形塑和影响社会秩序以及行动者的制度安排。

在高质量发展建设共同富裕示范区的具体实践场域中,正式制度包括党中央国务院的战略性顶层设计方案、省级和市级的中层设计方案、县(区)政府的底层设计方案的各种书面形式的政策体系和工作体系等。其中,战略性顶层设计方案通过共同富裕示范区建设方向、步骤、速度、形式、范围、深度等方面的关键性设计,确保共同富裕示范区建设的全局性、长远性和根本性。这体现了新时代背景下国家理性选择性控制的行动逻辑。中层设计方案和底层设计方案通过提升执行效率为主要形式、目标的具体可操作性和责任边界的可明确性为关键前提,将战略性顶层设计方案的整体目标转换为具有操作性、可分解的任务目标,确保共同富裕示范区建设目标能够顺利实现。这体现了新时代背景下省、市和县(区)政府的效率理性。非正式制度包含共同富裕示范区内所有能够内化自觉自省而左右或约束个人行动行为的各种文化传统、社会观念、道德规范、意识形态、思维模式、家庭传统和约定俗成不成文的行为规范等。

根据新制度主义学派代表道格拉斯·C. 诺思（2008）的制度理论观点，社会中的正式制度与非正式制度之间存在着非常复杂的互动作用。正式制度是非正式制度的基础，补充非正式制度的不足；同时，非正式制度有助于修饰、辅助或延伸正式制度。温加斯特（Weingast, 1979）则指出，非正式制度能够有效助力正式制度作用的发挥，提升正式制度的效率。在正式制度失效的领域，非正式制度往往能发挥出不可替代的独特功效。根据道格拉斯·C. 诺思的制度变迁理论，相比于社会中的正式制度，非正式制度对整个社会的影响更具有持续性。然而，社会中利益越多样越可能出现复杂的正式制度与非正式制度的交换结构。正式制度与非正式制度之间的互动关系主要体现为竞争、替代、适应和互补等四类。

在高质量发展建设共同富裕示范区的具体实践场域中，各个参与主体在行动与互动中会塑造出不同的制度关系形态或结构。这就要求共同富裕治理体系构建上必须考虑正式制度与非正式制度之间的互动作用，降低彼此之间负向作用，最大化发挥它们之间的耦合作用，确保共同富裕示范区建设的正式制度落地生根、畅通运行，最终提升共同富裕示范区建设成效。在高质量发展建设共同富裕示范区的制度再生产过程中，党中央、国务院、各级地方政府和社会等关键行动者会基于各自的制度逻辑进行选择、互动、碰撞。在正式制度和非正式制度互动作用下，共同富裕制度构建在关键设置环节形成了国家理性、政府理性和社会理性的目标耦合。从具体建设实践来看，浙江十分注重以非正式制度作为重要前提或基础性约束，将共同富裕示范区建设的正式制度嵌入非正式制度的土壤中，并将它们彼此之间深度融合，消除它们彼此之间的利害冲突（主要是竞争、替代和适应），建立起它们彼此之间相互支撑、互为协调的动态开放的共同富裕治理体系。这种共同富裕治理体系模式有效降低了共同富裕示范区建设的阻力和成本。

8.3 量体裁衣实施区域差异化竞争的省域整体建设模式

"差异化竞争"一词来自管理学术语，本意是说商业企业提供差异化的产品或服务，树立起商业企业在全行业范围中独特性的东西，是一种战略定位，即商业企业设置自己的产品、服务和品牌以区别于竞争者。这里借用该术语阐释浙江高质量发展建设共同富裕示范区的建设模式。

从浙江11市及下辖区县公布的共同富裕示范区建设实施方案具体情况来看，它们都分别设定了适宜自身的建设定位。从建设定位来看，很明显，浙江11市共同富裕示范区建设呈现"省级示范下的市际差异化竞争"特征（见第2章的表2-2）。浙江11市下辖区县各地共同富裕示范区建设呈现"市域示范下的县域差异化竞争"特征（见第2章的表2-3）。

如果从经济发展水平来看，根据壹城智库《中国县域高质量发展报告2022》报告，浙江11市及下辖区县发展不尽相同，呈现出空间发展分化态势的自然客观现象，尤其区县空间发展分化态势更加明显。从浙江11市及下辖区县公布的共同富裕示范区建设实施方案具体内容来看，它们的发展定位各具特色，发展路径各不相同。不同地区都结合自身的优势和特点，积极推进经济高质量发展和转型升级，助力共同富裕示范区建设。例如，杭州拥有较雄厚经济实力、优异的营商环境、完善的产业体系、得天独厚的地理位置以及强大的创新能力和人才吸引力优势，因此其积极打造数字经济与新制造业"双引擎"。宁波依托自身拥有的港口资源和交通条件，致力于打造"智能制造"的核心竞争力，投入大量资源和资金进行研发与创新，提高产业的附加值和竞争力。温州作为中国的"小商品之都"，在小微企业和私营经济方面具有明显的优势。绍兴以纺织、服装和文化旅游为主导产业，成为浙江省文化创意产业的核心区域。嘉兴以其丰富的水产资源和发达的农业，成为浙江省重要的农业区域。这些城市都在发挥自身的比较优势，积极探索新的高质量发展路径。这充分说明各个地区都能科学把握功能定位，坚持因地制宜、尊重自身发展规律、突出自身竞争优势，走出适合自身的差异化发展道路。

浙江高质量发展建设共同富裕示范区，重点、难点、关键点就在山区26县。针对经济发展落后的山区26县，浙江通过一系列超常规举措，支持山区26县走高质量发展共同富裕特色之路。例如，在谋求产业发展道路上，山区26县产业基础虽不如发达地区深厚，但不少地方在长期发展过程中也形成了自己独特的竞争优势产业。做强自身竞争优势产业，成为26县的主攻方向。现如今，山区26县中，已先后涌现出了遂昌金属制品、天台汽车零部件、青田不锈钢、龙游特种纸、永嘉泵阀、淳安水饮料、缙云机械装备、松阳不锈钢、平阳新材料、龙游碳基纸基新材料等10个产值超百亿的"一县一业"。其中，青田县高端不锈钢、武义县金属制品、缙云县机械装备等三个"一县一业"产值超200亿元。[①] 山区26县也积极通过培育新兴产业努力找到适合自身的差异化发展路径。例如，景宁沪特精密机械装备制造、平阳新材料、龙游碳基纸基新材料，还有缙云机械装备、青田县高端不锈钢等也契合了浙江发展先进制造业的大方向。

整体上，浙江坚持贯彻党中央、国务院的共同富裕示范区建设战略意图，没有要求所有市域、县域迈着同样的步伐和采取一致的建设模式，而是充分挖掘区域自身资源禀赋，积极采取分类施策，鼓励区位条件优越、发展基础好、功能定位各不相同的区域走适合自身的差异化竞争道路。这种建设模式就是坚持尊重不同区域发展客观规律，顺应区域空间发展态势，因地制宜、量体裁衣实施市域、县域差异化竞争的省域整体建设模式。这种模式推动共同富裕示范区建设更加富有成效。

8.4 实施全域创新培育新质生产力塑造高质量发展新优势

新时代扎实推动全体人民共同富裕有赖于高度发达的社会生产力奠定雄厚的物质基础。如果没有社会生产力的高质量发展，扎实推动共同富裕就是空中楼阁。高质量发展是适应新时代社会主要矛盾变化、解决经济社会发展中突出问题的必然路径选择。创新是实现高质量发展的根本驱动力。这是因为创新直接面对高质量发展过程中的关键痛点。因此，通过创新能够有效补齐经济社会发展短板，提升社会全要素生产率，促进社会生产力发展，获取高质量发展新优势，有效提升社会经济发展整体质效。从微观层面来看，创新能够有效激发产业与技术的乘数效应，实现高质量发展的

---

① 夏丹. 浙江县县超百亿 [EB/OL]. https：//tidenews. com. cn/news. html? id = 2707610，2024 - 02 - 05.

可持续性。同时，高质量发展是实现共同富裕的重要前提条件。从关系逻辑链条来看，创新是高质量发展促进共同富裕的重要驱动力。如果从社会生产力的产生和发展给人类社会经济发展带来结构性的变迁角度看，创新就是"创造性破坏"。在新时代，因为新质生产力对高质量发展具有强劲推动作用，所以新质生产力的顺利发展有赖于"创造性破坏"通过"创造性转型"实现"有序地撤退"（方敏、杨虎涛，2024）。

浙江注重和实施全域创新培育新质生产力塑造高质量发展新优势。浙江 2020 年建成创新型省份，站上了"12345"的历史新坐标。"1"是浙江国家实验室实现"从 0 到 1"的重大突破，"2"是国家大科学装置和国际大科学计划两类"大国重器"加快实施，"3"是研发投入、科技企业数、高新技术产业"3 个大幅提升"，"4"是区域创新能力综合排名连续两年居全国第 4 位，"5"是企业创新能力、主持的国家科技奖数、国家创新型城市和县（市）数、研发活动人员、科技体制改革等 5 个方面走在全国前列。① 2022 年科技部、浙江省政府联合印发了《推动高质量发展建设共同富裕示范区科技创新行动方案》。该行动方案具体绘就了一张科技支撑共富的"作战图"。在新的历史起点，浙江坚定不移把创新驱动作为经济社会发展的核心战略，持续为高质量发展注入强劲科创动能。为能够获取创新带来高质量发展新优势，提升社会经济发展整体质效，浙江省第十五次党代会把"着力推动全面转入创新驱动发展模式"作为主要任务之一来抓，注重强力推进全域创新深化和"315"科技创新体系建设工程，系统实施全域创新战略和构建全域创新联动格局，坚持在新兴产业和前沿科学技术领域实现关键突破，注重以市场在资源配置中起决定性作用、更好发挥政府作用为基础的新质生产力的实现机制（刘伟，2024），切实大力培育和发展新质生产力，努力在更优质的产业与更先进的技术上实现乘数效应，依托科技创新塑造高质量发展新优势，为共同富裕示范区建设注入创新动能。

2023 年浙江正式启动"315"科技创新体系建设工程。根据《浙江省"315"科技创新体系建设工程实施方案（2023—2027 年)》，浙江聚焦"互

① 资料来源：在以科技创新塑造发展新优势上走在前列 浙江赓续"八八战略"擘画创新发展蓝图［EB/OL］. https://zjnews.zjol.com.cn/zjnews/202312/t20231226_26540217.shtml，2023 – 12 –26.

联网＋"、生命健康、新材料等三大科创高地，围绕云计算与网络通信、关键生物技术、精细化工与复合材料等15大战略领域，实施"重大科创平台提能造峰行动、关键核心技术攻坚突破行动、创新链产业链深度融合行动、战略人才力量集聚提质行动、全域创新能级跨越提升行动、开放创新生态深化打造行动"等六大重点任务，着力构建"315"科技创新体系。三大科创高地和15大战略领域构成了浙江未来5年科技创新的发展方向和主阵地。根据2023年的全国科技经费投入年度统计公报，浙江研发经费投入达2416.8亿元，同比增长12%；研发经费投入强度为3.11%，比2022年提高0.2个百分点，这也是浙江历年来研发经费投入强度首次突破3%。目前，浙江已引进共建中国科学院宁波材料技术与工程研究所、中国科学院杭州医学研究所、北京航空航天大学杭州创新研究院等创新载体近1200家；完成了省实验室和省技术创新中心"双10"体系化布局，国家实验室、20家全国重点实验室等"国字号"平台纷纷落地；涌现了以省实验室、大院名校、大科学装置等为代表的研发平台，实现战略科技力量系统性重塑。① 实施创新省份建设以来，浙江注重持续强化企业创新主体地位，建立健全技术创新机制，增强企业自主创新能力，塑造技术领先优势，将企业作为创新创业主力军，精准服务企业、鼓励企业创新。据统计，在2023年颁布的304项浙江省科学技术奖中，以企业为主的获奖成果有105项、占35%，产学研合作获奖成果213项、占71%，获奖成果在传统产业转型升级、新兴产业培育等方面发挥了重要作用，为全省经济社会高质量发展提供了重要科技支撑。② 浙江2023年出台了《科技特派员服务和管理规范》省级地方标准，将科技特派员的服务领域和区域逐步向全省域、全领域拓展。截至2023年，全省累计派遣科技特派员3.9万人次，投入财政经费15.36亿元，助力农民增收63.5亿元、企业增效45.1亿元，在服务脱贫攻坚、乡村振兴和共同富裕中取得了较好成效，成为浙江高质量发展建设共同富裕示范区的一张"金名片"。③ 2023年1月浙江实施山区26县"一县一业"高质量发展科技特派团制度试点工作，引导创新要素向山区县

---

① ② 在以科技创新塑造发展新优势上走在前列 浙江赓续"八八战略"擘画创新发展蓝图 [EB/OL]. https://zjnews.zjol.com.cn/zjnews/202312/t20231226_26540217.shtml, 2023-12-26.

③ 科技特派员工作有了"浙江标准"《科技特派员服务和管理规范》省级地方标准正式发布 [EB/OL]. https://www.most.gov.cn/dfkj/zj/zxdt/202309/t20230912_187854.html, 2023-09-12.

集聚，精准匹配全省科技、人才、平台、企业等资源，探索缩小地区发展差距，努力在优化创新创业生态上取得新突破，进一步助推落后地区实现跨越式高质量发展。

总之，浙江通过建立创新资源有序流动机制，推动创新要素在全省域不同行业领域流动，全链条谋划推动科技成果不断转化提高，全省共同富裕示范区建设扎实推进。根据浙江省科技信息研究院发布的《2023 浙江科技成果转化指数》，以 2020 年为基期，到 2022 年，浙江成果转化总指数从 100 提升至 136.08，共增长 36.08，科技成果转化总指数持续增长，转化效果显著。从指数增幅和增速情况看，2020~2022 年，浙江科技成果转化总指数历年增幅均在 16 以上，年均增速保持在 16.65%；2021 年，浙江科技成果转化指数增速为 16.12%，2022 年的增速略高于 2021 年，达到 17.19%。这说明浙江省科技成果转化保持稳定增长的良好态势，成果转移转化的韧性和抗风险能力稳固。2022 年，山区 26 县平均科技成果转化指数为 59.28，较 2021 年山区 26 县平均科技成果转化指数提高 11.11，较 2020 年提高 17.81。①

8.5 率先实践探索出化解新时代社会主要矛盾的思路机制

新时代我国社会的主要矛盾是对国家经济社会发展和进步动力的高度概括，非常具有现实性，为新时代党和国家的工作重心提供了科学指引。《中共中央 国务院关于支持浙江高质量发展建设共同富裕示范区的意见》对共同富裕社会状态描述为"共同富裕具有鲜明的时代特征和中国特色，是全体人民通过辛勤劳动和相互帮助，普遍达到生活富裕富足、精神自信自强、环境宜居宜业、社会和谐和睦、公共服务普及普惠，实现人的全面发展和社会全面进步，共享改革发展成果和幸福美好生活"。这一美好社会状态的实现既要通过充分的经济建设，也要更加充分、合理、稳健的政治、

---

① 2023 浙江科技成果转化指数发布：科技成果转化水平不断提高［EB/OL］. https：//www. zj. gov. cn/art/2024/1/11/art_1554467_60192953. html，2024 - 01 - 11.

文化、社会和生态文明建设。"不平衡不充分的发展"制约了人民对美好生活需要的满足，是新时代社会主要矛盾的主要方面。这些为浙江要在共同富裕示范区建设中率先实践探索出有效化解新时代社会主要矛盾的思路机制提出了目标要求。

社会的主要矛盾是国家经济社会发展的重要风向标和晴雨表，其宏观判断定位决定整个国家民族的命运前途，其中观趋势特征引领整个国家社会运行的制度政策，其突破化解的思路机制推动整个国家社会进步的速度和质量。新时代社会主要矛盾的化解绝非一蹴即至，而是需经过量变到质变的转换过程，要脚踏实地、循序渐进，以高效率、高质量取胜，并在实践中不断检验理论、路线、方针、政策的合理性。新时代社会主要矛盾呈现出鲜明的总体性、整体性特征，因此化解新时代社会主要矛盾不能依靠单一路径的方法。恩格斯在《致约·布洛赫的信》中指出，"有无数互相交错的力量，有无数个力的平行四边形，由此就产生出一个合力，即历史结果"。① 恩格斯的"历史合力论"为有效化解新时代社会主要矛盾提供了重要方法指引。

从高质量发展建设共同富裕示范区的具体实践过程看，浙江率先实践探索出依靠多重路径所形成的"合力"的思路机制，勾勒出有效化解新时代社会主要矛盾的浙江路线图。首先，坚持先进思想理念作为化解新时代社会主要矛盾的科学理念。浙江确立新发展理念、共生理念、共治理念、新的共同富裕理念作为实际工作的指挥棒。其中，新发展理念解决高质量发展的问题，共生理念解决建设中利益冲突问题，多元共治理念解决建设中的治理问题，新的共同富裕理念解决建设中的科学方法问题。其次，坚持战略规划思维作为化解新时代社会主要矛盾的制高点。具体来看，浙江锚定高质量发展建设共同富裕示范区的整体目标，明确作出具体可行的规划建设目标，并作出周密部署。最后，坚持"经济高质量发展、公平合理的收入分配格局、公共服务优质共享、城乡融合和区域协调发展、人民精神文化生活富裕、生活环境美丽宜居、社会环境舒心安心放心"统筹推进。

总之，浙江从先进思想理念、目标战略规划和七大领域统筹推进等三个方面综合发力，充分发挥各种关键性因素的积极作用，形成了化解新时

---

① 马克思恩格斯文集（第十卷）[M]．北京：人民出版社，2009：592.

代社会主要矛盾的强大合力。浙江高质量发展建设共同富裕示范区从省域层面给出了有效化解新时代社会主要矛盾的具体实践方案。

8.6 为讲好中国共同富裕故事贡献"浙江智慧"和"浙江方案"

党的十九届五中全会通过的《中共中央关于制定国民经济和社会发展第十四个五年规划和二〇三五年远景目标的建议》明确作出"到 2035 年，人民生活更加美好，人的全面发展、全体人民共同富裕取得更为明显的实质性进展"和"'十四五'时期，扎实推动共同富裕，不断增强人民群众获得感、幸福感、安全感，促进人的全面发展和社会全面进步"的战略部署。党中央、国务院支持浙江省高质量发展建设共同富裕示范区是扎实推动共同富裕并取得实质性进展的关键性举措。这种战略考量充分考虑了新时代新阶段国家发展实情和浙江省情。因此，浙江高质量发展建设共同富裕示范区责任重大，需要率先在共同富裕方面实现理论创新和实践创新，为扎实推动共同富裕并取得实质性进展起到"鉴往知来"的作用。

从浙江高质量发展建设共同富裕示范区具体实践情况来看，浙江牢牢把握坚持党的全面领导、以人民为中心、共建共享、改革创新、系统观念"五大工作原则"，紧紧围绕高质量发展高品质生活先行区、城乡区域协调发展引领区、收入分配制度改革试验区、文明和谐美丽家园展示区"四大战略定位"，努力在"经济高质量发展、公平合理的收入分配格局、公共服务优质共享、城乡融合和区域协调发展、人民精神文化生活富裕、生活环境美丽宜居、社会环境舒心安心放心"等七大领域实现理论创新和实践创新，承担着探索实现路径、积累建设经验和提供省域范例的历史责任。从浙江高质量发展建设共同富裕示范区具体进程来看，这是一次"树立省域标杆"的伟大尝试；从浙江先行探索促进全体人民共同富裕的创新举措和创新机制来看，这是一次非常具有包容性的实践活动。自共同富裕示范区建设以来，浙江切实承担主体责任，健全工作推进机制，深化理论和实践探索，以实干精神努力推动共同富裕示范区建设取得一系列标志性成果，成绩显著，为扎实推动共同富裕取得实质性进展书写厚重的责任担当。

截至 2023 年底，浙江形成三批可复制可推广的共同富裕最佳实践案例 182 个。根据国家发展改革委 2023 年 3 月发布的《关于印发浙江高质量发展建设共同富裕示范区第一批典型经验的通知》，浙江在组织建设、高质量发展、缩小城乡差距、缩小地区差距、缩小收入差距、促进基本公共服务均等化等六个领域形成了 10 条可推广复制的实践经验。具体来说就是，共富工坊、亩均论英雄、数字经济"一号工程"、"两进两回"行动、农村科技特派员制度、山海协作、培育壮大产业工人队伍、帮扶残疾人就业增收、医共体、掌上办事等。根据文化和旅游部发布的《关于印发浙江文化和旅游赋能高质量发展建设共同富裕示范区第一批典型经验的通知》，浙江在推动公共文化服务提档升级、推动优秀传统文化创造性转化创新性发展、提高文化产业和旅游业发展质量效益、缩小城乡差距、缩小区域差距等五个领域形成了 6 条典型经验做法。具体来说就是，"15 分钟品质文化生活圈"实现高品质公共文化服务、"文艺赋美"推动优质资源下沉、非遗工坊促进群众就业增收、文化产业赋能乡村振兴、湖州"村游富农"探索长效利益联结机制、淳安县"大下姜"文旅联合发展带动区域共同富裕模式[8-1]等。

总之，浙江围绕共同富裕示范区建设的"四大战略定位"和七大领域核心任务，从理论和实践两个方面对共同富裕关键问题进行了积极探索和创新，蹄疾步稳，成功走出了一条既具有典型区域特色又具有示范引领作用的共同富裕实现的"浙江方案"，为讲好中国共同富裕故事贡献"浙江智慧"。

8.7　以习近平新时代中国特色社会主义思想为实践遵循

一个民族要走在时代前列，就一刻不能没有理论思维，一刻不能没有正确思想指引。实践理念是对于未来实践整个过程的一种观念性把握，它包括确定理想客体即实践目标、明确实践路径或步骤、提出实践手段和方式、设计实施方案等。作为一种重要的实践理念，习近平新时代中国特色社会主义思想因具有适应时代之需、引领时代发展趋势而具有强大的实践引领力。这是因为，习近平新时代中国特色社会主义思想不仅观念性掌握的实践对象为具体的新时代中国社会，而且观念性掌握的理想客体、实践路径、实践手段、实践工具、实践方式方法，以及各种战略、策略、路线、方针、政策、计划、方案等都是十分具体的，并全部直接实现与新时代中国社会实践"无缝对接"，其实践的指向性、意向性和可操作性，显著而具体。从实践视角看，它对于新时代中国扎实推动共同富裕的建设实践具有决定性的意义。

浙江是习近平新时代中国特色社会主义思想的重要萌发地。"八八战略"是习近平新时代中国特色社会主义思想在浙江萌发与实践的集中体现。高质量发展建设共同富裕示范区是浙江扎实推动习近平新时代中国特色社会主义思想生动实践的一份独有命题。在回答这份独有命题过程中，浙江坚持提高运用"八八战略"有效解决共同富裕示范区建设中的实际问题和指导实践的能力，努力把"八八战略"深入实施好，全省上下树立循序渐进、脚踏实地、尽力而为量力而行、久久为功的行动思路，以及由低到高、由局部到整体的建设理念，全方位展现出浙江共同富裕先行示范的省域风采。在习近平新时代中国特色社会主义思想的科学指引下，浙江紧扣共同富裕示范区建设使命任务，围绕共同富裕共性问题怎么破、新问题怎么解决，经过两年多的不懈努力建设，在"经济高质量发展、公平合理的收入分配格局、公共服务优质共享、城乡融合和区域协调发展、人民精神文化生活富裕、生活环境美丽宜居、社会环境舒心安心放心"等七大领域已经形成了一系列可复制、可推广的实践经验（具体参见本章8.6节）。

从客观数据来看，《2023年浙江省国民经济和社会发展统计公报》显示，2023年浙江深入实施三个"一号工程"和"十项重大工程"，精准高效推动"8+4"政策兑现，全年经济运行稳进向好，民生福祉持续增进，创新动能持续增强，高质量发展迈出坚实步伐，共同富裕示范区建设扎实推进。2023年，浙江全省生产总值为82553亿元，比上年增长6.0%；全年全员劳动生产率为21.2万元/人，比2022年提高5.6%；科学技术、农林水、文化旅游体育与传媒、教育、社会保障和就业等重点支出分别增长15.7%、9.6%、8.2%、7.6%和6.9%。农村共同富裕稳步前进，"扩中""提低"行动推进了强村惠民，全省村级集体经济收入30万元以上且经营性收入15万元以上的行政村占比94%；城乡公共服务均等化顺利推进，农村一、二级幼儿园在园幼儿占比80.9%，城乡义务教育共同体覆盖所有农

村学校；组建县域医共体 165 家，新（改扩）建规范化村级医疗机构 578
家；新增村级全民健身广场 110 个。先富带后富"三同步"行动深入实施，
加强了对低收入农户的帮扶，低收入农户人均可支配收入增长 13.4%，高
于全省农民收入增速 6.1 个百分点。城乡差距进一步缩小，城乡收入比为
1.86，比 2022 年缩小 0.04。累计建成国家生态文明建设示范区 49 个，国
家"绿水青山就是金山银山"实践创新基地 14 个；省级生态文明建设示范
市 9 个，省级生态文明建设示范县（市、区）88 个。这些为到 2025 年浙
江建成共同富裕示范区奠定了坚实基础。

思想越有力量，行动就越坚决。如今，在高质量发展建设共同富裕示
范区伟大事业建设道路上，浙江始终贯彻以习近平新时代中国特色社会主
义思想为根本遵循，不断发挥浙江优势，加快补齐自身短板，加倍努力谱
写出共同富裕先行示范新篇章。

8.8 推动共同富裕实践"中国模式"的
理论创新和最新发展

纵观世界范围，相对比较成功又能够产生世界影响力的共同富裕模式
有"东亚发展型模式""北欧福利型模式"和以美国为代表的"盎格鲁 -
萨克逊模式"三种。这三类发展模式都是基于社会物质财富创造和居民收
入分配公平两个维度进行考虑，都属于纯粹经济发展视角，没有考虑到共
同富裕的其他非经济维度。

"东亚发展型模式"是指 20 世纪 60~90 年代日本、韩国、新加坡等迅
速崛起，实现社会物质财富创造和居民收入分配公平的一种经济社会发展
模式。"东亚发展型模式"的成功主要依赖于经济发展与威权政治体制的紧
密结合，具有"有效政府 - 有力市场 - 有限社会"的典型特征。改革开放
之后至东南亚金融危机之前，我国经济社会发展参照系主要是以积极吸收
和借鉴东亚发展型模式的有利经验作为自身发展的借鉴。在东南亚金融危
机之后，我国开始深思"东亚发展型模式"暴露出的缺陷，积极实现发展
模式再造。

"北欧福利型模式"是指 20 世纪 60 年代瑞典、挪威、丹麦、芬兰、冰

岛北欧五国通过收入政策、货币政策、汇率政策、财政政策、高标准的社会保障福利政策等,实现全社会贫困基本消除,全体人民生活质量大幅提高的一种发展模式。北欧国家是世界公认的收入差距最小、福利水平最高、富裕程度名列全球前列的国家。北欧模式的成功主要取决于政府的经济政策,具有"有限政府-高效市场-有力社会"的典型特征。

以美国为代表的"盎格鲁-萨克逊模式"是一种崇尚自由市场经济发展模式,典型特征就是"国家对私人企业尽可能少干预,实行自由经济、自由贸易;企业高风险、高利润;强调个人自由,反对国家制定经济发展规划"。这种模式的整体社会绩效水平表现不尽如人意:劳资矛盾、贫富分化、种族歧视、社会安全问题挥之不去;收入差距悬殊、低福利救济、公共物品和服务(初等、中等教育)质量较差、公共服务与其社会财富不呈正比;低投资率和很低的储蓄率,等等。根据世界银行统计数据,1974 年美国的基尼系数为 0.353,到 2019 年已升至 0.415,超过贫富差距过大(大于 0.4)的警戒水平。根据美联储 2021 年统计数据,前 1% 家庭拥有的财富比例达到创纪录的32.3%,而在 1989 年这一比例仅为 23.6%;后 50% 家庭(约 6300 万个家庭)仅拥有 2.6% 的财富,而在 1989 年这一比例为 3.7%。①

共同富裕是世界性难题,我国共同富裕社会如何建设并没有现成的经验可以照搬或参照。在全面建成小康社会之后,我国在扎实推动共同富裕实践道路上走出了一条独具特色的建设模式。这个模式就是"先行试验再推广模式",即通过高质量发展建设共同富裕示范区取得的一系列可复制可推广的实践经验再向全国推广。很显然,扎实推动共同富裕实践"中国模式"不同于前述的"东亚发展型模式""北欧福利型模式"和"盎格鲁-撒克逊模式",而是坚持走适合自己国情的道路,让全体人民过上幸福美好的生活。从共同富裕示范区建设实践内容角度看,"先行试验再推广模式"是系统化顶层设计、全面化发展,有为政党、有为政府、高效市场和有为社会等四方力量积极参与,致力于实现经济高质量发展、公平合理的收入分配格局、公共服务优质共享、城乡融合和区域协调发展、人民精神文化生活富裕、生活环境美丽宜居、社会环境舒心安心放心,让共同富裕社会的经济、政治、文化、社会与生态等五个维度得到全面发展。

---

① 美国贫富分化持续恶化的事实真相报告 [N]. 人民日报,2023-02-24(17).

章中注释

[1-1]：主权在民的国民国家形态是英、法等现代化国家的建构，强调现代国家主权在民。

[1-2]：民族主权的民族国家形态是德国、意大利等现代化国家的建构，强调现代国家主权在共同体属性的民族。

[1-3]：孙中山精心制定的《建国方略》具体包括"孙文学说""实业计划""民权初步"三个部分。

[1-4]：欧美模式现代化国家有加拿大、美国、澳大利亚、新西兰、西欧、北欧等国家和地区。

[1-5]：东亚模式现代化国家有日本、韩国、新加坡等国家。

[1-6]：拉美模式现代化有拉丁美洲地区、东南亚、南亚、非洲以及中东伊斯兰地区等。

[1-7]：基尼系数是意大利统计与社会学家基尼（Corrado Gini）于1912年提出的定量测定收入分配差异程度的指标。它的经济含义是：在全部居民收入中用于进行不平均分配的那部分收入占总收入的百分比。基尼系数最小等于0，表示收入分配绝对平均；最大等于1，表示收入分配绝对不平均。实际的基尼系数介于0和1之间。如果个人所得税能使收入均等化，那么，基尼系数即会变小。联合国有关组织规定：基尼系数若低于0.2表示收入高度平均；0.2～0.3表示比较平均；0.3～0.4表示相对合理；0.4～0.5表示收入差距较大；0.6以上表示收入差距悬殊。

[1-8]：橄榄型社会结构是指高收入人群和低收入人群，处于正态分布曲线的两端，中等收入人群在中间且数量多，两端人群数量少。因为中等收入人群是社会的中坚力量，高收入人群和过低收入人群尽量少，社会才较有活力。

[1-9]：M型社会是指社会进入后工业时代后，中间阶层塌缩，致使中等收入人群比例开始降低。原本人数较多的中等收入人群，只有很少一部分人能往上走成为富人，剩余的大部分人会停留原地，或者因为意外再次返贫，沦为穷人。M型社会结构的典型特征是贫富分化、中产阶层塌陷（Ouchi, 1984）。

[1-10]：钟型发展曲线理论认为在经济发展的早期阶段，将会出现较高程度的城

市聚集和巨大的城乡工资差异；随着经济的发展，空间分散和工资差异缩小的趋势将会呈现。

［2－1］：《浙江交通服务高质量发展建设共同富裕示范区专项行动方案（2021—2025 年)》共包括设施通达、服务优质、安全绿色、治理高效 4 个维度一级指标，25 项二级指标。

［2－2］：《浙江省经济和信息化领域推动高质量发展建设共同富裕示范区实施方案（2021—2025 年）》共包括质量效益、产业结构、绿色低碳、区域协调 4 个维度一级指标，16 项二级指标。

［2－3］：《浙江省推动数据中心能效提升行动方案（2021—2025 年）》共包括集约化、绿色节能、算力一体化能力 3 个维度一级指标，7 项二级指标。

［2－4］：《浙江省数字化改革标准化体系建设方案（2021—2025 年）》提出，到2021 年底，浙江将初步建立支撑一体化智能化公共数据平台标准体系，在术语定义、方法标准、编码标准等方面率先形成一批广域通用标准；到 2022 年底，党政机关整体智治、数字政府、数字经济、数字社会、数字法治五大系统标准体系基本建成；到2025 年底，全面建成系统集成、实用高效的标准体系，标准在数字化改革领域广泛实施。

［2－5］："双钻石型"社会阶级结构由占人口 20% 的特权阶级和占人口 80% 的新工人阶级构成。该种社会阶层结构具有断裂性、封闭性、对立性特征（阙道远，梁靖宇，2022）。

［2－6］：这里创新能力指创新综合效用。创新综合效用数值计算包括知识创造、知识获取、企业创新、创新环境和创新绩效等 5 个维度。

［2－7］：创新社区是"人、产、城"融合的载体，是生产、生活、生态"三生合一"的有机统一体，一般以高水平大学或科研院所为基础、以政府战略规划为牵引、以创新企业为主体，协同信息、金融等机构，形成共生演化网络体系。美国硅谷、北京中关村都是依托一流创新社区发展起来的。

［3－1］：这里共同利益就是指共同富裕社会形态。

［4－1］：根据联合国的定义，不平等是指人们在地位、权利和机会方面的不平等状态。它尤其表现为一种"经济不平等"，意指"经济变量在集体中的个人之间、人的群体之间或国家之间的分布状况"。具体参见：UN, Department of Economic and Social Affairs, "Concepts of Inequality", Development Issues No.1, 21 October 2015. https://www. un. org/en/development/desa/policy/wess/wess_dev_issues/dsp_ policy_01. pdf。从学术角度，不平等主要有两种类型。一类是各个物质层面的结果不平等，如收入和财富水平、教育程度、健康状况等；另一类是个人潜在选择机会的不平等，包括就业或教育机会的不平等（林德山，2022）。

［4－2］：两极分化表现形态有多种。两极分化通常是就贫富"两极"而言的，是指贫富两极的一种变化趋势。贫与富是矛盾与对立的两极，是收入差距的一般表现形态。也存在其他形态的两极分化，例如，县域经济差异呈现两极分化；省际和省内层面的农村收入两极分化、收入和财富分配的两极分化等。

［4－3］：西方富裕社会模式包括，自由主义富裕模式、合作主义富裕模式和社会民主主义富裕模式（考斯塔·艾斯平－安德森，2010）。

［4－4］：中国经济增长奇迹主要从表征和形成的原因两个角度开展。表征方面包括经济快速增长、综合国力快速提升、人民生活水平提升、数字经济发展、对外开放程度不断加深等，形成的原因包括阶段性优势、大国优势、制度优势和特殊优势等（任保平，2022）。就目前研究现状来看，中国经济增长奇迹不能用成熟市场经济各种理论来进行有效解释，所以中国经济增长奇迹也被称为"中国经济增长之谜"。

［4－5］："中等收入陷阱"是指发展中国家在经济发展过程中面临重重阻力，进入中等收入阶段后动力衰减，陷入长期经济停滞（Gill & Kharas，2007）

［4－6］："卡夫丁峡谷"的典故出自古罗马史。公元前321年，在第二次萨姆尼特战争中，五万人的罗马军团受到萨姆尼特人的伏击，战败于卡夫丁峡谷。萨姆尼特人在峡谷中用长矛架起形似牛轭的"轭形门"，强迫罗马俘虏屈辱地从轭下穿过。后来，人们用"卡夫丁峡谷"一词来比喻战败者所蒙受的耻辱和灾难。马克思用"卡夫丁峡谷"来形容资本主义的原始积累及其罪恶。马克思晚年基于对俄国农村公社的特征、现状、前景及其同资本主义社会的互动关系的分析，提出俄国等具有自身特殊性的东方国家在维持和发展自身独立性和独特文明的基础上、可以不经过资本主义的痛苦但又可以吸收资本主义的文明成果、直接走向更高级的社会发展阶段和新社会形态，这就是著名的"跨越卡夫丁峡谷"设想（杨春风，2018）。

［4－7］：判断一个国家经济增长的状况，不仅要看增长速度，更要看增长质量。全要素生产率与资本、劳动等要素投入都贡献于经济增长。经济学家认为，全要素生产率不仅是衡量生产要素的质量、生产要素配置效率的指标，也是衡量经济增长质量的核心指标，因此，它是探求经济增长源泉的主要工具，又是判断经济增长质量的重要方法。世界银行、OECD等国际机构在研究经济时，通常把全要素生产率的变动作为考察经济增长质量的重要内容。全要素生产率与实现更高质量、更有效率、更加公平、更可持续发展，以及建立现代化经济体系直接相关。

［4－8］：2019年10月31日中国共产党第十九届中央委员会第四次全体会议通过的《中共中央关于坚持和完善中国特色社会主义制度推进国家治理体系和治理能力现代化若干重大问题的决定》中明确，健全劳动、资本、土地、知识、技术、管理、数据等生产要素由市场评价贡献、按贡献决定报酬的机制。

［4－9］：社会力量具体包括企业、社会组织和个人等。

［4－10］：2021 年 3 月 30 日，经国务院批复同意，国家发展改革委联合 20 个部门印发了《国家基本公共服务标准（2021 年版）》。《国家基本公共服务标准（2021 年版）》明确了国家向全民提供基本公共服务的底线范围，为政府履行职责和公民享有相应权利提供了依据。

［4－11］：东部地区是指北京、天津、河北、上海、江苏、浙江、福建、山东、广东和海南 10 省（市）；中部地区是指山西、安徽、江西、河南、湖北和湖南 6 省；西部地区是指内蒙古、广西、重庆、四川、贵州、云南、西藏、陕西、甘肃、青海、宁夏和新疆 12 省（区、市）；东北地区是指辽宁、吉林和黑龙江 3 省。

［4－12］：马克思恩格斯"城乡融合"思想散见于《神圣家族》《1844 年经济学哲学手稿》《德意志意识形态》《英国工人阶级状况》《共产党宣言》《政治经济学批判》《论住宅问题》《资本论》《论权威》等著作中。

［4－13］：人文理性就是从人出发，以人为目的的自我生成、自我发展、自我实现的认知能力、道德能力和情感能力的总和（陈洪江，2011）。

［4－14］：人民当家作主制度体系具体包括两类：一类具有科学有效的制度安排，即实行人民民主专政的国体、实行人民代表大会制度的政体、坚持和完善中国共产党领导的多党合作和政治协商制度、巩固和发展最广泛的爱国统一战线、坚持和完善民族区域自治制度、坚持和完善基层群众自治制度；另一类具有具体现实的民主实践，即民主选举、民主协商、民主决策、民主管理、民主监督。

［4－15］：互动反馈机制具体包括：人民利益表达机制、政策议题筛选机制、协商互动引导机制、政策效应反馈机制（汪家焰，2023）。

［4－16］：克莱顿和海因泽克（Clayton & Heinzekehr，2014）认为，有机马克思主义理论范式是基于科学的最新发展，汲取了马克思主义、怀特海哲学和中国传统智慧三方面的思想资源，继西方生态学马克思主义应对资本主义危机及其生态灾难之后，发掘了东方智慧并更新了哲学基础。其理论和实践的旨趣在于整合现代文明与传统文化、资本主义与社会主义的积极因素，致力于建设人类社会与地球生态"共同福祉"的生态文明。

［4－17］：全体性，强调的是普遍富裕，它涵盖了全体社会成员；全面性，包含物质富裕和精神富裕，涵盖人民生活中的方方面面；全域性，强调的是在逐步缩小城乡、地区发展差距基础上的富裕，它覆盖了全国所有地区；共建共享性，指共同富裕是人人参与建设、共同分享的富裕；差异性，指承认和尊重每个人发展能力的富裕，强调不搞平均主义，体现的是勤劳致富、各得其所的精神；渐进长期性，指实现共同富裕不可能一蹴而就，需要一个长期奋斗的过程，这个过程是动态渐进式的。

［4－18］：针对人类社会发展的可持续性，理论界形成了可持续发展理论。国内学者徐朝旭、韩娟（2023）指出，可持续发展理论从增长的目的、受益主体、可持续性

及其决定这些因素的发展理念与幸福观等方面对传统经济增长模式进行反思，提出了更加全面的约束增长的发展范式体系，因此可以看成是破解增长悖论的更为全面和完善的理论体系。可持续发展理论中最著名代表者为梅多斯等（1984）的可持续发展理论体系观点。

［4－19］：梅多斯等（1984）认为："如果世界人口、工业化、污染、粮食生产，以及资源消耗按现在的增长趋势继续不变，这个星球上的经济增长就会在今后一百年内某个时候达到极限。最可能的结果是人口和工业生产能力这两方面发生颇为突然的、无法控制的衰退或下降。"

［4－20］：全周期动态监测评估体系具体包含运用巡视巡察、督查考评、调查研究等传统方式和运用大数据、云计算、人工智能等新兴信息技术方式。

［4－21］："三起来"具体指"把强县和富民统一起来，把改革和发展结合起来，把城镇和乡村贯通起来"。

［4－22］：社会有机体论著名代表人物是赫伯特·斯宾塞（Herbert Spencer）和马克思。斯宾塞认为，社会有机体如同单个有机体一样，营养、分配和调节三个系统各司其职，缺一不可，共同支持着社会有机体的平衡与进化。① 斯宾塞的社会有机体论观点具体参见斯宾塞（2001）。不同于斯宾塞的机械套用分析，马克思则从实践唯物主义角度，认为"社会不是坚实的结晶体，而是一个能够变化并且经常处于变化过程中的有机体。"②

［4－23］：六大方面的部署具体为：提高发展的平衡性、协调性、包容性；着力扩大中等收入群体规模；促进基本公共服务均等化；加强对高收入的规范和调节；促进人民精神生活的共同富裕；促进农民农村共同富裕。

［4－24］："三难困境"由艾弗森和雷恩（Iversen & Wren, 1998）提出，具体指福利国家的财政收支均衡、居民收入公平和居民就业增加三个发展目标不能同时实现，必须牺牲掉其中的一个发展目标才能实现其中的其他两个发展目标。

［4－25］：目前国外对中国共产党推动共同富裕认知上存在的偏见和误读表现为两种看法：一种看法为共同富裕是"社会发展之需"还是"争夺治理话语权之需"，另一种看法为共同富裕是"对现有体制的加强"还是"市场经济政策的根本性转变"。具体参见颜军、顾武奔（2023）。

［5－1］：ESG理念是指企业在追求利润目标的同时，必须高度关注企业所处的环境（environmental）、社会（social）和公司治理（corporate governance）三个维度。

［5－2］：企业基础社会责任指企业通过经济责任和法律责任实现股东、员工、政

---

① 周红兵. 严复与斯宾塞的"社会有机体论"［J］. 东南学术, 2015（2）：75－80.
② 马克思恩格斯选集（第2卷）［M］. 北京：人民出版社, 1995：102.

府、客户、社区、环境等相关利益最大化。

[5-3]：企业高级社会责任指企业通过履行道德、伦理、慈善、救助、帮扶等社会义务从事慈善捐助等公益性活动。

[5-4]：企业超高级社会责任指企业通过输出精神产品促进社会精神富裕。

[5-5]：这是浙江省对党的十九届五中全会和十九届六中全会关于政府与市场关系作出的战略定位"推动有效市场和有为政府更好结合""构建亲清政商关系"的积极响应。

[5-6]：碎片化（fragmentation）一词表述常见于后现代主义理论框架中。该理论认为任何事物之间都是碎片化的存在，主张一种碎片化的解构式的历史观。著名学者佩里·希克斯（Perri）对公共管理治理中的碎片化问题进行了系统性研究，提出了著名的整体性治理理论。

[5-7]：红船精神具体指开天辟地、敢为人先的首创精神，坚定理想、百折不挠的奋斗精神，立党为公、忠诚为民的奉献精神。"红船精神"一词来源于2005年6月21日习近平在《光明日报》上刊发的署名文章《弘扬"红船精神"走在时代前列》。

[5-8]：红十三军精神具体指怀抱理想、敢为人先的求真精神，艰苦奋战、不怕牺牲的斗争精神，为民奉献、自强不息的进取精神。参见：红十三军精神，永嘉这样传承发扬［EB/OL］．http://www.yj.gov.cn/art/2021/6/2/art_1229262208_59060808.html，2021-06-02。

[5-9]：浙西南革命精神具体指忠诚使命、求是挺进、根植人民。周恩来、刘英、粟裕等老一辈革命家和无数革命先烈都曾在丽水留下了光辉战斗足迹，缔造了伟大的"浙西南革命精神"。参见：胡海峰．浙西南革命精神：忠诚使命、求是挺进、植根人民［EB/OL］．http://www.zj.xinhuanet.com/xinwenfabu201902/index.htm，2019-06-11。

[5-10]：一江山精神具体指：不怕艰险、智勇坚定、团结奋斗、不胜不休。

[5-11]：大陈岛垦荒精神具体指艰苦创业、奋发图强、无私奉献、开拓创新。

[5-12]：萧山围垦精神具体指艰苦奋斗、百折不挠、崇尚科学、求实创新、万众一心、协调团结。

[5-13]：蚂蚁岛精神具体指艰苦创业、敢啃骨头、勇争一流。

[5-14]：海霞精神具体指爱岛尚武、吃苦耐劳、乐于奉献、永葆本色。

[5-15]：千鹤妇女精神具体指自强奋斗撑起半边天，创新创业敢为天下先，忠诚奉献共圆家国梦。

[5-16]：南堡精神具体指毫不畏惧、自力更生、艰苦奋斗。

[5-17]："四千"精神具体指走遍千山万水、说尽千言万语、想尽千方百计、吃尽千辛万苦。

[5-18]：截至目前，关于何谓浙商精神并没有准确的高度凝练概括。主要有以下

四个版本：第一个版本是"坚强进取""营利举义""远行抱团""应变开创"；第二个版本是"勤奋务实的创业精神、勇于开拓的开放精神、敢于自我纠正的包容精神、捕捉市场优势的思变精神和恪守承诺的诚信精神"；第三个版本是"坚忍不拔的创业精神，敢为人先的创新精神，兴业报国的担当精神，开放大气的合作精神，诚信守法的法治精神，追求卓越的奋斗精神"；第四个版本是"坚忍不拔、艰苦创业，敢为人先、开拓创新，兴业报国、勇于担当，开放大气、携手合作，诚信浙商、行以致远，追求卓越、砥砺奋斗"。根据浙江理工大学马克思主义学院渠长根教授关于浙商精神的研究，上述版本都关切到了浙商的奋斗、创新品质、发展能力、义利情怀等方面。

［5-19］：浙江精神有三个提法。其一是 2002 年凝练概括版本"自强不息、坚韧不拔、勇于创新、讲求实效"；其二是 2005 年凝练概括版本"求真务实、诚信和谐、开放图强"；其三是 2016 年凝练概括版本"干在实处、走在前列、勇立潮头"。

［5-20］：八八战略指的是中国共产党浙江省委员会在 2003 年 7 月举行的第十一届四次全体（扩大）会议上提出的面向未来发展的八项举措，即进一步发挥八个方面的优势、推进八个方面的举措。具体来说是：一是进一步发挥浙江的体制机制优势，大力推动以公有制为主体的多种所有制经济共同发展，不断完善社会主义市场经济体制；二是进一步发挥浙江的区位优势，主动接轨上海、积极参与长江三角洲地区合作与交流，不断提高对内对外开放水平；三是进一步发挥浙江的块状特色产业优势，加快先进制造业基地建设，走新型工业化道路；四是进一步发挥浙江的城乡协调发展优势，加快推进城乡一体化；五是进一步发挥浙江的生态优势，创建生态省，打造"绿色浙江"；六是进一步发挥浙江的山海资源优势，大力发展海洋经济，推动欠发达地区跨越式发展，努力使海洋经济和欠发达地区的发展成为浙江经济新的增长点；七是进一步发挥浙江的环境优势，积极推进以"五大百亿"工程为主要内容的重点建设，切实加强法治建设、信用建设和机关效能建设；八是进一步发挥浙江的人文优势，积极推进科教兴省、人才强省，加快建设文化大省。具体参见：习近平．干在实处走在前列——推进浙江新发展的思考与实践［M］．北京：中共中央党校出版社，2006。

［5-21］：浙江"最多跑一次"改革中综合运用规划政治、干部考核、小组机制、情感治理、一把手负责等策略，党政体系、正式制度与非正式制度、正式权力与非正式权力被整合调动，有效治理呈现出别具特色的双重实践逻辑（张红阳，2020）。

［5-22］：根据《浙江省人民政府关于深化数字政府建设的实施意见》，到 2025 年，实现经济调节、市场监管、社会管理、公共服务、生态环境保护、政府运行等政府履职核心业务数字化全覆盖，数字政府"系统＋跑道"体系架构成熟定型，"平台＋大脑"数字底座支撑有力，"顶层设计＋基层创新"推进机制更加完善，创新一批具有浙江辨识度和全国影响力的"重大改革＋重大应用"实践成果，形成一批"理论＋制度"重大成果，"掌上办事之省""掌上办公之省""掌上治理之省"基本建成，政府治理

体系和治理能力现代化水平显著提升，数字政府建设在服务国家及省委、省政府重大战略，促进经济社会高质量发展，建设人民满意的法治政府、廉洁政府和服务型政府等方面发挥重要作用，以数字政府的实战实效助力实现"两个先行"。到 2035 年，率先形成与数字变革时代相适应的生产方式、生活方式和治理方式，高水平建成"整体智治、唯实惟先"的现代政府，为基本实现高水平现代化和共同富裕提供强大动力和法治保障。

[5-23]："枫桥经验"源于浙江省诸暨市枫桥镇干部群众创造出来的社会治理经验，后经毛泽东批示全国效仿学习。党的十八大以来，枫桥镇干部群众在新的历史条件下积极创新发展"枫桥经验"，现已经形成"坚持加强和完善党的领导、坚持重视和做好群众工作、坚持预防和化解矛盾、坚持尊重和维护人民权益、坚持注重和加强平安建设、坚持与时代同步伐"鲜明特色。新时代"枫桥经验"已经被写入《法治中国建设规划（2020—2025 年）》《中共中央、国务院关于加强基层治理体系和治理能力现代化建设的意见》《中共中央关于党的百年奋斗重大成就和历史经验的决议》等重要政策性文件中。

[5-24]：实施新安江 - 千岛湖生态补偿试验区建设工程涉及浙江省和安徽省，现已经形成了一套可复制推广的制度成效。该工程的制度机制形成经历长达近 20 年之久。制度酝酿阶段为 2004 ~ 2009 年，制度启动阶段为 2010 ~ 2011 年，制度实践阶段为 2012 ~ 2020 年（历经 2012 ~ 2015 年、2015 ~ 2017 年，2018 ~ 2020 年共计 3 轮试点），制度长效阶段开始于 2021 年，现已经初步形成跨流域生态补偿共同体格局。该工程建设为我国生态文明共同富裕道路提供样板范例。

[5-25]：2023 年 6 月，浙江省和安徽省两地人民政府共同签署了《共同建设新安江 - 千岛湖生态保护补偿样板区协议》，这标志着跨省流域生态补偿迈向新的阶段。此次提档升级的补偿机制在补偿标准、补偿理念、补偿方式和补偿范围等方面实现了重大改进和创新。

[5-26]：孙立平等（1994）认为，改革开放前我国社会结构呈现"全国一盘棋、地区间同质同构、强调地方的自我生存能力的区域格局"的显著特点，改革开放后到现在形成了分化性社会结构。这种社会结构显著特点是，利益分化、地区间异质性增强、各地区之间的发展机制差异出现、市场原则支配下的区域关系形成一种差距扩大动力系统。

[5-27]：根据国家发展改革委 2023 年 3 月 3 日对外公布的《浙江高质量发展建设共同富裕示范区第一批典型经验》文件，典型示范经验包括：共富工坊、亩均论英雄、数字经济"一号工程"、"两进两回"行动、农村科技特派员制度、山海协作、培育壮大产业工人队伍、帮扶残疾人就业增收、医共体、掌上办事等。

[5-28]：制度集成创新理论认为，制度集成创新是以问题、需求、结果、质效为

工作导向，聚焦最突出、最重要、最紧迫的群众、社会和市场主体需求，注重顶层制度设计，整合优势资源要素，突破体制机制障碍，实施跨领域、跨行业、跨部门、跨地区的系统性、整体性、协同性、穿透性制度创新的过程（董涛等，2021）。

[5-29]：2022年2月17日，国家发展改革委召开新闻发布会。国家发展改革委就业司副司长常铁威在发布会上表示，围绕实现共同富裕的战略目标和实践路径，国家发展改革委将持续加强重大问题研究和政策制定，推动制定出台制度性文件《促进共同富裕行动纲要》），以缩小地区差距、城乡差距、收入差距和公共服务差距为主要方向，构建初次分配、再分配、三次分配协调配套的基础性制度安排，更加注重向农村、基层、欠发达地区和困难群众倾斜，深入谋划好促进共同富裕的顶层设计。

[5-30]：根据《浙江省国土空间总体规划（2021—2035年)》（征求意见版）文件，两屏指山区生态屏障和沿海生态屏障。

[5-31]：根据《浙江省国土空间总体规划（2021—2035年)》（征求意见版）文件，空间发展策略具体是："两屏互动"指落实国家生态安全责任、推进两屏互动发展、统筹山海协作空间；"内外协同"指加强国际合作与省际区域协调、促进国内国际双循环、加快省域一体化；"湾区引领"指城乡融合引领、现代城市引领、高效功能引领、生态保护引领；"强心特县"指优化新型城镇化空间载体、强化各级中心城市发展、分类推动县域特色化发展、分类引导小城镇发展；"整体智治"指数字治理导向、一张图统领、全流程贯通。

[5-32]：根据《浙江省国土空间总体规划（2021—2035年)》（征求意见版）文件，"一湾双核、四极多群"的城镇空间格局具体是："一湾"指环杭州湾环现代化都市连绵区；"双核"指杭州、宁波－舟山双核，将杭州打造成具有国际影响力的国家中心城市，将宁波－舟山打造成港城联动的国际海洋中心城市；"四极"指以杭州、宁波、温州、金义四大都市区为主体的城镇发展极；"多群"指嘉兴、湖州、绍兴、衢州、舟山、台州、丽水等以设区市为中心的城镇集群。

[5-33]：陈晋（2020）把我国集中力量办大事概括为：做到了"三个一"。即，"一张图"，对所办大事有统一规划；"一盘棋"，各地区、各部门从全局着眼，围绕所办大事形成合力；"一竿子"，保证从中央到地方政令畅通，在贯彻执行上一竿子插到底。如此运行方式，大事自然办得成。

[5-34]：制度性集体行动理论框架（ICAF）由理查德·C.菲沃克（Richard C. Feiock）及其研究团队构建，并发展成熟。ICAF吸收和接纳了"理性选择理论、集体行动理论、组织交易成本理论、地方公共经济理论、社会嵌入理论、政治市场和政策工具理论"等众多理论（Feiock，2013）。

[5-35]：包雅钧（2006）认为政治过程是一个利益集团从利益表达到利益综合及利益实现的完整过程。高春芽（2012）认为政治过程是个体行动到集体行动的实现过

程。政治过程理论解决的最基本的问题包括参与人的设定、参与人之间的关系设定、政治过程和官僚体制（高岭、卢获，2019）。

[5-36]：正式的外部强加的政府机制具体指设立浙江省委社会建设委员会。浙江省委社会建设委员会成立是浙江省通过组织变革引领社会变革的一种重大体制机制创新。作为省委直接派出机构，其主要职能工作是负责共同富裕示范区建设目标的具体实现，重点加强"统"的职能，进一步创新工作方法、提升履职水平，紧紧围绕示范区建设的目标任务，在高质量发展做大"蛋糕"的基础上，精准识别特殊区域、特殊人群、特殊家庭，着力解决地区差距、城乡差距、收入差距问题。该机构与浙江省发改委合署办公，将具有党政合署、整体智治、精简易行等三方面的特征和优势。

[5-37]：非正式的嵌入性的社会网络关系机制指通过一系列的经济、政治、社会关系的关系网络机制进行非正式协调。例如，浙江省第三次分配机制创新模式中的结对帮扶模式、帮扶对接的精准化模式、"浙里捐赠"数字平台模式等都属于此类。

[6-1]：熊彼特在其著作《经济发展理论》中提出创新是经济增长的核心。关于何谓创新，他认为是对现有资源的重新组合，以实现创造性的破坏和变革式发展。

[6-2]：根据陈劲和阳镇（2021）的研究，学术界关于何谓融通创新定义存在明显分歧，具体有三个视角界定：一是从创新主体视角，认为融通创新范式突破了传统封闭式创新、开放式创新以及协同创新的创新主体之间的关系范畴，融通创新的逻辑起点在于不同创新主体的资源基础、能力优势及创新意愿与导向具备异质性，融通的目标在于有效融合不同组织场域内的不同创新主体之间的各类创新资源与创新要素，有效整合各类创新主体之间的创新意愿与合作意愿，真正实现不同创新主体之间在面向某一创新需求导向下的有效耦合。二是从创新链视角，认为由于创新链中的不同创新环节其核心主导任务、主导创新主体及所需要的创新资源与创新要素存在明显的差异性，因此融通创新强调创新链的各类链条之间相互融通结合，在创新链的各个环节实现各类创新主体有效协同以及各类创新要素的有效耦合。三是从创新网络视角，认为融通创新则是实现创新网络内的各类创新主体之间逐步从竞争逻辑主导下的偏利共生、非对称共生以及对称共生等多种类型转型为基于共赢与共益、共享逻辑主导下的价值共生以及平等型共生。

[6-3]："后熊彼特式创新建立在开放思想基础上，充分关注了企业之外的非生产者对创新的推动作用，将创新视为一种集体活动。从创新主体变化范围来看，公共创新、开放式创新和用户创新等被视为是后熊彼特式创新的典型应用特点（陈劲，李佳雪，2022；陈劲，李根祎，2022）。

[6-4]："尖峰计划"以提升原始创新能力为目标，围绕智能计算、量子信息、人工智能、新一代通信网络、新一代智能芯片、前沿新材料等重点领域，推进原创性、引领性基础研究和解决重大科学问题的研究任务；"尖兵计划"以实现技术安全自主可控

为目标，按照"急用先行、重点突破"的原则，围绕数字安防、射频芯片、智能网联汽车、区块链、5G、脑机融合、碳捕集利用和封存、智能农机装备、海洋智能装备等重点领域，推进1~3年的相对短期、小切口的关键核心技术攻关任务；"领雁计划"以抢占科技制高点为目标，按照"长远部署、系统推进"的原则，从已有优势和潜在优势出发，围绕专用芯片、人工智能与融合应用、先进制造与智能装备、氢能与燃料电池、新型柔性与磁性材料、重大疾病精准诊疗、新药创制与医疗器械等重点领域，推进5~10年中长期、持续化、系统性的攻关任务；"领航计划"以融入国家战略布局为目标，围绕先进计算和新兴软件、新一代人工智能、智能制造和机器人、重大新药创制、生物种业、绿色低碳、海洋环境等重点领域，主动对接国家重大战略任务，共同支持国家重大项目落地浙江。

[6-5]：不同于官方的观点，丁志帆（2020）认为数字经济应理解为：以数字化的知识和信息（数据）为关键生产要素，以网络化、智能化的数字基础设施为支撑，通过"技术-经济范式"的变迁与扩散，促进大数据、云计算等新一代信息通信技术等通用技术与经济社会活动深度融合，实现效率提升和结构优化的一种新的经济社会。

[6-6]：根据刘洋、董久钰、魏江（2020）的研究观点：数字技术是信息、计算、沟通和连接技术的组合，包括大数据、云计算、区块链、物联网、人工智能、虚拟现实技术、量子计算技术等。

[6-7]：五个综合应用具体指：党政机关整体智治综合应用、数字政府综合应用、数字经济综合应用、数字社会综合应用、数字法治综合应用。

[6-8]：根据《浙江省国民经济和社会发展第十四个五年规划和二〇三五年远景目标纲要》，浙江现代化产业体系布局发展目标为：建设具有国际竞争力的现代产业体系，建设形成"强基-融合-安全"的浙江特色现代化产业体系。

[6-9]：2023年浙江部署了三个"一号工程"，即数字经济创新提质"一号发展工程"、营商环境优化提升"一号改革工程"、"地瓜经济"提能升级"一号开放工程"，要求全省上下迅速行动起来，力求在创新、改革、开放三大领域实现突破性进展。

[6-10]："鲍莫尔成本病"理论（Baumol's cost disease）由美国纽约大学经济学教授威廉·J.鲍莫尔（William J. Baumol）1967年在发表的《美国经济评论杂志》"Macroeconomics of Unbalanced Growth: the Anatomy of Urban Crisis"一文提出。该理论认为，在一国或地区的经济增长过程中，无论是从传统的生活性服务业还是现代的生产性服务业角度来看，由于第三产业部门生产成本的降低难度较大，导致第三产业部门生产率提升空间远远低于第二产业部门；因此第三产业部门在国民经济中的持续扩张，很有可能会带来对一国生产效率提升和经济增长动力机制的拖累效应，进而阻碍一国或地区的经济可持续增长能力（张杰、郑姣姣，2022）。

[6-11]：开放指数采用基准值法编制，指标体系共分三级，一级指标 5 个，二级指标 19 个，三级指标 77 个，涵盖开放基础、开放平台、开放领域、开放质量、开放环境等内容。该指数以 2018 年开放水平为基准，计为 100，开放指数越高，意味着对内对外开放水平越高。

[6-12]：浙江省"315"科技创新体系建设工程具体指"互联网＋"、生命健康、新材料三大科创高地，云计算与未来网络等 15 大战略领域科技创新体系工程。

[6-13]：李金昌、任志远（2023）认为，典型的橄榄型社会结构是中等收入群体比重大致保持在 60%，并且低收入群体、中等收入群体以及高收入群体的规模比例接近 3∶6∶1，高、中、低收入群体的收入水平存在一定差距且维持在合理限度内。也有国内学者不赞同上述观点。例如洪兴建（2008）认为低中高三者比例为 2∶6∶2。

[6-14]：农民群体大致可以细分为新型农业经营主体、乡村新业态从业人员、农村蓝领工匠、职业技能农民、进城农民工和低收入农户等六类。

[6-15]：这里的就业极化效应是指机器人的广泛使用带来常规低端技能任务型企业就业明显减少，而非常规高端技能任务型企业就业明显增加。常规低端技能任务型企业所属行业为木材加工制造业、家具制造业、造纸业以及电子设备制造业等，而非常规高端技能任务型企业所属行业为废弃资源和废旧材料回收加工业、医药制造业、塑料制品业及石油加工业等（何小钢、刘叩明，2023）。

[6-16]：国民收入分配的三个领域具体是居民收入、企业收入和政府收入（徐康宁，2017）。

[6-17]：见三国时期魏国谋士、军事家钟会的政论性文章《刍荛论》篇。

[6-18]：从系统论视角来看，创新要素由直接要素和间接要素构成。其中，直接要素指能够获得产出科技成果的创新活动投入的资源，包括技术、资金、人才，以及提供支撑条件等；间接要素指能够间接推动创新活动实现的外部环境，包括基础设施、社会环境、宏观政策等（郝汉舟等，2020；彭影，2022）。

[6-19]：教育的经济属性体现在国民经济增长、缩小收入差距等方面。

[6-20]：教育的社会属性体现在促进人的全面发展、传递社会经验、直接参与社会生产活动等方面。

[6-21]：劳动者职业技能的社会属性体现在两个方面：一是在受到教育系统和社会生产系统的共同牵制作用下，与社会运转高度关联；二是在与政治、经济和社会体系互动机制作用下，不断形塑着社会发展过程（李政，2022）。

[6-22]：劳动者具有什么样的学历，就意味着在劳动力市场具有什么样的竞争地位。学历筛选机制带来的劳动力市场结构矛盾体现为劳动力市场形成主要劳动力市场和次要劳动力市场。其中主要劳动力市场具有更高的收入、良好的福利保障、优越的工作环境、较高的社会地位、更低的流动率等典型特征。学历是主要劳动力市场和次要劳动

力市场的制度性壁垒。

[6-23]：联合国人权事务高级专员办事处（Office of the United Nations High Commissioner for Human Rights）和世界卫生组织（World Health Organization）联合发布的 *Fact Sheet No.* 31 给出了健康权的关键方面五个内容体系：健康权是一项包容性权利；健康权包含自由；健康权包含权利；卫生方面的服务、货物和设施供给不能有任何歧视；卫生方面的所有服务、货物和设施必须可用、可获得、可接受且质量良好。

[6-24]：多层次社会保障体系具体指覆盖全民、统筹城乡、公平统一、安全规范、可持续的。

[6-25]：养老保障供需两侧的非对称性矛盾具体指老年人口寿命延长和人口老龄化的养老需求越来越大，但社会的养老供给动力却仍显不足。

[6-26]：这里社会分层是指居民住房具有社会地位符号和社会地位象征的含义。

[6-27]：本书所说可行能力弱势群体具体指能力相对不足者、能力发展迟缓者、能力易受风险损害者等。

[6-28]：本书所说"悬崖效应"具体指"因制度性安排，导致原本收入水平相邻的低保家庭与低保边缘家庭所接受的社会救助资源存在客观且明显的差别，两类家庭之间由此出现'福利悬崖'；进而引发两类家庭实际生活水平的反转，最终导致原本状况较差的低保家庭的生活水平显著高于低保边缘家庭"（郭忠兴，2023）。

[6-29]："1+8+X"大社会救助体系具体指以大救助信息平台为支撑、以低保、特困、受灾、医疗、教育、住房、就业、临时救助等 8 项基本救助为重点，以多元社会力量参与为补充。

[6-30]：本书所说共同生产即指公共服务生产。国内外学者关于共同生产有不同的理解。例如，袁千里和张云翔（2022）根据公共服务阶段不同，共同生产包括公共服务的共同调试、共同设计、共同提供和共同评估等活动。吴金鹏（2022）认为共同生产是一个周期性、迭代性的过程，具体包括公共服务供给共同设计、生产、供给、评价等四个环节。共同生产也被理解为社会中任意部门通过专业服务提供者与服务用户或社区的其他成员之间的定期、长期的关系来提供服务，并且各方均在此过程中作出了实质性的资源贡献（Bovaird，2007）。还有学者认为，共同生产是组织的雇员与公众（包括个人或团体）之间的关系，它要求这些公众直接和积极地贡献于组织的公共服务供给任务，并且该种生产通常与公众在服务实施阶段所获得的服务有关（Brandsen & Honingh，2016）。

[6-31]：数字技术塑造公共服务的共同生产新模式包括公众众包、以政府为平台、自动化共同生产等类型（袁千里和张云翔，2022）。

[6-32]：本书的获得感是指居民个人对客观享受到的公共服务的主观性评价。获得感效应包括促进效应和补缺效应。其中促进效应由政府与社会力量合作生产以行政化

手段实现，补缺效应由社会力量合作生产以社会化方式解决实现（杨宝和李万亮，2022）。

[6-33]：2009 年世界银行发布的《2009 年世界发展报告：重塑世界经济地理》（*World Development Report*，2009：*Reshaping Economic Geography*）以密度（density）、距离（distance）、分割（division）为主要内容构建了关于城市化、区域发展和区域一体化的动力结构框架体系。本书对世界银行提出的动力结构框架进行了拓展，增加了技术和社会因素。在新发展阶段新发展格局下，区域一体化发展离不开技术因素的支撑，公共服务均等化是从社会角度反映我国以人民为中心的社会主义制度特色。

[6-34]：完全意义上的城镇化要让农业人口实现三维转换：从农业到非农业的职业转换、从农村到城镇的地域转移、从农民到市民的身份转变（辜胜阻等，2014）。

[6-35]：地域社会学理论起源于日本学者对 20 世纪 60 年代以后日本工业化和城市化进程带来的城乡社会空间"过密"和"过疏"问题研究，试图超越农村社会学和城市社会学的界限，以城市化背景下"生活社会化"为基本理论前提，以乡村过疏化为研究重点，围绕着"地域生活""地域组织团体""地域格差""地域政策""新公共性构建"等问题展开研究，建立起"结构分析"的学科分析范式（田毅鹏，2012）。

[6-36]：未来乡村典型模式有衢州衢江莲花"田园型、国际化"未来乡村模式、杭州萧山瓜沥梅林"数智型、低碳化"未来乡村模式、两山合作社模式模式、"两山合作社＋经营主体＋村集体＋农户"的"共富果园"模式等。

[6-37]：同城权益具体包括经济、社会、政治和文化上的权益相同、无差别。

[6-38]：纳克斯贫困恶性循环模型由美籍爱沙尼亚经济学家、哥伦比亚大学教授罗格纳·纳克斯（Rognar Nurkse）于 1953 年在其著作《不发达国家的资本形成》一书中提出。纳克斯贫困恶性循环模型具体指：发展中国家长期贫困的原因并非国内资源不足，而是因为经济中存在若干互相联系、互相作用的"恶性循环系列"。从供给方面看，资本形成产生了"低收入－低储蓄－低资本形成－低生产率－低产出－低收入"的恶性循环；从需求方面来看，资本形成产生了"低收入－低购买力－低投资引诱－低资本形成－低生产效率－低产出－低收入"的恶性循环（许源源、刘俊琦，2018）。

[6-39]：组织学习涉及社会经济价值变迁、制度转型、社会运动、市场信号和技术发展等外部驱动因素和内部组织成员之间的互动关系的内部驱动因素。从新型农村经济创新实践样态角度看，其具体形式就是多方参与主体进行组织学习的结果。

[6-40]：集成治理是一种新型治理模式，能够有效应对新型农村经济发展过程中关键性生产要素资源的整合与综合利用问题，帮助提升其发展效能。新型农村经济集成治理具体指以人民为中心，坚持新型农村经济发展问题导向，坚持新发展理念，以整个系统内部集成为主，综合运用系统理论、整体理论、管理理论等理论的前沿相关技术和方法，针对新型农村经济自身特点的跨领域、跨部门的关键性生产资源要素的整合与综

合利用，通过不断的改革创新在耦合匹配过程中实现新型农村经济整体治理绩效的倍增效应。

[6-41]：先富带后富"三同步"行动具体指：实施绿色发展重点县同步基本实现现代化行动；实施乡村振兴重点帮促村同步基本实现现代化行动；实施低收入群体同步基本实现现代化行动。

[6-42]："百亿帮扶工程""欠发达乡镇奔小康工程""山海协作工程"是浙江促进区域协调发展的三大重要举措。其中"山海协作工程"是发挥核心带动作用的龙头工程。

[6-43]：社会空间化理论由希尔兹（Shields，2013）提出。社会空间化理论认为，人类社会活动本质上受到社会空间秩序、关系和结构等数量众多、嵌套复杂的多元社会空间元素相互协调和彼此影响的制约，人类活动的社会后果就是导致"社会空间化"的再造。

[6-44]：在图6-28中，"政府、企业、社会公众三方力量协同推动机制"具体指外溢机制。外溢机制体现在三个方面：一是功能性外溢机制，具体指山海协作工程实施过程中需要产业保护等其他领域协同进行；二是诱致性外溢机制，具体指山海协作工程实施过程中需要相关参与者调整自身的政策以适应区域协同发展目标；三是养成性外溢机制，具体指山海协作工程实施过程中需要具有一定权威机构即山海协作领导小组办公室通过制定相关制度来维系和加强自身权力作用，以成为山海区域协同发展的策动者和带动者。

[6-45]：王建英等（2023）认为，对口支援主要以中央政府动员、地方政府实施、全社会力量参与的方式进行，具体表现为在中央和省级政府的指导和协调下，进行以现金和实物转移为主，技术、人才、医疗、教育等各类资源转移为辅的资源流动。

[6-46]：参见晋·葛洪《抱朴子·博喻》篇。

[6-47]：参见明代张居正著《翰林院读书说》篇。

[6-48]：郁建兴、樊靓（2022）认为，数字技术赋能作用应该理解为"以数字技术赋予能力、能量，创造必要的条件，促使既定目标的实现成为可能"。

[6-49]：新型高品质公共文化服务空间是承载公共文化的物质空间、社会空间与精神空间的聚合体。

[6-50]：参见《诗经·大雅·文王》。

[6-51]：浙江实施文化产业集聚发展战略涉及领域具体包括数字文化产业、影视文化产业、文化旅游产业、文化制造产业、创意设计产业、历史经典产业、重大平台发展、重点文化企业培育、创新文化金融服务等9大产业领域。

[6-52]："公地悲剧"指的是个人为追求利益最大化而滥用公共资源，最终导致资源被损耗殆尽。最初由哈丁（Hadin，1969）提出。

［6-53］：根据陈柏峰（2019）研究观点，法治社会的核心内涵包括三个方面：社会成员自我约束的法治化；社会成员之间关系的法治化；社会管理者与被管理者关系的法治化。

［6-54］：多元规范包括正式制度性规范和非正式制度性规范。

［6-55］：张文显（1989）认为，法治社会实现的基本标志是"经济、政治和社会生活的基本方面均纳入法律的轨道，接受法律的调控和治理，而法律建筑在尊重人类的人格、尊严、自由、合理愿望、进取精神和财产权利的基础之上；法律具有至上的地位和最高的权威，国家中的一切权力均根源于法律，而且要依法行使；公民在法律面前一律平等，不因性别、种族、肤色、语言、信仰及其他情况而在权利和义务上有差别；凡是法律没有禁止的，都是准许的，每个人只要其行为不侵犯别人的自由，不超越法定的界限，就有权按照自己的意志活动；公民的人身和财产权利非经正当的法律程序和充足理由不受剥夺，一切非法的侵害（不管是来自个人或国家）都能得到公正、合理及时的补偿"。

［6-56］：现代法治的核心内容包括美国法学家罗纳德·朗富勒（Ronald Dworkin）提出的法治八项基本原则"一般性、公开性、未来性、清晰性、一致性、可实现性、稳定性、官方行为与公布的规则相一致"、非人治以及能够指导个人行动等十项内容（卢毅，2023）。

［6-57］：本书中，法律文化指人们对法律制度的公共知识、态度和行为模式。这里使用了美国法学家门罗·弗里德曼的法律文化观点（科特雷尔，2020）。

［6-58］：三体指"形成完备的法律规范体系、高效的法治实施体系、严密的法治监督体系"；"两翼"指有力的法治保障体系、形成完善的党内法规体系。

［6-59］：参见北宋苏辙的《新论中》篇。

［6-60］：VUCA 是由英文单词"volatile"（易变性）、"uncertain"（不确定性）、"complex"（复杂性）和"ambiguous"（模糊性）首字母组成，从 2017 年被国外学者组合起来形容分析人们生活的国际国内环境（Alkhaldi et al.，2017）。

［6-61］：根据 2023 年 5 月 26 日浙江省第十四届人民代表大会常务委员会第三次会议通过的《浙江省平安建设条例》，平安浙江建设十大任务为：维护国家政治安全；防范和化解重点领域风险；预防和依法打击各类违法犯罪行为；健全社会治安防控体系和公共安全保障体系；加强安全生产、消防安全和应急管理工作；健全网络综合治理体系；健全基层社会治理体系；推进社会矛盾纠纷多元预防调处化解；开展平安创建活动；国家和省规定的其他平安建设任务。

［6-62］：协作性公共管理描述的是在多组织安排中的促进和运行过程，以解决单个组织不能解决或者不易解决的问题（阿格拉诺夫，麦圭尔，2007）。

［7-1］：参见汉代荀悦撰《前汉纪·孝武皇帝纪一》篇。

［7-2］：参见唐代诗人白居易撰《策林·立制度》篇。

［7-3］：2017 年、2020 年人均 GDP 为根据第七次人口普查后初步修订的 2011～2019 年人口数据计算。

［7-4］：朱诗娥等（2018）认为，教育体制、资源禀赋、职业技能及社会保障政策等因素对代际收入流动具有重要影响。

［7-5］：资本主义福利模式本质是一种社会控制工具，具体表现为社会资本成本模糊化工具、意识形态潜在嵌入机制工具以及社会秩序的实用性顺从工具（邢远阁，2022）。

［7-6］：不少人对社会非营利性组织产生误读，认为非营利性组织不能营利，不能获取利润，提供的服务都应该是免费的，其工作人员都应该是不拿报酬的志愿者。实际上应该正确理解为：非营利性组织的资产和产生的利润必须继续用于组织的公益性或互益性的目标和使命，不得以任何形式转变为私人财产，不能为其拥有者积累利润。在组织解散或破产时，剩余资产不能在其成员间进行分配。

［8-1］：淳安县"大下姜"文旅联合发展带动区域共同富裕模式是浙江文化和旅游赋能高质量发展建设共同富裕示范区首批典型经验之一。具体为"淳安县以下姜村为核心联合周边 24 个行政村协同发展，发挥文旅联合带头作用，创造了"先富帮后富、区域共同富"的"大下姜"乡村联合体共富发展模式，为欠发达农村通过文旅联合发展实现乡村振兴提供了有益借鉴"。具体参见：文化和旅游部关于印发浙江文化和旅游赋能高质量发展建设共同富裕示范区第一批典型经验的通知［EB/OL］. https：// www. gov. cn/zhengce/zhengceku/202311/content_6914142. htm，2023 - 10 - 23。

参考文献

［1］艾四林，陈钿莹．中国式现代化话语体系建构的三重维度［J］．山东大学学报（哲学社会科学版），2023（2）：1－10.

［2］安培培．山西创优营商环境促进市场主体倍增研究［J］．生产力研究，2023（4）：59－63，123.

［3］白东北，张营营，王珏．产业集聚与中国企业出口：基于创新要素流动视角［J］．国际贸易问题，2021（2）：63－79.

［4］白剑峰．浙江省人民政府关于2022年度省级预算执行和全省其他财政收支的审计工作报告［R］．浙江省十四届人大常委会第四次会议，2023－07－25.

［5］白维军．普惠型养老服务：释义、短板与发展策略［J］．中州学刊，2023（4）：71－77.

［6］白小明．区域重大战略实施中地方政府的主体责任［J］．区域经济评论，2023（3）：15－22.

［7］柏良泽．"公共服务"界说［J］．中国行政管理，2008（2）：17－20.

［8］包国宪，周豪．从转变政府职能到优化政府职责体系：中国行政体制改革的视角转换与分析框架［J］．理论探讨，2022（2）：43－51.

［9］包雅钧．政治过程研究的兴起及分析视角［J］．东方论坛（青岛大学学报），2006（1）：117－124.

［10］本刊记者．习近平总书记关于社会主义民主重要论述的理论创新与现实价值——访中国社会科学院政治学研究所所长张树华研究员［J］．马克思主义研究，2022（6）：9－18.

［11］本书编写组．《中共中央关于党的百年奋斗重大成就和历史经验的决议》辅导读本［M］．北京：人民出版社，2021.

［12］毕红梅，吴明涛．习近平对社会主义核心价值观的理论贡献［J］．社会主义核心价值观研究，2019，5（3）：24－33.

［13］毕学进，马金华．中国式现代化的财政治理方法论——基于全球史视野的对比考察［J］．甘肃行政学院学报，2022（6）：4－14.

［14］边恕，刘为玲．韧性与包容：共同富裕下乡村社会治理共同体构建的路径选

择［J］．黑龙江社会科学，2023（2）：63－68．

［15］边作为．中国创新要素配置水平的测度及区域差异分析［J］．技术经济与管理研究，2023（4）：38－43．

［16］波斯特，劳伦斯，韦伯．企业与社会：公司战略、公共政策与伦理（第十版）［M］．张志强，译．北京：中国人民大学出版社，2005．

［17］蔡昉．刘易斯转折点——中国经济发展阶段的标识性变化［J］．经济研究，2022，57（1）：16－22．

［18］蔡昉．万物理论：以马尔萨斯为源头的人口－经济关系理论［J］．经济思想史学刊，2021（2）：3－18．

［19］蔡莉．数字经济背景下创新驱动创业：高质量发展的助推力［J］．外国经济与管理，2023，45（1）：3－6．

［20］蔡礼强．中国共产党领导力研究的理论视角和分析框架［J］．管理世界，2021，37（8）：1－10．

［21］蔡斯敏．社区自组织动员力与多元主体参与机制的有效塑造［J］．广东行政学院学报，2021，33（2）：15－23．

［22］曹海军，梁赛．基层社会治理现代化的"三基"取径——基于平安中国建设的思考［J］．治理研究，2021，37（2）：51－62．

［23］曹海军，梁赛．"乌卡时代"国家安全体系重构：嬗变轨迹、逻辑遵循与路径选择［J］．浙江学刊，2023（2）：13－21．

［24］柴宝勇，李梓琳．"领导力"的理论溯源与中国共产党领导力的理论观察［J］．管理世界，2021，37（8）：11－20．

［25］钞小静，任保平．新发展阶段共同富裕理论内涵及评价指标体系构建［J］．财经问题研究，2022（7）：3－11．

［26］陈柏峰．中国法治社会的结构及其运行机制［J］．中国社会科学，2019（1）：65－88．

［27］陈宝生．办好新时代职业教育　服务技能型社会建设［N］．光明日报，2021－05－1（07）．

［28］陈辰．新发展阶段我国生态文化建设的现状与路径［J］．经济研究导刊，2022（36）：147－149．

［29］陈庚，豆慧峰．公共文化服务的内卷化困境及其破解之道［J］．同济大学学报（社会科学版），2022，33（5）：43－53．

［30］陈宏彩．"最多跑一次"改革：新时代的政府效能革命［J］．中共浙江省委党校学报，2018，35（3）：39－44．

［31］陈洪江．科学发展观：科学理性、人文理性、生态理性三位一体［J］．社会

主义研究，2011（1）：51 – 54.

［32］陈华，丁宏. 社会治理路径创新：信任与合作秩序的视角［J］. 江海学刊，2014（4）：228 – 233.

［33］陈建华，刘津璐. 民主制度与共同富裕关系研究——基于人民民主专政制度的视角［J］. 陕西行政学院学报，2022，36（4）：52 – 58.

［34］陈金龙. 中国式现代化的探索历程、鲜明特征及重要意义——基于习近平相关重要论述的思考［J］. 党的文献，2022（2）：3 – 8.

［35］陈金明，柳红霞. 毛泽东与邓小平共同富裕思想之比较［J］. 社会主义研究，2006（1）：42 – 44.

［36］陈进华. 社会治理驱动共同富裕的历史逻辑、理论逻辑和实践逻辑［J］. 江海学刊，2022（3）：82 – 89.

［37］陈劲. 共同富裕视野下的科技创新［J］. 中国经济评论，2021（9）：52 – 54.

［38］陈劲，李根祎. 创新驱动发展、创新范式和创新科学的兴起［J］. 创新科技，2022，22（12）：1 – 12.

［39］陈劲，李佳雪. 创新公地：后熊彼特创新范式的新探索［J］. 科学学与科学技术管理，2022，43（8）：3 – 18.

［40］陈劲. 让管理创新成为中国式现代化的强大动力［J］. 外国经济与管理，2023，45（1）：8 – 11.

［41］陈劲，阳镇. 融通创新视角下关键核心技术的突破：理论框架与实现路径［J］. 社会科学，2021（5）：58 – 69.

［42］陈劲，阳镇，张月遥. 共同富裕视野下的中国科技创新：逻辑转向与范式创新［J］. 改革，2022（1）：1 – 15.

［43］陈晋. 集中力量办大事何以成为显著优势［N］. 人民日报，2020 – 03 – 13（09）.

［44］陈景华，辛雨. 数字经济对经济高质量发展地区差距的影响研究［J］. 华东经济管理，2023，37（2）：1 – 12.

［45］陈静文，陈若松. 习近平促进全体人民共同富裕重要理论的鲜明特征［J］. 学校党建与思想教育，2022（11）：26 – 29.

［46］陈菊. 深度融合：行政制度体系建设的应然选择［J］. 人民论坛，2016（17）：44 – 46.

［47］陈军，肖雨彤. 中国式现代化视域下生态文明制度建设的实现理路［J］. 南京工业大学学报（社会科学版），2023，22（5）：1 – 12.

［48］陈柯. 新时代生态文化理念的构建［J］. 宁夏大学学报（人文社会科学版），2021，43（4）：14 – 20.

［49］陈丽君，童雪明. 整体性治理视阈中的"最多跑一次"改革：成效、挑战及

对策［J］. 中共浙江省委党校学报，2018，35（3）：29 - 38.

［50］陈丽君，郁建兴，徐铱娜. 共同富裕指数模型的构建［J］. 治理研究，2021，37（4）：5 - 16.

［51］陈润儿. 迈向共同富裕的光辉实践——习近平总书记倡导推动的闽宁扶贫协作模式的经验启示［J］. 求是，2021（7）：63 - 70.

［52］陈树文，王敏. 国家治理现代化以人民为中心的根本立场研究——基于社会主要矛盾转化分析［J］. 重庆大学学报（社会科学版），2022，28（4）：262 - 274.

［53］陈婉玲，陈亦雨. 区域协调发展的利益调整与法治进路［J］. 上海财经大学学报（哲学社会科学版），2021，23（6）：123 - 137.

［54］陈雯. 社会主要矛盾：百年破解与中国式现代化［J］. 江南论坛，2023（3）：48 - 51，76.

［55］陈曦. 以科技创新推进全体人民共同富裕的理论机理和现实路径［J］. 经济纵横，2022（11）：8 - 14.

［56］陈晓霞. 基于模糊物元法的共同富裕指标体系构建及测度——以珠三角为例［J］. 兵团党校学报，2022，195（2）：74 - 82.

［57］陈新. 马克思主义财富观下的共同富裕：现实图景及实践路径——兼论对福利政治的超越［J］. 浙江社会科学，2021（8）：4 - 10，156.

［58］陈雄，吕立志. 人与自然是生命共同体［J］. 红旗文稿，2019（16）：25 - 26.

［59］陈玉生. 社会治理的实践模式、根本属性与操作性定义［J］. 社会学评论，2023，11（2）：5 - 25.

［60］陈钰芬，陈锦颖. 中国省际创新要素错配：水平测算、效率损失与动态演进［J］. 经济问题探索，2023（5）：46 - 61.

［61］陈正伟，张南林. 基于购买力平价下共同富裕测算模型及实证分析［J］. 重庆工商大学学报（自然科学版），2013，30（6）：1 - 5.

［62］陈至立. 辞海（第1卷）［M］. 上海：上海辞书出版社，2020.

［63］陈志，程承坪，陈安琪. 人工智能促进中国高质量就业研究［J］. 经济问题，2022（9）：41 - 51.

［64］陈志钢，茅锐，张云飞. 城乡融合发展与共同富裕：内涵、国际经验与实现路径［J］. 浙江大学学报（人文社会科学版），2022，52（7）：68 - 78.

［65］陈子曦，青梅，杨玉琴. 中国共同富裕逻辑、测度、时空动态及收敛研究［J］. 四川轻化工大学学报（社会科学版），2022，37（3）：1 - 20.

［66］陈宗胜. 中国居民收入分配通论：由贫穷迈向共同富裕的中国道路与经验［M］. 上海：格致出版社，2018.

［67］程宝良. 福利主义的学术演化及其借鉴意义——兼论动态福利主义［J］. 人

民论坛·学术前沿, 2020 (15): 132 - 135.

[68] 程必定. 区域一体化推进共同发展共同富裕的四维度分析 [J]. 学术界, 2023 (5): 5 - 16.

[69] 程诚, 任奕飞. 求助悖论: 疾病众筹的社会经济地位差异 [J]. 社会, 2022, 42 (1): 124 - 156.

[70] 程都. 创新要素流动新趋势研究 [J]. 经济研究参考, 2019 (5): 58 - 71.

[71] 池忠军, 郭超飞. 焕发人民群众创造历史主动精神的价值意蕴 [J]. 社会主义核心价值观研究, 2023, 9 (1): 46 - 56.

[72] 储胜金. 世界现代化模式对江苏的启示 [J]. 南京社会科学, 2012 (12): 146 - 150.

[73] 丛树海. 共同富裕目标下社会保障分配的财政定位——基于 "公平公正共享" 理念的社会保障制度建设 [J]. 社会保障评论, 2022, 6 (5): 3 - 15.

[74] 崔海英. 共同富裕文化基因的生成逻辑、作用机理及时代涵育 [J]. 马克思主义研究, 2022 (11): 112 - 122.

[75] 崔唯航. 中国话语体系建设必须实现 "中国化" [J]. 人民论坛, 2018 (34): 29 - 31.

[76] 崔晓丹. 论 "三个务必" 的中华优秀传统文化底蕴 [J]. 北京社会科学, 2023 (8): 16 - 24.

[77] 崔岩. 宏观因素多维共振背景下的就业结构变迁和就业质量分化研究 [J]. 学海, 2023 (3): 51 - 62.

[78] 代砚春, 孙美玲. 历史、理论与实践: 新时代中国共产党历史使命的逻辑进路 [J]. 重庆理工大学学报, 2023, 37 (7): 37 - 44.

[79] 戴亦欣, 孙悦. 基于制度性集体行动框架的协同机制长效性研究——以京津冀大气污染联防联控机制为例 [J]. 公共管理与政策评论, 2020, 9 (4): 15 - 26.

[80]《党的二十大报告学习辅导百问》编写组. 党的二十大报告学习辅导百问 [M]. 北京: 党建读物出版社, 学习出版社, 2022.

[81] 道格拉斯·C. 诺思. 制度、制度变迁与经济绩效 [M]. 杭行, 译. 上海: 上海格致出版社, 上海三联书店, 上海人民出版社, 2008.

[82] 道格拉斯·C. 诺斯. 制度、制度变迁与经济绩效 [M]. 刘守英, 译. 上海: 上海三联书店出版社, 1994.

[83] 邓大才, 王墨竹. 非正式制度与治理: 一个比较研究框架——前沿理论、中国实践与研究前景 [J]. 理论探讨, 2023 (1): 36 - 47.

[84] 邓国营, 王思远, 田袁果. 儒家传统与收入差距: 推进共同富裕的文化力量 [J]. 上海财经大学学报 (哲学社会科学版), 2022, 24 (5): 51 - 66.

[85] 邓剑伟. 政治科学的理论源流和工具箱——评《政治科学的理论与方法》[J]. 公共管理评论, 2015, 18 (1): 151 - 160.

[86] 邓曲恒, 张午敏. 产业体系现代化赋能浙江共同富裕建设 [J]. 观察与思考, 2022 (6): 107 - 112.

[87] 邓少军, 芮明杰, 赵付春. 组织响应制度复杂性: 分析框架与研究模型 [J]. 外国经济与管理, 2018 (8): 3 - 16, 29.

[88] 邓万春, 黄璐璐. 乡村振兴的动员机制与模式: 整体党委动员与差别化动员 [J]. 北京工业大学学报 (社会科学版), 2021, 21 (3): 38 - 48.

[89] 邓小平. 邓小平文选 (第二卷) [M]. 北京: 人民出版社, 1994.

[90] 邓小平. 邓小平文选 (第三卷) [M]. 北京: 人民出版社, 1993.

[91] 邓小平年谱 (1975 - 1997) (下) [M]. 北京: 中央文献出版社, 2004.

[92] 邓源. 乡村人居环境建设的美学省思 [J]. 西北农林科技大学学报 (社会科学版), 2023, 23 (4): 87 - 94.

[93] 邸乘光. 习近平新时代中国特色社会主义思想的新定位 [J]. 北京社会科学, 2022 (7): 4 - 15.

[94] 丁志帆. 数字经济驱动经济高质量发展的机制研究: 一个理论分析框架 [J]. 现代经济探讨, 2020 (1): 85 - 92.

[95] 董德福, 桑延海. 新时代生态文化的内涵、建设路径及意义探析——兼论习近平生态文明思想 [J]. 延边大学学报 (社会科学版), 2020, 53 (2): 77 - 84.

[96] 董冬, 罗毅, 王丽宸, 等. 新安江 - 千岛湖生态补偿试验区乡村人居环境质量时空分异及影响机制 [J]. 生态与农村环境学报, 2023, 39 (1): 29 - 40.

[97] 董慧娜. 国家逻辑、市场逻辑与公益伦理: 中国社会组织研究领域的多重分析视角 [J]. 社会建设, 2023, 10 (1): 42 - 56.

[98] 董全瑞. 共同富裕: 分歧、标准与着力点 [J]. 经济学家, 2001 (2): 13 - 18.

[99] 董涛, 郭强, 仲为国, 程升彦, 邓晓. 制度集成创新的原理与应用——来自海南自由贸易港的建设实践 [J]. 管理世界, 2021, 37 (5): 60 - 70.

[100] 董雪兵, 孟顺杰, 辛越优. "山海协作"促进共同富裕的实践、创新与价值 [J]. 浙江工商大学学报, 2022 (5): 111 - 122.

[101] 董雪兵, 缪彬彬, 倪好. 以高质量区域协调发展持续推动共同富裕 [J]. 浙江大学学报 (人文社会科学版), 2022, 52 (5): 104 - 112.

[102] 董志勇, 秦范. 实现共同富裕的基本问题和实践路径探究 [J]. 西北大学学报 (哲学社会科学版), 2022, 52 (2): 41 - 51.

[103] 董志勇, 王也. 新时代背景下共同富裕的特征阐释与实现路径——基于供给侧和需求侧的视角 [J]. 政治经济学评论, 2022, 13 (5): 23 - 42.

［104］杜彬恒．论教育促进共同富裕的逻辑机理［J］．教育学术月刊，2023（4）：3 - 10.

［105］杜国强．行政任务视角下的府际关系法治化：以对口支援为例［J］．思想战线，2023，49（2）：160 - 172.

［106］杜宏巍．共同富裕理论内涵、指数评价与实践进路探析［J］．行政管理改革，2023，4（4）：37 - 47.

［107］杜吉泽，李维香．生态人论纲［M］．北京：群众出版社，2010.

［108］杜鹏，武玉．中国养老服务政策的变迁路径、动力机制与未来转型［J］．中州学刊，2023（3）：82 - 90.

［109］杜宇玮．工业化后期区域如何集聚高端要素——来自美国奥克兰郡的经验与启示［J］．经济研究参考，2020（15）：92 - 102.

［110］杜志章．新时代"共同富裕"的新语境和新要求［J］．湖北大学学报（哲学社会科学版），2022，49（3）：1 - 12.

［111］段培新，孟溦．新发展理念下的政府治理效率评价："尽力而为"还是"量力而行"［J］．江西财经大学学报，2022（4）：22 - 34.

［112］段妍．中国共产党维护党中央权威和集中统一领导的百年历程与经验启示［J］．安徽师范大学学报（人文社会科学版），2021，49（4）：16 - 22.

［113］D. H. 梅多斯，J. 兰德斯，D. L. 梅多斯．增长的极限［M］．于树生，译．北京：商务印书馆，1984.

［114］樊鹏．中国共产党的政治领导力——从"摸着石头过河"到"系统整体设计推动改革"［J］．云南社会科学，2021（1）：9 - 16.

［115］范柏乃，金洁．公共服务供给对公共服务感知绩效的影响机理——政府形象的中介作用与公众参与的调节效应［J］．管理世界，2016（10）：50 - 61.

［116］范逢春．基本公共服务均等化如何推动共同富裕？［J］．理论与改革，2023（2）：97 - 108，151.

［117］范健．健全市场经济法治是通向共同富裕的基本路径——商业进化规律的法哲学思考［J］．南京大学学报（哲学·人文科学·社会科学），2022，59（3）：34 - 44.

［118］范召全．"两翼协同"战略下成渝地区双城经济圈与周边欠发达民族地区的嵌合发展［J］．西南民族大学学报（人文社会科学版），2023，44（8）：9 - 19.

［119］方江山．深刻领会习近平新时代中国特色社会主义思想的科学体系和核心要义［J］．人民论坛，2022（11）：6 - 10.

［120］方锦程，刘颖，高昊宇，董纪昌，吕本富．公共数据开放能否促进区域协调发展？来自政府数据平台上线的准自然实验［J］．管理世界，2023，39（9）：124 - 142.

［121］方凌智，沈煌南．技术和文明的变迁——元宇宙的概念研究［J］．产业经

济评论，2022（1）：5-19.

［122］方敏，杨虎涛．政治经济学视域下的新质生产力及其形成发展［J］．经济研究，2024（3）：20-28.

［123］方世南，韩叶．以人与自然和谐共生的现代化推进共同富裕研究［J］．江苏大学学报（社会科学版），2023，25（1）：1-10，37.

［124］方世南．新时代共同富裕：内涵、价值和路径［J］．学术探索，2021（11）：1-7.

［125］方世荣，孙思雨．论公众参与法治社会建设及其引导［J］．行政法学研究，2021（4）：55-68.

［126］方熹，汤书波．马克思生态思想的伦理精义及现代价值［J］．伦理学研究，2018（6）：28-33.

［127］房广顺，刘浩然．坚持人民至上与开辟马克思主义中国化时代化新境界［J］．辽宁大学学报（哲学社会科学版），2023，51（1）：110-119.

［128］房宁，李晓魁．福利国家的过去、现在与未来［M］．北京：中国社会科学出版社，2018.

［129］菲利普·克莱顿，贾斯廷·海因泽克．有机马克思主义：生态灾难与资本主义的替代选择［M］．孟献丽，于桂凤，张丽霞，等译．北京：人民出版社，2015.

［130］冯刚，孙贝．科学把握新发展理念的理论蕴涵［J］．湖南大学学报（社会科学版），2023，37（1）：1-5.

［131］冯立杰，史玉龙，岳俊举，王金凤．多维创新要素与创新法则视角下的技术进化路径研究［J］．科技进步与对策，2016，33（21）：1-10.

［132］冯麒颖．乡村治理现代化中的正式制度与乡规民约：一种制度分析［J］．中州学刊，2023（3）：74-81.

［133］冯扬，昌忠泽，王洋．去工业化、经济增长与区域协调发展——基于土地资源错配的视角［J］．经济理论与经济管理，2023，43（1）：30-43.

［134］冯游游，黄旭东．高质量发展促进共同富裕的逻辑理路与实践机制［J］．贵州社会科学，2022，392（8）：14-22.

［135］冯育林，郭台辉．共同富裕战略与中国现代国家的再建构［J］．云南师范大学学报（哲学社会科学版），2022，54（2）：1-10.

［136］付才辉．最优生产函数理论——从新古典经济学向新结构经济学的范式转换［J］．经济评论，2018（1）：3-46.

［137］付文军．论中国特色社会主义共同富裕的科学思维［J］．社会科学辑刊，2023（1）：122-131.

［138］付子堂，庞新燕．公共卫生权利保障制度的回顾与展望［J］．山东大学学

报（哲学社会科学版），2023（4）：159－170.

[139]《改革开放简史》编写组．改革开放简史［M］．北京：人民出版社，中国社会科学出版社，2021.

[140] 淦宇杰，许钧川．分配制度改革推进共同富裕的内在逻辑、基本特征与结构优化［J］．南昌大学学报（人文社会科学版），2022，53（3）：32－40.

[141] 高春芽．当代集体行动理论的发展：从社会崩溃到政治过程［J］．教学与研究，2012（7）：65－72.

[142] 高帆．新型政府－市场关系与中国共同富裕目标的实现机制［J］．西北大学学报（哲学社会科学版），2021，51（6）：5－17.

[143] 高岭，卢荻．马克思主义政治过程理论纲要——基于"经济基础－上层建筑"学说的拓展［J］．政治经济学报，2019（1）：95－123.

[144] 高巍，欧阳玉歆，赵玫，等．公共服务设施可达性度量方法研究综述［J］．北京大学学报（自然科学版），2023，59（2）：344－354.

[145] 格里·斯托克．作为理论的治理：五个论点［J］．华夏风，译．国际社会科学杂志，2019（3）：23－32.

[146] 龚斌磊，张启正，袁菱苒，等．革命老区振兴发展的政策创新与效果评估［J］．管理世界，2022，38（8）：26－39.

[147] 龚立新．从"均中求富"到"双论"思想——毛泽东、邓小平收入分配思想的演进与比较［J］．江西社会科学，2002（5）：83－85.

[148] 龚天平，殷全正．共同富裕：思想回顾与伦理省思［J］．华中科技大学学报（社会科学版），2022，36（6）：10－18.

[149] 辜胜阻，李睿，曹誉波．中国农民工市民化的二维路径选择——以户籍改革为视角［J］．中国人口科学，2014（5）：2－10.

[150] 古斯塔夫·勒庞．乌合之众：大众心理研究［M］．冯克利，译．北京：中央编译出版社，2004.

[151] 谷业凯．让创新的动能更澎湃（人民时评）［N］．人民日报，2022－11－18（07）.

[152] 顾世春．共享发展理念：共同富裕的新顶层设计［J］．武汉科技大学学报（社会科学版），2017，19（3）：259－263.

[153] 顾昕．共同富裕的社会治理之道——一个初步分析框架［J］．社会学研究，2023，38（1）：45－67.

[154] 关信平．完善我国社会救助制度的多层瞄准机制［J］．内蒙古社会科学，2022，43（2）：139－146.

[155] 关信平．中国共产党百年社会政策的实践与经验［J］．中国社会科学，

2022（2）：103 – 122.

[156] 桂华，张一晗．整体性治理：转型期乡镇政权运转的实践图式［J］．求实，2023（2）：81 – 93.

[157] 郭军．"先富共富论"与非均衡发展的理论和实践［J］．毛泽东邓小平理论研究，2011（4）：16 – 21.

[158] 郭瑜，雷妮妮．社会保险的主观地位认同效应——基于 CGSS（2008 – 2017）的实证分析［J］．经济理论与经济管理，2023（7）：101 – 112.

[159] 郭玉杰，卢黎歌．精神生活共同富裕的出场逻辑［J］．理论月刊，2022（11）：5 – 14.

[160] 郭占恒．学习运用习近平科学的思维方法　与时俱进深化践行"八八战略"［J］．浙江经济，2021（4）：6 – 9.

[161] 郭忠兴．从相邻到反转：低保"悬崖效应"及其形成机制探究［J］．社会保障评论，2023，7（1）：119 – 132.

[162] 海贤，方文．老挝社会主义法治建设探析［J］．当代世界社会主义问题，2021（4）：123 – 129.

[163] 韩晶，朱兆一．新时代中国现代化经济体系的理论创新与路径选择［J］．理论学刊，2020（1）：59 – 65.

[164] 韩克庆，申晨．养老服务与共同富裕：以浙江为例［J］．社会保障研究，2023（4）：3 – 18.

[165] 韩磊，王术坤，刘长全．中国农村发展进程及地区比较——基于 2011 – 2017 年中国农村发展指数的研究［J］．中国农村经济，2019（7）：2 – 20.

[166] 韩律，胡善成，吴丽芳．信息消费促进了经济高质量发展吗？来自国家信息消费城市试点政策的经验证据［J］．经济与管理研究，2023，44（6）：77 – 96.

[167] 韩喜平，刘岩．实现以共同富裕为导向的高质量发展［J］．山东社会科学，2022（3）：5 – 10.

[168] 韩兆柱，翟文康．西方公共治理前沿理论的本土化研究［J］．人民论坛·学术前沿，2016（17）：72 – 90.

[169] 韩兆柱，翟文康．西方公共治理前沿理论述评［J］．甘肃行政学院学报，2016（4）：23 – 39.

[170] 韩振峰．习近平新时代中国特色社会主义思想世界观和方法论的内在逻辑［J］．人民论坛，2023（8）：28 – 31.

[171] 郝汉舟，刘彦文，沈琼婕，左珂怡，蔡思倩．创新要素流动及影响因素研究述评［J］．技术经济，2020，39（5）：142 – 148.

[172] 何慧丽，小约翰·柯布．后现代的希望在中国——柯布博士访谈录［J］．

当代中国马克思主义哲学研究，2014（1）：249 – 264.

［173］何伟．深入推进社会主义市场经济体制改革——纪念邓小平南巡讲话20周年［J］．中国流通经济，2012（4）：7 – 10.

［174］何文炯，王中汉．论老龄社会支持体系中的多元共治［J］．学术研究，2021（8）：73 – 80.

［175］何锡辉，黄永鹏．论增强监督严肃性、协同性、有效性的内在统一［J］．广西社会科学，2021（3）：38 – 44.

［176］何显明．共同富裕：中国式现代化道路的本质规定［J］．浙江学刊，2022（2）：4 – 14.

［177］何小钢，刘叩明．机器人、工作任务与就业极化效应——来自中国工业企业的证据［J］．数量经济技术经济研究，2023，40（4）：52 – 71.

［178］何星亮．中国式现代化的理论与现实意义［J］．人民论坛，2022（21）：6 – 9.

［179］何阳．可及性视域下第三次分配助力欠发达民族地区共同富裕：愿景、挑战及路向［J］．西南民族大学学报（人文社会科学版），2023，44（7）：181 – 188.

［180］何哲．人类文明的维度与人类新文明体系的建构［J］．人民论坛，2021（34）：47 – 51.

［181］何自力．中国式现代化的中国特色与世界贡献［J］．前线，2022（11）：90 – 93.

［182］贺京同，汪震，魏哲．资本产出率扭曲、投资结构优化与经济稳定增长［J］．经济与管理研究，2022，43（12）：3 – 18.

［183］贺立龙，刘诗沐．新发展阶段扎实推进共同富裕的政治经济学分析［J］．经济研究参考，2022（1）：40 – 49.

［184］贺立龙，刘丸源．共同富裕与现代化视域下的乡村振兴、城乡融合与区域协调发展研究［J］．政治经济学评论，2023，14（3）：89 – 105.

［185］黑静洁．中华优秀传统法律文化融入法治社会建设探析［J］．北方民族大学学报，2023（3）：163 – 169.

［186］洪向华，杨润聪．让顶层设计与实践探索协同联动［N］．湖北日报，2023 – 03 – 17（10）.

［187］洪兴建．基尼系数理论研究［M］．北京：经济科学出版社，2008.

［188］洪银兴，杨玉珍，王荣．城镇化新阶段：农业转移人口和农民市民化［J］．经济理论与经济管理，2021，41（1）：4 – 16.

［189］胡鞍钢，周绍杰．2035中国：迈向共同富裕［J］．北京工业大学学报（社会科学版），2022，22（1）：1 – 22.

［190］胡豹，黄莉莉，许佳凤．浙江省共同富裕示范区建设成效评价与机制创新

［J］. 浙江农业科学，2022，63（10）：2183 – 2188.

［191］胡彩芬. 江泽民对社会主义现代化建设辩证法思想的理论贡献［J］. 学术论坛，2002（3）：5 – 12.

［192］胡长生. 新时代生态文明制度建设的理论考量与实践格局［J］. 南京林业大学学报（人文社会科学版），2023，23（4）：25 – 35，45.

［193］胡承槐，陈思宇. 关于共同富裕的若干重大理论和实践问题的思考［J］. 浙江学刊，2022（1）：40 – 53.

［194］胡承槐. 从"八八战略"到大国治理的总体方法论特征［J］. 浙江社会科学，2016（1）：4 – 7.

［195］胡承槐. 从人类社会历史发展规律看共同富裕的底层逻辑——兼论人民性建设的基础性地位和作用［J］. 治理研究，2022，38（1）：16 – 25.

［196］胡承槐. 论"人国合一"是我国国家体制的根本特性及国家自信之源［J］. 浙江社会科学，2020（10）：25 – 33.

［197］胡洪彬. 新时代扎实推动共同富裕的动力结构、运行机理与整合优化——一个系统性的分析框架［J］. 宁夏社会科学，2022（4）：13 – 24.

［198］胡锦璐. 公共服务共享制：给付行政新格局及其创新路径［J］. 西北民族大学学报（哲学社会科学版），2021（2）：114 – 122.

［199］胡锦涛文选（第一卷）［M］. 北京：人民出版社，2016.

［200］胡珺，宋献中，王红建. 非正式制度、家乡认同与企业环境治理［J］. 管理世界，2017（3）：76 – 94.

［201］胡荣涛，冯霞. 中国特色社会主义市场经济体制话语体系的形成逻辑、基本内容与建构路径［J］. 安徽师范大学学报（人文社会科学版），2023，51（1）：18 – 27.

［202］胡仕勇. 制度嵌入性：制度形成的社会学解读［J］. 理论月刊，2013（3）：157 – 160.

［203］胡晓鹏. 高质量发展推进共同富裕：逻辑关系与理论建构［J］. 社会科学，2022（6）：119 – 127.

［204］胡晓鹏. 实现共同富裕目标下我国居民收入变动的总量与结构特征［J］. 企业经济，2023，42（4）：5 – 15.

［205］胡玉鸿. 社会主义核心价值观与法治建设的关联性研究——以习近平重要论述为中心［J］. 社会科学辑刊，2023（1）：33 – 42.

［206］胡月星，李茜. 中国共产党领导力的"四梁八柱"体系及其可视化呈现［J］. 领导科学，2019（20）：4 – 7.

［207］怀松，佩卢奇，赖特. 新阶级社会：美国梦的终结？［M］. 张海东，等译. 北京：社会科学文献出版社，2019.

［208］郇庆治. 论习近平生态文明思想的制度维度［J］. 行政论坛，2023，30（4）：5－14.

［209］黄超. 收入、资产与当代城乡居民的地位认同［J］. 社会学研究，2020，35（2）：195－218.

［210］黄春蕾. 第三次分配若干基本问题的再认识［J］. 西安交通大学学报（社会科学版），2023，43（2）：1－7.

［211］黄健，邓燕华. 制度的力量——中国社会保障制度建设与收入分配公平感的演化［J］. 中国社会科学，2021（11）：54－73.

［212］黄金辉，郑雯霜. 新发展理念促进共同富裕的内在机理与实践路径［J］. 四川大学学报（哲学社会科学版），2022（6）：23－32.

［213］黄静晗，郑庆昌. 正式制度与非正式制度的关系结构与形成逻辑［J］. 福建师范大学学报（哲学社会科学版），2023（6）：39－48，72.

［214］黄蓉生. 用社会主义核心价值观引领精神生活共同富裕［J］. 西南大学学报（社会科学版），2023，49（1）：1－9.

［215］黄文艺. "平安中国"的政法哲学阐释［J］. 法制与社会发展，2022，28（4）：21－40.

［216］黄小兵，朱绍英. 中国特色社会主义理论体系：主要历程、基本动力与价值特色［J］. 湖南师范大学社会科学学报，2022，51（4）：34－39.

［217］黄晓伟，卫帅. 论中国式现代化视域的全体人民共同富裕道路［J］. 北京航空航天大学学报（社会科学版），2022，35（5）：35－42.

［218］黄新华. 构建社会主义和谐社会的制度创新与路径选择［J］. 东南学术，2008（4）：138－147.

［219］黄新华，韩笑. 在高质量发展中促进共同富裕的实现路径研究［J］. 海南大学学报（人文社会科学版），2022，40（2）：118－125.

［220］黄祖辉，傅琳琳. 浙江高质量发展建设共同富裕示范区的实践探索与模式解析［J］. 改革，2022（5）：21－33.

［221］霍雨佳，王昭. 共同富裕视域下农村教育机会性别差异的路径研究——来自CFPS的证据［J］. 经济问题探索，2022（8）：75－93.

［222］既要尽力而为也要量力而行——在高质量发展中促进共同富裕［N］. 人民日报，2021－10－19（04）.

［223］贾可卿. 生态正义理论的四重建构［J］. 学术界，2023（7）：31－41.

［224］贾立政. 实事求是：百年马克思主义中国化的基本经验［J］. 中国特色社会主义研究，2021（3）：5－11.

［225］简冠群. 企业参与实现共同富裕的理论及框架构建［J］. 广东财经大学学

报，2022，37（5）：31－42.

[226] 简新华，聂长飞. 必须正确认识共同富裕及其实现途径——共同富裕的政治经济学学理性解读［J］. 政治经济学评论，2023，14（4）：71－89.

[227] 江必新，曹梦娇. 在法治轨道上全面建设社会主义现代化国家［J］. 法学评论，2023，41（1）：1－10.

[228] 江国华. 中国特色社会主义政治发展道路的法哲学阐释［J］. 武汉大学学报（哲学社会科学版），2023，76（2）：5－19.

[229] 江涛，苏德. 扎实推动共同富裕的教育之为［J］. 国家教育行政学院学报，2022，292（4）：35－42.

[230] 江泽民. 论"三个代表"［M］. 北京：中央文献出版社，2001.

[231] 江泽民文选（第二卷）［M］. 北京：人民出版社，2006.

[232] 姜慧，张皓，朱旭迪，等. 共同富裕示范区科创高地建设科技伦理反思性高阶"元治理"路径［J］. 科技管理研究，2022，42（10）：211－219.

[233] 姜流，杨龙. 制度性集体行动理论研究［J］. 内蒙古大学学报（哲学社会科学版），2018，50（4）：96－104.

[234] 姜晓萍，吴宝家. 人民至上：党的十八大以来我国完善基本公共服务的历程、成就与经验［J］. 管理世界，2022，38（10）：56－69.

[235] 蒋南平，李艳春. 共同富裕中国式现代化的理论与实践创新——基于党的二十大精神解读［J］. 政治经济学评论，2023，14（1）：28－47.

[236] 蒋永穆，豆小磊. 扎实推动共同富裕指标体系构建：理论逻辑与初步设计［J］. 东南学术，2022（1）：36－44.

[237] 蒋永穆，廖浩君，谢强. 推进中国式经济现代化必须坚持以人民为中心的发展思想［J］. 政治经济学评论，2023，14（3）：22－41.

[238] 蒋永穆，谢强. 扎实推动共同富裕：逻辑理路与实现路径［J］. 经济纵横，2021（4）：15－24.

[239] 焦长权，董磊明. 迈向共同富裕之路：社会建设与民生支出的崛起［J］. 中国社会科学，2022（6）：139－160.

[240] 焦勇. 中国数字经济高质量发展的地区差异及动态演进［J］. 经济体制改革，2021（6）：34－40.

[241] 解安，侯启缘. 新发展阶段下的共同富裕探析——理论内涵、指标测度及三大逻辑关系［J］. 河北学刊，2022，42（1）：131－139.

[242] 解丽霞，王众威. 人民主体·公平正义·制度构建——马克思主义共同富裕思想的演进主线［J］. 中南民族大学学报（人文社会科学版），2023，43（1）：14－23.

[243] 金碚. 关于"高质量发展"的经济学研究［J］. 中国工业经济，2018（4）：

5 – 18.

[244] 金红磊. 高质量社会保障体系推进共同富裕: 多维一致性与实现路径 [J]. 社会主义研究, 2022 (1): 91 – 96.

[245] 金太军, 鹿斌. 制度建构: 走出集体行动困境的反思 [J]. 南京师大学报 (社会科学版), 2016 (2): 12 – 22.

[246] 靳玉琼, 张宇润. 共同富裕视角下中国居民家庭代际收入流动性测度 [J]. 企业经济, 2022, 41 (7): 56 – 65.

[247] 经济日报编辑部. 奇迹密码——中国共产党领导经济工作的伟大探索与辉煌成就 [N]. 经济日报, 2021 – 06 – 28 (01).

[248] 荆林波. M 型社会理论引发的思考 [J]. 经济与管理研究, 2020, 41 (3): 87 – 94.

[249] 荆文君, 孙宝文. 数字经济促进经济高质量发展: 一个理论分析框架 [J]. 经济学家, 2019 (2): 66 – 73.

[250] 阚道远, 梁靖宇. 欧美反智主义的兴起: 一个社会阶层结构嬗变的视角 [J]. 浙江大学学报 (人文社会科学版), 2022, 52 (4): 82 – 93.

[251] 考斯塔·艾斯平 – 安德森. 福利资本主义的三个世界 [M]. 苗正民, 滕玉英, 译. 北京: 商务印书馆, 2010.

[252] 柯艺伟, 张振. 论新时代共同富裕思想的理论渊源与核心要义 [J]. 社会主义研究, 2022 (4): 86 – 92.

[253] 科特雷尔. 法律、文化与社会: 社会理论镜像中的法律观念 [M]. 郭晓明, 译. 北京: 北京大学出版社, 2020.

[254] 孔令英, 董依婷, 赵贤. 数字经济、资源错配与经济高质量发展——基于 261 个城市数据的实证分析 [J]. 中国科技论坛, 2023 (5): 123 – 133.

[255] 孔祥智, 谢东东. 城乡融合发展面面观: 来自县域的报告 [J]. 河北学刊, 2022, 42 (2): 129 – 139.

[256] 跨区域协商助力山区共富 [N]. 人民日报, 2022 – 09 – 09 (11).

[257] 匡敏, 范逢春. 技术进步偏向、创新要素配置与经济韧性 [J]. 科技进步与对策, 2022, 39 (23): 22 – 32.

[258] 匡亚林, 蒋子恒, 张帆. 数字技术赋能社会救助: 缘起、风险及治理 [J]. 上海行政学院学报, 2023, 24 (2): 86 – 97.

[259] Karl Polanyi. 大转型: 我们时代的政治与经济起源 [M]. 冯刚, 刘阳, 译. 杭州: 浙江人民出版社, 2007.

[260] 拉金达·萨查尔. 实现经济、社会和文化权利: 适足住房权 [R]. 日内瓦: 人权委员会防止歧视及保护少数小组委员会, 1995: 22 – 29.

［261］赖德胜．在高质量发展中促进共同富裕［J］．北京工商大学学报（社会科学版），2021（6）：10－16.

［262］赖明勇，张新，彭水军，包群．经济增长的源泉：人力资本、研究开发与技术外溢［J］．中国社会科学，2005（2）：32－46.

［263］兰洋，王名扬．中国式现代化对东亚现代化的超越及图景开创［J］．理论探索，2022（6）：74－80.

［264］郎昱，沈冰阳．增量收缩阶段我国城市住房市场价量与人口变迁差异研究［J］．价格理论与实践，2022（11）：43－48，209.

［265］雷江梅，彭钰铃．中国特色社会主义文化对人类文明新形态的贡献［J］．学校党建与思想教育，2023（4）：5－7.

［266］雷明．共同富裕愿景下四次分配的总体目标、制度安排与作用机制［J］．武汉大学学报（哲学社会科学版），2023，76（5）：17－27.

［267］雷晓康，张琇岩．高品质生活的理论意涵、指标体系及省际测度研究［J］．西安财经大学学报，2023，36（2）：89－102.

［268］雷一鸣，唐兴军．论共同富裕视域下的社会结构及其优化［J］．学校党建与思想教育，2023（2）：7－10.

［269］黎祖交．人与自然是生命共同体——习近平对马克思人是自然界一部分思想的继承和发展［J］．学术探索，2021（6）：80－86.

［270］李爱龙．资本文明的政治困境及其超越［J］．江汉论坛，2023（9）：57－62.

［271］李爱民．新时期扶贫开发总体思路研究［C］．第十一届全国区域经济学学科建设年会暨生态文明与区域经济发展学术研讨会论文集．2012：1－11.

［272］李包庚．从"八八战略"到"重要窗口"历史性飞跃的基本经验与意义［J］．浙江工商大学学报，2021（1）：26－36.

［273］李炳炎，王新建．以共享发展促进共同富裕现实进程——再论对中国特色社会主义经济制度的丰富完善［C］．中国经济规律研究会第二十六届年会论文集．2016：144－150.

［274］李春成．科技创新助力共同富裕的路径［J］．中国科技论坛，2021（10）：前插1.

［275］李春根，赵阳．社会救助制度的研究进展与展望——基于2010－2021年CSSCI来源期刊文献的可视化分析［J］．社会保障研究，2023（4）：100－111.

［276］李春林，潘帆帆，贺义雄，陈俊奇，张鸣亚．科技创新、产业结构升级与共同富裕：理论建构及实证分析——以浙江省为例［J］．科技导报，2022，40（24）：85－93.

［277］李光亮，谭春兰，郑沃林．基于空间计量模型的共同富裕演化特征及驱动

因素研究——以长三角区域一体化为例 [J]. 调研世界, 2022 (4): 39 – 48.

[278] 李广德. 健康作为权利的法理展开 [J]. 法制与社会发展, 2019, 25 (3): 23 – 38.

[279] 李海舰, 杜爽. 共同富裕问题: 政策、实践、难题、对策 [J]. 经济与管理, 2022, 36 (3): 1 – 10.

[280] 李海舰, 杜爽. 企业社会责任与共同富裕关系研究 [J]. 东南学术, 2022 (5): 125 – 140.

[281] 李红锦, 曾敏杰. 新兴产业发展空间溢出效应研究——创新要素与集聚效应双重视角 [J]. 科技进步与对策, 2019, 36 (1): 67 – 73.

[282] 李宏贵, 谢蕊, 陈忠卫. 多重制度逻辑下企业创新合法化战略行为——基于阿里巴巴案例分析 [J]. 经济与管理研究, 2017, (7): 2 – 12.

[283] 李建伟. 共同富裕的历史传承与创新发展——中国共产党推进共同富裕的百年实践 [J]. 山东财经大学学报, 2022, 34 (2): 5 – 16.

[284] 李金昌, 任志远, 陈宜治. 扩大中等收入群体的内在逻辑与路径选择——基于国际经验与中国实践的定量分析 [J]. 统计研究, 2023, 40 (7): 3 – 16.

[285] 李金昌, 任志远. 共同富裕背景下中等收入群体的界定标准与合理规模研究 [J]. 统计与信息论坛, 2023, 38 (2): 16 – 28.

[286] 李金昌, 余卫. 共同富裕统计监测评价探讨 [J]. 统计研究, 2022 (2): 3 – 17.

[287] 李军鹏. 以共同富裕政策推动形成"橄榄型"社会结构 [J]. 行政管理改革, 2022, 6 (6): 22 – 29.

[288] 李俊成, 彭俞超, 杨璐. 非正式制度、儒家文化与企业绿色创新 [J]. 武汉大学学报 (哲学社会科学版), 2023, 76 (5): 125 – 135.

[289] 李俊清, 付秋梅. 在公共服务中感知国家——论铸牢中华民族共同体意识的公共服务路径 [J]. 公共管理与政策评论, 2022, 11 (3): 3 – 15.

[290] 李骏. 城市住房阶层的幸福感与公平感差异 [J]. 华中科技大学学报 (社会科学版), 2017, 31 (1): 46 – 57.

[291] 李林. 坚持和发挥中国特色社会主义民主政治的优越性 [J]. 政治学研究, 2009 (2): 15 – 23.

[292] 李龙. 国家治理与人权保障 [M]. 武汉: 武汉大学出版社, 2017.

[293] 李猛. 共同体、正义与自然——"人与自然是生命共同体"与"人类命运共同体"生态向度的哲学阐释 [J]. 厦门大学学报 (哲学社会科学版), 2018 (5): 9 – 15.

[294] 李猛. 建设更高水平开放型经济新体制 [J]. 甘肃社会科学, 2023 (3): 181 – 192.

［295］李培林，崔岩．我国 2008 - 2019 年间社会阶层结构的变化及其经济社会影响［J］．江苏社会科学，2020（4）：51 - 60.

［296］李培林．中产阶层成长和橄榄型社会［J］．国际经济评论，2015（1）：29 - 47.

［297］李培林，朱迪．努力形成橄榄型分配格局——基于 2006 - 2013 年中国社会状况调查数据的分析［J］．中国社会科学，2015（1）：45 - 65.

［298］李鹏．益贫式增长：乡村教育促进共同富裕的模式、困境与对策［J］．西南大学学报（社会科学版），2023，49（3）：191 - 199.

［299］李强．转型时期城市"住房地位群体"［J］．江苏社会科学，2009（4）：42 - 53.

［300］李泉．着力推进城乡融合和区域协调发展的实践探索与重点突破［J］．兰州学刊，2023（1）：15 - 30.

［301］李冉，陈海若．深刻把握习近平总书记关于共同富裕重要论述的原创性贡献［J］．山东大学学报（哲学社会科学版），2023（2）：11 - 20.

［302］李瑞昌．界定"中国特点的对口支援"：一种政治性馈赠解释［J］．经济社会体制比较，2015（4）：194 - 204.

［303］李瑞松，刘洪久，胡彦蓉．中国省际共同富裕水平评价研究［J］．统计与信息论坛，2023，38（2）：29 - 46.

［304］李慎明．以人为本的科学内涵和精神实质——学习胡锦涛同志在中共十七次全国代表大会上所作报告的体会［J］．政治学研究，2007（4）：1 - 14.

［305］李实．充分认识实现共同富裕的长期性［J］．治理研究，2022（3）：4 - 12.

［306］李实．共同富裕的目标和实现路径选择［J］．经济研究，2021，56（11）：4 - 13.

［307］李实，杨一心．面向共同富裕的基本公共服务均等化：行动逻辑与路径选择［J］．中国工业经济，2022（2）：27 - 41.

［308］李实，朱梦冰．推进收入分配制度改革促进共同富裕实现［J］．管理世界，2022，38（1）：52 - 61，76.

［309］李实，朱梦冰．中国经济转型 40 年中居民收入差距的变动［J］．管理世界，2018，34（12）：19 - 28.

［310］李实，朱梦冰．中国社会保障制度的收入再分配效应：一些新发现［J］．社会保障评论，2023，7（1）：46 - 62.

［311］李桃．生态文明视阈下贵州少数民族生态文化研究——以新形势下"努力建设人与自然和谐共生的现代化"理念为指引［J］．贵州社会科学，2021，381（9）：99 - 106.

［312］李曦辉，王贵铎，段朋飞，等．对口支援的政策逻辑与经济效果评估——以对口援藏援疆为例［J］．管理世界，2023，39（9）：89－107．

［313］李晓飞．政党统合赋能均衡治理：新型举国体制下区域协调发展的中国式路径［J］．理论与改革，2023（5）：155－170．

［314］李雪松，孙博文．密度、距离、分割与区域市场一体化——来自长江经济带的实证［J］．宏观经济研究，2015（6）：117－128．

［315］李燕琴，赵壮英．幸福悖论的破解之道与共同富裕的中国逻辑——基于1990—2018年世界价值观调查（WVS）数据［J］．云南民族大学学报（哲学社会科学版），2022，39（4）：5－13．

［316］李永友，柏霖．公共教育服务可及性扩展的共同富裕效应［J］．财贸研究，2023，34（1）：1－17．

［317］李政，王一钦．我国现代产业体系的测度及发展状况研究——来自我国地级市层面的经验证据［J］．工业技术经济，2022，41（10）：67－76．

［318］李政．增强职业技术教育适应性：理论循证、时代内涵和实践路径［J］．西南大学学报（社会科学版），2022，48（2）：133－143．

［319］厉敏．数字化改革引领，深化推进大数据产业发展——《"十四五"大数据产业发展规划》解读［J］．信息化建设，2022（5）：12－15．

［320］栗战书．遵循"四个坚持"的改革经验［N］．人民日报，2013－11－26（06）．

［321］梁坤丽，刘维奇．农村产业结构升级对农村经济韧性的影响［J］．经济与管理，2023，37（3）：63－73．

［322］梁强，王博，宋丽红，徐二明．制度复杂性与家族企业成长——基于正大集团的案例研究［J］．战略管理，2020（3）：2－12．

［323］梁琴．由点到网：共同富裕视域下东西部协作的结对关系变迁［J］．公共行政评论，2022，15（2）：133－153．

［324］梁土坤．共同富裕目标下社会救助制度建设的定位、挑战与方向［J］．学习与实践，2022（12）：102－114．

［325］林德山．当代资本主义不平等问题的根源及其影响［J］．人民论坛·学术前沿，2022（9）：12－30．

［326］林坚．建立生态文化体系的重要意义与实践方向［J］．国家治理，2019（5）：40－44．

［327］林建鹏，吕汶鑫．互联网使用能否影响公共服务满意度？基于信息偏好与把关机制的类型学分析［J］．公共管理与政策评论，2023（3）：36－53．

［328］林闽钢．分层分类社会救助体系的发展现状和健全思路［J］．行政管理改

革，2023，1（1）：4－11.

[329] 林闽钢. 中国社会政策体系的结构转型与实现路径［J］. 南京大学学报（哲学·人文科学·社会科学），2021，58（5）：27－34.

[330] 林淑君，郭凯明，龚六堂. 产业结构调整、要素收入分配与共同富裕［J］. 经济研究，2022，57（7）：84－100.

[331] 林玉妹，秦淑娟. 制度创新：共同富裕取得实质性进展的关键［J］. 海派经济学，2022，20（4）：89－104.

[332] 林梓元. 农业转移人口市民化的路径选择［J］. 中共乐山市委党校学报，2022，24（2）：62－67.

[333] 凌伟强. 中国式现代化的三重超越［J/OL］. 光明网－学术频道，2022－09－23. https：//m. gmw. cn/baijia/2022－09/23/36043962. html.

[334] 刘秉镰，高子茗. 城市群空间结构视角下中国式城镇化的内涵、机制与路径［J］. 西安交通大学学报（社会科学版），2023，43（4）：11－22.

[335] 刘长庚，谷阳，张磊. 中国居民消费低迷之谜：基于劳动报酬"可支配性"的解释［J］. 湖南师范大学社会科学学报，2023，52（2）：22－31.

[336] 刘长明，周明珠. 共同富裕思想探源［J］. 当代经济研究，2020（5）：37－47.

[337] 刘春荣. 社会投资与欧洲福利国家的新自由主义化［J］. 复旦学报（社会科学版），2023，65（2）：140－148.

[338] 刘方平，黄陈晨. 2035年共同富裕之明显实质性进展的阶段、目标及其实现［J］. 中南大学学报（社会科学版），2023，29（1）：154－164.

[339] 刘方平. 论共同富裕与社会主义基本经济制度的政治经济学逻辑［J］. 学术界，2023（1）：151－162.

[340] 刘广明，周婉婷. 共同富裕中国模式的理论创新与时代价值：比较的视角［J］. 河南工业大学学报（社会科学版），2023，39（6）：60－67.

[341] 刘鹤. 坚持和完善社会主义基本经济制度［N］. 人民日报，2019－11－22（06）.

[342] 刘红凛. 党的组织力的内外向度与政治意蕴［J］. 当代世界与社会主义，2019（4）：162－169.

[343] 刘洪愧. 为什么消费在GDP中的占比不高［J］. 中国经济评论，2023（1）：14－20.

[344] 刘继同. 中国"社会福利共识"的社会建构与现代社会主义福利国家制度目标［J］. 学术月刊，2022，54（6）：73－84.

[345] 刘建丽. 有效市场与有为政府——兼论中国特色社会主义市场经济［J］.

中国劳动关系学院学报，2021，35（1）：1 – 10.

［346］刘建武. 习近平共享发展思想的历史由来与重大意义［J］. 马克思主义研究，2018（3）：39 – 46.

［347］刘培，陈浩，王春凯. 中国就业结构演变历程及"十四五"高质量就业发展思路［J］. 经济体制改革，2021（6）：191 – 196.

［348］刘培林，钱滔，黄先海，董雪兵. 共同富裕的内涵、实现路径与测度方法［J］. 管理世界，2021（8）：117 – 129.

［349］刘庆斌. 从相通到共享：铸牢中华民族共同体意识的文化逻辑［J］. 中南民族大学学报（人文社会科学版），2023，43（6）：11 – 18.

［350］刘琼莲. 共同富裕视域下社会治理共同体建设的内生逻辑［J］. 学习与实践，2023（1）：56 – 66.

［351］刘琼莲. 社会治理共同体的评价标准：秩序与活力的动态平衡［J］. 中国行政管理，2021（11）：31 – 36.

［352］刘琼莲. 中国社会治理共同体建设与扎实推动共同富裕［J］. 改革，2022（8）：87 – 97.

［353］刘世定. 规划研究中的若干理论问题——以社会治理机制为视角［J］. 学术论坛，2023，46（2）：28 – 37.

［354］刘帅，李琪，徐晓瑜，等. 中国创新要素集聚能力的时空格局与动态演化［J］. 科技进步与对策，2021，38（16）：11 – 20.

［355］刘涛. 共同富裕治理的制度主义方法论［J］. 治理研究，2021，37（6）：22 – 32.

［356］刘同舫. 人类共同价值建设的伦理旨趣与中国方案［J］. 重庆大学学报（社会科学版），2023，29（1）：268 – 277.

［357］刘卫星，易洪涛. 地方政府网络：理论基础与研究前沿［J］. 公共行政评论，2023，16（3）：181 – 194，200.

［358］刘伟，范欣. 中国发展仍处于重要战略机遇期——中国潜在经济增长率与增长跨越［J］. 管理世界，2019，35（1）：13 – 23.

［359］刘伟. 分配正义、空间重构与均衡性发展——共同富裕"中国方案"的空间尺度［J］. 新疆社会科学（汉文版），2022（3）：24 – 35.

［360］刘伟. 科学认识与切实发展新质生产力［J］. 经济研究，2024（3）：4 – 11.

［361］刘伟. 中国特色社会主义基本经济制度是中国共产党领导中国人民的伟大创造［J］. 中国人民大学学报，2020，34（1）：20 – 26.

［362］刘喜珍. 新时代老龄健康权利的平等性、优先性、发展性［J］. 伦理学研究，2020（4）：114 – 121.

［363］刘向军．不断促进人的全面发展、全体人民共同富裕［J］．思想理论教育导刊，2018（7）：79 - 82.

［364］刘晓梅，曹鸣远，李歆，刘冰冰．党的十八大以来我国社会保障事业的成就与经验［J］．管理世界，2022，38（7）：37 - 48.

［365］刘旭雯．共同富裕目标下中国特色第三次分配：生成逻辑、作用机理及显著优势［J］．财经科学，2023（2）：65 - 73.

［366］刘旭雯．中国共产党百年共同富裕实践的三重逻辑向度研究［J］．河南大学学报（社会科学版），2021，61（4）：1 - 8.

［367］刘洋，董久钰，魏江．数字创新管理：理论框架与未来研究［J］．管理世界，2020，36（7）：198 - 217.

［368］刘渝琳，王雨豪，朱鑫城．共同富裕目标下可持续经济福利结构均衡增长［J］．数量经济技术经济研究，2022，39（5）：3 - 24.

［369］刘元春，刘晓光．在三大超越中准确把握共同富裕的理论基础、实践基础和规划纲领［J］．经济理论与经济管理，2021，41（12）：4 - 10.

［370］刘志彪，凌永辉．结构转换、全要素生产率与高质量发展［J］．管理世界，2020，36（7）：15 - 28.

［371］刘志刚，郭威．社会主义核心价值观与法治建设的融合发展及实现路径［J］．社会主义核心价值观研究，2022，8（2）：21 - 33.

［372］刘卓红，刘艺．数字文明的历史唯物主义叙事［J］．学术研究，2023（10）：8 - 15.

［373］楼苏萍，白雪婷．社会政策层级实施中的省级政府：一个类型学分析［J］．公共管理评论，2022，4（1）：5 - 25.

［374］卢风．农业文明、工业文明与生态文明——兼论生态哲学的核心思想［J］．理论探讨，2021（6）：94 - 101.

［375］卢艳齐．中国政治学话语体系的创新路径探析——以国家 - 社会关系理论的本土研究为对象［J］．湖南师范大学社会科学学报，2021，50（6）：29 - 36.

［376］卢毅．基层治理的实践逻辑与法治面向——基于治理视角的道德性分析［J］．中国治理评论，2023（2）：63 - 78.

［377］陆立军．以人民为中心推动"两只手"相结合——政府与市场关系的浙江实践与启示［J］．中共浙江省委党校学报，2018，34（1）：85 - 91.

［378］陆铭，李鹏飞．城乡和区域协调发展［J］．经济研究，2022，57（8）：16 - 25.

［379］陆卫明，邓皎昱．中国式现代化的文化维度［J］．北京工业大学学报（社会科学版），2023，23（2）：20 - 37.

［380］陆卫明，王子宜．中国式现代化的中华优秀传统文化底蕴［J］．探索，2023（5）：14－25．

［381］陆雪飞，王伟婉．"人与自然是生命共同体"理念的哲学基础探析［J］．学术论坛，2019，42（5）：82－89，96．

［382］吕方．公共服务体系与中韩公共管理改革［J］．南通大学学报（社会科学版），2007，23（6）：111－115．

［383］吕光明，陈欣悦．2035年共同富裕阶段目标实现指数监测研究［J］．统计研究，2022，39（4）：3－20．

［384］吕开武，吴怀友．毛泽东共同富裕思想及其当代启示［J］．湖南科技大学学报（社会科学版），2018，21（2）：22－28．

［385］吕纳．公共服务购买中政府制度逻辑与行动策略研究［J］．公共行政评论，2016，9（4）：45－63．

［386］吕新博，赵伟．基于多维测度的共同富裕评价指标体系研究［J］．科学决策，2021（12）：119－132．

［387］栾海清．人的全面发展、教育公平与共同富裕：逻辑关系和政策支撑［J］．学习与探索，2022（5）：145－152．

［388］罗伯特·阿格拉诺夫，迈克尔·麦圭尔．协作性公共管理：地方政府新战略［M］．李玲玲，等译．北京：北京大学出版社，2007．

［389］罗楚亮，李实，岳希明．中国居民收入差距变动分析（2013－2018）［J］．中国社会科学，2021（1）：33－54．

［390］罗淳，朱要龙．中国城镇化进程中人口形态的三重转变及其协同发展［J］．人口与经济，2023（2）：111－123．

［391］罗建文，吴小军．论社会主义制度逻辑是共同富裕的根本保证［J］．理论探讨，2022（3）：39－48．

［392］罗敏．数字技术赋能第三次分配：转向、场景及路径［J］．西南民族大学学报（人文社会科学版），2023，44（7）：197－204．

［393］罗亚玲．阿佩尔的共同责任原则［J］．哲学动态，2008（9）：45－49．

［394］罗亚玲．平等权利与共同责任——阿佩尔对话伦理学研究［M］．北京：人民出版社，2021．

［395］马宝成．深化"最多跑一次"改革：从系统性迈向重构性［J］．中共浙江省委党校学报，2018，35（3）：20－28．

［396］马克思．1848年至1850年的法兰西阶级斗争［M］．北京：人民出版社，2018．

［397］马克思恩格斯全集（第二十六卷）［M］．北京：人民出版社，2014．

［398］马克思恩格斯全集（第三卷）［M］．北京：人民出版社，1960．

［399］马克思恩格斯全集（第三卷）［M］．北京：人民出版社，2002．

［400］马克思恩格斯全集（第三十卷）［M］．北京：人民出版社，1995．

［401］马克思恩格斯全集（第一卷）［M］．北京：人民出版社，1995．

［402］马克思恩格斯文集（第一卷）［M］．北京：人民出版社，2009．

［403］马克思恩格斯选集（第三卷）［M］．北京：人民出版社，2012．

［404］马克思恩格斯选集（第一卷）［M］．北京：人民出版社，2012．

［405］马克思．资本论［M］．北京：中国社会科学出版社，1983．

［406］马力宏．政府与市场关系的浙江模式——浙江30年变化的一个分析视角［J］．中国行政管理，2008（12）：33－37．

［407］马文武，况成兰．第三次分配的科学内涵、理论逻辑与时代价值［J］．政治经济学评论，2023，14（4）：173－196．

［408］马友乐．社会治理共同体：时代解读、现实依据与价值意蕴［J］．湖北社会科学，2021（3）：49－55．

［409］马忠．习近平新时代中国特色社会主义思想贯穿立场观点方法的整体性［J］．西安交通大学学报（社会科学版），2023，43（1）：1－8．

［410］迈克尔·曼．社会权力的米源（第二卷）［M］．陈海宏，等译．上海：上海人民出版社，2007．

［411］毛强．不能丢掉我们制度的优越性［N］．中国纪检监察报，2018－10－23（08）．

［412］毛泽东年谱（1949－1976）［M］．北京：中央文献出版社，2013．

［413］毛泽东文集（第八卷）［M］．北京：人民出版社，1999．

［414］毛泽东选集（第三卷）［M］．北京：人民出版社，1991．

［415］美国贫富分化持续恶化的事实真相报告［N］．人民日报，2023－02－24（17）．

［416］蒙慧．从"先富"带动"后富"角度解析区域共同富裕困境［J］．西南大学学报（社会科学版），2013，39（4）：36－42．

［417］蒙克．中国应采取何种社会政策来实现共同富裕——全球视野下社会政策比较制度优势的分析与启示［J］．南京大学学报（哲学·人文科学·社会科学），2022，59（1）：53－69．

［418］孟东方．应始终将以人民为中心的发展思想贯穿高质量发展的全过程［J］．西南大学学报（社会科学版），2022，48（1）：42－49．

［419］苗大雷．单位组织何以促进社会稳定？集体行为的组织间差异及其启示［J］．社会学评论，2023，11（3）：196－216．

［420］苗青．助力共同富裕的第三次分配：作用、掣肘与重点举措［J］．社会保障评论，2022，6（5）：90－101.

［421］穆怀中．一维到三维：人口老龄化层次提升与养老保障结构优化［J］．中国软科学，2023（1）：51－62.

［422］穆艳杰，于宜含．"人与自然是生命共同体"理念的当代建构［J］．吉林大学社会科学学报，2019，59（3）：161－169.

［423］倪嘉成，李华晶．市场分割与高技术产业发展——制度逻辑视角［J］．科学学研究，2021，39（9）：1584－1592.

［424］宁洁，韩桥生．以人民为中心：我国国家治理现代化的价值导向［J］．江西社会科学，2020，40（6）：186－194.

［425］宁磊，王敬博．收入效应还是房奴效应？基于中国家庭流动性约束现状分析［J］．系统工程理论与实践，2022，42（6）：1544－1559.

［426］Neil Gilbert，Paul Terrell．社会福利政策引论［M］．沈黎，译．上海：华东理工大学出版社，2013.

［427］欧阳崤，傅元海，王松．居民消费的规模效应及其演变机制［J］．经济研究，2016，51（2）：56－68.

［428］欧阳英．责任的误读与责任理性的恢复［J］．哲学动态，2005（3）：18－24.

［429］潘爱玲，王雪，刘昕．新发展格局下中国文化产业高质量发展的战略思路与实现路径［J］．山东大学学报（哲学社会科学版），2022（6）：11－21.

［430］潘玲霞．"共同富裕"与"成果共享"——中国特色社会主义理论体系中的民生思想［J］．社会主义研究，2009（1）：40－43.

［431］潘越，翁若宇，纪翔阁，等．宗族文化与家族企业治理的血缘情结［J］．管理世界，2019，35（7）：116－135，203－204.

［432］庞虎，陈仁锋．共同富裕的文化基础［J］．治理研究，2022（2）：24－31.

［433］庞兆丰，周明．共同富裕中不同群体的致富能力研究［J］．西北大学学报（哲学社会科学版），2022，52（2）：74－82.

［434］裴秋亚，范黎波．什么样的制度环境更利于数字经济产业发展？基于多元制度逻辑的组态分析［J］．经济与管理研究，2022，43（10）：38－52.

［435］彭蕾，董俊友．中国共产党化解社会主要矛盾的百年演进及基本经验［J］．南京航空航天大学学报（社会科学版），2023，25（1）：8－13.

［436］彭影，李士梅．创新要素流动与城市绿色创新发展——数据要素流动环境的空间调节作用［J］．科技进步与对策，2023，40（1）：30－39.

［437］彭影．数字经济下创新要素综合配置与产业结构调整［J］．当代经济管理，

2022，44（3）：48 – 58．

［438］平谨华．大数据时代下公共管理创新与经济发展［J］．经济研究导刊，2023（7）：145 – 147．

［439］齐道新．中国式现代化话语体系的构成样态与功能指向［J］．探索，2023（2）：1 – 13．

［440］齐海丽．我国公共管理学科话语体系本土化构建的难点及路径研究［J］．云南行政学院学报，2022，24（6）：118 – 125．

［441］祁占勇，王晓利．增强职业技术教育适应性的科学内涵、动力之源与路径选择［J］．西南大学学报（社会科学版），2023，49（3）：154 – 166．

［442］钱诚．我国城乡居民收入分布的演变特点与影响因素［J］．中国劳动，2022（6）：17 – 37．

［443］钱穆．钱宾四先生全集（第37册）［M］．台北：联经出版事业股份有限公司，1998．

［444］钱清逸，钱玉英．平台驱动社会治理重心下移的机制与路径［J］．中国行政管理，2023，39（8）：66 – 70，88．

［445］乔榛．实现共同富裕须处理好的几个关系［J］．政治经济学评论，2022，13（5）：43 – 58．

［446］秦德君．中国式现代化的历史进程与历史启示［J］．学术界，2022（11）：23 – 33．

［447］秦书生，李瑞芳．新时代中国共产党人以人民为中心思想的逻辑理路——基于"不忘初心、牢记使命"视角的分析［J］．湖南大学学报（社会科学版），2021，35（4）：1 – 9．

［448］秦书生，王曦晨．坚持和完善生态文明制度体系：逻辑起点、核心内容及重要意义［J］．西南大学学报（社会科学版），2021，47（6）：1 – 10．

［449］秦玉友．新发展阶段教育促进共同富裕的目标定位与战略布局［J］．人民教育，2022（5）：33 – 39．

［450］秦愿，刘申锋．共同富裕导向下我国社会保障：适度水平与制度优化［J］．西南金融，2023（7）：40 – 52．

［451］邱耕田．认识和构建人与自然的生命共同体——基于马克思主义生态哲学视角［J］．江西社会科学，2018，38（11）：5 – 12．

［452］邱海平．以高质量发展推动共同富裕取得实质性进展［J］．社会科学辑刊，2022（4）：89 – 96．

［453］《求是》编辑部．党和国家事业不断发展的"定海神针"［J］．求是，2021（18）：16 – 23．

［454］《求是》编辑部．为全面建设社会主义现代化国家开好局起好步［J］．求是，2023（4）：10－17．

［455］全面提升平安中国建设水平　不断增强人民群众获得感幸福感安全感［N］．人民日报，2020－11－12（01）．

［456］全面依法治国　推进国家治理现代化［N］．人民日报，2017－10－12（09）．

［457］任保平．从中国经济增长奇迹到经济高质量发展［J］．政治经济学评论，2022，13（6）：3－34．

［458］任保平，孙一心．数字经济背景下政府与市场制度创新的协调研究［J］．财经问题研究，2023（4）：3－13．

［459］任琳，黄宇韬．技术与霸权兴衰的关系——国家与市场逻辑的博弈［J］．世界经济与政治，2020（5）：131－153．

［460］任平．走向空间正义：中国城市哲学原创出场十年史的理论旨趣［J］．探索与争鸣，2020（12）：137－144．

［461］阮敬，王继田．收入分布尾部参数表示与不平等估计——共同富裕进程中合理调节过高收入的依据［J］．统计研究，2023，40（4）：46－59．

［462］阮云婷，徐彬．城乡区域协调发展度的测度与评价［J］．统计与决策，2017（19）：136－138．

［463］上海研究院社会调查和数据中心课题组，李培林，朱迪．扩大中等收入群体，促进消费拉动经济——上海中等收入群体研究报告［J］．江苏社会科学，2016（5）：77－88．

［464］Richard C. Feiock. 大都市治理：冲突、竞争与合作［M］．许源源，江胜珍，译．重庆：重庆大学出版社，2012．

［465］尚晨光，赵建军．生态文化的时代属性及价值取向研究［J］．科学技术哲学研究，2019，36（2）：114－119．

［466］邵传林．全国统一大市场建设中的政府与市场关系再思考［J］．上海财经大学学报（哲学社会科学版），2023，25（2）：3－17．

［467］邵鸿烈．论我国财政的共同富裕职能——学习邓小平共同富裕思想的财政学思考［J］．中南财经大学学报，1998（06）：65－69．

［468］沈坤荣，徐礼伯．全国统一大市场建设中的有为政府及其与市场关系优化［J］．经济问题，2023（1）：1－9．

［469］沈满洪，郅玉玲，彭熠，等．生态文明制度建设研究（上卷）［M］．北京：中国环境出版社，2017．

［470］沈湘平．中国式现代化道路的传统文化根基［J］．中国社会科学，2022

（8）：109 – 123.

［471］沈轩．共同富裕"是什么""不是什么"［N］．浙江日报，2021 – 11 – 05（03）.

［472］沈永东，毕荟蓉．推动共同富裕进程中行业协会商会的新定位［J］．浙江工商大学学报，2022（1）：93 – 101.

［473］十六大以来重要文献选编（中）［M］．北京：中央文献出版社，2006.

［474］石德金．习近平新时代中国特色社会主义思想的世界观和方法论的新贡献［J］．甘肃社会科学，2023（5）：36 – 44.

［475］史堃，夏从亚．利益视角下中国特色社会主义话语体系主导性的生成［J］．济南大学学报（社会科学版），2022，32（3）：52 – 57.

［476］世界银行.2009 年世界发展报告：重塑世界经济地理［M］．胡光宇，译．北京：清华大学出版社，2009.

［477］司林波，张盼．黄河流域生态协同保护的现实困境与治理策略——基于制度性集体行动理论［J］．青海社会科学，2022（1）：29 – 40.

［478］宋好修．英国工党构建包容性社会的理论与政策探讨［D］．济南：山东大学，2007.

［479］宋娜娜，徐龙顺，陈贤胜．基层社会治理创新如何获得更高绩效？［J］．湖南农业大学学报（社会科学版），2023，24（6）：71 – 79.

［480］宋娜．中国共同富裕发展水平测度及创新发展研究［J］．技术经济与管理研究，2022（8）：123 – 128.

［481］宋群．我国共同富裕的内涵，特征及评价指标初探［J］．全球化，2014（1）：35 – 47.

［482］宋友文，王煜霏．中国共产党一百年社会治理发展历程与重要经验［J］．思想战线，2021，47（4）：33 – 41.

［483］苏京春，张苟．优化收入分配格局的社会流动研究新进展：纵向流动、横向流动及二者关系［J］．经济研究参考，2023（1）：97 – 110.

［484］孙成武，孟宪生．中国特色社会主义进入新时代的文化之基［J］．东北师大学报（哲学社会科学版），2022（2）：10 – 18.

［485］孙德海．论马克思社会发展理论的整体性逻辑［J］．广西社会科学，2014（11）：48 – 53.

［486］孙国民，陈东．高质量推进共同富裕：概念理解与发展逻辑——基于城乡公共服务均等化的视角［J］．学术论坛，2022，45（1）：112 – 123.

［487］孙豪，曹肖烨．收入分配制度协调与促进共同富裕路径［J］．数量经济技术经济研究，2022，39（4）：3 – 24.

［488］孙豪，曹肖烨．中国省域共同富裕的测度与评价［J］．浙江社会科学，

2022（6）：4－18.

[489] 孙建军，王树祥，苏志文，等．双元创新价值链模型构建：基于扎根理论的企业创新模式研究［J］．管理评论，2022，34（5）：340－352.

[490] 孙立平，王汉生，王思斌，林彬，杨善华．改革以来中国社会结构的变迁［J］．中国社会科学，1994（2）：47－62.

[491] 孙庆玲，张均斌，魏其濛．"科技力"驱动产业蝶变［N］．中国青年报，2023－06－08（02）.

[492] 孙伟增，吴建峰，郑思齐．区位导向性产业政策的消费带动效应——以开发区政策为例的实证研究［J］．中国社会科学，2018（12）：48－68.

[493] 孙伊凡．财政再分配在推进共同富裕中的功能论析［J］．河北大学学报（哲学社会科学版），2023，48（3）：119－125.

[494] 锁利铭，阚艳秋，李雪．制度性集体行动、领域差异与府际协作治理［J］．公共管理与政策评论，2020，9（4）：3－14.

[495] 谭安奎．从道德经济（学）传统看现代国家治理的社会基础［J］．公共行政评论，2022，15（1）：3－19.

[496] 谭波．习近平法治思想中的建设中国特色社会主义法治体系——以《法治中国建设规划（2020－2025年）》为切入［J］．求是学刊，2021，48（4）：25－33.

[497] 谭皓方，张守夫．构建全国统一大市场的三重逻辑——基于社会主义市场经济改革发展的历史考察［J］．经济问题，2023（3）：1－8.

[498] 谭鑫，曹洁．城乡融合发展的要素集聚效应及地区差异比较——基于省级面板数据的实证研究［J］．经济问题探索，2021（7）：44－52.

[499] 汤峰，苏毓淞．"内外有别"：政治参与何以影响公众的获得感？［J］．公共行政评论，2022，15（2）：22－41，195－196.

[500] 汤金金．从总体性动员到嵌合式引领：基层治理视阈下的政党功能调适［J］．北京科技大学学报（社会科学版），2023，39（1）：64－72.

[501] 汤资岚．数字赋能共同生产：公共文化服务供给新范式［J］．新世纪图书馆，2023（5）：5－9，76.

[502] 唐聪聪，陈翔．中国当前就业结构变化的特征、内生动力与经济效果研究［J］．经济问题探索，2023（1）：21－33.

[503] 唐贤兴，马婷．积极的公共政策与健康权保障：新议题和新框架［J］．复旦政治学评论，2018（1）：193－221.

[504] 唐亚林．以人民为中心的治理观：中国共产党领导国家治理的基本经验［J］．中国行政管理，2021（7）：6－13.

[505] 田国强，陈旭东．制度的本质、变迁与选择——赫维茨制度经济思想诠释

及其现实意义［J］. 学术月刊, 2018, 50（1）：63－77.

［506］田时中, 余盼盼. 创新要素流动、税制结构与制造业高质量发展［J］. 工业技术经济, 2023, 42（7）：123－132.

［507］田甜. 中国创新要素市场优化配置的统计测度［J］. 技术经济与管理研究, 2022（5）：37－42.

［508］田毅鹏. 地域社会学：何以可能？何以可为？——以战后日本城乡"过密－过疏"问题研究为中心［J］. 社会学研究, 2012（5）：184－203.

［509］田毅鹏, 夏可恒. 作为发展参照系的东亚——"东亚模式"研究 40 年［J］. 学术研究, 2018（10）：41－50.

［510］田友春, 卢盛荣, 靳来群. 方法、数据与全要素生产率测算差异［J］. 数量经济技术经济研究, 2017, 34（12）：22－40.

［511］童星. "一部分人先富"和"共同富裕"的平衡［J］. 南京大学学报（哲学·人文科学·社会科学）, 1994（3）：8－14, 46.

［512］托本·M. 安德森, 本特·霍尔姆斯特朗, 塞波·洪卡波希亚, 等. 北欧模式——迎接全球化与共担风险［M］. 陈振声, 权达, 解放, 译. 北京：社会科学文献出版社, 2014.

［513］万光侠. 中国特色社会主义文化制度人民性的价值哲学审思［J］. 东岳论丛, 2022, 43（11）：26－33.

［514］万海远, 陈基平. 共同富裕的理论内涵与量化方法［J］. 财贸经济, 2021, 42（12）：18－33.

［515］汪波. 中国特色对口支援的激励机制研究［J］. 学海, 2022（2）：140－146.

［516］汪菲, 李从东. 基于资源基础理论的国家竞争力评价研究［J］. 现代财经（天津财经大学学报）, 2008, 28（6）：36－39.

［517］汪家焰. 全过程人民民主制度优势转化为治理效能的路径与机制——基于政策议程设置理论的视角［J］. 探索, 2023（1）：78－88.

［518］汪克亮, 赵斌, 许如玉. 创新要素流动对能源效率的影响［J］. 统计研究, 2023, 40（4）：88－97.

［519］汪连杰. 中国式现代化与社会保障高质量发展论纲［J］. 当代经济管理, 2023, 45（9）：62－70.

［520］汪秋菊. 充分就业内涵剖析［J］. 学术交流, 2009（5）：88－90.

［521］王常柱. 抗疫人民力量：内涵、根源、作用与疫后弘扬［J］. 山东社会科学, 2022（9）：27－32.

［522］王朝明, 徐成波, 丁志帆. 共同富裕：理论思考与现实审视——基于国家

级城乡统筹实验区（成都）的经验证据 [J]. 当代经济研究, 2012 (8)：38 - 45.

[523] 王春超. 逐步完善分配制度扎实推进共同富裕 [J]. 南方经济, 2022 (11)：15 - 16.

[524] 王春丽, 宣凯. 从外向型到开放型的经济体制跃迁与实践进路 [J]. 江汉论坛, 2021 (10)：34 - 40.

[525] 王春璇, 李君甫. 中国流动人口住房分层与多层次住房保障体系研究 [J]. 公共行政评论, 2022, 15 (4)：1 - 17.

[526] 王代月.《莱茵报》时期马克思的国家观及其人民性思想 [J]. 湖北大学学报（哲学社会科学版）, 2022, 49 (1)：136 - 145.

[527] 王冠文, 刘美玲. 新时代生态文化的四重论域透视 [J]. 社科纵横, 2022, 37 (6)：16 - 22.

[528] 王海军. 新时代中国共产党自我革命话语体系建构多维探究 [J]. 中国人民大学学报, 2022, 36 (6)：104 - 115.

[529] 王海. 实现共同富裕和人的全面发展的关系论析——以马克思恩格斯相关论述为逻辑起点 [J]. 河北大学学报（哲学社会科学版）, 2023, 48 (2)：124 - 130.

[530] 王恒. 以人民为中心：中国共产党治国理政的价值追求 [J]. 天津大学学报（社会科学版）, 2021, 23 (3)：267 - 272.

[531] 王会, 李强, 温亚利. 生态产品价值实现机制的逻辑与模式：基于排他性的理论分析 [J]. 中国土地科学, 2022, 36 (4)：79 - 85.

[532] 王建英, 汪钰莹, 陈志钢. 对口支援理论、实践与升级：文献梳理及启示 [J/OL]. 西部论坛：1 - 14 [2023 - 11 - 25].

[533] 王敬尧, 郑鹏. 基层政府非正式治理技术的类型学分析 [J]. 南京大学学报（哲学·人文科学·社会科学）, 2021, 58 (1)：89 - 101.

[534] 王静. 改革开放以来中国共产党发展话语体系的建构与发展 [J]. 理论与改革, 2017 (4)：80 - 88.

[535] 王力平. 社会治理共同体的理论意涵、出场实践及建设路径 [J]. 甘肃社会科学, 2023 (2)：53 - 61.

[536] 王利军, 陈梦冬. 中国经济高质量发展水平测度 [J]. 统计与决策, 2023, 39 (6)：87 - 91.

[537] 王利平. 制度逻辑与"中魂西制"管理模式：国有企业管理模式的制度分析 [J]. 管理学报, 2017 (11)：1579 - 1586.

[538] 王利伟, 程艺. 开放型经济地区融入新发展格局的战略路径研究 [J]. 宏观经济研究, 2023 (2)：76 - 84.

[539] 王敏, 陈树文. 公平正义：国家治理现代化的核心价值取向及其实现路

径——基于社会主要矛盾视域［J］．北京交通大学学报（社会科学版），2021，20（2）：155 – 162．

［540］王木森，陈荣卓．党领共治：新时代社区治理动力的协同优势［J］．理论导刊，2022（12）：18 – 25．

［541］王浦劬，汤彬．基层党组织治理权威塑造机制研究——基于 T 市 B 区社区党组织治理经验的分析［J］．管理世界，2020，36（6）：106 – 119．

［542］王庆．以住房多维保障促进共同富裕——基于"适足住房权"视野的一种评估［J］．经济与管理，2022，36（3）：11 – 22．

［543］王瑞雪，沈亚平．市民化进程中农业转移人口城市空间正义缺失问题分析——基于空间正义的理论视角［J］．当代经济管理，2021，43（4）：39 – 44．

［544］王绍光．大转型：1980 年代以来中国的双向运动［J］．中国社会科学，2008（1）：129 – 148．

［545］王诗宗，胡冲．社会治理共同体建设路径：多重网络的再组织——基于舟山市"东海渔嫂"案例的研究［J］．治理研究，2021，37（6）：33 – 42．

［546］王诗宗，宋程成．独立抑或自主：中国社会组织特征问题重思［J］．中国社会科学，2013（5）：50 – 66．

［547］王曙光．经济非均衡、市场主体和转型发展——厉以宁经济思想述评［J］．北京大学学报（哲学社会科学版），2023，60（3）：163 – 173．

［548］王思斌．我国社会工作从嵌入性发展到融合性发展之分析［J］．北京工业大学学报（社会科学版），2020，20（3）：29 – 38．

［549］王思薇，刘一康．高质量发展视角下区域协调发展水平测度［J］．统计与决策，2023，39（2）：99 – 104．

［550］王天平，牌代琼．教育促进共同富裕的内在意蕴、社会功能及实践路向［J］．学术探索，2023（7）：149 – 156．

［551］王婷，苏兆霖．中国特色社会主义共同富裕理论：演进脉络与发展创新［J］．政治经济学评论，2021（6）：19 – 44．

［552］王威．"以人民为中心"发展思想：马克思主义人民观的中国化理论旨归［J］．广西社会科学，2022（10）：87 – 94．

［553］王伟光．切实尊重人民的主体地位和首创精神［J］．求是，2011（24）：32 – 34．

［554］王小章．社会主要矛盾、共同富裕与社会建设［J］．山东大学学报（哲学社会科学版），2022（2）：15 – 22．

［555］王晓广，张潇琳．中国共产党推进共同富裕中的"人民至上"逻辑［J］．东岳论丛，2023，44（2）：11 – 17．

［556］王鑫，袁祖社．构建地球生命共同体的价值关切及其实践逻辑［J］．武汉大学学报（哲学社会科学版），2023，76（2）：91－99.

［557］王雄飞，李香菊．高质量发展动力变革与财税体制改革的深化［J］．改革，2018（6）：80－88.

［558］王雪梅，教军章．依共生而共治：政府生态化治理的价值阐释［J］．理论探讨，2020（6）：183－190.

［559］王雅莉，侯林岐，朱金鹤．文明城市创建如何"催生"企业"道德血液"？基于企业社会责任视角的分析［J］．财贸研究，2022，48（6）：64－78.

［560］王亚华，关长坤．全面推进乡村振兴促进共同富裕中的政府与市场关系［J］．中国农业大学学报（社会科学版），2023，40（3）：48－59.

［561］王一鸣．百年大变局、高质量发展与构建新发展格局［J］．管理世界，2020，36（12）：1－12.

［562］王迎军，邹旸．管理工具的演化进程——一种基于进化论的解释［J］．南开管理评论，2018（5）：10－15.

［563］王禹澔．中国特色对口支援机制：成就、经验与价值［J］．管理世界，2022，38（6）：71－84.

［564］王钰鑫．中国特色社会主义文化自信的逻辑与理论意蕴［J］．广西社会科学，2017（9）：10－16.

［565］王裕瑾，李梦玉．中国数字经济与高质量发展的耦合协调研究［J］．经济与管理评论，2023，39（1）：104－118.

［566］王占仁．马克思主义中国化第一次历史性飞跃的基本经验［J］．人民论坛·学术前沿，2021（12）：34－41.

［567］王珍珍，鲍星华．产业共生理论发展现状及应用研究［J］．华东经济管理，2012，26（10）：131－136.

［568］王正，郭珩．"双碳"目标下创新要素配置优化与制造业高质量发展［J］．技术经济与管理研究，2023（1）：103－107.

［569］王中伟，焦方义，赵彤彤．中国创新创业活跃度对共同富裕的影响研究［J］．技术经济与管理研究，2022（11）：45－50.

［570］韦鞲，蔡运坤．中国经济高速增长与居民消费滞后并存之谜——基于经济增长压力视角的解释［J］．消费经济，2022，38（1）：31－43.

［571］魏后凯．从全面小康迈向共同富裕的战略选择［J］．经济社会体制比较，2020（6）：18－25.

［572］魏江．创新：中国式现代化的第一动力［J］．外国经济与管理，2023，45（1）：11－14.

［573］魏江，刘洋，等．数字创新［M］．北京：机械工业出版社，2021.

［574］魏来，赵蕾．城乡一体发展：历史沿革、现实路径与关键问题——首届县域治理高层论坛会议综述［J］．华中师范大学学报（人文社会科学版），2016，55（2）：174－176.

［575］魏丽艳．新时代租购并举住房保障制度的实施路径［J］．中国行政管理，2022（5）：152－154.

［576］文丰安．新时代城乡共同富裕融合发展论——基于对党的二十大精神的学习与研究［J］．重庆大学学报（社会科学版），2022，28（6）：272－285.

［577］文丰安．以中国式现代化扎实推进共同富裕的辩证关系与创新路径研究［J］．西南大学学报（社会科学版），2023，49（1）：10－21.

［578］吴波，杨少东，康金．市场逻辑、社区逻辑与企业总部迁移区位选择［J］．科研管理，2021，42（5）：79－86.

［579］吴波，朱霁．论增强党的政治领导力［J］．中国特色社会主义研究，2019（4）：10－17.

［580］吴超．中国共产党百年社会治理的逻辑进程、动力机制及当代启示［J］．理论导刊，2021（12）：25－32.

［581］吴传清，周西一敏．长江经济带产业结构合理化、高度化和高效化研究［J］．区域经济评论，2020（2）：112－120.

［582］吴春宝，郑凯元．共同富裕目标下新型农村集体经济发展的逻辑与路径——基于全国微观调查数据的实证分析［J］．经济问题探索，2023（2）：17－27.

［583］吴丹红，王德发，杨元．制度复杂性与企业社会责任报告策略反应——基于多元制度逻辑的视角［J］．会计研究，2021（8）：68－82.

［584］吴金鹏．公共服务共同生产的过程机制与创新策略——以公共图书馆服务为例［J］．图书馆论坛，2022（9）：92－100.

［585］吴媚霞，王岩．比较视域下中国式现代化道路的三重超越［J］．河南社会科学，2022（5）：28－34.

［586］吴信坤．高级生产要素积累与对外直接投资规模［J］．世界经济研究，2018（11）：78－88.

［587］吴义东，王先柱．共同富裕视角下住房公积金制度的改革思路——逻辑解释、问题剖析与政策优化［J］．浙江工商大学学报，2022（5）：132－144.

［588］吴元其，周业柱．公共决策体制与政策分析［M］．北京：国家行政学院出版社，2003.

［589］吴跃农．民营企业家：共同富裕的重要构建者［J］．统一战线学研究，2018（5）：12－24.

［590］吴增礼，马振伟．中华优秀传统文化提升文化自信的理与路［J］．马克思主义研究，2018（09）：77－85，164.

［591］武豹，吴学琴．论中国式现代化话语体系的建构［J］．中国矿业大学学报（社会科学版），2023，25（1）：13－26.

［592］习近平．把握新发展阶段，贯彻新发展理念，构建新发展格局［J］．求是，2021（9）：4－18.

［593］习近平．摆脱贫困［M］．福州：福建人民出版社，1992.

［594］习近平．促进我国社会保障事业高质量发展、可持续发展［J］．求是，2022（8）：4－10.

［595］习近平．更好把握和运用党的百年奋斗历史经验［J］．求是，2022（13）：4－19.

［596］中共中央文献研究室．习近平关于社会主义生态文明建设论述摘编［M］．北京：中央文献出版社，2017.

［597］中共中央文献研究室．习近平关于社会主义文化建设论述摘编［M］．北京：中央文献出版社，2017.

［598］习近平．关于《中共中央关于制定国民经济和社会发展第十四个五年规划和二〇三五年远景目标的建议》的说明［N］．人民日报，2020－11－04（02）.

［599］习近平．坚持以人民为中心的发展思想努力让人民过上更加美好生活［N］．人民日报，2017－10－11（06）.

［600］习近平．坚定不移走中国特色社会主义法治道路　为全面建设社会主义现代化国家提供有力法治保障［J］．求是，2021（5）：4－15.

［601］习近平．坚定文化自信，建设社会主义文化强国［J］．求是，2019（12）：4－12.

［602］习近平经济思想学习纲要［M］．北京：人民出版社，学习出版社，2022.

［603］习近平．论把握新发展阶段、贯彻新发展理念、构建新发展格局［M］．北京：中央文献出版社，2021.

［604］习近平．论党的宣传思想工作［M］．北京：中央文献出版社，2020.

［605］习近平．努力建设人与自然和谐共生的现代化［J］．求是，2022（11）：4－9.

［606］习近平谈治国理政（第二卷）［M］．北京：外文出版社，2017.

［607］习近平谈治国理政（第三卷）［M］．北京：外文出版社，2020.

［608］习近平谈治国理政（第一卷）［M］．北京：外文出版社，2018.

［609］习近平．推动我国生态文明建设迈上新台阶［J］．求是，2019（3）：4－19.

［610］习近平．新发展阶段贯彻新发展理念必然要求构建新发展格局［J］．求是，

2022（17）：4-17.

[611] 习近平. 在党的十八届五中全会第二次全体会议上的讲话（节选）[J]. 求是，2016（1）：3-10.

[612] 习近平. 在党史学习教育动员大会上的讲话 [J]. 求是，2021（7）：4-17.

[613] 习近平. 在纪念马克思诞辰200周年大会上的讲话 [J]. 求是，2018（10）：3-10.

[614] 习近平. 在企业家座谈会上的讲话 [J]. 社会主义论坛，2020（8）：4-6.

[615] 习近平，扎实推动共同富裕 [J]. 求是，2021（20）：4-8.

[616] 习近平. 正确认识和把握我国发展重大理论和实践问题 [J]. 求是，2022（10）：4-9.

[617] 习近平. 之江新语 [M]. 杭州：浙江人民出版社，2007.

[618] 席恒. 分层分类：提高养老服务目标瞄准率 [J]. 学海，2015（1）：80-87.

[619] 席恒，王睿，祝毅，等. 共同富裕指数：中国现状与推进路径 [J]. 海南大学学报（人文社会科学版），2022，40（5）：45-57.

[620] 席恒. 中国式现代化进程中社会保障促进共同富裕的机制与路径 [J]. 社会保障评论，2023，7（1）：34-45.

[621] 夏锋. 社会主义核心价值观引领人民精神生活共同富裕的意义、机制与路径探赜 [J]. 山东师范大学学报（社会科学版），2022，67（4）：14-24.

[622] 夏杰长，张雅俊. 数字经济赋能浙江共同富裕示范区建设：作用机理与实施路径 [J]. 浙江工商大学学报，2022（5）：100-110.

[623] 夏燕，陈双斌. 2022世界标准日：奋进"两个先行"，浙里探"标准"路径 [N]. 市场导报，2022-10-14。

[624] 夏银平，王丽. 中国共产党维护党中央权威的百年历程及经验启示 [J]. 暨南学报（哲学社会科学版），2022，44（4）：1-10.

[625] 夏志强. 国家治理现代化的逻辑转换 [J]. 中国社会科学，2020（5）：4-27.

[626] 向东. 加快政府职能转变为市场主体发展壮大创造良好环境 [J]. 中国行政管理，2021（12）：12-14.

[627] 项瀚文. 中国家庭收入流动性测度及影响因素分析——来自中国家庭金融调查数据的证据 [D]. 成都：西南财经大学，2022.

[628] 项久雨. 中国式现代化的文化叙事 [J]. 武汉大学学报（哲学社会科学版），2023，76（2）：20-31.

[629] 小约翰·柯布. 生态文明的希望在中国 [J]. 人民论坛，2018（30）：20-21.

[630] 肖红军，阳镇．多重制度逻辑下共益企业的成长：制度融合与响应战略［J］．当代经济科学，2019，41（3）：1－12.

[631] 肖剑南．坚持和完善繁荣发展社会主义先进文化制度的理论与实践逻辑［J］．广西社会科学，2022（3）：143－150.

[632] 肖婧文，朱兢．新发展格局下创新要素流动与收入分配优化［J］．技术经济与管理研究，2023（6）：77－81.

[633] 肖潇．正确认识和把握实现共同富裕的战略目标和实践途径［J］．马克思主义研究，2022（4）：67－76.

[634] 谢地，武晓岚．以实现共同富裕为目标探索合理的收入分配制度——建党百年收入分配理论演进与实践轨迹［J］．学习与探索，2021（10）：88－96.

[635] 谢伏瞻．全面建成小康社会的理论与实践［J］．中国社会科学，2020（12）：4－24.

[636] 谢玲红，魏国学．共同富裕视野下缩小农村内部收入差距的现实挑战与路径选择［J］．经济学家，2022（9）：119－128.

[637] 谢小芹，宫兴隆．"示范创建"：基层治理创新的一种新解释——基于西南一个基层治理现代化试点乡镇的研究［J］．西南大学学报（社会科学版），2023，49（2）：77－88.

[638] 谢岳．中国贫困治理的政治逻辑——兼论对西方福利国家理论的超越［J］．中国社会科学，2020（10）：4－25.

[639] 谢卓芝，丁壮．习近平新时代中国特色社会主义思想的辩证特质［J］．江苏大学学报（社会科学版），2023，25（1）：38－46，58.

[640] 邢远阁．共同富裕：对"福利工具"的超越与中国方案［J］．北京航空航天大学学报（社会科学版），2022，35（5）：43－52.

[641] 熊柴，蔡继明，刘媛．城乡融合发展与土地制度改革［J］．政治经济学评论，2021，12（5）：107－138.

[642] 熊易寒．精细分层社会与中产焦虑症［J］．文化纵横，2020（5）：112－120.

[643] 徐朝旭，韩娟．增长极限的悖论逻辑及对高质量发展的认知意义［J］．福建师范大学学报（哲学社会科学版），2023（2）：36－46.

[644] 徐康宁．富民优先关键要做实"三个口袋"［J］．群众，2017（1）：17－18.

[645] 徐曼，邓创，刘达禹．数字经济引领经济高质量发展：机制机理与研究展望［J］．当代经济管理，2023，45（2）：66－72.

[646] 徐明．中国省际合作帮扶政策的经济效应——对21世纪"19省市对口援疆大型区域扶贫项目"的评估［J］．经济学（季刊），2023，23（3）：1202－1225.

[647] 徐木兴．全体人民共同富裕目标下高等教育落实"共享发展理念"的几点

思考 [J]. 教育探索, 2023 (2): 1-4.

[648] 徐越倩, 葛佳楠. 共同富裕的制度建构与实践策略 [J]. 浙江社会科学, 2023 (9): 4-12.

[649] 徐政, 郑霖豪. 高质量发展促进共同富裕的内在逻辑与路径选择 [J]. 重庆大学学报 (社会科学版), 2022, 28 (4): 39-52.

[650] 徐竹青. 高端要素、产业升级与城市化发展——基于浙江区域经济转型升级的战略思考 [J]. 中共浙江省委党校学报, 2010, 27 (3): 111-115.

[651] 徐紫嫣, 夏杰长. 共同富裕思想的演进脉络和实践指引 [J]. 学习与探索, 2022 (3): 133-140.

[652] 许光, 王笑妍. 习近平新时代共同富裕重要论述的科学逻辑与价值意蕴 [J]. 治理研究, 2023, 39 (2): 67-79.

[653] 许永兵. 扩大中等收入群体: 实现共同富裕的重要路径 [J]. 河北经贸大学学报, 2022, 43 (3): 34-41.

[654] 许源源, 王妍. 典型治理的运行机制研究——基于2003-2022年的乡村典型示范政策的扎根探索 [J]. 湖南师范大学社会科学学报, 2022, 51 (6): 96-109.

[655] 亚当·斯密. 国富论 (上、下卷) [M]. 杨敬年, 译. 西安: 陕西人民出版社, 2001.

[656] 闫昊生, 李秉蔚, 李姗姗. 新创市场主体的活力与市场信心: 理论框架与特征性事实 [J]. 云南社会科学, 2023 (4): 32-39.

[657] 颜军, 顾武奔. 国外关于中国推动共同富裕认知的分歧评析——兼驳对中国推动共同富裕的偏见与误读 [J]. 当代世界社会主义问题, 2023 (1): 61-70.

[658] 颜晓峰. 论新时代我国社会主要矛盾的变化 [J]. 中共中央党校学报, 2019, 23 (2): 5-13.

[659] 燕继荣, 何瑾. "以人民为中心" 的制度原则及现实体现——国家制度的 "人民性" 解析 [J]. 公共管理与政策评论, 2021, 10 (6): 3-13.

[660] 燕连福, 王亚丽. 全体人民共同富裕的核心内涵、基本遵循与发展路径 [J]. 西安交通大学学报 (社会科学版), 2022, 42 (1): 1-9.

[661] 杨宝, 李万亮. 公共服务的获得感效应: 逻辑结构与释放路径的实证研究 [J]. 中国行政管理, 2022 (10): 135-143.

[662] 杨丞娟. 府际合作的 "长三角样本": 历史与启示——基于制度性集体行动理论视角的分析 [J]. 长江论坛, 2022 (3): 19-26.

[663] 杨春风. 马克思 "跨越卡夫丁峡谷" 设想与中国特色社会主义新时代的世界意义 [J]. 前线, 2018 (3): 18-21.

[664] 杨聪林. 新时代共同富裕的理论解析与实践路向——对党的二十大精神的

学习与研究［J］. 重庆大学学报（社会科学版），2023，29（2）：271－285.

［665］杨光斌. 中国式现代化与人类文明新形态［J］. 教学与研究，2022（10）：30－34.

［666］杨静娴. 毛泽东、邓小平、江泽民、胡锦涛的"共同富裕"思想比较研究［J］. 前沿，2011（14）：4－6.

［667］杨峻岭，吴潜涛. 马克思恩格斯人与自然关系思想及其当代价值［J］. 马克思主义研究，2020（3）：58－66，76.

［668］杨沫，王岩. 中国居民代际收入流动性的变化趋势及影响机制研究［J］. 管理世界，2020，36（3）：60－75.

［669］杨文举，黄依洁. 中国经济高质量发展的路径探索——首届"中国高质量发展西部论坛"学术研讨会综述［J］. 西部论坛，2021，31（6）：111－119.

［670］杨文圣，李旭东. 共有、共建、共享：共同富裕的本质内涵［J］. 西安交通大学学报（社会科学版），2022，42（1）：10－16

［671］杨叶平，李金金，张晓涵. 中国特色社会主义话语权的历史演进及其经验启示［J］. 郑州轻工业大学学报（社会科学版），2023，24（2）：16－24.

［672］杨宜勇，黄燕芬. 高质量更加充分就业是中国式现代化的显著特色［J］. 人口与经济，2023（2）：13－19.

［673］杨宜勇，王明姬. 共同富裕：演进历程，阶段目标与评价体系［J］. 江海学刊，2021（5）：84－89.

［674］杨毅. 建党百年社会治理的发展特征及经验启示［J］. 山东社会科学，2021（12）：120－124.

［675］姚璐. 共同富裕理想与实现途径：毛泽东的视角［J］. 贵州财经大学学报，2014（2）：105－111.

［676］叶宝升，余传鹏，林春培，陈琪. 管理创新与中小企业竞争优势——资源拼凑能力的非线性中介作用和领导下属认知一致性的调节作用［J］. 管理评论，2023，35（2）：94－105.

［677］叶颖，蒋婧博，张文进，楚春礼，邵超峰，鞠美庭. 中国省域生态文明建设进程区域差异化［J］. 生态学报，2023，43（2）：569－589.

［678］叶小文. 中国式现代化之中华优秀传统文化支撑的四维审视［J］. 北京社会科学，2023（6）：4－16.

［679］易承志. 跨界公共事务、区域合作共治与整体性治理［J］. 学术月刊，2017，49（11）：67－78.

［680］殷晓元，彭静. 中国式现代化视域下共同富裕的科学内涵、历史演进和实践方略［J］. 湘潭大学学报（哲学社会科学版），2022，46（5）：114－120.

［681］尹俊，孙博文，陈强远，等．市场机制、社会资本与共同富裕——基于中国多维减贫政策目标的视角［J］．经济学报，2023，10（2）：276 - 307.

［682］尹利民，田雪森．包容性治理：内涵、要素与逻辑［J］．学习论坛，2021（4）：66 - 74.

［683］印子．法治社会建设中村规民约的定位与功用［J］．华中科技大学学报（社会科学版），2023，37（1）：27 - 36.

［684］用最严格制度最严密法治保护生态环境——牢固树立绿水青山就是金山银山理念述评（二）［N］．人民日报，2020 - 08 - 16（01）.

［685］于成文．改革开放三十年来我国理论界对共同富裕理论研究的进展［J］．当代经济研究，2008（7）：37 - 42.

［686］于惠玲，刘乐，闻婧，孔繁悦，马媛媛．中华优秀传统文化融入初中道德与法治教学研究［J］．天津师范大学学报（基础教育版），2023，24（3）：13 - 18.

［687］余建斌，韩鑫，窦瀚洋．浙江以创新深化跑出高质量发展加速度（高质量发展调研行）［N］．人民日报，2023 - 06 - 02（01）.

［688］余丽生，楼蕾．共同富裕目标下协调区域均衡发展的财政政策研究——以浙江为例［J］．地方财政研究，2022（8）：49 - 54.

［689］余敏江．复合碎片化：环境精细化治理为何难以推进？基于整体性治理视角的分析［J］．中国行政管理，2022（9）：89 - 96.

［690］余敏江，李粤昊．中国共产党探索社会治理现代化的百年历程——以注意力资源配置为视角［J］．理论探讨，2021（5）：12 - 19.

［691］余树林．论中国共产党的思想领导力［J］．领导科学，2012（35）：27 - 29.

［692］余卫东，柳明．社会治理共同体构建的伦理之维［J］．江汉论坛，2022（7）：67 - 72.

［693］俞可平．全球治理引论［J］．马克思主义与现实，2002（1）：20 - 32.

［694］俞小和．中国式现代化道路的文化内蕴及其叙事结构［J］．新视野，2023（4）：112 - 120.

［695］虞崇胜．中国国家治理现代化中的"制""治"关系逻辑［J］．东南学术，2020（2）：44 - 53.

［696］虞慧怡，张林波，李岱青，杨春艳，高艳妮，宋婷，吴丰昌．生态产品价值实现的国内外实践经验与启示［J］．环境科学研究，2020，33（3）：685 - 690.

［697］虞晓芬．构建"向下有托底、向上有通道"的大城市住房保障供给体系［J］．探索与争鸣，2023（4）：28 - 31.

［698］虞新胜．生态利益实现的制度困境及其破解［J］．长白学刊，2021（4）：33 - 39.

［699］虞新胜．"以人民为中心"生态利益实现困境及策略研究［J/OL］．系统科学学报：1 – 6［2023 – 12 – 18］．http：//kns．cnki．net/kcms/detail/14．1333．N．20231214．0841．002．html．

［700］郁建兴，樊靓．数字技术赋能社会治理及其限度——以杭州城市大脑为分析对象［J］．经济社会体制比较，2022（1）：117 – 126．

［701］郁建兴，高翔．浙江省"最多跑一次"改革的基本经验与未来［J］．浙江社会科学，2018（4）：76 – 85．

［702］郁建兴，黄飚，江亚洲．共同富裕示范区建设的目标定位与路径选择——基于浙江省11市《实施方案》的文本研究［J］．治理研究，2022，38（4）：4 – 17．

［703］郁建兴，任杰．共同富裕的理论内涵与政策议程［J］．政治学研究，2021（3）：13 – 25．

［704］元晋秋．坚持和完善我国基本分配制度要重视发挥第三次分配作用［J］．现代经济探讨，2020（9）：9 – 14．

［705］贠杰．组织领导力：中国共产党治理成就的制度逻辑［J］．管理世界，2021，37（8）：20 – 29．

［706］袁超越，朱耘婵．共同富裕的政治经济学阐释［J］．湖北大学学报（哲学社会科学版），2023，50（3）：1 – 9．

［707］袁富华，李兆辰．嵌入、调节与治理：历史时间与现代化路径［J］．经济与管理评论，2021，37（2）：72 – 84．

［708］袁富华，吴湛．福利国家模式、增长悖论与再平衡：对中国现代化及共同富裕的启示［J］．学术研究，2022（6）：85 – 95，177 – 178．

［709］袁富华．现代化模式与中国式现代化：均衡社会观点［J］．人民论坛·学术前沿，2022（24）：33 – 46．

［710］袁家军．勇当高质量发展推动共同富裕的先行探路者［J］．今日浙江，2022（11）：4 – 7．

［711］袁家军．忠实践行"八八战略"坚决做到"两个维护"在高质量发展中奋力推进中国特色社会主义共同富裕先行和省域现代化先行［N］．浙江日报，2022 – 06 – 27（01）．

［712］袁千里，张云翔．基于信息技术的共同生产作用、影响因素和挑战［J］．公共行政评论，2022（1）：171 – 195．

［713］袁青青，刘泽云．中国居民代际收入流动性趋势研究［J］．经济学动态，2022（1）：117 – 131．

［714］袁曙宏．坚持法治国家、法治政府、法治社会一体建设［N］．人民日报，2020 – 04 – 21（09）．

[715] 袁晓玲. 变革重塑以创新制胜未来 [J]. 今日科技, 2023 (1): 6-7.

[716] 袁艺, 张文彬. 共同富裕视角下中国经济高质量发展: 指标测度、跨区比较与结构分解 [J]. 宏观质量研究, 2022, 10 (4): 95-106.

[717] 袁银传, 高君. 习近平关于共同富裕重要论述的历史背景、科学内涵和时代价值 [J]. 思想理论研究, 2021 (11): 33-39.

[718] 袁银传, 刘秋月. 中国共产党百年意识形态话语体系建设的基本经验 [J]. 中南民族大学学报 (人文社会科学版), 2021, 41 (6): 8-14.

[719] 袁志刚, 阮梦婷, 葛劲峰. 公共服务均等化促进共同富裕: 教育视角 [J]. 上海经济研究, 2022 (2): 43-53.

[720] 约翰·肯尼思·加尔布雷思. 富裕社会 [M]. 赵勇, 周定瑛, 舒小昀, 译. 南京: 江苏人民出版社, 2009.

[721] 约瑟夫·熊彼特. 经济发展理论 [M]. 何畏, 易家详, 等译. 北京: 商务印书馆, 2020.

[722] 岳经纶, 吴高辉. 全民基本收入与全民基本服务——当代两大社会政策思潮的比较与论争 [J]. 广东社会科学, 2022 (1): 191-202.

[723] 臧爱绒. 试论经济建设中的"树立典型"——一种动员和组织机制的分析 [J]. 延安大学学报 (社会科学版), 2014, 36 (6): 27-30.

[724] 臧旭恒, 易行健. 中国居民消费不足与新发展格局下的消费潜力释放 (上) [J]. 消费经济, 2023, 39 (1): 3-17.

[725] 曾凡银. 共建新安江-千岛湖生态补偿试验区研究 [J]. 学术界, 2020 (10): 58-66.

[726] 曾刚. 长三角城市协同发展能力评价及其区域一体化深化路径研究 [J]. 华东师范大学学报 (哲学社会科版), 2021, 53 (5): 226-236, 242.

[727] 曾皓. 区位导向性政策促进企业数字化转型吗? 基于国家数字经济创新发展试验区的准自然实验 [J]. 财经论丛 (浙江财经学院学报), 2023 (4): 3-13.

[728] 曾水英, 范京京. 对口支援与当代中国的平衡发展 [J]. 西南民族大学学报 (人文社会科学版), 2019, 40 (6): 204-211.

[729] 曾祥云. 论70年中国化马克思主义的理论特质——以习近平新时代中国特色社会主义思想为例 [J]. 湖南大学学报 (社会科学版), 2019, 33 (5): 1-6.

[730] 詹国彬, 江智灵. 组织再造、机制嵌入与党员参与基层社会治理——基于N市B区"红领之家"个案的分析 [J]. 行政管理改革, 2021, 11 (11): 45-54.

[731] 战旭英, 蔡瑛. 推进文化自信自强的重要支撑 [J]. 人民论坛, 2023 (1): 104-106.

[732] 战炤磊. 居民、企业与政府收入协同增长: 共同富裕的重要实现路径 [J].

学术研究，2021（11）：107 - 114．

［733］张爱茹．邓小平"先富""共富"思想的历史考察［J］．党的文献，2005（6）：18 - 24．

［734］张北坪．中国特色社会主义话语权的时代建构：理论内涵与实践进路［J］．马克思主义研究，2021（11）：147 - 155．

［735］张超．共同富裕视域下中国社会政策转型探析［J］．北京航空航天大学学报（社会科学版），2022，35（5）：53 - 58．

［736］张弛，和震．技能型社会建设的路径：基于技能型人力资本增值的张力转化［J］．河北师范大学学报（教育科学版），2023，25（4）：112 - 117．

［737］张等文，王嫚．全过程人民民主的结构谱系与显著优势［J］．东北师大学报（哲学社会科学版），2023（2）：28 - 36．

［738］张桂萍，邵沪权．始终坚持立党为公执政为民的理念［J］．求实，2006（7）：38 - 40．

［739］张国刚．资治通鉴与家国兴衰［M］．北京：中华书局，2016．

［740］张浩淼．共同富裕背景下社会救助体系创新——基于成都市的实践经验［J］．兰州学刊，2022（6）：78 - 86．

［741］张建刚，王珺．北欧国家福利制度困境、演变趋势及其对我国实现共同富裕的启示［J］．上海经济研究，2023（1）：102 - 111．

［742］张建武，李伟只．习近平总书记关于科技创新重要论述的内在逻辑——兼论以科技创新推动高质量发展实现共同富裕的辩证关系［J］．学术研究，2023（8）：1 - 7．

［743］张杰，郑姣姣．中国经济增长是否陷入"鲍莫尔病"陷阱——公路基础设施投资对地区全要素生产率负向效应的思考［J］．南京大学学报（哲学．人文科学．社会科学），2022，59（1）：26 - 52．

［744］张军扩，侯永志，刘培林，何建武，卓贤．高质量发展的目标要求和战略路径［J］．管理世界，2019，35（7）：1 - 7．

［745］张丽丽，段妍．习近平新时代"以人民为中心"的国家治理思想探析［J］．广西社会科学，2017（10）：6 - 11．

［746］张丽丽．中国共产党"人民性"话语的历史演进及当代价值［J］．理论月刊，2022（3）：14 - 22．

［747］张林波，虞慧怡，李岱青，贾振宇，吴丰昌，刘旭．生态产品内涵与其价值实现途径［J］．农业机械学报，2019，50（6）：173 - 183．

［748］张敏，董建博，段进军．国家自主创新示范区建设能够促进共同富裕吗？来自准自然实验的经验证据［J］．苏州大学学报（社会科学版），2022，43（5）：135 - 149．

［749］张明．数字产业化、创新要素配置与实体经济转型［J］．技术经济与管理

研究, 2023（3）: 45 - 49.

［750］张冉, 楼鑫鑫. 中国基层社会组织发展的迭代逻辑与推进路径——基于组织生态学视角［J］. 甘肃社会科学, 2023（3）: 151 - 160.

［751］张瑞才, 李达. 论习近平生态文明思想的理论体系［J］. 当代世界社会主义问题, 2022（1）: 3 - 11.

［752］张晒. 共同富裕取得实质性进展的共同责任体系及其运行机制［J］. 理论月刊, 2022（5）: 32 - 41.

［753］张炜, 妥璟旖. 需求收缩、供给冲击与预期走弱三重压力下跨越"中等收入陷阱"再解析［J］. 经济与管理评论, 2023, 39（3）: 52 - 67.

［754］张文强, 朱桂琴. 培根铸魂: 中华优秀传统文化教育及实现［J］. 华南师范大学学报（社会科学版）, 2023（1）: 48 - 57.

［755］张文显. 习近平法治思想的理论体系［J］. 法制与社会发展, 2021, 27（1）: 5 - 54.

［756］张文显. 中国步入法治社会的必由之路［J］. 中国社会科学, 1989（2）: 181 - 194.

［757］张文忠. 宜居城市建设的核心框架［J］. 地理研究, 2016, 35（2）: 205 - 213.

［758］张贤明, 张力伟. 顶层设计与地方创新: 国家纵向行政体系制度韧性的构建［J］. 河南师范大学学报（哲学社会科学版）, 2023, 50（1）: 25 - 31.

［759］张晓杰. 基于大数据的城市公共服务供给模式创新研究［J］. 复旦城市治理评论, 2017（2）: 78 - 94.

［760］张兴茂. 科学认识和正确处理新时代我国社会主要矛盾［J］. 武汉大学学报（哲学社会科学版）, 2019, 72（1）: 13 - 19.

［761］张学良, 杨朝远. 全面推进城乡、区域协调发展 提高国内大循环覆盖面［N］. 光明日报, 2023 - 03 - 17（11）.

［762］张扬金, 邓观鹏, 陈林夕. 新时代共同富裕的公众认知研判与提升策略［J］. 长白学刊, 2022（6）: 33 - 40.

［763］张应强. 以教育正义促进共同富裕——赋能弱势群体走向共同富裕的职业教育改革［J］. 教育发展研究, 2022, 42（13）: 1 - 8.

［764］张友丰. 报酬递增视角下专业市场与产业集群联动发展机制研究［J］. 商业经济研究, 2023（8）: 168 - 171.

［765］张宇. 社会主义基本经济制度是党和人民的伟大创造［J］. 理论导报, 2020（1）: 7 - 9.

［766］张远鹏, 卢晓菲. 开放型经济及开放型经济新体制研究述评［J］. 现代经济探讨, 2021（6）: 77 - 83.

[767] 张跃，刘莉，黄帅金．区域一体化促进了城市群经济高质量发展吗？基于长三角城市经济协调会的准自然实验 [J]．科学学研究，2021，39（1）：63 – 72.

[768] 张占斌，吴正海．共同富裕的发展逻辑、科学内涵与实践进路 [J/OL]．新疆师范大学学报（哲学社会科学版）．https：//doi. org/10. 14100/j. cnki. 65 – 1039/g4. 20211109. 002.

[769] 张占斌．以制度系统集成创新扎实推动共同富裕 [J]．马克思主义与现实，2022（2）：99 – 108.

[770] 赵德起，丁义文．中国特色国民经济学话语体系的一个理论框架 [J]．华中师范大学学报（人文社会科学版），2022，61（3）：89 – 107.

[771] 赵峰，星晓川，李惠璇．城乡劳动力流动研究综述：理论与中国实证 [J]．中国人口·资源与环境，2015，25（4）：163 – 170.

[772] 赵红军，高恒宇，黄丹煌．"走出去"与"引进来"——"一带一路"倡议与外商直接投资的区位调整 [J]．财经研究，2022，48（3）：19 – 32，63.

[773] 赵剑波．数字经济高质量发展：理论逻辑与政策供给 [J]．北京工业大学学报（社会科学版），2023，23（4）：78 – 92.

[774] 赵丽琴，李琳，王天娇．我国新型城镇化对共同富裕的政策效应研究 [J]．经济问题，2023（2）：120 – 128.

[775] 赵强．中国式城镇化新道路的历史逻辑与辩证逻辑 [J]．江苏社会科学，2023（4）：1 – 8.

[776] 赵秋雁，贾琛．新时代"枫桥经验"的法治价值及其创新发展路径研究 [J]．北京师范大学学报（社会科学版），2022（3）：113 – 119.

[777] 赵笑蕾．在推动共同富裕中促进人的全面发展 [J]．兰州学刊，2023（2）：5 – 13.

[778] 赵学清．马克思共同富裕思想再探讨 [J]．中国特色社会主义研究，2014（6）：51 – 56.

[779] 赵子龙，吴维旭，黄斯嫄．部省际联席会议的运行机制及其制度化逻辑——基于昆山深化两岸产业合作试验区的案例分析 [J]．公共行政评论，2023，16（1）：70 – 87.

[780] 浙江省统计局课题组．共富型统计监测体系建设研究 [J]．统计科学与实践，2023（3）：4 – 9.

[781] 郑伯埙．差序格局与华人组织行为 [J]．中国社会心理学评论，2006（2）：1 – 52.

[782] 郑功成．正确把握顶层设计与实践探索的关系 [J]．国家治理，2023（8）：19 – 23.

[783] 郑惠，麦力开·色力木．"一带一路"倡议与企业国际化程度——基于制造业上市公司的证据［J］．工业技术经济，2022，41（2）：14-22．

[784] 郑济洲．新时代"共治"理念探究［J］．齐齐哈尔大学学报（哲学社会科学版），2020（9）：1-3，7．

[785] 郑军，李小雪．普惠保险、劳动力转移与城乡收入差距——基于共同富裕的视角［J］．贵州大学学报（社会科学版），2023，41（1）：37-54．

[786] 郑礼平，赵嘉蒂，周康林．社会主义核心价值观与人民主体性［J］．浙江学刊，2015（1）：116-120．

[787] 郑锐鑫，王学斌．历久弥新话小康——"小康与中国"之二［J］．博览群书，2021（1）：10-13．

[788] 郑旭文，徐振东．社会主义核心价值观在司法裁判中的适用［J］．福州大学学报（哲学社会科学版），2022，36（4）：82-93．

[789] 郑志康．论中国式现代化道路成功的动力密码［J］．求实，2023（3）：4-17．

[790] 中共中央党史和文献研究院，中央学习贯彻习近平新时代中国特色社会主义思想主题教育领导小组办公室．习近平新时代中国特色社会主义思想专题摘编［M］．北京：中央文献出版社，党建读物出版社，2023．

[791] 中共中央关于党的百年奋斗重大成就和历史经验的决议［N］．人民日报，2021-11-17（01）．

[792] 中共中央关于坚持和完善中国特色社会主义制度　推进国家治理体系和治理能力现代化若干重大问题的决定［N］．人民日报，2019-11-06（01）．

[793] 中共中央关于进一步全面深化改革、推进中国式现代化的决定［N］．人民日报，2024-07-22（01）．

[794] 中共中央关于全面深化改革若干重大问题的决定［N］．人民日报，2013-11-16（01）．

[795] 中共中央宣传部理论局．中国式现代化面对面［M］．北京：学习出版社，人民出版社，2023．

[796] 中共中央宣传部．习近平新时代中国特色社会主义思想学习问答［M］．北京：学习出版社，人民出版社，2021．

[797] 中共中央宣传部．中国共产党的历史使命与行动价值［M］．北京：人民出版社，2021．

[798] 中共中央宣传部，国家发展和改革委员会．习近平经济思想学习纲要［M］．北京：人民出版社，学习出版社，2022．

[799] 中国共产党简史编写组．中国共产党简史［M］．北京：人民出版社，中共党史出版社，2021．

［800］中国科技发展战略研究小组，中国科学院大学中国创新创业管理研究中心．中国区域创新能力评价报告 2021［M］．北京：科学技术文献出版社，2021.

［801］钟贞山，颜雄．中国特色社会主义政治经济学共同富裕观的理论自觉与实践创新［J］．南昌大学学报（人文社会科学版），2020，51（6）：14 - 21.

［802］周波，李国英．高质量发展中扎实推进共同富裕——基于财政视角［J］．东北财经大学学报，2022（1）：3 - 10.

［803］周红云．社会治理［M］．北京：中央编译出版社，2015.

［804］周华富．浙江未来社区的创新实践［J］．杭州科技，2019（5）：24 - 25.

［805］周建超．论习近平生态文明思想的鲜明特质［J］．江海学刊，2019（6）：5 - 11.

［806］周黎安．从"双重创造"到"双向塑造"——构建政府与市场关系的中国经验［J］．学术月刊，2023，55（3）：5 - 21.

［807］周黎安．转型中的地方政府：官员激励与治理（第二版）［M］．上海：格致出版社，上海三联书店，上海人民出版社，2017.

［808］周明，雷雁淘．迈向共同富裕的就业保障制度：逻辑、困境和路径［J］．西北大学学报（哲学社会科学版），2023，53（4）：27 - 36.

［809］周绍东，陈艺丹．在应然与实然的张力中把握中国共产党的共同富裕思想［J］．江西社会科学，2022，42（9）：5 - 14.

［810］周绍东，张毓颖．在高质量发展中促进共同富裕：一个政治经济学的解读［J］．新疆社会科学（汉文版），2022（4）：30 - 40.

［811］周文，白估．论新发展格局与高质量发展［J］．兰州大学学报（社会科学版），2023，51（1）：1 - 13.

［812］周文翠．中国共产党推进社会治理现代化的百年历程与成功经验［J］．思想战线，2022，48（3）：32 - 40.

［813］周文，何雨晴．共同富裕的政治经济学理论逻辑［J］．经济纵横，2022（5）：1 - 10.

［814］周文，刘少阳．新发展格局的政治经济学要义：理论创新与世界意义［J］．经济纵横，2021（7）：1 - 9.

［815］周文，施炫伶．共同富裕的内涵特征与实践路径［J］．政治经济学评论，2022，13（3）：3 - 23.

［816］周文，肖玉飞．共同富裕：基于中国式现代化道路与基本经济制度视角［J］．兰州大学学报（社会科学版），2021，49（6）：10 - 20.

［817］周向军，童成帅．论习近平生态文明思想的哲学基础及其逻辑［J］．山东大学学报（哲学社会科学版），2023（5）：14 - 24.

［818］周雪光，艾云．多重逻辑下的制度变迁：一个分析框架［J］．中国社会科学，2010（4）：132－150．

［819］周雪光．中国国家治理的制度逻辑——一个组织学研究［M］．北京：生活·读书·新知三联书店，2017．

［820］周玉．创新要素配置驱动共同富裕实现的实证研究［J］．技术经济与管理研究，2023（7）：124－128．

［821］朱斌，王修晓，苗大雷．新时代中国收入分配的社会学考察——基于中美比较的视角［J］．江海学刊，2022（4）：127－136．

［822］朱华友，吉盼，陈泽侠，等．异质性视角下浙江省农村韧性问题及影响因素［J］．经济地理，2021，41（8）：160－166，222．

［823］朱锦维，柯新利，何利杰，等．基于价值链理论的生态产品价值实现机制理论解析［J］．生态环境学报，2023，32（2）：421－428．

［824］朱兰，万广华．中等收入群体"扩容提质"：现状、挑战与对策［J］．兰州大学学报（社会科学版），2023，51（1）：41－53．

［825］朱丽颖，张小鹏．中国式现代化新道路的世界历史定向［J］．理论探讨，2022（2）：100－106．

［826］朱楠，王若莹．中国低收入群体社会救助制度的演进规律与路径优化［J］．统计与信息论坛，2023，38（3）：106－116．

［827］朱诗娥，杨汝岱，吴比．中国农村家庭收入流动：1986－2017年［J］．管理世界，2018，34（10）：63－72．

［828］朱信凯．中国式农业农村经济治理：党执政兴国的根基［J］．华中农业大学学报（社会科学版），2023（4）：1－6．

［829］庄健，张永光．基尼系数和中等收入群体比重的关联性分析［J］．数量经济技术经济研究，2007，24（4）：145－152．

［830］宗祖盼．深刻理解文化产业高质量发展的内涵与要求［J］．学习与探索，2020（10）：131－137．

［831］左高山，张璐．论实现共同富裕的主体责任［J］．云梦学刊，2022，43（4）：11－19．

［832］Alkhaldi K H, Austin M L, Cura B A, Dantzler D, Holland L, Maples D L, Quarrelles J C, Weinkle R K Jr, Marcus L J. Are you ready? Crisis leadership in a hyper-VUCA environment［J］．Am J Disaster Med, 2017, 12（2）：107－134．

［833］Arrow K J. The economic implications of learning by doing［J］．Review of economic studies, 1962, 29（3）：155－173．

［834］Baumol W J. Macroeconomics of unbalanced growth：the anatomy of urban crisis

[J]. The American Economic Review, 1967, 57 (3): 415 – 426.

[835] Becker G S, Tomes N. An equilibrium theory of the distribution of income and intergenerational mobility [J]. Journal of Political Economy, 1979, 87 (6): 1153 – 1189.

[836] Birkinshaw J, Hamel G, Mol M J. Management innovation [J]. Academy of Management Review, 2008, 33 (4): 825 – 845.

[837] Bovaird T. Beyond engagement and participation: user and community coproduction of public services [J]. Public Administration Review, 2007, 67 (5): 846 – 860.

[838] Brandsen T, Honingh M. Distinguishing different types of coproduction: a conceptual analysis based on the classical definitions [J]. Public Administration Review, 2016, 76 (3): 427 – 435.

[839] Casellati A. The nature of livabilit [M] //in: International Making Cities Livable Conferences, California, USA: Gondolier Press, 1997.

[840] Clayton P, Heinzekehr J. Organic Marxism: An Alternative to Capitalism and Ecological Catastrophe [M]. CA, Claremont: Process Century Press, 2014.

[841] Coase R H. The problem of social cost [J]. The Journal of Law and Economics, 1960 (3): 1 – 44.

[842] Commons J R. Institutional Economics [M]. New York: Macmillan Company, 1934.

[843] D'Anjou L, Steijn A, Aarsen D V. Social position, ideology, and distributive justice [J]. Social Justice Research, 1995, 8 (4): 351 – 384.

[844] Don T. The Digital Economy: Promise and Peril in the Age of Networked Intelligence [M]. McGraw-Hill, New York, 1996.

[845] Easterlin, R. A. Does Economic Growth Improve the Human Lot? Some EmpiricalEvidence [M] //P. A. David, M. W. Reder. Nations Are Households in Economic Growth. New York: Academic Press, 1974: 89 – 125.

[846] Easterlin R A, Morgan R, Switek M, Wang F. China's life satisfaction, 1990 – 2010 [J]. Proceedings of the National Academy of Sciences of the United States of America, 2012, 109 (25): 9775 – 9780.

[847] Easterlin R A, Wang F, Wang S. Growth and happiness in China, 1990 – 2015 [M] //in Helliwell J, Layard R, Sachs J, De Neve J, Huang H, Wang S. (eds.) World Happiness Report 2017, New York: Sustainable Development Solutions Network, 2017: 48 – 83.

[848] Fan S, Yang J, Liu W, Wang H. Institutional credibility measurement based on structure of transaction costs: a case study of ongniud banner in the Inner Mongolia Autonomous Region [J]. Ecological Economics, 2019, 159 (C): 212 – 225.

[849] Feiock R C. The institutional collective action framework [J]. The Policy Studies Journal, 2013, 41 (3): 397-425.

[850] Fuji M. The reality of 'common prosperity' advocated by the Xi Jinping administration [J]. RIM Pacific business and industries, 2022, 21 (83): 18.

[851] Gill I S, Kharas H J. An East Asian Renaissance: Ideas for Economic Growth [R]. World Bank, 2007.

[852] Greenwood R, Raynard M, Kodeih F, Micelotta E R, Lounsbury M. Institutional complexity and organizational responses [J]. Academy of Management Annals, 2011, 5 (1): 317-371.

[853] Greif A, Tabellini G. Cultural and institutional bifurcation: China and Europe compared [J]. American Economic Review: Papers & Proceedings 2010 (100): 2, 1-10.

[854] Greif A, Tabellini G. The Clan and the Corporation: Sustaining Cooperation in China and Europe [J]. Journal of Comparative Economics, 2017, 45 (1): 1-35.

[855] Hardin G. The Tragedy of the Commons [J]. Science, 1969, 162 (5364): 1243-1248.

[856] Kanbur R, Zhang X. Fifty years of regional inequality in China: a journey through central planning, reform and openness [J]. Review of Development Economics, 2005, 9 (1): 87-106.

[857] Kinney E D. The international human right to health: what does this mean for our nation and world? [J]. Indiana Law Review, 2001, 34 (4): 1457-1475.

[858] Krueger A. The Rise and Consequences of Inequality in the United States [R]. Speech at the Center for American Progress, Washington D. C, 2012.

[859] Loch A, Gregg D. Salinity management in the murray-Darling basin: a transaction cost study [J]. Water Resources Research, 2018, 54 (11): 8813-8827.

[860] Lounsbury M. A tale of two cities: competing logics and practice variation in the professionalizing of mutual funds [J]. Academy of Management Journal, 2007, 50 (2): 289-307.

[861] Lucas R E, Jr. On the mechanics of economic development [J]. Journal of Monetary Economics, 1988, 22 (1): 3-42.

[862] Luo C, Li S, Sicular T. The long-term evolution of national income inequality and rural poverty in China [J]. China Economic Review, 2020, 62 (C): 2-26.

[863] Meadows D H, Randers J, Meadows D L. Limits to Growth: 30-year update [M]. Chelsea Green Publishing Company, 2004.

[864] Molotch H. The city as a growth machine: toward a political economy of place [J].

American Journal of Sociology, 1976, 82 (2): 309 –332.

[865] Morgan R, Wang F. Growth and Subjective Well-Being in China [M] //in Douarin E, Havrylyshyn O. (eds.) The Palgrave Handbook of Comparative Economics, Cham: Springer Nature, 2021: 635 –660.

[866] Ouchi W G. The M-form Society: How American Teamwork Can Recapture the Competitive Edge [M]. Reading, Mass: Addison-Wesley, 1984.

[867] Pejovich S. The effects of the interaction of formal and informal institutions on social stability and economic development [J]. Journal of Markets & Morality, 1999, 2 (2): 164 – 181.

[868] Perri 6, Leat D, Seltzer K, Stoker G. Towards Holistic Government: The New Reform Agenda [M]. New York: Palgrave, 2002.

[869] Purdy J M, Gray B. Conflicting logics, mechanisms of diffusion and multilevel dynamics in emerging institutional fields [J]. Academy of Management Journal, 2009, 52 (2): 355 –380.

[870] Reay T, Hings C R. Managing the rivalry of competing institutional logics [J]. Organization Studies, 2009, 30 (6): 629 –652.

[871] Romer P M. Increasing returns and long-run growth [J]. Journal of Political Economy, 1986, 94 (5): 1002 –1037.

[872] Ross J. Why common prosperity is good for socialism and for China's economy [J]. World Review of Political Economy, 2022, 13 (1): 4.

[873] Rothwell R, Zegveld W. Industrial Innovation and Public Policy: Preparing for the 1980s and the 1990s [M]. London: Frances Pinter (Publishers) Ltd. , 1981.

[874] Salzano E. Seven aims for the livable city [M] //in: International Making Cities Livable Conferences. California, USA: Gondolier Press, 1997.

[875] Schuman M. China'S Big New Idea: Why Xi Jinping Won't Stop Talking about 'Common Prosperity' [R]. The Atlantic, 2021.

[876] Scott G D. Plant symbiosis [M]. Edward Arnold, 1969.

[877] Shields Rob. Spatial Questions: Cultural Topologies and Social Spatialisations [M]. London and Los Angeles: SAGE Publications Ltd . , 2013.

[878] Shields R. Places on the Margin: Alternative Geographies of Modernity [M]. Routledge, 1992.

[879] Thompson K W, Deutsch K W, Burrell S A, et al. Political community and the North Atlantic area: international organization in the light of historical experience [J]. American Political Science Association, 1958, 52 (2): 531.

[880] Thornton P H, Ocasio W. Institutional logics and the historical contingency of power in organizations: executive succession in the higher education publishing industry (1958 – 1990) [J]. American Journal of Sociology, 1999, 105 (3): 801 – 843.

[881] Thornton P H, Ocasio W, Lounsbury M. The Institutional Logics Perspective: A New Approach to Culture, Structure, and Process [M]. Oxford University Press on Demand, 2012.

[882] UN, Department of Economic and Social Affairs, Concepts of Inequality, Development Issues [R]. 21 October 2015, No. 1.

[883] Weingast B. A rational choice perspective on congressional norms [J]. American Journal of Political Science, 1979, 23 (2): 245 – 262.

后　记

本研究是 2022 年 5 月浙江省哲学社会科学规划"党的十九届六中全会和省委十四届十次全会精神研究阐释"专项课题立项研究项目之一。浙江省哲学社会科学规划基金对本研究的资助是我开展本研究工作的不竭动力。这里我非常感谢浙江省哲学社会科学工作办公室和浙江省哲学社会科学规划基金给予的研究支持!

为能够高质量的完成本研究项目,我通过嘉兴大学图书馆线上数据库搜集了上千篇重要相关理论研究文献,认真研读了近些年来政府公布的与共同富裕社会建设相关的制度性文件、公报或公告等重要官方资料,也翻阅了不少重要文献书籍,同时我也实地调研了部分地区的"共富工坊"等共同富裕实践建设载体。这些资料为本研究提供了重要的理论和实践支撑。这里我非常感谢所有参考文献的作者,没有你们前期研究作为重要支撑,本研究不可能非常顺利开展。

我对研究内容由开始充满焦虑和迷茫到后来沉着应对,并对研究内容屡次修改和打磨,才最终定下来。在研究正式开始之前,我对共同富裕的认识和理解非常肤浅,并不认为本研究会有多大挑战。在研究正式开始之后,我发现学术界关于共同富裕的相关研究成果相当丰富,但关于共同富裕示范区建设方面的实践研究文献并不多。针对如何开展本研究,并能高质量完成,我心里充满了迷茫,不知所措。后来,在研读他人研究成果时,笔者慢慢体会到对共同富裕示范区建设领域的众多问题的研究需要耐心、勤奋和思考。正是慢慢培养起来的耐心、勤奋和思考,使我对共同富裕示范区建设领域有了更深入的理解和认识。

本研究从立项到研究工作基本完成历时两年多,期间占用了不少陪伴家人的时间。愧我穷途多蹇滞,感卿劳累并艰辛。感谢妻子徐若仪女士对家庭无怨无悔的默默付出。没有她对家庭的艰辛付出,我不可能顺利完成本研究工作。同时，也非常感谢经济科学出版社编辑提出的宝贵的修改建议和意见，尽可能地让文中语句表述更加严谨，以确保书稿顺利出版。

需要特别指出的是，由于笔者学术研究水平有限，本书中错漏缺点在所难免，敬请广大读者批评指正。

丁庭栋

2024 年 8 月